W0229813

Wolfgang Leonhard

Was ist Kommu- nismus?

Wandlungen einer Ideologie

Wilhelm Goldmann Verlag

Vom Autor aktualisierte Ausgabe

1. Auflage Juli 1978 · 1.-10. Tsd.
2. Auflage Juni 1979 · 11.-18. Tsd.

Made in Germany 1979
Genehmigte Taschenbuchausgabe
© der Originalausgabe 1976 by C. Bertelsmann Verlag, München
© der Taschenbuchausgabe 1978, 1979 by Wilhelm Goldmann Verlag,
München
Umschlagentwurf: Atelier Adolf & Angelika Bachmann, München
Druck: Presse-Druck Augsburg
Verlagsnummer: 11221
Lektorat: Renate Richter · Herstellung: Peter Sturm
ISBN 3-442-11221-4

Inhaltsverzeichnis

Vorwort

In den 60 Jahren seit Lenins revolutionärem Umsturz in Rußland hat sich
der Kommunismus zu einer großen Weltbewegung mit gegenwärtig 14 kommunistisch regierten Staaten und 94 kommunistischen Parteien entwickelt. Zwar
gehört die frühere monolithische Einheit unter sowjetischer Führung seit dem
Bruch Titos mit Stalin im Sommer 1948 und dem Mitte der fünfziger Jahre entstandenen Moskau-Peking-Konflikt bereits der Vergangenheit an. Denn inzwischen haben sowohl die chinesischen und jugoslawischen Kommunisten als auch
die Mehrzahl der westeuropäischen kommunistischen Parteien eine Reihe ideo-
logisch-politischer Konzeptionen entwickelt, die sich weitgehend vom sowjetischen Modell unterscheiden. Aber trotz einer Fülle nicht nur unterschiedlicher,
sondern auch entgegengesetzter Auffassungen über die wichtigen Probleme unserer Zeit, haben alle kommunistischen Richtungen nach wie vor eines gemeinsam: sie bekennen sich zu Marx, Engels und Lenin.
Der anhaltende Ausdehnungsprozeß des Weltkommunismus wird in den Ländern des Westens von vielen Menschen mit wachsender Sorge beobachtet. Millionen verfolgen die politischen Vorgänge und Ereignisse in den kommunistischen Staaten. Ihr besonderes Interesse gilt natürlich der Sowjetunion, die innerhalb der kommunistischen Welt noch immer die bedeutendste Rolle spielt.
Dabei wird der derzeitige Moskauer Entspannungskurs nicht nur positiv beurteilt. Nach Meinung vieler birgt er die Gefahr einer Selbsttäuschung, weil die
UdSSR auch während ihrer »Politik der friedlichen Koexistenz zwischen Staaten
mit unterschiedlicher Gesellschaftsordnung« die ideologische Auseinandersetzung mit dem Westen unvermindert fortsetzt. Erst kürzlich wieder, auf dem
25. Parteitag der KPdSU im Februar/März 1976, bekannten sich Generalsekretär Breschnew, das Politbüro und die 5000 Delegierten zum »proletarischen Internationalismus«, zum »fortgesetzten Klassenkampf« und zu einer weiteren aktiven Unterstützung der »nationalen Befreiungsbewegungen in der Dritten

Welt«. Die Ansicht westlicher Politiker, daß Entspannungspolitik und ideologische Unversöhnlichkeit nicht miteinander vereinbar seien, bezeichnete Breschnew als »hirnrissig«. Im übrigen sei der Kapitalismus ein »System ohne Zukunft«, während der Sozialismus und der »Prozeß der Weltrevolution« immer zügiger vorankämen.

Für das bürokratisch-diktatorische Regime der Sowjetunion ist also die Ideologie, offiziell »Marxismus-Leninismus« genannt, noch immer ein unverzichtbares Instrument zur Durchsetzung seiner Ziele – sei es als Machtmittel des Parteiapparates, um Gewalt und Unterdrückung zu rechtfertigen oder »geschichtliche Notwendigkeiten« zu begründen, sei es in der Ost-West-Auseinandersetzung oder zur Legitimation des sowjetischen Führungsanspruchs in der kommunistischen Welt.

Auch alle anderen kommunistischen Richtungen, der Maoismus ebenso wie der Reformkommunismus, der Trotzkismus und andere Ausprägungen des Marxismus-Leninismus, stellen ideologische Fragen in den Vordergrund. Sie vertreten dabei die »These von einer Pluralität der Modelle im Sozialismus«, indem sie betonen, daß es sich bei den Auseinandersetzungen innerhalb des Weltkommunismus um legitime unterschiedliche Auslegungen *einer* universellen Ideologie handelte. Diese Auffassung wird von der Sowjetunion als »revisionistisch« abgelehnt.

Kommunisten sind also nicht nur Realpolitiker, sondern sie wenden auch politische Methoden an, die sich auf eine »Lehre«, ein angeblich folgerichtiges Ideengebäude, stützen.

Was aber ist das für eine Lehre? Worin liegen ihre Stärken, und was begründet ihre Widersprüche und Schwächen? Warum hält ein überzeugter Kommunist sowjetischer Prägung den Marxismus-Leninismus für die einzige Lehre, mit deren Hilfe alle Fragen beantwortet werden können, und zwar – nach eigener Behauptung – auf wissenschaftlicher Grundlage? Und wie kommt es, daß andererseits der weitaus größte Teil der Bevölkerung in der UdSSR und den anderen Ostblockstaaten von der Ideologie unberührt oder nur wenig beeinflußt bleibt? Warum geht von anderen Strömungen des Marxismus-Leninismus, wie dem Maoismus und dem Reformkommunismus, eine wesentlich größere Anziehungskraft aus?

Auf alle diese Fragen versucht das vorliegende Buch Antwort zu geben. Es versteht sich als eine Einführung in das Wesen und die politische Wirklichkeit des Marxismus-Leninismus. Darüber hinaus will es ein möglichst übersichtliches Bild der psychologischen Voraussetzungen und der Fakten vermitteln, die zur Spaltung des Weltkommunismus geführt haben.

Das Buch basiert auf der SFB-Sendereihe »Kommunistische Ideologie – was ist das eigentlich?« mit Professor Wolfgang Leonhard; es wurde jedoch gründlich überarbeitet und durch einige neue Kapitel erweitert, die ebenfalls in Frage- und Antwortform gehalten sind. Das schien uns angesichts eines so umfangreichen und komplizierten Stoffes die richtige Methode zu sein, um die grundlegenden Begriffe und Problemzusammenhänge deutlich und für jedermann faßbar herauszuarbeiten zu können.

Jedes der Rundfunk-Gespräche, die ich mit Wolfgang Leonhard geführt habe, ist so aufgebaut, daß es sich organisch an das vorhergehende anschließt, aber auch für sich allein genommen ein Ganzes darstellt.

Der Text ist systematisch gegliedert. Zum besseren Verständnis schließen die meisten Kapitel mit einer Zusammenfassung; wo es uns notwendig schien, wurden auch wichtige Abschnitte innerhalb eines Kapitels erst kurz zusammengefaßt und präzisiert, ehe wir uns einem neuen Komplex zuwandten.

Wolfgang Leonhard hat sich bemüht, dem Thema vorurteilsfrei und sachlich gerecht zu werden und sich bei der Beantwortung meiner – im Text kursiv gesetzten – Fragen jeglicher Polemik und einseitigen Wertung zu enthalten. Es kam ihm vielmehr darauf an, für einen breiten Leserkreis ein differenziertes Instrumentarium zur objektiven Beurteilung des vielschichtigen Phänomens »Kommunismus« bereitzustellen.

Die vorliegende Taschenbuchausgabe ist, von wenigen Aktualisierungen abgesehen, identisch mit dem im Frühjahr 1976 erschienenen Buch. Einige Abschnitte wurden aktualisiert und durch neue ideologische und politische Entwicklungen ergänzt. Dabei wurden der Tod Mao Tse-tungs und die Entwicklung nach Maos Tod in China berücksichtigt, sowie die neueren Entwicklungen im Euro-Kommunismus. Auch die »Chronik wichtiger Ereignisse in der Geschichte des Kommunismus« und die Bibliographie wurden entsprechend ergänzt.

Berlin, im Februar 1976   Hans-Wolfgang Krohn

I

Von Marx zur heutigen Sowjetideologie

1

Es begann mit Karl Marx und Friedrich Engels

Alle Richtungen im gegenwärtigen Weltkommunismus, so unterschiedlich, ja gegensätzlich sie auch sind, berufen sich auf den Marxismus – auf Marx und Engels. Wenn wir heute auf das Werk der beiden Begründer des wissenschaftlichen Sozialismus zurückblicken, was würden Sie als die entscheidenden Lehren und Theorien des Marxismus ansehen?

Marx und Engels haben insgesamt 39 Bände und 4 Ergänzungsbände hinterlassen. Wer heute die gesamten Schriften von Marx und Engels unvoreingenommen und aufgeschlossen liest, ist zunächst verblüfft über die Vielzahl von Themen, Problemen und Bereichen, mit denen sich Marx und Engels beschäftigt haben. Ein Leser der gesammelten Schriften von Marx und Engels findet Studien über historische Ereignisse und über philosophische Probleme, ausführliche ökonomische Analysen, Abhandlungen über die internationalen Beziehungen der damaligen Zeit, über militärische Fragen (vor allem von Friedrich Engels), über Literatur und Kunst, Philologie und die verschiedensten Bereiche der Naturwissenschaften.

Überrascht stellt man fest, daß auch viele aktuelle Probleme in den Schriften von Marx und Engels ihren Niederschlag fanden, etwa das schnelle Bevölkerungswachstum, wobei die Begründer des wissenschaftlichen Sozialismus annahmen, daß es von einer neuen Gesellschaft unter Kontrolle gebracht werden würde.

Welche Theorien und Aussagen von Marx und Engels halten Sie, vor allem was die weitere politische Entwicklung angeht, für besonders wichtig?

Als entscheidende Theorien von Marx und Engels, gerade für die weitere politische Entwicklung, würde ich folgende ansehen:

a) Die materialistische Geschichtsauffassung, auch historischer Materialismus genannt, mit starker Berücksichtigung des ökonomischen Faktors im Geschichtsverlauf und der Theorie des Klassenkampfes,

b) die ökonomische Lehre von Marx und Engels, die Analyse des Mechanismus des Kapitalismus und seiner ökonomischen Widersprüche,

c) die Darlegung von Marx und Engels über die Entfremdung und Selbstentfremdung des Menschen, und schließlich

d) die Lehre von der sozialen Revolution, die durch die Befreiung der Arbeiterklasse zur Schaffung einer neuen klassenlosen Gesellschaft führen soll.

Sie stellten die materialistische Geschichtsauffassung, den historischen Materialismus, an die Spitze. Könnten Sie mit wenigen Worten skizzieren, um was es sich dabei handelt?

In der materialistischen Geschichtsauffassung spielten für Marx und Engels die Beziehungen zwischen der ökonomisch-technologischen Entwicklung (von Marx und Engels meist »Produktivkräfte« genannt) und den sozialen Verhältnissen der Menschen (von Marx als »Produktionsverhältnisse« bezeichnet) eine entscheidende Rolle. »In der gesellschaftlichen Produktion ihres Lebens«, schrieb Marx in dem berühmten Vorwort seiner Schrift *Zur Kritik der politischen Ökonomie,* gehen die Menschen bestimmte, notwendige, von ihrem Willen »unabhängige Verhältnisse ein, Produktionsverhältnisse, die einer bestimmten Entwicklungsstufe ihrer materiellen Produktivkräfte entsprechen. Die Gesamtheit dieser Produktionsverhältnisse bildet die ökonomische Struktur der Gesellschaft, die reale Basis, worauf sich ein juristischer und politischer Überbau erhebt.«

Dies ist die entscheidende These von der Basis und dem Überbau der Gesellschaft. Wie sahen Marx und Engels das Verhältnis?

Nach Marx und Engels war die gesellschaftliche Basis, auf lange Sicht gesehen, entscheidend. Der politische Überbau – Staatsorgane, politische Parteien, juristische Normen, Religionen, künstlerische Auffassungen – entwickelt sich meist bedeutend langsamer, so daß ein zunehmendes Mißverhältnis zwischen der sich schnell entwickelnden gesellschaftlichen ökonomischen Entwicklung und dem zurückbleibenden Überbau eintritt. Falls das Mißverhältnis zu groß wird, der Überbau die ökonomisch-technologische Entwicklung einer Gesellschaft hemmt, also zu einer Fessel derselben wird, kommt es zu einer Epoche sozialer Revolutionen.

Die Basis bestimmt also den Überbau?

Dies wäre gewiß eine grobe Vereinfachung. Die Begriffe »Basis« und »Überbau« sollten nicht zu der Auffassung verleiten, daß die Gesellschaft gleichsam ein Gebäude sei, und es erst gelte, das ökonomische Fundament zu errichten und dann den Überbau darauf aufzubauen. Eine so scharfe Trennung hatten Marx und Engels nicht im Sinn. Auch lag ihnen keineswegs daran, etwa *jedes* politische Ereignis, jeden philosophischen Gedanken, unmittelbar auf einen ökonomischen Prozeß zurückzuführen. Marx und Engels wiesen wiederholt auf den engen Zusammenhang zwischen ökonomischen, politischen und geistigen Prozessen hin und betonten, daß auch der Überbau auf die Basis zurückwirken könne.

Die ökonomischen Verhältnisse und Erfordernisse spielen damit eine entscheidende Rolle – aber sie nehmen lediglich »in letzter Instanz« und »auf lange Sicht« einen bestimmenden Einfluß auf den Geschichtsverlauf.

Im Marxismus spielt der Begriff der »Klassen« eine wichtige Rolle. In welchem Ausmaß haben Marx und Engels den Klassenkampf als ausschlaggebende Triebkraft der Geschichte angesehen?

Sowohl der Begriff »Klasse« als auch die Rolle des Klassenkampfes in der Geschichte wurden bereits lange vor Marx von verschiedenen Historikern und Ökonomen dargestellt. Neu bei Marx und Engels ist, daß die Begriffe »Klasse« und »Klassenkampf« ins Zentrum der Geschichtsbetrachtung gerückt wurden, verbunden mit dem Versuch, die Entstehung und die Merkmale der Klassen zu erklären sowie die Besonderheit der Arbeiterklasse zu analysieren. Für Marx und Engels waren Klassen nichts Starres, Unveränderliches, sondern Produkte der geschichtlichen Entwicklung und zugleich deren treibende Kräfte. Die herrschenden Klassen herrschen nicht nur über die Produktionsmittel, sondern auch über die zum Schutze der Produktionsverhältnisse errichteten Institutionen und bestimmen weitgehend die öffentliche Meinung: »Die Gedanken der herrschenden Klasse sind in jeder Epoche die herrschenden Gedanken, d. h. die Klasse, welche die herrschende *materielle* Macht der Gesellschaft ist, ist zugleich auch ihre herrschende geistige Macht.« (Marx)

Und die Entwicklung im Kapitalismus wird durch den Klassenkampf zwischen der Bourgeoisie (kapitalistische Unternehmer) und dem Proletariat bestimmt?

Marx und Engels haben zunächst im *Kommunistischen Manifest* von 1848 die Meinung vertreten, daß sich die ganze Gesellschaft unter dem Kapitalismus immer mehr in zwei große feindliche Lager spalten werde, in zwei große, einander direkt gegenüberstehende Klassen: der Bourgeoisie, der Klasse der Kapitalisten, auf der einen Seite, und dem Proletariat, der Arbeiterklasse, auf der anderen Seite. In späteren Analysen haben Marx und Engels jedoch dieses vereinfachte Bild korrigiert und die Zwischenschichten stärker betont. Auch in ihren historischen Abhandlungen wiesen Marx und Engels auf die Vielfalt der Klassenbeziehungen hin, darunter auf die Bedeutung der Kleinbürger sowie die Rolle der Bauernschaft als mögliche Verbündete der Arbeiterklasse.

Im Mittelpunkt des Kommunistischen Manifests *und vieler anderer politischer Schriften von Marx und Engels steht das Proletariat, die Arbeiterklasse. Inwieweit haben Marx und Engels die Arbeiterklasse als die entscheidende Kraft der von ihnen erstrebten sozialen Revolution gesehen?*

Die Konzentrierung auf die Industriearbeiter war für Marx und Engels eine Selbstverständlichkeit, da sie ja gerade die Widersprüche in der entwickelten kapitalistischen Gesellschaft als entscheidende Voraussetzung für die soziale Revolution und die Errichtung der neuen Gesellschaft ansahen. Der Kapitalismus, so meinten Marx und Engels, führe durch seine weitere Entwicklung zu einem ständigen Anwachsen der Arbeiterklasse, sowohl zahlenmäßig als auch in

ihrer politischen und organisatorischen Kraft, so daß die kapitalistische Gesellschaft schließlich, wie es Marx ausdrückte, ihre »eigenen Totengräber produziert«. Drei Gründe waren für Marx und Engels daher maßgebend:
a) daß die Arbeiterklasse im Kapitalismus die revolutionärste Klasse sei,
b) daß sie im Zuge der industriellen Entwicklung die zahlenmäßig stärkste Klasse werden würde, und
c) daß sich die Arbeiterklasse durch ein internationales Klassenbewußtsein auszeichne.

Die Arbeiterklasse ist also die entscheidende Triebkraft der Geschichte. Aber wieso sahen Marx und Engels die Befreiung der Industriearbeiterschaft als gleichbedeutend mit der Befreiung der gesamten Gesellschaft an?
Entscheidend bei diesem Gedankengang ist für Marx und Engels folgendes: Die Arbeiterschaft kann sich nicht selbst befreien, ohne ihre eigenen Lebensbedingungen aufzuheben, ohne alle unmenschlichen Lebensbedingungen der heutigen Gesellschaft aufzuheben. Die Befreiung der Arbeiterschaft von der Unterdrückung bedeutet damit gleichzeitig die Überwindung eines ganzen Unterdrückungssystems und führt zur Befreiung der gesamten Gesellschaft. »Die Arbeiterklasse kann ihre Emanzipation, ihre Befreiung nicht durchführen, ohne gleichzeitig die ganze Gesellschaft von der Scheidung der Klassen und damit von Klassenkämpfen zu emanzipieren.« (Marx)

Heute wird in sowjetischen Lehrbüchern und in ideologischen Schriften der DDR ständig von einer »marxistischen Lehre der Partei« gesprochen, einer Partei, die auf dem demokratischen Zentralismus aufgebaut sei, sich durch Parteidisziplin auszeichne und die Arbeiterklasse in ihrem Kampf – wie es heißt – »führen« solle. Läßt sich diese Parteidoktrin auf den ursprünglichen Marxismus zurückführen?
Nein. Eine Lehre von der Partei hat es bei Marx und Engels nicht gegeben. Die Anfänge dieser Lehre gehen vielmehr auf Lenin zurück. Marx und Engels haben sich zwar für eine selbständige Arbeiterpartei ausgesprochen, die aber nicht die Arbeiterklasse führen, sondern einen Teil der Arbeiterbewegung selbst darstellen sollte. Wörtlich erklärten sie im *Kommunistischen Manifest*: »Die Kommunisten sind keine besondere Partei gegenüber den anderen Arbeiterparteien. Sie haben keine von den Interessen des ganzen Proletariats getrennten Interessen. Sie stellen keine besonderen Prinzipien auf, wonach sie die proletarische Bewegung modeln wollen.« Die Arbeiterpartei war also für Marx und Engels niemals Selbstzweck oder gar ein Instrument, das künstlich von außen zu schaffen und zu organisieren sei.

Also ein Lied, wie zum Beispiel »Die Partei hat immer recht«, wäre Marx und Engels sehr fremd gewesen.
Zweifellos. Marx und Engels befürworteten eine Arbeiterpartei, die von jedem Personenkult und Autoritätsaberglauben frei sein sollte. Sie haben sich immer wieder gegen den Autoritätsaberglauben und Personenkult gewandt. Die Partei sollte in ihrem Aufbau, in ihrer Struktur demokratisch sein. Die Arbeiterpartei,

meinte Engels, sollte keine Ansprüche auf dogmatische Orthodoxie und doktri-
näre Obergewalt stellen. Wiederholt setzten sich Marx und Engels für die absolute Freiheit der Diskussion in der Partei ein. »Neu eingetretene Parteimitglieder«, schrieb Engels, »kann man nicht wie Schuljungen einpauken, da muß De-
batte und auch ein bißchen Krakeel sein.« Dabei warnte Engels auch vor den
»Herausschmeißereien«; denn »die Partei«, so sagte er, »kann nicht bestehen,
ohne daß alle Schattierungen in ihr vollauf zu Worte kommen«.

*Im Kommunistischen Manifest steht der bekannte Satz: »Die Arbeiter haben kein
Vaterland, man kann ihnen nicht nehmen, was sie nicht haben.« Unter Hinweis
darauf wird häufig behauptet, daß Marx und Engels die nationale Frage, die Bedeutung der nationalen Kämpfe unterschätzt oder gar ganz negiert hätten. Würden
Sie dem zustimmen?*
Nein, in dieser Verallgemeinerung keinesfalls. Gewiß: Für Marx und Engels
standen als Internationalisten in der Regel die internationalen Probleme im
Vordergrund. Aber sie haben gleichzeitig auch dem nationalen Befreiungskampf in ihrer Zeit, vor allem übrigens in Polen und in Irland, eine große Bedeutung beigemessen. Was die Arbeiterbewegung anbelangt, so haben sie allerdings
immer den internationalen Charakter unterstrichen, und Marx erklärte ja auch,
daß die »Emanzipation der Arbeiterklasse weder eine lokale noch eine nationale, sondern eine soziale Aufgabe ist, welche alle Länder umfaßt, in denen die
moderne Gesellschaft besteht«.

*Inwieweit waren eigentlich für Marx und Engels die gemeinsamen internationalen
Ziele, inwieweit die unterschiedlichen Bedingungen der Arbeiterbewegung in je-
dem einzelnen Land maßgebend?*
So deutlich Marx und Engels die gemeinsamen internationalen Aufgaben der
Arbeiterbewegung herausstellten, so deutlich haben sie aber auch die nationalen
Besonderheiten der Arbeiterbewegung in jedem einzelnen Land unterstrichen.
»In jedem Teil der Welt«, schrieb Marx, »ergeben sich besondere Aspekte des
Problems, die Arbeiter berücksichtigen diese und gehen auf ihre eigene Art an
die Lösung heran. Die Vereinigung der Arbeiter könne nicht bis ins letzte Detail in
Newcastle und in Barcelona, in London und in Berlin absolut identisch sein.«

*Marx und Engels waren also für den unterschiedlichen Weg zum Sozialismus in
den verschiedenen Ländern?*
Ja, sie traten wiederholt für einen unterschiedlichen Weg zum Sozialismus in den
verschiedenen Ländern ein – und gerade dies wird in heutigen sowjetischen
Lehrbüchern nicht zitiert. Ausgehend von ihrer Konzeption des unterschiedlichen Weges zum Sozialismus, lehnten Marx und Engels logischerweise auch die
Existenz irgendeiner »führenden« Partei in der internationalen Arbeiterbewegung ab. »Es ist gar nicht im Interesse dieser Bewegung«, schrieb Engels wörtlich, »daß die Arbeiter irgendeiner einzelnen Nation an ihrer Spitze marschieren.« Und als in der Periode der ersten Internationale, also in den Jahren von
1864 bis 1872, einige russische Vertreter eine Einheit durch Druck von oben er-

reichen wollten, schrieb Engels in einem Brief an Marx: »Eine kostbare Zumutung, daß, um Einheit ins europäische Proletariat zu bringen, es russisch kommandiert werden muß.«

Marx und Engels traten also für die Gleichberechtigung innerhalb der internationalen Arbeiterbewegung ein. Galt dies nun nur für die Parteien der Arbeiterbewegung oder auch für die Völker und Länder?
Dies war ein Grundprinzip für Marx und Engels. Sie brachten wiederholt zum Ausdruck, daß sie die Unabhängigkeit und Selbständigkeit einer Nation als Voraussetzung für den Frieden und die internationale Zusammenarbeit ansahen. Nur ein Beispiel: »Um den internationalen Frieden sichern zu können, müssen vorerst alle vermeidlichen nationalen Reibungen beseitigt, muß jedes Volk unabhängig und Herr im eigenen Hause sein.«

Das klingt ja wie eine Befürwortung des Selbstbestimmungsrechts.
Durchaus. Sie haben dies immer wieder unterstrichen. Aus den vielen Beispielen nur ein weiteres: »Eine Nation kann nicht frei werden und zugleich fortfahren, andere Nationen zu unterdrücken«, schrieb Engels, und er verband diese Erklärung mit dem Hinweis, daß, solange russische Truppen in Polen stehen, das russische Volk sich nicht befreien könnte. Besonders bekannt ist natürlich auch der Ausspruch: »Ein Volk, das andere unterdrückt, kann sich nicht selbst emanzipieren.«

Im Zentrum der politischen Theorie von Marx und Engels steht die soziale Revolution. Welche Thesen von Marx und Engels würden Sie in diesem so wichtigen Bereich als entscheidend ansehen?
Entscheidend ist zunächst die immer wieder von Marx und Engels betonte *Ursache* einer sozialen Revolution, nämlich der Widerspruch zwischen der wissenschaftlich-technologischen Entwicklung auf der einen Seite, von Marx als »Produktivkräfte« bezeichnet, und der überlebten Sozialstruktur, den überlebten Produktionsverhältnissen, auf der anderen Seite. Nach Auffassung von Marx und Engels führt dieser Widerspruch, bei ständiger Verschärfung, notwendigerweise zu einer sozialen Revolution. »Auf einer gewissen Stufe ihrer Entwicklung«, schrieb Marx, »geraten die materiellen Produktivkräfte der Gesellschaft in Widerspruch mit den vorhandenen Produktionsverhältnissen oder, was nur ein juristischer Ausdruck dafür ist, mit den Eigentumsverhältnissen, innerhalb derer sie sich bisher bewegt haben. Es tritt dann eine Epoche sozialer Revolutionen ein.« Immer wieder unterstrichen Marx und Engels dabei, daß für die Verwirklichung einer sozialen Revolution wichtige Voraussetzungen notwendig seien.

Diese Revolution sahen Marx und Engels nur für die entwickelten kapitalistischen Länder voraus. Was war die Begründung dafür?
Mit dem Begriff »soziale Revolution« wollten Marx und Engels besonders unterstreichen, daß es sich um eine soziale Umwälzung, um den Sieg einer sozialen

Kraft, der Arbeiterklasse, über die Bourgeoisie, die Herrschaft der Kapitalisten, handelt und um eine Neuorganisation der Gesellschaft. Dabei wiesen Marx und Engels stets auf drei entscheidende Voraussetzungen einer solchen sozialen Revolution hin:

a) Der Kapitalismus müsse, nach Marx und Engels, auf einer hohen wirtschaftlichen Stufe stehen, so daß die ökonomischen Vorbedingungen für seine Ersetzung durch den Sozialismus vorhanden sind.

b) Die Widersprüche zwischen dem wirtschaftlich-technischen Stand der Entwicklung auf der einen und den sozialen Beziehungen auf der anderen Seite müssen sich so sehr verschärft haben, daß eine radikale Veränderung des ökonomischen, sozialen und politischen Systems unumgänglich notwendig geworden ist.

c) Die Industriearbeiterschaft muß die Mehrheit der Bevölkerung ausmachen, zumindest aber eine bedeutende Stellung einnehmen. »Eine radikale soziale Revolution«, erklärte Marx, »ist an gewisse historische Bedingungen der ökonomischen Entwicklung geknüpft. Letztere sind ihre Voraussetzungen. Sie ist also nur möglich, wo mit der kapitalistischen Produktion das industrielle Proletariat wenigstens eine bedeutende Stelle in der Volksmasse einnimmt.«

Falls diese Voraussetzungen – hoher ökonomischer Stand, Widersprüche in einer entwickelten kapitalistischen Gesellschaft, Arbeiterklasse als Mehrheit der Bevölkerung – nicht gegeben sein sollten, sahen Marx und Engels voraus, daß dann nur der Mangel verallgemeinert würde und dies zu einer neuen sozialen Klassenschichtung führen müßte. Der Versuch, eine soziale Revolution ohne die erwähnten Voraussetzungen oder gar als Handstreich einer kleinen revolutionären Minderheit durchzuführen, würde nicht zur Herrschaft der Arbeiterklasse führen, sondern nur zur Diktatur einiger weniger, die den Handstreich unternommen hätten.

Und wie sahen Marx und Engels die revolutionären Möglichkeiten in einem ökonomisch rückständigen Land, das nicht über die eben beschriebenen Voraussetzungen verfügt?

Marx und Engels wiesen wiederholt darauf hin, daß ein rückständiges Land, allein auf sich gestellt, nicht den Weg zu einer sozialistischen Gesellschaftsordnung finden würde. In den siebziger und achtziger Jahren des vergangenen Jahrhunderts äußerten sie sich auch öfter über die revolutionären Möglichkeiten im damaligen zaristischen Rußland, sahen aber stets die bevorstehende Revolution als eine *bürgerliche* Revolution an. Die Revolution in einem rückständigen Land könnte zwar zum Signal für eine proletarische Revolution in den entwickelten westlichen Ländern werden, und in einem solchen Falle, nach Überschreitung verschiedener Zwischenstufen, den Weg zu einer sozialistischen Gemeinschaft einschlagen, allerdings niemals allein, sondern stets im Zusammenspiel mit den Revolutionen in den entwickelten Industriestaaten.

Wie haben sich Marx und Engels über die entscheidende Frage geäußert, ob bei einer Revolution unbedingt Gewalt angewendet werden müsse, oder ob es die Möglichkeit einer friedlichen Umgestaltung in eine neue Gesellschaft gebe?

Darüber gibt es keine einheitlichen Auffassungen. Von Mitte der vierziger bis Anfang der siebziger Jahre des vergangenen Jahrhunderts haben Marx und Engels in der Regel die gewaltsame Revolution in den Vordergrund gestellt. Im *Kommunistischen Manifest* heißt es sogar, daß »die Ziele der Arbeiterklasse nur durch den gewaltsamen Umsturz erreicht werden könnten«. Und in anderen Schriften bezeichnete Marx die Gewalt als den »Geburtshelfer der neuen Gesellschaft«. Aber seit den siebziger Jahren des vergangenen Jahrhunderts, zu einer Zeit also, als sich die Arbeiterbewegung bereits zu einem politischen Faktor zu entwickeln begann, stellten Marx und Engels mehr und mehr die Möglichkeit in den Vordergrund, die gesellschaftliche Umgestaltung auf friedlichem Wege zu vollziehen. Berühmt ist vor allem die Erklärung von Marx in Amsterdam, Ende September 1872: »Wir leugnen nicht, daß es Länder gibt, wie Amerika, England und, wenn mir Eure Institution besser bekannt wäre, würde ich vielleicht noch Holland hinzufügen, wo die Arbeiter auf friedlichem Wege zu ihrem Ziel gelangen können.« Später erklärten Marx und Engels sogar, daß in England und den Vereinigten Staaten die Arbeiterklasse möglicherweise die Mehrheit im Parlament bzw. im Kongreß erhalten und damit »auf gesetzlichem Wege die ihrer Entwicklung im Weg stehenden Gesetze und Einrichtungen beseitigen könnten«. Kurz vor seinem Tode benutzte Engels die Formulierung vom friedlichen »Hineinwachsen der alten in die neue Gesellschaft«.

So bedeutsam und interessant – gerade heute – die Hinweise von Marx und Engels über die Möglichkeit einer friedlichen Umgestaltung sind, es steht doch wohl eindeutig fest, daß sich Marx und Engels für eine »Diktatur des Proletariats« ausgesprochen haben?

Gewiß. Aber gerade dieser Aspekt ist durch spätere Veröffentlichungen, vor allem in der kommunistischen Bewegung, eindeutig überbewertet worden. Von einer »Theorie der Diktatur des Proletariats« kann bei Marx und Engels keine Rede sein; es handelt sich lediglich um einige wenige Äußerungen, wobei Marx und Engels die »Diktatur des Proletariats« als eine »Übergangsperiode« und einen »Durchgangspunkt« zur Entwicklung der neuen Gesellschaft bezeichneten. Erst nach der »Pariser Kommune«, im Frühjahr 1871, beschäftigten sich Marx und Engels erneut damit und charakterisierten diesen Begriff etwas genauer.

Die relativ kurzlebige »Pariser Kommune« war die Folge eines Arbeiteraufstandes nach der Niederlage Frankreichs im Krieg von 1870–1871. Marx und Engels haben den Kampf der Revolutionäre damals sehr bewundert. Engels sagte: »Seht Euch die ›Pariser Kommune‹ an. Das war die Diktatur des Proletariats.« – Worin sahen Marx und Engels eigentlich die entscheidenden Merkmale einer solchen Diktatur?

Zunächst ist ganz sicher, daß Marx und Engels sich unter einer »Diktatur des Proletariats« nicht ein diktatorisches, totalitäres System vorstellten, wie wir es aus den letzten Jahrzehnten der modernen Geschichte kennen. Unter dem Begriff »Diktatur des Proletariats« verstanden Marx und Engels vielmehr, wie sie wiederholt und eindeutig in ihren Schriften darlegten, folgendes:

a) Die unterdrückende Macht einer zentralistischen Regierung, Armee und Bürokratie müsse abgeschafft und die Polizei des alten Regimes ihrer politischen Funktionen entkleidet werden.

b) Alle öffentlichen Angelegenheiten müssen bei einer aus allgemeinen, geheimen Wahlen hervorgegangenen Körperschaft liegen, die gleichzeitig gesetzgebende und vollziehende Funktionen ausüben sollte.

c) Alle Beamten und Abgeordneten sollten jederzeit absetzbar sein, und zwar auf Widerruf derjenigen, die sie gewählt haben, sowie eine Bezahlung erhalten, die nicht über einen Arbeiterlohn hinausgehen dürfte.

Interessanterweise haben Marx und Engels in diesem Zusammenhang keine politische Partei erwähnt. Die »Diktatur des Proletariats« ist also in ihrer Sicht nicht identisch mit der Alleinherrschaft einer Partei.

Diese »Diktatur des Proletariats« sollte dann den Übergang zur neuen Gesellschaft vollziehen, dazu gehörte auch – wie Marx und Engels sagten – »die Expropriation der Expropriateure«, die entschädigungslose Enteignung der Kapitalisten. Ist das richtig?

Ja. Allerdings legten sich Marx und Engels, was die Entschädigung anbetrifft, keineswegs fest. Sie sahen drei Möglichkeiten: Entweder – bei Widerstand! – entschädigungslose Enteignung oder aber sofortige Entschädigung der früheren Unternehmer sowie, als dritte Möglichkeit, die Entschädigung in langfristigen Raten. Marx selbst sagte einmal: »Am besten kämen wir weg, wenn wir die ganze Bande auskaufen würden.« Im Zweifelsfalle zogen Marx und Engels also eine Entschädigung vor.

Soweit die Enteignungsfrage. Aber wie steht es nun um das Ziel, um die zukünftige klassenlose kommunistische Gesellschaft? Es wird immer wieder behauptet, Marx und Engels hätten sich über das Ziel, die zukünftige kommunistische Gesellschaft, nie klar geäußert. Würden Sie dem zustimmen?

Nein. Die leider sehr weitverbreitete Behauptung, Marx und Engels hätten sich niemals klar über die zukünftige Gesellschaft geäußert, stimmt nicht. Es gibt über 60, wenn auch verstreute Äußerungen zu diesem Thema. Im einzelnen findet man sie bei Marx im *Kapital* (vorwiegend im dritten Band), im Aufsatz über die *Nationalisierung des Grund und Bodens* (vom Frühjahr 1872) und in seiner berühmten *Kritik des Gothaer Programms* (von 1875). Friedrich Engels hat sich mit der zukünftigen kommunistischen Gesellschaft beschäftigt im *Anti-Dühring* (1878), in seiner Schrift *Zur Wohnungsfrage* (1872–73), in seinem Buch *Der Ursprung der Familie, des Privateigentums und des Staates* (1881) sowie vor allem, was die Agrarfrage anbetrifft, in seiner Schrift *Die Bauernfrage in Frankreich und Deutschland* (1894). Seinen Aufsatz *Über die Assoziation der Zukunft,* in dem sich Engels ausführlich und ausschließlich nur mit der Zukunftsgesellschaft befassen wollte, blieb leider unvollendet. Fragen der Zukunftsgesellschaft sind auch in Engels *Kritik am Erfurter Parteiprogramm* (1891) und in seinem Aufsatz zum Tode von Karl Marx (März 1883) zu finden. Es ist also keineswegs so, daß Marx und Engels etwa nichts über die zukünftige klassenlose kommunistische Gesellschaft geschrieben hätten.

Welches waren denn für Marx und Engels die entscheidenden Merkmale der zukünftigen klassenlosen kommunistischen Gesellschaft?
Zunächst einmal die Überführung des Privateigentums und der Produktionsmittel in *gesellschaftliches* Eigentum. Dies bedeutete jedoch *nicht eine Verstaatlichung,* nicht Staatseigentum oder eine verstaatlichte Wirtschaft. »Die Verstaatlichung«, schrieb Engels, »ist nur das Mittel, die Handhabe, aber nicht die Lösung des Problems. Die Lösung kann nur darin bestehen, daß die Gesellschaft offen und ohne Umwege von den Produktivkräften Besitz ergreift, und zwar durch eine Assoziation der freien Produzenten.« Die »Assoziation der freien Produzenten« stand bei Marx und Engels im Mittelpunkt der neuen Gesellschaft und wurde viel häufiger erwähnt als die später hervorgehobene sogenannte »planmäßige Entwicklung«.
Marx und Engels befürworten also keine zentrale Staatswirtschaft, sondern ein genossenschaftliches Wirtschaftssystem, die »Assoziation der freien Produzenten«, worunter man in unserem heutigen Sprachgebrauch wohl ein System einer Arbeiterselbstverwaltung oder einer Selbstverwaltung der Produzenten zu verstehen hat. Dieses System einer Selbstverwaltung der Produzenten sollte die Anarchie der kapitalistischen Wirtschaft überwinden und würde, nach Marx und Engels, einen so hohen Stand der Produktion erreichen, daß eine unentgeltliche Verteilung aller Erzeugnisse an die Gesellschaft möglich sein werde. Damit sei ein Zustand erreicht, in dem »jeder nach seinen Bedürfnissen« leben könne.

Soweit also die ökonomischen Grundlagen der neuen klassenlosen Gesellschaft. Aber wie stellten sich die Begründer des wissenschaftlichen Sozialismus die sozialen und politischen Aspekte der neuen Gesellschaft vor?
Die zukünftige klassenlose kommunistische Gesellschaft sollte, nach Marx und Engels, die Teilung der Gesellschaft in Klassen überwunden haben und damit keinen Staat mehr benötigen. Marx und Engels sahen im Staat das Organ der Unterdrückung einer Klasse durch die andere. Die soziale Revolution, die die Unterdrückung durch die Klassenherrschaft überwunden hat, würde logischerweise daher keinen Staat und keine Staatsgewalt mehr benötigen. Kaum ein Thema haben Marx und Engels so häufig und nachdrücklich behandelt wie das Absterben des Staates. So schrieb Marx in seiner berühmten Schrift *Das Elend der Philosophie,* an die Stelle der jetzigen Gesellschaft werde eine »Assoziation« treten, »welche die Klassen und ihren Gegensatz ausschließt, und es wird keine eigentliche politische Gewalt mehr geben, da gerade die politische Gewalt der offizielle Ausdruck des Klassengegensatzes innerhalb der bürgerlichen Gesellschaft ist«. Ausgehend davon, wiesen Marx und Engels immer wieder darauf hin,

daß mit der Einführung der sozialistischen Gesellschaft der Staat sich von selbst auflöst und verschwindet. Nach und nach, auf einem Gebiet nach dem anderen, wird die Staatsgewalt überflüssig und schläft dann von selbst ein. An die Stelle der Regierung von Personen tritt die Verwaltung von Sachen und die Leitung von Produktionsprozessen. Der Staat wird nicht abgeschafft, er stirbt ab. Dies war für Marx und Engels so wichtig, daß Engels selbst in der Grabrede für Marx das Absterben des Staates als eine der wesentlichen Gedanken von Marx hinstellte, wobei er darauf hinwies, daß die künftige Revolution die allmähliche Auflösung der mit dem Namen »Staat« bezeichneten politischen Organisation zur Folge haben werde.

Gibt es irgendwelche Andeutungen darüber, wie sich Marx und Engels die sozialen und politischen Beziehungen nach dem Absterben des Staates in der zukünftigen klassenlosen Gesellschaft vorstellten?
Nach Marx und Engels wird die Überwindung der Klassen und der Klassenunterschiede auch dazu führen, daß der Gegensatz zwischen Stadt und Land verschwindet. Die Aufhebung dieses Gegensatzes sei, wie Marx und Engels meinten, sogar eines der wesentlichsten Probleme, die eine soziale Revolution zu lösen haben werde. Anstelle der Trennung von Ackerbau und Industrie, von Bauern und Arbeitern, würde es zu einer zunehmenden Synthese in diesen unterschiedlichen Bereichen kommen. Die Landbevölkerung würde damit in das Leben der Gesamtbevölkerung einbezogen werden, aus ihrer Isolierung herausgerissen; gleichzeitig würde es möglich sein, die Luft-, Wasser- und Bodenvergiftung in den Städten durch eine gleichmäßige Verteilung der Schwerindustrie über das ganze Land zu beseitigen. Durch die Verschmelzung von Industrie und Landwirtschaft sollte auch die knechtende Arbeitsteilung überwunden werden. Dies war für Marx ein wichtiger Teilaspekt der Befreiung der menschlichen Persönlichkeit.

Die Verknüpfung der Befreiung der Gesellschaft mit der Befreiung der Persönlichkeit ist ja in der späteren kommunistischen Bewegung weitgehend verlorengegangen. Wie lassen sich die Marxschen Gedanken dazu kurz resümieren?
Marx und Engels ging es nicht nur darum, die Arbeiterklasse von der ökonomischen Ausbeutung im Kapitalismus und von der Unterdrückung zu befreien, sondern auch die Entfremdung des Menschen zu überwinden, die nach ihrer Ansicht, untrennbar sowohl mit einer Ausbeutergesellschaft als auch mit der knechtenden Arbeitsteilung verbunden ist. In einem seiner ersten Artikel schrieb Marx: »Die Lebensgefahr für jedes Wesen besteht darin, sich selbst zu verlieren. Die Unfreiheit ist daher die eigentliche Todesgefahr für die Menschen.« In der auf Privateigentum und Arbeitsteilung beruhenden Gesellschaft werde das von den arbeitenden Menschen erzeugte Produkt und das eigene Wissen der Privatbesitz eines anderen. Je mehr der Arbeiter Güter und Werte schaffe, um so gegenstandsloser und ärmer werde er selbst. In dieser Entfremdung des Menschen vom Produkt seiner Arbeit sah Marx die grundlegende Form aller Entfremdung des Menschen. Sie äußere sich darin, daß der Mensch die Arbeit, die ihm als Pro-

zeß der Selbsterzeugung zum ersten Lebensbedürfnis werden müßte, unter den bestehenden Verhältnissen als drückende Last empfinde. Vor allem die zunehmende Arbeitsteilung mache die Arbeit aus einem Mittel zur Entwicklung des Menschen zu einem Mittel seiner Verkümmerung.

Nach Marx und Engels sollte mit der Befreiung der Gesellschaft von Ausbeutung und Unterdrückung eine Entwicklung beginnen, durch die auch die menschliche Persönlichkeit von der knechtenden Arbeitsteilung befreit werden müßte. Der Mensch als bloßer Träger einer gesellschaftlichen Teilfunktion sollte durch ein total entwickeltes Individuum ersetzt werden, dem die kommunistische Gesellschaft dann Gelegenheit geben würde, seine allseitig entwickelten Anlagen zu bestätigen. Die Arbeit würde so aus einer Last zu einer Lust, weil jeder einzelne Gelegenheit hätte, seine sämtlichen Fähigkeiten, körperliche und geistige, nach allen Richtungen hin auszubilden und anzuwenden.

Und all dies sollte sich nicht nur in einem einzigen Land, sondern in der ganzen Welt vollziehen?

Marx und Engels dachten zunächst an die hochentwickelten Länder und sprachen in diesem Zusammenhang wiederholt von England, Deutschland, Frankreich und Nordamerika. Später erwähnten sie einige Male auch Italien und Spanien. Eine siegreiche Arbeiterrevolution in den entscheidenden hochentwickelten Ländern würde, so meinten Marx und Engels, seine Auswirkungen dann auch auf die übrige Welt haben; wobei mit der Errichtung der neuen Gesellschaft auch die nationalen Konflikte und Zwistigkeiten der Vergangenheit angehörten. Denn mit der Überwindung der Ausbeutung des Menschen durch den Menschen würde auch die Ausbeutung einer Nation durch eine andere beseitigt werden. Aller Vorwand zu nationalem Zwist wäre beseitigt; die Kämpfe zwischen den Nationen würden aufhören, Frieden und Glück in den zivilisierten Ländern Wirklichkeit werden.

Wie könnte man die politische Konzeption von Karl Marx und Friedrich Engels kurz zusammenfassen?

Marx und Engels gingen von der These aus, daß mit der zunehmenden Entwicklung des Kapitalismus die Arbeiterklasse zahlenmäßig die stärkste Klasse der Gesellschaft, ja die Mehrheit der Bevölkerung bilden würde und sahen in ihr die entscheidende Kraft der sozialen Umwälzung.

Zur Verwirklichung dieser Zielsetzung brauche die Arbeiterklasse eine Partei, die von ihr jedoch nicht als »führende Elite« gedacht war, sondern als Interessenvertretung der gesamten Arbeiterschaft. Die Arbeiterpartei sollte demokratisch aufgebaut sein und jeglichen Autoritätsaberglauben vermeiden. Die Arbeiterbewegung würde international sein, gleichzeitig aber sollten die unterschiedlichen Bedingungen in den einzelnen Ländern berücksichtigt und in Rechnung gestellt werden. Das Selbstbestimmungsrecht der Völker war für Marx und Engels ein entscheidendes Anliegen. Die zunehmenden Widersprüche im Kapitalismus würden zu einer sozialen Revolution führen. Ein hoher Stand der wirtschaftlich-technischen Entwicklung und der entscheidende Anteil der Arbeiterklasse an der Gesellschaft seien dafür die Voraussetzungen. Marx und Engels unterstrichen zunächst die gewaltsame Revolution, stellten aber seit den siebziger Jahren des vergangenen Jahrhunderts die Möglichkeit einer friedlichen Umgestaltung in den Vordergrund.

Die soziale Revolution würde zu einer »Diktatur des Proletariats«, zu einer politischen Herrschaft der Arbeiterklasse führen. Darunter verstanden Marx und Engels die Entmachtung der Bürokratie, der Armee und Polizei und ihre Ersetzung durch ein in allgemeiner, geheimer Abstimmung gewähltes Organ, das gleichzeitig gesetzgebende und vollziehende Gewalt ausüben sollte, und in dem alle Angestellten und Beamten des öffentlichen Dienstes keine den Arbeiterlohn übersteigende Bezahlung erhalten dürften sowie jederzeit von ihren Wählern abberufen werden könnten. Die »Diktatur des Proletariats« sollte in einer kurzen Übergangszeit die notwendigen Maßnahmen zur Umgestaltung der Gesellschaft vollziehen, darunter die Überführung der entscheidenden Produktionsmittel in die Hände der Gesellschaft – wobei eine Entschädigung der früheren Besitzer vorzuziehen, aber nicht Bedingung sei.

Mit und durch diese Transformation würde dann die »klassenlose kommunistische Gesellschaft« entstehen, charakterisiert durch ein gesellschaftliches Eigentum – nicht Staatseigentum – an den Produktionsmitteln in der Form von »Assoziationen der freien Produzenten«. Die Überwindung von Klassenherrschaft und Klassenunterschieden würde zu einer Abschaffung der Staatsgewalt sowie zur Aufhebung der knechtenden Arbeitsteilung führen. Unter diesen Voraussetzungen könnten sich alle geistigen und körperlichen Fähigkeiten des Menschen ungehindert entwickeln.

Alle gegenwärtigen kommunistischen Strömungen und Richtungen, so unterschiedlich sie im einzelnen auch sind, berufen sich auf Marx und Engels. Nicht wenige halten die Idee von Marx und Engels für sakrosankt, eine Art alleinseligmachendes Dogma. Haben Marx und Engels selbst dafür bereits vielleicht eine Handhabe geboten?

Marx und Engels waren weit davon entfernt, ihre Auffassungen und Theorien als eine unfehlbare politische Doktrin anzusehen. »Unsere Theorie ist kein Dogma«, erklärte Engels im Dezember 1886, »sondern die Darlegung eines Entwicklungsprozesses, und dieser Prozeß schließt aufeinanderfolgende Phasen ein.« Marx antwortete Mitte der sechziger Jahre auf die Frage nach seinem Lieblingsmotto, dies sei »de omnibus dubitandum«, also: »An allem ist zu zweifeln.« Wiederholt sagte er auch: »Ich weiß nur dies, daß ich kein ›Marxist‹ bin.« In dieser Erklärung kam die zunehmende Sorge über die schon um jene Zeit auftretenden »Marxisten« zum Ausdruck, die aus einer nicht verstandenen Theorie, wie Engels schrieb, eine Art »alleinseligmachendes Dogma« machen wollten. Im August 1890 schrieb Engels an den Schwiegersohn von Marx, Lafargue, bei vielen Marxisten handle es sich um Leute, »deren Unvermögen nur mit ihrer Arroganz zu vergleichen ist«. Prophetisch sagte er voraus, aus den hinterlassenen Marxschen Manuskripten werde »jedermann mehr hineinraten als richtig herauslesen«.

Wann sehen Sie die ersten Wandlungen in den politischen Lehren des Marxismus?

Sie begannen schon unmittelbar nach dem Tode von Friedrich Engels (1895) und waren nicht selten von harten Debatten und Auseinandersetzungen begleitet. Wenn man diesen komplizierten und oft widersprüchlichen Prozeß auf einen einfachen Nenner zurückführen will, so handelte es sich in erster Linie darum, daß in Zentral- und Westeuropa die ursprünglich von Karl Marx beeinflußten sozialistischen und sozialdemokratischen Parteien machtvoll anwuchsen und in zunehmendem Maße Einfluß auf die praktische Politik, Sozialpolitik und Gesetzgebung nahmen. Dies führte allerdings auch dazu, daß in diesen Parteien allmählich die reformistische Interpretation des Marxismus überwog, bis sich schließlich diese Parteien weitgehend von marxistischen Theorien und Zielen überhaupt entfernten. Umgekehrt aber bekannten sich die sozialistischen Arbeiterorganisationen Ost- und Südeuropas, vor allem Rußlands, die nur illegal tätig sein konnten und keine Möglichkeit hatten, sich offen für Reformen in der bestehenden Gesellschaft einzusetzen, zu einer revolutionären Interpretation der Auffassungen von Marx und Engels. Aus der Vielzahl der unterschiedlichen Strömungen spielten später in der kommunistischen Bewegung vor allem die Auffassungen von Wladimir Uljanow, später als »Lenin« bekannt, eine entscheidende Rolle.

2

Die Revolutionslehre des Leninismus

Die sowjetischen Kommunisten sprechen vom »Marxismus-Leninismus«, die chinesischen Kommunisten von »Marxismus-Leninismus-Mao-Tse-tung-Ideen«, und die Trotzkisten nennen stets Lenin mit Trotzki in einem Atemzug. Alle kommunistischen Richtungen der Gegenwart bekennen sich zu Lenin, allerdings mit sehr unterschiedlichen Schlußfolgerungen. Andererseits gibt es auch viele Marxisten, die bereits den Leninismus als eine Abweichung vom ursprünglichen Marxismus betrachten und sogar behaupten, der Leninismus habe mit dem ursprünglichen Marxismus kaum etwas zu tun.

Es ist sehr schwer zu sagen, wer recht hat, denn die unterschiedlichen Auffassungen über den Leninismus widerspiegeln die Widersprüchlichkeit des Leninismus in seinem Verhältnis zum Marxismus. Der Leninismus bedeutet nämlich

a) eine Anpassung des Marxismus an die völlig andersgearteten Bedingungen Rußlands,

b) eine legitime Weiterentwicklung des Marxismus auch auf internationaler Basis, wenn auch manchmal mit einer gewissen einseitigen Interpretation, und schließlich

c) eine theoretische Verallgemeinerung der russischen Revolutionserfahrungen von 1917.

Damit enthält der Leninismus sowohl Gemeinsamkeiten mit dem Marxismus als auch Unterschiede.

Worin bestehen nun die entscheidenden Gemeinsamkeiten zwischen Marxismus und Leninismus?

Zu den Gemeinsamkeiten gehören das Einsetzen für die Ziele einer revolutionären Arbeiterbewegung, die Bekämpfung und Überwindung des Kapitalismus durch eine Revolution und die Verwirklichung einer sozialistischen Gesellschaftsordnung; ferner eine internationalistische Betrachtungsweise, wobei gleichzeitig allerdings auch das Recht auf einen besonderen Weg zum Sozialismus gewährt wird, und schließlich eine kritische Einstellung zu eigenen Handlungen und Erfahrungen und auch zu eigenen theoretischen Verallgemeinerungen.

Die Übereinstimmungen scheinen ja, auf den ersten Blick gesehen, sehr groß zu sein. Würden Sie demnach die Unterschiede zwischen Marxismus und Leninismus nur gering einschätzen?
Keineswegs. Zunächst einmal etwas Grundsätzliches: Marx und Engels waren ja vorwiegend Theoretiker, die dann bestimmte praktisch-politische Schlußfolgerungen zogen. Lenin dagegen war in erster Linie ein Stratege und Taktiker der Revolution mit gewissen theoretischen Arbeiten. Dieser Unterschied wird in den gesammelten Werken sehr deutlich: Bei Marx und Engels dominieren Philosophie, Ökonomie, Literaturwissenschaft, Soziologie und historische Arbeiten, dagegen findet man relativ wenig rein politische Thesen. Bei Lenin ist das Verhältnis fast umgekehrt: Die politische Theorie – »Strategie und Taktik der Arbeiterbewegung« – steht absolut im Mittelpunkt, während ökonomische und philosophische Fragen einen relativ geringen Platz einnehmen. Hinzu kommt die Anpassung an die russischen Verhältnisse und die damit verbundenen wesentlichen Veränderungen, die Lenin in die marxistische Lehre hineingebracht hat: die neue »Theorie von der Partei«, eine neue Stellung zum Krieg, eine weitgehende Neuinterpretation der »sozialistischen Revolution«, eine Neuinterpretation und Erweiterung des Begriffs »Diktatur des Proletariats« und auch wichtige Veränderungen in der Frage der zukünftigen klassenlosen Gesellschaftsordnung.

Sie erwähnten, Lenin habe die marxistischen Konzeptionen auf die völlig andersgearteten Bedingungen Rußlands übertragen und die marxistischen Konzeptionen den russischen Bedingungen angepaßt. Was meinen Sie damit? Und worin besteht diese Anpassung?
Marx und Engels hatten mehrmals darauf hingewiesen, daß ihre Theorien für die *entwickelten* kapitalistischen Länder gelten. Das zaristische Rußland der neunziger Jahre und der Jahrhundertwende unterschied sich in vielen wichtigen Bereichen von den Ländern Zentral- und Westeuropas. Zunächst bestand die Bevölkerung zu einer überwiegenden Mehrheit aus Bauern. Damit spielte die Bauernfrage in der revolutionären Theorie notwendigerweise eine ganz entscheidende Rolle. Es ist daher sicher nicht zufällig, daß im Leninismus die Theorie vom Bündnis der Arbeiter und Bauern entwickelt worden ist.
Der Kapitalismus befand sich in Rußland noch in den Kinderschuhen. Die Industriearbeiterschaft, die bei Marx und Engels im Mittelpunkt stand, war zahlenmäßig gering und die Sozialgesetzgebung sehr rückständig. Einige Beispiele: Erst 1882 wurde die Kinderarbeit unter 12 Jahren verboten, erst 1886 verordnet, daß Löhne regelmäßig gezahlt werden müßten, und erst 1897 der $11\frac{1}{2}$stündige Arbeitstag festgelegt, was zu dieser Zeit als große Konzession an die Arbei-

ter galt. Die damalige Situation war also durch eine schwache Arbeiterschaft, eine verspätete Entwicklung und eine schlechte Sozialgesetzgebung gekennzeichnet. Hinzu kam das nationale Problem. Rußland war ein Völkergefängnis. Die nichtrussischen Völkerschaften wurden unterdrückt. Deshalb spielte die nationale Frage eine zunehmend größere Rolle. All dies vollzog sich unter einer Diktatur, der zaristischen Selbstherrschaft. Das bedeutete, daß sich – im Unterschied zu Westeuropa – Gewerkschaften und Arbeiterparteien nicht legal entwickeln und entfalten, sondern nur illegal tätig sein konnten. Die Führer der Bewegung waren in Gefängnissen, in der Verbannung und häufig auch in der Emigration. Unter diesen Bedingungen stand logischerweise der revolutionäre Charakter des Marxismus im Vordergrund.

Würden Sie daher den Leninismus als eine revolutionäre, auf das Endziel ausgerichtete Interpretation des Marxismus ansehen?
Ja, aber nicht nur. Der Leninismus ging weit darüber hinaus. Der Marxismus wurde nicht nur revolutionärer interpretiert, sondern durch neue Thesen und Konzeptionen ergänzt, die der damaligen revolutionären Bewegung unter den Bedingungen des Zarismus entsprachen. Entscheidend dabei war, daß die ganze Bewegung von Anfang an illegal tätig sein mußte, d.h., daß auch die Arbeiterpartei eine illegale Partei war. Ihre Gründung erfolgte durch eine illegal verbreitete Zeitung, die sich *Iskra* (»Der Funke«) nannte, im Ausland, die übrigens in Stuttgart gedruckt und später dann illegal in Rußland vertrieben wurde. Lenin, der damals in München lebte, zog in den Jahren 1901–02 seine wichtige Schlußfolgerung aus den russischen Bedingungen und entwickelte in seinem entscheidenden Buch *Was tun?* seine neue Theorie von der Partei.

Die neue Doktrin von der Partei ist ja ein Kernstück des Leninismus. Können Sie Lenins Parteitheorie einmal kurz zusammenfassen?
Die entscheidenden Grundzüge der Parteidoktrin Lenins sind etwa folgende:
a) Die Arbeiter können, allein auf sich gestellt, kein politisches oder gar marxistisches Bewußtsein entwickeln; sie orientieren sich eigentlich nur auf praktische, ökonomisch-soziale Tagesforderungen. Das politische Bewußtsein der Arbeiterschaft muß also von außen her entwickelt werden.
b) Lenin betrachtete die Partei als eine Organisation von Berufsrevolutionären. Berufsrevolutionäre – ein Lieblingswort Lenins –, das heißt Menschen, deren Beruf die revolutionäre Tätigkeit ist.
c) Die Partei muß zentralistisch aufgebaut sein, alle Funktionen sollen in den Händen einer möglichst geringen Zahl von Berufsrevolutionären liegen; allerdings unterstrich Lenin dabei gleichzeitig die Mitarbeit von breiteren Bevölkerungsschichten. Aber das Entscheidende war für ihn die Partei. Sein berühmtester Ausspruch ist: »Gebt uns eine Organisation von Revolutionären, und wir werden Rußland aus den Angeln heben.« Hier zeigt sich deutlich der Unterschied: Marx und Engels betrachteten die Partei als eine Interessenvertretung der Arbeiterschaft, bei Lenin war sie eine revolutionäre Eliteorganisation.

Mit der neuen Doktrin von der Partei hatte Lenin sich in einer wichtigen Frage vom ursprünglichen Marxismus entfernt: Während Marx und Engels die Partei als Interessenvertretung der Arbeiterschaft ansahen, wollte Lenin ein Kampfinstrument aus ihr machen, das die Arbeiterschaft führen sollte.

So wichtig dies auch ist – das Ziel, die soziale Revolution, blieb doch wohl im Leninismus bestehen. Oder hat Lenin auch die Marxsche Revolutionstheorie den russischen Bedingungen angepaßt?

Während Marx und Engels die soziale Revolution als eine Revolution der Industriearbeiterschaft in hochentwickelten Ländern vorausgesehen hatten, paßte Lenin die Theorie der Revolution der Problematik des zaristischen Rußlands an. Das zaristische Rußland hatte noch keine siegreiche bürgerliche Revolution hinter sich gebracht. Die unausgenutzten Reserven der bürgerlichen Revolution konnten aber Treibstoff für eine sozialistische Revolution liefern. Dies war der Hauptgedanke Lenins in seiner 1905 veröffentlichten Schrift *Zwei Taktiken der Sozialdemokratie in der demokratischen Revolution.* Der wichtigste Gedanke lag darin, daß es unter russischen Bedingungen nicht richtig sei, zwischen der bürgerlichen Revolution auf der einen und der zukünftigen proletarischen und sozialistischen Revolution auf der anderen Seite einen sorgfältigen Trennungsstrich zu ziehen. Es komme vielmehr darauf an, von einer bürgerlichen Revolution so schnell wie möglich zu einer sozialistischen Revolution überzugehen. Um dies zu verwirklichen, schlug Lenin vor, die Arbeiterklasse müsse die Bauernmassen gewinnen, um die ungelösten Aufgaben der bürgerlichen Revolution, eine Agrarrevolution, durchzuführen. Je enger und fester das Bündnis mit der Bauernschaft sei, je eindeutiger und klarer die führende Rolle der Arbeiterklasse in einer bürgerlichen Revolution, um so leichter würde es dann sein, die Entwicklung über die bürgerliche Revolution hinaus zu einer sozialistischen Revolution voranzutreiben. Diese Thesen, während der ersten russischen Revolution von 1905 ausgearbeitet, kamen damals noch nicht zum Tragen, erwiesen sich jedoch als prophetisch für die große revolutionäre Entwicklung des Jahres 1917.

Beide bisher erwähnten Theorien stellen eine Anpassung des Marxismus an die andersgearteten Bedingungen Rußlands dar. Sie haben jedoch eingangs erwähnt, daß der Leninismus darüber hinaus eine legitime Weiterentwicklung des Marxismus auch auf internationaler Basis sei. Können Sie dafür einige Leninsche Theorien anführen?

Dies dürfte vor allem für die Imperialismus-Theorie Lenins gelten. Während des Ersten Weltkrieges – Lenin lebte damals in Zürich – verfaßte er sein wichtigstes Werk *Der Imperialismus als höchstes Stadium des Kapitalismus.* Lenin vertritt darin die These, daß der vormonopolistische Kapitalismus – wie er etwa von Marx und Engels beschrieben wurde – sich im letzten Drittel des 19. Jahrhunderts allmählich in einen Monopolkapitalismus oder Imperialismus verwandelt habe. Im ökonomischen Bereich zeichne sich diese Wandlung vor allem durch fünf Merkmale aus. Zunächst – und dieses Merkmal steht an der Spitze – ist die freie Konkurrenz durch die Monopole verdrängt worden. Die Monopole spielen im Wirtschaftsleben die entscheidende Rolle; sie vereinigen in ihren Händen eine riesige wirtschaftliche Macht, die ihnen die Möglichkeit bietet, Monopolpreise zu diktieren und einen Monopolprofit zu kassieren. Das im vormonopolistischen Kapitalismus selbständige Industrie- und Bankkapital verschmelzen zum Finanzkapital. Das dritte Merkmal sei, daß der Warenexport in die wirtschaftlich rückständigen Länder durch den Kapitalexport ersetzt wird. Schließlich, viertens, bilden sich im Übergang zum Imperialismus internationale Monopolverbände heraus, die die Welt unter sich aufteilen. Als fünftes und letztes Merkmal weist Lenin darauf hin, daß die territoriale Aufteilung der Welt durch die kapitalistischen Großmächte in der Form von Kolonien beendet ist. Dies hätte zur Folge, daß die gesamte Welt von jeglichem Widerspruch und Gegensatz in einem Teil der Welt in Mitleidenschaft gezogen werde.

Wie charakterisierte Lenin den Monopolkapitalismus bzw. Imperialismus politisch?
Lenin beschränkte sich nicht auf diese fünf Merkmale des Imperialismus, sondern hob hervor, daß es sich beim Imperialismus um einen parasitären, einen faulenden und einen sterbenden Kapitalismus handele. Unter dem »parasitären« und »faulenden« Charakter des Imperialismus verstand Lenin, daß die Schicht der Rentiers, der Inhaber von Aktien und Wertpapieren, anwachse, während die Mehrzahl der kapitalistischen Unternehmer ihre unmittelbaren Beziehungen zur Produktion verliere, da die Leitung der Betriebe in immer größerem Maße in die Hände von bezahlten Direktoren, von Managern, gelegt werde. Unter dem Begriff des »sterbenden« Kapitalismus verstand Lenin, daß sich alle entscheidenden Widersprüche des Kapitalismus im Imperialismus noch mehr verschärfen. Der Imperialismus sei, wie Lenin meinte, damit jenes Entwicklungsstadium des Kapitalismus, in dem die proletarische Revolution zur praktischen Unvermeidbarkeit geworden sei.
Ausgehend von seiner Imperialismus-Theorie hat Lenin in den Jahren 1914–16 seine Kriegs-Theorie entwickelt, vor allem in der 1915 gemeinsam mit Sinowjew verfaßten Schrift *Sozialismus und Krieg*.

Welches sind die wichtigsten Thesen Lenins zum Problem des Krieges?
Entscheidend sind die Konzeption der »Unvermeidbarkeit der Kriege« und Lenins Unterscheidung zwischen gerechten und ungerechten Kriegen. Lenin ging in seiner Kriegstheorie zunächst davon aus, daß im Zeitalter des Imperialismus die imperialistischen Mächte untereinander in Konflikt geraten müßten, und allein daher Kriege unvermeidbar sind. Hinzu komme das Bestreben des Imperialismus, andere Völker zu unterjochen, und dies mache wiederum nationale Befreiungskriege unvermeidbar. Die zunehmenden inneren Widersprüche führen schließlich – ebenfalls unvermeidbar – zu Bürgerkriegen. Aus allen drei Gründen seien deshalb Kriege im Zeitalter des Imperialismus unvermeidbar.
Neben der Unvermeidbarkeit der Kriege entwickelte Lenin zur gleichen Zeit die Konzeption von den »gerechten« und »ungerechten« Kriegen. Ausgehend von

dem bekannten Ausspruch von Clausewitz, »Der Krieg ist die Fortsetzung der Politik mit anderen Mitteln«, zog Lenin die Schlußfolgerung, daß es für eine Charakterisierung des Krieges nicht darauf ankomme, wer den Krieg begonnen und wer die Feindseligkeiten eröffnet habe. Ausschlaggebend sei vielmehr, welche Politik mit einem Krieg fortgesetzt werde. Eine imperialistische Politik führe notwendigerweise zu einem imperialistischen Krieg, eine Befreiungsbewegung zu einem gerechten Krieg. Gerechte Kriege sind daher, nach Lenin, Befreiungskriege der Unterdrückten – als Beispiel etwa der Spartakus-Aufstand – und nationale oder revolutionäre Befreiungskriege wie die große Französische Revolution. Unter »ungerechten Kriegen« verstand Lenin Eroberungskriege von Kolonialmächten zur Unterjochung anderer Völker oder auch Kriege zwischen imperialistischen Ländern, als typisches Beispiel etwa der Erste Weltkrieg, in dem alle Beteiligten einen ungerechten Krieg führten.

Hat sich Lenins Imperialismus-Theorie auch in bezug auf die Konzeption der sozialistischen Revolution ausgewirkt?
Ja. Ausgehend von der Imperialismus-Theorie verwies Lenin auf die ungleichmäßige Entwicklung in den verschiedenen Ländern. Die Ungleichmäßigkeit der *ökonomischen* Entwicklung in den kapitalistischen Ländern habe nun auch die Ungleichmäßigkeit der *politischen* Entwicklung zur Folge, so daß auch revolutionäre Prozesse in den verschiedenen Ländern unterschiedlich vonstatten gehen. Daraus ergäbe sich aber, daß man nicht mehr, wie Marx und Engels, auf eine gleichzeitige Revolution hoffen könne, sondern daß die proletarische Revolution zunächst in einem einzigen Lande siegen könne. Diese entscheidende These faßte Lenin im August 1915 in dem Satz zusammen: »Die Ungleichmäßigkeit der ökonomischen und politischen Entwicklung ist ein unbedingtes Gesetz des Kapitalismus. Hieraus folgt, daß der Sieg des Sozialismus zunächst in wenigen kapitalistischen Ländern oder sogar in einem einzeln genommenen Land möglich ist.« Damit war die frühere Marxsche Konzeption von einer universalen gleichzeitigen Revolution in mehreren Ländern von Lenin durch die These ersetzt worden, daß die Revolution auch in einem einzigen Lande möglich sei. Mehr und mehr trat übrigens bei Lenin anstelle der von Marx und Engels betonten *ökonomisch-sozialen Voraussetzungen* für eine Revolution die Vorstellung von günstigen aktuellen politischen Kräftekonstellationen, die Lenin als »revolutionäre Situation« bezeichnete.

Was ist eine »revolutionäre Situation«? Welche Kriterien begünstigen nach Auffassung Lenins eine Revolution?
Lenin hat drei Merkmale für eine revolutionäre Situation aufgezeigt. Erstens, die Krise der oberen Schichten, die Unfähigkeit der Ausbeuterklassen, ihre Herrschaft unverändert aufrechterhalten zu können. Dazu gehört auch eine Spaltung in der herrschenden Klasse selbst. Zweitens sei eine revolutionäre Situation durch eine Verschärfung der sozialen Gegensätze zwischen der herrschenden Klasse und den unterdrückten Massen der Bevölkerung über das gewöhnliche Maß hinaus gekennzeichnet. Schließlich, drittens, ein bedeutendes

Anwachsen der politischen Aktivität der Bevölkerung, ein schnelles Anwachsen der Kampfbereitschaft der revolutionären Klassen, der Drang zu revolutionären Aktionen. Dabei wies Lenin wiederholt darauf hin, daß es für eine revolutionäre Situation aller drei Merkmale bedürfe.

Marx und Engels haben sowohl eine gewaltsame Revolution als auch – vor allem in den letzten beiden Jahrzehnten ihres Lebens – die Möglichkeit einer friedlichen Umgestaltung der Gesellschaft betont. Gilt dies auch für Lenin?
Nein. Zwar hat Lenin als ganz seltenen Ausnahmefall auch eine friedliche Entwicklung nicht völlig ausgeschlossen, aber im allgemeinen hat er weit mehr und vehementer als Marx und Engels die gewaltsame Revolution in den Mittelpunkt gestellt und dabei auf den bewaffneten Aufstand als entscheidende Kampfmethode verwiesen. Damit unterscheidet sich Lenins Revolutionstheorie von den ursprünglichen Vorstellungen von Marx und Engels:
a) An die Stelle der von Marx und Engels betonten ökonomisch-sozialen Voraussetzungen setzte Lenin die günstige politische Kräftekonstellation, die revolutionäre Situation.
b) An die Stelle des von Marx und Engels betonten gleichzeitigen Sieges in den wichtigen Industrieländern setzte Lenin die These von der Möglichkeit des Sieges der Revolution auch in einem einzigen Land.
c) Statt der von Marx und Engels vor allem in den siebziger und achtziger Jahren betonten Möglichkeit einer friedlichen Umgestaltung unterstrich Lenin die gewaltsame Revolution als die typische Entwicklungsform und verwies dabei besonders auf den bewaffneten Aufstand.

Und all diese Thesen entwickelte Lenin vor der Oktoberrevolution von 1917?
Ja, wobei sogar eine These vom bewaffneten Aufstand wenige Tage vor der Oktoberrevolution von 1917 aufgezeichnet wurde, und die Oktoberrevolution von 1917 ja weitgehend nach dem Leninschen Schema verlief.

Strenggenommen waren ja, nach der Theorie von Marx und Engels, die Bedingungen für eine sozialistische Revolution im Rußland des Jahres 1917 noch nicht reif. Waren sich Lenin und seine Mitkämpfer eigentlich damals dieser Tatsache bewußt?
Ausdrücklich hat das Lenin zwar nicht erwähnt, aber vieles spricht dafür, daß ihm und den Bolschewiki dies bewußt war. Sie sahen daher die Oktoberrevolution von 1917 nicht als alleinstehendes Ereignis an, sondern gewissermaßen als Initialzündung für eine Revolution in den entwickelten Staaten Europas. Die Idee, etwa allein in Sowjetrußland eine sozialistische Gesellschaft errichten zu können, war damals Lenin und den Bolschewiki völlig fremd.

Mit dem Sieg der Bolschewiki im Jahre 1917 entstand Widerspruch zwischen ihrer eigenen Zielsetzung, eine klassenlose Gesellschaft zu errichten, und den realen Möglichkeiten und Notwendigkeiten angesichts der Situation im Rußland der damaligen Zeit.

Durchaus. Als die Bolschewiki, ehrliche Revolutionäre, die vom Marxismus zutiefst überzeugt waren, die Macht übernahmen, war Rußland ein wirtschaftlich rückständiges Land mit damals knapp 150 Millionen Einwohnern. Fast fünf Sechstel der Bevölkerung waren Bauern, fast 70 Prozent Analphabeten. Das Land war durch den Weltkrieg zerrüttet. Es herrschten Hunger, Not und Elend. Unter diesen Bedingungen bestand ein tiefer Widerspruch zwischen den marxistischen Zielsetzungen einer klassenlosen Gesellschaft und den realen Möglichkeiten, mit denen die Bolschewiki konfrontiert wurden. Dieser Widerspruch verstärkte sich noch durch den Bürgerkrieg von 1918–21 und die militärische Notwendigkeit, den Bürgerkrieg erfolgreich zu beenden. All dies wirkte sich auch auf die weitere Entwicklung der Theorie aus, da Lenin nur die bolschewistische Herrschaft in Sowjetrußland als die Verwirklichung der Diktatur des Proletariats betrachtete und diesem Begriff einen völlig neuen Inhalt gab.

Worin unterscheidet sich Lenins Konzeption der Diktatur des Proletariats von den ursprünglichen marxistischen Vorstellungen?
Zunächst haben Marx und Engels die Diktatur des Proletariats in ihren Schriften nur einige Male ganz kurz erwähnt. Lenin dagegen erklärte, die Diktatur des Proletariats sei das Kernstück des Marxismus überhaupt – und meinte sogar, nur derjenige, der die Diktatur des Proletariats anerkenne, sei als Marxist zu betrachten. Damit erhielt die bei Marx und Engels nur nebenbei erwähnte These einen völlig anderen Stellenwert.
Nicht weniger wichtig aber ist die Begriffsveränderung. Marx und Engels verstanden unter dem Begriff »Diktatur des Proletariats«, wie bereits erwähnt, ein aus freien, geheimen Wahlen hervorgegangenes Organ, das gleichzeitig gesetzgebende und vollziehende Gewalt ausüben sollte, wobei die gewählten Abgeordneten und Angestellten des öffentlichen Dienstes jederzeit abberufbar sein und eine Bezahlung erhalten sollten, die nicht über der eines qualifizierten Arbeiters lag. Lenin dagegen erklärte nun, die Diktatur des Proletariats sei ein politisches System, das den Übergang vom Kapitalismus zum Sozialismus gewährleisten sollte, einen Übergang, der, laut Lenin, ohne Zwang und ohne Diktatur unmöglich sei. Die Unterdrückung der Gegner und die Anwendung diktatorischer Gewaltmaßnahmen wurden von Lenin als entscheidende Kennzeichen der Diktatur des Proletariats bezeichnet, und er unterstrich wiederholt die führende Rolle der Partei, deren Aufgabe es sei, die neue Ordnung zu organisieren und die Werktätigen zu führen.

War dies nicht faktisch eine Anpassung der Theorie an die in der Praxis verwirklichte politische Herrschaft der Bolschewiki in Rußland?
Ja. Die bolschewistische Herrschaft in Rußland nach 1917 wurde zunehmend von Lenin mit der Diktatur des Proletariats gleichgesetzt, ja als Verwirklichung der Marxschen Formel von der Diktatur des Proletariats betrachtet. Terror und Unterdrückung, die unter den Bedingungen der russischen Revolution und des Bürgerkriegs von 1918–21 sicher schwer vermeidbar waren, erhielten nun eine theoretische Fundierung, fast eine Rechtfertigung. Die Unterdrückung der

Gegner und die Anwendung diktatorischer Gewaltmaßnahmen wurden von Lenin als entscheidende Kennzeichen der Diktatur des Proletariats bezeichnet und die Diktatur des Proletariats galt nun als ein politisches System, in dem eine Partei eine führende Rolle spielte.

Aber wie sah man das Endziel, die zukünftige klassenlose kommunistische Gesellschaft? Hat sich Lenin an der ursprünglichen marxistischen Konzeption von einer Assoziation der freien Produzenten, vom Absterben des Staates und der allseitigen Entwicklung der freien Persönlichkeit orientiert?
Lenin hat zwar manche Grundzüge beibehalten, aber auch in dieser Frage wichtige Veränderungen vorgenommen.
Zunächst führte Lenin eine deutliche Unterscheidung zwischen der sogenannten ersten Phase, dem Sozialismus, und der zweiten und höheren Phase, dem Kommunismus, ein. Das Endziel wurde auf eine längere Zeit hinausgeschoben, das »Absterben des Staates« ebenfalls. In der ersten Phase würde der Staat noch existieren, er würde erst in der höheren Phase absterben. Schließlich – nach meiner persönlichen Auffassung besonders tragisch – betonte Lenin anstelle der »Assoziation der freien Produzenten«, die bei Marx und Engels im Mittelpunkt stand, das Staatseigentum und die Planung stärker. Das war unter den damaligen russischen Bedingungen sicher notwendig, aber durch die theoretische Verallgemeinerung ging diese Auffassung nun in die gesamte Ideologie ein. Auffallend ist auch, daß die Befreiung der menschlichen Persönlichkeit, die bei Marx und Engels im Mittelpunkt stand, bei Lenin kaum noch erwähnt wurde. Damit war nun auch in der Zielsetzung der kommunistischen Gesellschaft eine wichtige Veränderung gegenüber dem ursprünglichen Marxismus vollzogen worden.

Dennoch hat Lenin die Sowjetmacht nach 1917 als Verwirklichung der ursprünglichen marxistischen Konzeptionen angesehen. Hat er die in der Sowjetunion praktizierte Form des Marxismus als allgemeingültig für die internationale revolutionäre Bewegung bewertet, oder glaubte er, daß diese Form nur den russischen Bedingungen entspräche?
Lenins Äußerungen dazu sind etwas widersprüchlich. Einerseits hat er wiederholt die internationalen Erfahrungen der russischen Revolution unterstrichen, andererseits aber sehr deutlich, was leider jetzt kaum noch zitiert wird, immer wieder das Recht der einzelnen Länder auf einen eigenen Weg zum Sozialismus betont und ausdrücklich davor gewarnt, russische Erfahrungen überzubewerten. Lenin hat sogar wiederholt erklärt, daß es andere Länder besser machen würden als die russischen Bolschewiki, wenn sie einmal den Weg zum Sozialismus beschritten. Dabei dachte er besonders an Polen und Ungarn. Lenin zeichnet sich damit durch eine große Bescheidenheit aus. Er sprach häufig über Fehler und Dummheiten und besaß keine Spur jener Überheblichkeit, die man heute bei Menschen antrifft, die sich als Leninisten bezeichnen.

Kann man daraus schließen, daß Lenin die russische Sowjetmacht nicht als Modell für die Kommunisten anderer Länder ansah?

Durchaus. Lenin hat ausdrücklich die Idee eines Modells abgelehnt. Sogar auf einem Parteikongreß, dem 8. Parteitag im März 1919, sagte er wörtlich: »Es wäre lächerlich, unsere Revolution als eine Art Ideal für alle Länder hinzustellen, sich einzubilden, sie hätte eine Reihe genialer Entdeckungen gemacht. Wenn wir uns wie ein Frosch aufblasen und wichtigmachen, wird die ganze Welt über uns lachen, werden wir bloße Aufschneider sein.«

Zu den letzten Schriften Lenins gehört auch sein vieldiskutiertes Testament, in dem er vor Stalin gewarnt haben soll.
Das war der Brief an den 13. Parteitag, den er geschrieben hat, als er schon schwer krank war. Dieses Schreiben ist übrigens nicht nur wegen der Warnung vor Stalin bedeutsam, sondern auch wegen der tiefen Besorgnis, die er darin zum Ausdruck gebracht hat. Die Hoffnung auf die Weltrevolution war bereits geschwunden. Lenin hatte Furcht vor einer Bürokratisierung des Sowjetsystems und vor einem großrussischen Nationalismus. Er sagte damals: »Wenn wir ehrlich sein wollen, müssen wir sagen, daß wir einen Apparat als eigenen bezeichnen, der uns in Wirklichkeit noch durch und durch fremd ist.« Er sprach auch davon, daß der Apparat »ein bürgerlich-zaristisches Gemisch sei, nur leicht mit Sowjetöl gesalbt«. Und über seine Furcht vor einem zunehmenden russischen Nationalismus steht wörtlich in seinem Testament: »Kein Zweifel, daß der verschwindende Prozentsatz sowjetischer Arbeiter in diesem Meer des chauvinistischen großrussischen Packs ertrinken wird wie die Fliege in der Milch.« Er wurde also gegen Ende seines Lebens von düsteren Vorahnungen bedrückt, eine Haltung, die in meinen Augen die menschliche Größe Lenins bezeugt.

Sie schildern den Leninismus als ein widersprüchliches Phänomen und verweisen darauf, daß es sich bei ihm sowohl um eine Fortsetzung und Erweiterung des ursprünglichen Marxismus als auch um eine gewisse Anpassung an die russischen Verhältnisse und – nach 1917 – um eine theoretische Verallgemeinerung der Erfahrungen der russischen Revolution handelt.
Der Leninismus enthält alle Faktoren. Zu den Komponenten der Kontinuität, also der Fortsetzung des Marxismus, muß Lenins Internationalismus gerechnet werden, sein Kampf gegen den Nationalismus, vor allem gegen den russischen Nationalismus, seine Abscheu vor Lobhudelei und Verherrlichung und sein nachdrückliches Bekenntnis für einen unterschiedlichen Weg zum Sozialismus in den einzelnen Ländern. Als entscheidende Veränderungen gegenüber dem ursprünglichen Marxismus gelten besonders folgende Komponenten:
a) die neue Parteidoktrin Lenins, nach der anstelle der Marxschen Idee einer Interessenvertretung der gesamten Arbeiterklasse eine Organisation von Berufsrevolutionären trat – eine disziplinierte, auf eine einheitliche Ideologie eingerichtete revolutionäre Elitepartei, die die Arbeiterklasse führen sollte.
b) Die Imperialismus-Theorie Lenins mit den entsprechenden Schlußfolgerungen, darunter die These Lenins von der Unvermeidbarkeit der Kriege, seine Unterscheidung zwischen gerechten und ungerechten Kriegen und, ausgehend von der ungleichmäßigen Entwicklung der verschiedenen Länder im

Imperialismus, die Möglichkeit des Sieges der Revolution in einem einzigen Land.

c) Lenins neue Thesen über die sozialistische Revolution. Während Marx und Engels die Revolution an bestimmte ökonomisch-soziale Voraussetzungen geknüpft hatten und wiederholt auch eine friedliche Umgestaltung in Erwägung zogen, machte Lenin eine erfolgreiche sozialistische Revolution lediglich von einer günstigen politischen Konstellation abhängig und betonte den gewaltsamen Umsturz in Form eines bewaffneten Aufstands – geführt von einer Partei, die Marx und Engels übrigens in diesem Zusammenhang niemals erwähnt haben.

d) Die »Diktatur des Proletariats«, bei Marx und Engels als kurzes Durchgangsstadium erwähnt, erlangte unter Lenin eine große Bedeutung, wobei die Anwendung diktatorischer Gewaltmaßnahmen gegen die gestürzten Ausbeuterklassen und die Rolle der Partei stark in den Vordergrund rückten.

e) Die »zukünftige klassenlose kommunistische Gesellschaft«. An die Stelle der von Marx und Engels stets betonten »Assoziation der freien Produzenten«, dem »Absterben des Staates« und der Befreiung der menschlichen Persönlichkeit wurde unter Lenin zunächst zwischen einer ersten Stufe – dem Sozialismus – und einer höheren Stufe – dem Kommunismus – unterschieden und das Absterben des Staates in eine ferne Zukunft verlegt. Die wichtige Marxsche Unterscheidung zwischen gesellschaftlichem Eigentum in der Form der »Assoziation der freien Produzenten« und dem Staatseigentum wurde von Lenin weitgehend verwischt und auch die humanistischen Aspekte des Marxismus, wie etwa die Überwindung der Entfremdung, drängte er in den Hintergrund.

Der Leninismus widerspiegelt somit einerseits das Bestreben, den Marxismus auf die Verhältnisse des 20. Jahrhunderts hin weiterzuentwickeln, andererseits aber wird er dadurch bestimmt, daß viele entscheidende Konzeptionen des ursprünglichen Marxismus den Aufgaben und Zielen der russischen revolutionären Bewegung angepaßt wurden. Dies vollzog sich sowohl vor der Revolution von 1917 – durch Lenins neue Theorie von der Partei und durch die neue Interpretation der sozialen Revolution – als auch, wahrscheinlich in noch größerem Maße, nach dem Sieg der Oktoberrevolution 1917 in einem Land, das nach der marxistischen Auffassung für die Verwirklichung der neuen Gesellschaftsordnung überhaupt nicht reif war. Die Identifizierung der bolschewistischen Herrschaft in Rußland mit der Diktatur des Proletariats, die beginnenden Wandlungen in der Darstellung des zu erreichenden Endziels, sind dabei besonders ernst zu nehmen.

Allerdings warnte Lenin immer wieder davor – besonders in den letzten Jahren seines Lebens –, die russischen Erfahrungen als allgemeingültig für alle Länder anzusehen. Und er trat auch immer wieder nachdrücklichst für einen unterschiedlichen Weg zum Sozialismus ein, wobei er auf eine bessere zukünftige Verwirklichung des Sozialismus in den entwickelten Ländern Europas hoffte. Aber all diese Warnungen und die Hoffnung auf eine bessere Entwicklung zum Sozialismus in anderen Ländern wurden später von seinen Nachfolgern unterdrückt.

3

Der Stalinismus – die Rechtfertigungs-
ideologie der Alleinherrschaft

Während sich die verschiedenen kommunistischen Strömungen, Bewegungen und Parteien auf Lenin und den Leninismus berufen, distanzieren sich die meisten dieser Richtungen von Stalin und dem Stalinismus. Die Reformkommunisten des Prager Frühlings und die jugoslawischen Kommunisten lehnten den Stalinismus völlig ab; die sowjetische Richtung im Weltkommunismus versucht, das Stalin-Problem zu umgehen, und selbst die Maoisten, die sich noch Anfang der sechziger Jahre zu Stalin bekannten, distanzierten sich im letzten Jahrzehnt etwas von Stalin. Wodurch ist dies zu erklären?

Entscheidend dafür scheint mir die allmählich immer mehr in der kommunistischen Weltbewegung um sich greifende Erkenntnis zu sein, daß Stalin keineswegs, wie zu seinen Lebzeiten behauptet, ein marxistischer Theoretiker und legitimer Erbe Lenins war, sondern sowohl in der Praxis als auch in der Theorie als Repräsentant der bürokratisch-diktatorischen Kräfte den Übergang von der revolutionären Herrschaft der Lenin-Ära zu einem despotischen Absolutismus vollzog.

Wenn der Unterschied zwischen Leninismus und Stalinismus so deutlich ist, wie ist es dann zu erklären, daß es Stalin so leicht gelang, nach dem Tode Lenins die Macht in der bolschewistischen Partei und in der Sowjetunion an sich zu reißen?

Stalins Aufstieg vollzog sich in der Epoche des Niedergangs der russischen Revolution. Der Bürgerkrieg von 1918–21 führte dazu, daß die militärische, wirtschaftliche und politische Macht zentralisiert, manche revolutionäre Errungenschaften des Jahres 1917 – darunter die Arbeiterkontrolle – beseitigt wurden und sich das diktatorische Element im Bolschewismus verstärkte. Hinzu kam, daß sich die Hoffnung auf die Weltrevolution nicht verwirklichte. Sowjetrußland blieb allein. Durch Hunger, Not, Elend und Erschöpfung erlahmte der revolutionäre Enthusiasmus mehr und mehr, während der bolschewistische Apparat wuchs und eine neue privilegierte Schicht entstand.

Der Sieg Stalins und seiner Fraktion ist vor allem durch den Niedergang der revolutionären Aktivität nach den langen Jahren der Revolution und des Bürgerkrieges zu erklären. Dies war eine günstige Voraussetzung für die aufkommende Bürokratie, deren Repräsentant und Führer Stalin war. Die Kräfte des bürokratischen Apparates unter Stalin wurden von den Mitkämpfern Lenins: Trotzki, Sinowjew, Kamenew, Rykow, Bucharin, Tomsky und vielen anderen, unterschätzt. Während sie aus Loyalität gegenüber »der Partei« stets zu Kompromissen bereit waren, setzte Stalin rücksichtslos alle Machtmittel gegen sie ein. Die Mitkämpfer Lenins konzentrierten sich zu einer Zeit auf politisch-theoretische Auseinandersetzungen, in der Stalin Schritt um Schritt seinen eigenen Apparat ausbaute, bis er über die absolute Macht verfügte. Der geschickt lavierende Stalin wechselte seine politischen Bündnisse, spielte einen Führer der Lenin-Ära gegen den anderen aus und hatte auch keine Skrupel, seine Gegner durch persönliche Verleumdung zu diskreditieren, ja selbst den Staatssicherheitsdienst gegen die ehemaligen Mitkämpfer Lenins einzusetzen.

Sie sehen also in Lenin den Führer und Strategen der Revolution, während Stalin als Exponent der bürokratischen Kräfte hervortrat und sein Aufstieg erst erfolgte, nachdem der revolutionäre Enthusiasmus praktisch erloschen war. Aber wie werten Sie Stalin als Theoretiker im Vergleich zu Marx, Engels und Lenin?

Bei einem solchen Vergleich fällt natürlich sofort einiges auf: Marx, Engels und Lenin beherrschten verschiedene Sprachen fließend. Sie lebten viele Jahre in verschiedenen Ländern Europas. Stalin sprach nur Georgisch und Russisch und hat Rußland und später die Sowjetunion kaum verlassen. Marx, Engels und teilweise auch Lenin veröffentlichten eine Vielzahl von Schriften über ökonomische, soziologische und historische Themen. Stalins Schriften beschäftigten sich nur mit praktisch-politischen Problemen. Marx, Engels und Lenin errangen ihre große Rolle in der revolutionären Bewegung durch ihre theoretische Überlegenheit. Bei Stalin war das umgekehrt. Erst nachdem er die politische Macht in seinen Händen konzentriert hatte, konnte er sich als Theoretiker feiern lassen. Unterschiede gibt es auch im Stil: In den Schriften von Marx, Engels und Lenin finden wir eine lebendige und oft überschäumende Polemik. Stalin verkündete seine Doktrinen in einfachen Sätzen, mit kurzen Fragen, die er dann in ständigen Wiederholungen beantwortete.

Bei welchem Ereignis trat Stalin erstmalig als wichtiger Parteiführer hervor?

Am 26. Januar 1924, zwei Tage nach dem Tod Lenins, als Stalin seinen berühmten Schwur am Grabe Lenins sprach. Damals erklärte Stalin:

»Wir Kommunisten sind Menschen von besonderem Schlag. Wir sind aus besonderem Material geformt. Wir sind diejenigen, die die Armee des großen proletarischen Strategen bilden, die Armee des Genossen Lenin. Es gibt nichts Höheres als den Namen eines Mitgliedes der Partei, deren Gründer und Führer Genosse Lenin ist. Nicht jedem ist es gegeben, Mitglied dieser Partei zu sein. Nicht jedem ist es gegeben, die Unbilden und Stürme zu bestehen, die mit der Mitgliedschaft in unserer Partei verbunden sind.«

Schon in dieser ersten wichtigen politischen Erklärung Stalins findet sich vieles, was für den Stalinismus typisch werden sollte: Der Vergleich der Partei mit einer Armee – unter Marx, Engels und Lenin undenkbar –, die starke Betonung der führenden Rolle der Partei, die Verherrlichung des Führers – in diesem Falle noch Lenins –, damit der Beginn des Personenkults und schließlich die eigentümlichen Formulierungen, daß Parteimitglieder Menschen von einem besonderen Schlag sind und aus »besonderem Material geformt« seien.

Was halten Sie an diesem Stalin-Zitat für so besonders bemerkenswert?
Die Tatsache, daß Stalin immer wieder gesellschaftliche und politische Vorgänge durch Vergleiche aus dem technischen und militärischen Bereich zu erklären versuchte. Den beim Schwur Lenins erstmals gebrauchten Vergleich der Partei mit einer Armee hat Stalin später, im Frühjahr 1937, noch erweitert, als er die unteren Parteifunktionäre mit Unteroffizieren, die mittleren Funktionäre mit Offizieren und die hohen Parteifunktionäre mit Generälen verglich. Die Schriftsteller bezeichnete Stalin als »Ingenieure der menschlichen Seele«. Im Jahre 1945, kurz nach Kriegsende, verglich er die sowjetische Gesellschaft mit einer Maschine, in der, wie er sagte, die einfachen Menschen Schräubchen seien, während die Führer die Schalthebel bedienten. Dieser Vergleich und diese Begriffswelt machen, wie mir scheint, vieles in Stalins Denken deutlich.

Mit eigenen Doktrinen ist Stalin erst nach Lenins Tod im Jahr 1924 aufgetreten. Besonders bekannt ist seine Doktrin vom »Sozialismus in einem Land«.
Diese These vertrat Stalin erstmals im Dezember 1924, wenige Monate nach Lenins Tod. Bis dahin war es für alle Bolschewiki selbstverständlich, daß die Errichtung einer sozialistischen Gesellschaft in Rußland nur nach erfolgreichen Revolutionen in den westlichen Industrieländern erfolgen könnte. Dagegen erklärte nun Stalin, daß die ungleichmäßige Entwicklung im Kapitalismus einen Sieg des Sozialismus in einem einzigen Lande – in der UdSSR – durchaus möglich und wahrscheinlich mache, selbst wenn dieses Land weniger entwickelt sei und in anderen Ländern der Kapitalismus noch fortbestehe.

Einige Monate später, im Juni 1925, erklärte Stalin bereits apodiktisch: »Die Sowjetunion hat alles, was notwendig ist, um die vollendete sozialistische Gesellschaft zu errichten, ohne vorherigen Sieg der Revolution in anderen Ländern.« – Und im Februar 1926, wieder einige Monate später: »Wir können die sozialistische Gesellschaft auch ohne den Sieg der Revolution im Westen aus eigener Kraft errichten.«

Damit begann die Abkehr vom revolutionären Internationalismus Lenins und die Konzentrierung auf innersowjetische Probleme. Stalins neue These stand zwar im diametralen Gegensatz zum Leninismus, entsprach aber völlig dem Denken der in der Praxis tätigen Parteifunktionäre, die jetzt eine klar umrissene Aufgabe erhielten: den Sozialismus aufzubauen. Mit dieser Doktrin war der erste bedeutsame Schritt auf dem Weg von einer Revolutionstheorie zu einer

Doktrin der Industrialisierung getan. Aber nicht nur im Inhalt, sondern auch in der Form war dieser Schritt von Bedeutung. Erstmals wurde eine neue Konzeption nicht mehr ideologisch, theoretisch oder historisch begründet – wie dies bei Lenin der Fall gewesen war –, sondern einfach apodiktisch bekanntgegeben, eine Form, die nun für den Stalinismus typisch werden sollte.

Nur wenige Jahre, nachdem die These vom »Sozialismus in einem Land« verkündet worden war, begann unter Stalins Führung die Industrialisierung, der erste Fünfjahresplan und die Kollektivierung der Bauernschaft – bedeutsame Ereignisse, die das Gesicht der Sowjetunion und sicherlich auch die sowjetische Ideologie außerordentlich stark verändert haben.

Zunächst verkündete Stalin die neue Lösung vom »Aufbau des Sozialismus«. Dabei stand nicht mehr, wie bei Marx, Engels und Lenin, die revolutionäre *Umwandlung* der Gesellschaft, die Überwindung der Klassenherrschaft, und das Absterben des Staates im Mittelpunkt, sondern der ökonomisch-industrielle *Aufbau* auf staatlicher Grundlage wurde nun als entscheidend für die Errichtung der neuen sozialistischen Gesellschaftsordnung bezeichnet. Während des ersten Fünfjahresplanes 1928–33 wurde zwar der Grundstock für die industrielle Macht der Sowjetunion gelegt, aber gleichzeitig die Rechte der Arbeiter beschnitten, die Gewerkschaften entmachtet, die Bauern im Zuge einer Zwangskollektivierung in Kolchosen gepreßt. Durch die immer stärkere Differenzierung der Löhne und Gehälter wurden die sozialen Privilegien der herrschenden Bürokratie vergrößert und der Einfluß der Arbeiter und Angestellten auf die Betriebsführung immer mehr verringert.

Der Fünfjahresplan und die Industrialisierung führten somit nicht nur zum Aufbau von neuen Werken, Betrieben und Unternehmungen; gleichzeitig mit dem Anwachsen des sowjetischen Wirtschaftspotentials verstärkte sich auch die Machtstellung der neuen herrschenden Schicht, das stalinistische diktatorische System wurde ausgebaut und die Unterdrückung zu einem untrennbaren Bestandteil des Systems.

Wie wirkten sich diese Veränderungen im Bereich der Ideologie aus?
Vor allem durch drei neue Doktrinen Stalins. An erster Stelle stand die These von der »kapitalistischen Umkreisung«. Der sozialistische Aufbau vollziehe sich, erklärte Stalin, unter den Bedingungen einer kapitalistischen Umkreisung, die eine Verstärkung der Armee und des Staatssicherheitsdienstes notwendig mache. Mit dieser Doktrin von der kapitalistischen Umkreisung versuchte Stalin, den Menschen in der Sowjetunion das Gefühl zu vermitteln, in einer belagerten Festung zu leben, außerdem sollte dadurch die Fortführung der bisherigen Unterdrückung gerechtfertigt werden.

Eine zweite bedeutsame Veränderung erfolgte durch Stalins öffentliche Verurteilung des ursprünglichen Gleichheitsideals. Schon Ende 1925 erklärte Stalin: »Man darf nicht mit der Phrase der Gleichheit spielen, da dies ein Spiel mit dem Feuer ist.«
Während des ersten Fünfjahresplanes forderte Stalin dann dazu auf, die

»Gleichmacherei abzuschaffen« und die »Gleichmacherei auszumerzen«. Diese diente offensichtlich dem Ziel, die in diesen Jahren stark einsetzende soziale Differenzierung und die sozialen Privilegien der herrschenden Schicht zu rechtfertigen.

Die dritte entscheidende Veränderung war Stalins Abkehr von der marxistischen These vom »Absterben des Staates«. Im Unterschied zu Marx und Engels, die den Staat als ein Unterdrückungsinstrument der herrschenden Schicht gegen die Unterdrückten ansahen und daher – völlig logisch – erklärten, die soziale Revolution werde zum Absterben des Staates führen, behauptete nun Stalin während des ersten Fünfjahresplanes, daß es einen sozialistischen Staat gäbe, und dieser Staat sogar noch gestärkt werden sollte. »Wir sind für das Absterben des Staates. Wir sind jedoch gleichzeitig für die Verstärkung der Diktatur des Proletariats, der stärksten und mächtigsten Staatsmacht, die jemals bestanden hat«, erklärte er auf dem 16. Parteitag Ende Juni 1930 und fuhr fort: »Höchste Entwicklung der Staatsmacht zur Vorbereitung der Bedingungen für das Absterben der Staatsmacht – so lautet die marxistische Formel. Ist das widerspruchsvoll? Ja, es ist widerspruchsvoll. Aber dieser Widerspruch ist dem Leben eigen, und er widerspiegelt vollständig die Marxsche Dialektik.«

So wurde eine drastische Abkehr vom Marxismus mit dem Hinweis auf die Dialektik von Marx zu erklären versucht!

Nach der Beendigung des ersten Fünfjahresplanes und dem Abschluß der Zwangskollektivierung der Bauernschaft verkündete Stalin im November 1936 eine neue Verfassung und proklamierte den Sieg des Sozialismus in der Sowjetunion. Wie vollzog sich diese Proklamation – Sie haben das damals ja selbst in der Sowjetunion miterlebt –, und wie wirkte die Erklärung Stalins, in der Sowjetunion sei der Sozialismus errichtet?

Es war am 25. November 1936. Überall in der ganzen Sowjetunion, in Schulen, Hochschulen, Kollektivwirtschaften und Betrieben waren die Lautsprecher eingestellt, um Stalins Rede auf dem ersten außerordentlichen Sowjet-Kongreß in Moskau zu hören. Mitten in dieser Rede sprach Stalin den folgenden Satz: »Unsere Sowjetgesellschaft hat erreicht, daß sie den Sozialismus im wesentlichen schon verwirklicht, die sozialistische Gesellschaft errichtet, das heißt, daß sie das verwirklicht hat, was bei den Marxisten sonst die erste oder untere Phase des Kommunismus genannt wird. Also ist bei uns die erste Phase des Kommunismus, der Sozialismus, im wesentlichen bereits verwirklicht.«

Dann hörte man im Rundfunk den tosenden Jubel der Kongreßdelegierten. Aber irgendwie war dies doch sehr eigentümlich. Plötzlich, am Abend des 25. November 1936, war durch eine einzige Erklärung Stalins der Sozialismus in der Sowjetunion verwirklicht! Die Begründung Stalins war kurz und einfach: Es gäbe in der sowjetischen Industrie keine Kapitalisten mehr, auch keine Großgrundbesitzer und Großbauern in der Landwirtschaft, und es gäbe auch keine privaten Händler mehr, vielmehr sei der Handel bereits sozialistisch. Also seien auch keine Ausbeuterklassen mehr vorhanden. Die sowjetische Gesellschaft bestünde nur noch aus zwei gleichberechtigten Klassen, der Arbeiterklasse und der

Kollektiv-Bauernschaft, und einer sozialen Schicht, der werktätigen Intelligenz. Im Sozialismus, fuhr Stalin fort, könne es nur eine Partei geben, die Partei der Kommunisten, und der Sozialismus zeichne sich durch eine moralisch-politische Einheit der Sowjetgesellschaft aus.

Wenn wir einmal von der Form absehen, durch eine Rundfunkrede die Verwirklichung des Sozialismus zu verkünden – wie steht es eigentlich um den Inhalt dieser Aussage? War Stalin, von marxistischen Gesichtspunkten aus betrachtet, im Recht, den Sieg der sozialistischen Gesellschaft in der Sowjetunion im Jahre 1936 zu verkünden?

Nein, keineswegs. Das Nichtvorhandensein von Kapitalisten und Großgrundbesitzern läßt höchstens die Schlußfolgerung zu, daß es sich um eine nicht- oder nachkapitalistische Gesellschaft handelt, keineswegs aber deswegen bereits um eine sozialistische Gesellschaft. Alle entscheidenden Merkmale einer zukünftigen klassenlosen Gesellschaft, wie sie Marx und Engels angestrebt hatten – das Absterben des Staates, die Verwirklichung der »Assoziation der freien Produzenten«, die Überwindung der Unterschiede zwischen Stadt und Land, die Erreichung eines genossenschaftlichen Reichtums zur Verwirklichung des Prinzips »Jedem nach seinen Bedürfnissen«, die Aufhebung der Arbeitsteilung und die Befreiung der menschlichen Persönlichkeit –, alle diese entscheidenden Merkmale wurden von Stalin anläßlich der Verkündung des Sozialismus in der Sowjetunion überhaupt nicht erwähnt. Trotzdem wurde die Sowjetunion von Stalin als Beispiel für den bereits verwirklichten Sozialismus proklamiert.

Als die Stalinsche Verfassung am 5. Dezember 1936 angenommen wurde, stand die Sowjetunion bereits im Zeichen der großen Säuberung, der Schauprozesse und der Massenverhaftungen. Welche Ziele verband Stalin mit diesen abscheulichen Verbrechen?

Die feierliche Verkündung des Sozialismus war kaum verklungen, als Stalins große Säuberung begann. In wenigen Monaten wurden Millionen von Menschen verhaftet, darunter die hervorragendsten Köpfe der Sowjetintelligenz und über 70 Prozent der höheren Partei-, Staats- und Wirtschaftsfunktionäre sowie des Offizierskorps. Besonders betroffen aber waren die ehemaligen Mitkämpfer Lenins. Die Führer der Oktoberrevolution von 1917 wurden nun als »Agenten«, »Mörder« und »tolle Hunde« diffamiert, unter grotesken Beschuldigungen verurteilt und erschossen. Insgesamt wurden 1936–38 sieben Millionen Menschen in der Sowjetunion verhaftet.

Offensichtlich war es das Ziel Stalins, alle Kräfte und Gruppierungen auszuschalten, aus deren Reihen eventuell eine andere, neue Führungsschicht hervortreten könnte. Dazu gehörten fast alle Mitkämpfer Lenins, die alten Bolschewiki, die die Revolutionsjahre aus eigenem Erleben kannten, aber auch innerhalb der neuen herrschenden Schicht alle jene, die sich für eine Politik der Mäßigung und Liberalisierung hätten einsetzen können. Darüber hinaus war Stalin bestrebt – und dies erklärt den Massencharakter der Säuberung –, durch die Verhaftung von Millionen Sowjetbürgern jeglichen Zusammenhalt und jegliche Solidarität unter den Menschen zu zerstören, Mißtrauen aller gegen alle hervorzurufen und damit die Gesellschaft zu automatisieren. Auf diese Weise wollte er die Sowjetbürger völlig seinem Willen unterordnen und zu gehorsamen Werkzeugen seiner eigenen Diktatur machen.

Da für uns vor allem die ideologischen Konzeptionen im Mittelpunkt stehen – wie hat Stalin eigentlich damals die große Säuberung von 1936–38 ideologisch zu rechtfertigen versucht?

Er hat es ein einziges Mal zu tun versucht – allerdings erst im März 1937, mehrere Monate nach dem Beginn der großen Säuberung. In seiner Rede vom 3. März 1937, die später unter dem etwas ungewöhnlichen Titel »Über die Mängel der Parteiarbeit und die Maßnahmen zur Liquidierung der trotzkistischen und sonstigen Doppelzüngler« erschien, vertrat Stalin die neue Theorie von der angeblichen Verschärfung des Klassenkampfes in der weiteren Entwicklung des Sozialismus. Damals sagte Stalin:

»Es ist notwendig, die faule Theorie zu zerschlagen, daß der Klassenkampf mehr und mehr erlöscht, je mehr wir Erfolge erzielen. Daß der Klassenkampf immer zahmer wird, das ist eine faule Theorie, denn sie schläfert unsere Leute ein, lockt sie in die Falle. Im Gegenteil, je weiter wir vorwärts schreiten, je mehr Erfolge wir erzielen, um so größer wird die Wut der Überreste der zerschlagenen Ausbeuterklasse, um so eher gehen sie zu schärferen Kampfformen über, um so mehr Niederträchtigkeiten begehen sie gegen den Sowjetstaat.« Damit wurde, vier Monate *nach* dem angeblichen Sieg des Sozialismus und nach der Beseitigung der Ausbeuterklassen, von Stalin eine Verschärfung des Klassenkampfes proklamiert! Gegen Ende der großen Säuberung, im Spätherbst 1938, wurde dann mit großem Aufwand ein neues Lehrbuch herausgegeben, das unter dem Titel *Der kurze Lehrgang der Geschichte der KPdSU* bekanntgeworden ist.

Welche Bedeutung hatte dieser Kurze Lehrgang *der sowjetischen Parteigeschichte? Was bezweckte Stalin mit dieser neuen Geschichte der sowjetischen KP, die nun in den Mittelpunkt der ideologischen Schulung gestellt wurde?*

Man kann sich heute kaum noch vorstellen, wie damals diese Parteigeschichte von der Stalin-Führung forciert wurde. Sie wurde in Millionen von Exemplaren in den Sprachen aller Sowjetvölker gedruckt, und Millionen von Menschen in der Sowjetunion wurden in den verschiedensten Schulungslehrgängen mit dem Inhalt dieser Parteigeschichte bekanntgemacht, eines Buches, das allgemein als *Enzyklopädie der Wissenschaften* bezeichnet wurde, und an dessen Inhalt keinerlei Kritik gestattet war.

In diesem Buch wurde die gesamte Geschichte der bolschewistischen Partei verfälscht, um den Eindruck zu erwecken, alle engsten Mitkämpfer Lenins – vor allem Trotzki, Sinowjew, Kamenew, Bucharin, Rykow und Tomsky – seien Feinde, Renegaten und Spione gewesen, während Stalin dagegen der einzige rechtmäßige Erbe Lenins war, der die Leninschen Ziele konsequent verfochten, weiterentwickelt und in der Sowjetunion verwirklicht habe. Der kurze Lehrgang der Parteigeschichte sollte damit die Rechtmäßigkeit der Diktatur Stalins begründen, den Widerspruch zwischen den ursprünglichen Zielen der Oktoberrevolution von 1917 und der Stalinschen Diktatur beseitigen. Vom internationalen Gesichtspunkt aus war es bedeutsam, daß in diesem Buch die sowjetische Entwicklung als Beispiel und Modell für die Kommunisten aller Länder dargestellt wurde, um damit die führende Rolle der Sowjetunion in der kommunistischen Weltbewegung ideologisch zu begründen und zu rechtfertigen.

Kaum ein Jahr nach Erscheinen des Kurzen Lehrgangs, am 23. August 1939, wurde in Moskau der Pakt mit Hitler-Deutschland, der Hitler-Stalin-Pakt, abgeschlossen. Wie wurde der Abschluß dieses Paktes erklärt, gerechtfertigt oder begründet?
Von offizieller Seite wurde damals immer wieder betont, daß die Sowjetunion angesichts der bedrohlichen Situation in der damaligen Zeit alle Möglichkeiten nutzen mußte, um das eigene Land, die Sowjetunion, aus einem militärischen Konflikt herauszuhalten. Die Sowjetunion hätte alles versucht, mit den westlichen demokratischen Staaten England und Frankreich ein Bündnis gegen Hitler-Deutschland zu schaffen, und die Sowjetunion habe sich erst zu einem Pakt mit Hitler-Deutschland entschlossen, als es sich herausstellte, daß die Westmächte zu einem wirklichen Übereinkommen nicht bereit waren.

Das ist ja nicht völlig unrichtig, die Sowjetunion befand sich ja wirklich in einer schwierigen Lage.
Durchaus. Der offizielle Nichtangriffsvertrag mit Hitler-Deutschland vom 23. August 1939 ließe sich ja vielleicht sogar noch rechtfertigen. Aber gleichzeitig wurde ein geheimes Zusatzprotokoll zwischen der Sowjetunion und Hitler-Deutschland vereinbart, in dem Finnland, Estland und Lettland der sowjetischen Interessensphäre, Litauen dem deutschen Interessenbereich zugesprochen wurden. Im Falle einer Aufteilung Polens wurde genau festgelegt, welcher Teil zu Deutschland, welcher zur Sowjetunion fallen würde. Im Südosten Europas wurde das zu Rumänien gehörende Bessarabien zum sowjetischen Interessengebiet erklärt. Dieses geheime Zusatzprotokoll macht eindeutig klar, daß es sich beim Hitler-Stalin-Pakt vom August 1939 nicht nur, wie in der Sowjetunion offiziell stets erklärt wird, um einen Nichtangriffspakt handelt, sondern um die Aufteilung der Interessensphären zwischen Hitler-Deutschland und der Sowjetunion.

All dies war den Sowjetbürgern damals nicht bekannt und wird vielen Sowjetbürgern auch heute noch nicht bekannt sein. Wie wirkte sich der Hitler-Stalin-Pakt von 1939 damals auf das politische Leben und auf die Ideologie aus?
Unmittelbar nach dem Abschluß des Hitler-Stalin-Pakts wurden zunächst alle antifaschistischen Bücher aus allen sowjetischen Bibliotheken entfernt und die antifaschistischen Filme zurückgezogen. In einigen sowjetischen Bibliotheken konnte man damals sogar Nazi-Zeitungen finden. Das entscheidende Resultat des Hitler-Stalin-Pakts aber war, daß nun die sowjetischen Truppen erstmalig über die Grenzen hinaus andere Gebiete annektierten und der Sowjetunion ein-

verleibten. Am 17. September 1939 erfolgte der sowjetische Einmarsch in Polen; er wurde damit begründet, daß das Leben und das Eigentum der »blutsmäßig verwandten« Ukrainer und Belorussen beschützt werden müßte; der eindeutig aus der nazistischen Terminologie stammende Begriff »blutsmäßig« wurde damals zum erstenmal verwandt. Die militärische Annektion der baltischen Staaten Estland, Lettland und Litauen, im Juni 1940, die Okkupation und der Anschluß des rumänischen Bessarabien im August 1940, der Krieg gegen Finnland, der ebenfalls zu sowjetischen Gebietserweiterungen führte – all dies waren die entscheidenden Konsequenzen des Hitler-Stalin-Pakts für die Sowjetunion.

Stalin und die Sowjet-Führung wurden wiederholt von verschiedensten Seiten des Auslandes vor dem bevorstehenden Angriff Hitler-Deutschlands auf die Sowjetunion gewarnt. Stimmt es, daß Stalin diese Warnungen in den Wind schlug? Und wie läßt sich das erklären?
Stalin nahm diese Warnungen nicht ernst, offensichtlich weil er überzeugt war, Hitler würde nicht den Fehler machen, einen Zweifrontenkrieg heraufzubeschwören. Unter diesen Voraussetzungen betrachtete Stalin jene Warnungen als irreführend, ja als bewußte britische Provokation mit dem Ziel, die deutsch-sowjetische Zusammenarbeit zu stören. Bis zum letzten Augenblick glaubte Stalin nicht an einen Angriff Hitlers, ja selbst als Hitler-Deutschland am 22. Juni 1941 die Sowjetunion überfallen hatte, glaubte Stalin anfangs noch, es handle sich um Provokationen örtlicher Befehlshaber, und verbot in den ersten Stunden sogar den sowjetischen Widerstand.

Nach dem Überfall Hitler-Deutschlands auf die Sowjetunion am 22. Juni 1941 erlitten die sowjetischen Truppen zunächst zahlreiche Niederlagen, ehe dann in der Schlacht bei Moskau, Ende 1941, und vor allem in Stalingrad, Ende 1942, der Umschwung im Kriege erfolgte. Ist es berechtigt, daß heute Stalin für diese Niederlagen der Sowjetunion in den ersten Kriegsmonaten verantwortlich gemacht wird?
Meiner Auffassung nach kann darüber kein Zweifel bestehen. Die sowjetischen Truppen waren auf den Überfall nicht vorbereitet. Die technische Neuausrüstung war nicht abgeschlossen. Es herrschte ein Mangel an Panzern und Flugzeugen, die zudem veraltet und an Kampffähigkeit denen des Dritten Reiches unterlegen waren. Außerdem war das sowjetische Offizierskorps durch die Säuberung von 1936 bis 1938 sehr dezimiert worden. Vor allem aber spielten Stalins fehlerhafte militärische Einschätzungen eine entscheidende Rolle bei den Niederlagen der Sowjetunion in den ersten Kriegsmonaten. Hinzu kommt der Umstand, daß er die Warnungen vor dem bevorstehenden Angriff nicht geglaubt hatte.

Welchen Einfluß hatte der Krieg, also die Zeit von 1941 bis 1945, auf die sowjetische Ideologie?
Entscheidend in diesen Kriegsjahren war, daß der Patriotismus und der russische Nationalismus noch stärker hervortraten. Das kam schon darin zum Ausdruck, daß der Krieg von Anfang an, also bereits am 22. Juni 1941, als »Großer Vaterländischer Krieg« bezeichnet wurde und in Stalins ersten Kriegsreden, am

3. Juli und am 6. November 1941, kein Wort über Marxismus, Leninismus, Kommunismus und Revolution zu hören war, sondern ausschließlich Appelle an den Patriotismus und an die Vaterlandsliebe, wobei die russische Nation besonders betont wurde. Während des Krieges wurde dann der Stolz auf die militärische Tradition gefördert, zu der nun auch ehemalige zaristische Heerführer gehörten. 1942 führte man dann die Gardeeinheiten ein, im März 1943 erhielt Stalin den Rang eines Marschalls, ab Oktober 1943 gab es wieder die Dienstränge für die Generalität, im Juni 1943 erfolgte die Auflösung der Kommunistischen Internationale, und im Frühjahr 1944 wurde die sowjetische Staatshymne, die »Internationale«, abgeschafft und durch eine patriotische Sowjethymne ersetzt. Zur selben Zeit gab es Konzessionen an die orthodoxe Kirche und in bezug auf das private Hofland der Kolchos-Bauern.

Haben diese Konzessionen und die Appelle an den Nationalismus zur Verstärkung des Widerstandswillens der Bevölkerung und zum schließlichen sowjetischen Sieg beigetragen?
Durchaus. Hinzu aber kam vor allem, daß während des Krieges der Parteiapparat und der Staatssicherheitsdienst, zumindest nach außen, weniger in Erscheinung traten. Damit entstand der weitverbreitete Eindruck, das System könne sich lockern oder habe sich bereits gelockert. Die Konzessionen in bezug auf das private Hofland der Kolchos-Bauern und die Zugeständnisse an die Kirche unterstrichen diese Tendenzen. Mehr und mehr verbreitete sich unter der Sowjetbevölkerung die Hoffnung, daß nach dem Sieg eine Lockerung und Liberalisierung des Systems eintreten würde. Und gerade diese Hoffnungen spielten bei den Kriegsanstrengungen der Soldaten und der Bevölkerung eine sehr wichtige Rolle.

Wie weit haben sich die Hoffnungen nach Kriegsende erfüllt?
Kaum waren die Siegesfeiern beendet, als die Stalin-Führung eine Verschärfung des innenpolitischen Kurses einleitete. Anstelle der bis dahin üblichen Lobpreisungen der Sowjetsoldaten und der Bevölkerung wurde nun in einer zentral gesteuerten Pressekampagne erklärt, der sowjetische Sieg im Krieg sei der Überlegenheit des sowjetischen Systems, der führenden Rolle der Kommunistischen Partei und dem Genie Stalins zu verdanken. All dies diente dem Ziel, die autoritäre Kontrolle über das System so schnell wie möglich wiederherzustellen. Seit 1946 machte sich dann auch ein härterer Kurs in der Ideologie und im kulturellen Bereich bemerkbar. Zuständig war dafür der im Politbüro für Kultur und Ideologie verantwortliche Shdanow, weshalb man auch vom »Shdanowismus« spricht. Im August 1946 wurde auf einem Plenum des Zentralkomitees eine Reihe sowjetischer literarischer Zeitschriften, Theater und einzelne Autoren schärfstens angegriffen, weil sie sich angeblich des Pessimismus, der Dekadenz, des Formalismus und der Liebedienerei gegenüber der bürgerlichen Kunst des Auslands schuldig gemacht hätten. Unter Leitung Stalins und Shdanows wurden die ideologische Schulung ausgebaut und verstärkt, neue politisch-ideologische Zeitschriften gegründet und Tagungen über Probleme der Philosophie, Ökono-

mie und Genetik einberufen, die dem Ziel dienten, abweichende Meinungen auszumerzen und die Parteilinie zu festigen. Gleichzeitig mit dieser ideologischen Festigung vollzog sich eine stärkere Propagierung des russischen Nationalismus.

Wie ist die Verstärkung der ideologischen Schulung mit der verstärkten Propagierung des russischen Nationalismus zu vereinbaren?
Gerade dieser Versuch einer Synthese ist für die Periode des Spät-Stalinismus der Jahre 1945–53 typisch. Die verschärfte ideologische Kontrolle durch den Marxismus sowjetischer Prägung vollzog sich gleichzeitig mit der Propagierung des russischen Nationalismus. Den Startschuß gab Stalin im Mai 1945, als er das russische Volk zum führenden Volk der Sowjetunion proklamierte – im berühmten Trinkspruch Stalins am 25. Mai 1945 sagte er: »Ich möchte einen Toast auf das Wohl unseres Sowjetvolkes, vor allem auf das des russischen Volkes aussprechen. Ich trinke vor allem auf das Wohl des russischen Volkes, weil es die hervorragendste Nation unter allen zur Sowjetunion gehörenden Nationen ist. Ich bringe einen Toast auf das Wohl des russischen Volkes aus, weil es sich in diesem Krieg die allgemeine Anerkennung als die führende Kraft der Sowjetunion unter allen Völkern unseres Landes verdient hat. Auf das Wohl des russischen Volkes!« –
Damit war, entgegen der sowjetischen Verfassung, die ausdrücklich die Gleichberechtigung aller Nationalitäten der Sowjetunion garantiert, *ein* Volk, das russische Volk, über alle anderen gestellt worden.

Aber ein Trinkspruch Stalins kann doch ein Ausnahmefall gewesen sein.
Es war keineswegs ein Ausnahmefall, sondern eine Weichenstellung. Während des gesamten Spät-Stalinismus von 1945–53 spielte die Kampagne gegen den sogenannten »Kosmopolitismus« eine entscheidende Rolle. Dabei wurde den sowjetischen Intellektuellen – mit erkennbarem antisemitischem Akzent – vorgeworfen, daß sie angeblich ausländische Theorien und Errungenschaften überschätzt hätten. Am 1. Januar 1949 vertrat die *Prawda* in einem richtungweisenden Artikel die These, Russisch sei die Weltsprache des Sozialismus. Kurz darauf versuchte man mit der sogenannten »Erfindungskampagne« nachzuweisen, daß alle Erfindungen und Entdeckungen von Russen gemacht worden seien. Schließlich folgte 1950 das Umschreiben der russischen Geschichte. Die Okkupation nichtrussischer Völker und nichtrussischer Gebiete durch den russischen Zarismus im 18. und 19. Jahrhundert wurde nun nachträglich zu progressiven Taten erklärt.

Ein besonderes Kennzeichen der Stalin-Ära, insbesondere nach dem Zweiten Weltkrieg, ist der »Personenkult«, wie der 20. Parteitag der KPdSU im Februar 1956 die terroristische Alleinherrschaft Stalins bezeichnete.
Ja, gerade in dieser Zeit verstärkte sich der Personenkult um Stalin. Immer neue Lobpreisungen waren nun zu hören. So wurde Stalin nicht mehr nur »Führer des Sowjetvolkes« und »Führer der Partei«, sondern auch »Führer der progressiven

Menschheit« genannt und immer häufiger als »Klassiker des Marxismus-Leninismus«, sogar als »Koryphäe der Wissenschaften« gepriesen. Stalins Name erschien in der *Prawda* pro Seite durchschnittlich 60mal. Es gab keinen Leitartikel der *Prawda*, in dem Stalin nicht mindestens entweder einmal zitiert oder zweimal erwähnt wurde, unabhängig davon, womit sich der Artikel beschäftigte. Man sprach von »Stalinschen Fünfjahresplänen«, und die Flieger nannte man »Stalinsche Falken«.

Bei Stalins Geburtstagsfeier am 21. Dezember 1949 ließ man ein riesiges Porträt Stalins mit Fesselballons aufsteigen und Punkt 20 Uhr von allen Scheinwerfern Moskaus beleuchten, so daß Stalin vom Himmel auf das Volk herabblickte.

In den heutigen sowjetischen Veröffentlichungen wird behauptet, während der Stalinzeit seien zwar einige Fehler begangen worden, aber der Grundcharakter der sowjetischen Entwicklung, das sozialistische System, habe sich dadurch nicht verändert. Wie stehen Sie zu dieser Version?

Ich halte diese These für falsch und für den Versuch einer Beschönigung und Rechtfertigung. Die gegenwärtige sowjetische These geht von der stillschweigenden Annahme aus, eine verstaatlichte Wirtschaft unter Leitung einer Staatlichen Plankommission, eine zwangskollektivierte Bauernschaft und eine bürokratische Diktatur über alle Lebensbereiche seien für eine sozialistische Gesellschaft typisch. Es genüge daher, einige »Überspitzungen« und »Übertreibungen« Stalins zu überwinden, um den Grundcharakter der sozialistischen Entwicklung wiederherzustellen. Damit wird meiner Auffassung nach versucht, dem Problem aus dem Weg zu gehen, den Stalinismus als ökonomisch-politisches *System* zu charakterisieren. Ich meine, daß das Nichtvorhandensein von Kapitalisten und Großgrundbesitzern höchstens die Schlußfolgerung zuläßt, daß es sich um eine nichtkapitalistische Gesellschaft handelt, keineswegs aber automatisch bereits um eine sozialistische Gesellschaft.

Wie würden Sie das System des Stalinismus kurz charakterisieren? Welches sind, Ihrer Meinung nach, die entscheidenden Merkmale des Stalinismus?

Der Stalinismus ist in erster Linie durch die Diktatur einer neuen herrschenden Schicht gekennzeichnet, die nicht nur das politische, sondern auch das militärische, wirtschaftliche und kulturelle Leben auf der Basis des Staatseigentums an den Produktionsmitteln leitet, dirigiert und kontrolliert. Es handelt sich um einen bürokratischen Etatismus, ein System, das unter anderem gekennzeichnet ist durch die vollständige Zentralisierung der staatlichen Wirtschaft, eine bürokratisch-hierarchische politische Struktur, die kleinlichste Reglementierung aller Vorgänge von oben, die Entrechtung der Arbeiterschaft und der Gewerkschaften, das Bestehen riesiger Zwangsarbeitslager, die völlige Unterordnung von Wissenschaft und Kunst unter die Augenblicksinteressen der Parteiführung, einen den Byzantinismus weit übertreffenden Führerkult, die Verwandlung der marxistischen Ideologie in eine Sammlung von auswendig zu lernenden Stalin-Aussprüchen und die Degradierung der Partei zu einem mechanischen Apparat von Ja-Sagern. Das alles ist typisch für den Stalinismus, auf keinen Fall aber für eine sozialistische Gesellschaft.

Wie würden Sie zusammenfassend die entscheidenden Unterschiede zwischen Leninismus und Stalinismus charakterisieren?

Der Stalinismus ist zwar aus dem Leninismus hervorgegangen, enthält aber gleichzeitig auch die Negierung vieler entscheidender Prinzipien des Leninismus. So wurde der Leninsche revolutionäre Internationalismus zunächst durch den Sowjetpatriotismus und später durch den russischen Nationalismus ersetzt. An die Stelle des Leninschen Bekenntnisses zur sozialen Gleichheit trat eine soziale Differenzierung, die offiziell durch die sogenannte »Ablehnung der Gleichmacherei« begründet und gerechtfertigt wurde. In Theorie und Praxis wandelte sich die Partei von der Leninschen revolutionären Kampfgemeinschaft zu einem diktatorisch-bürokratischen Apparat voller Mißtrauen, mit Wachsamkeitskampagnen und Säuberungen, wobei Stalin nicht zufällig die Partei mit einer Armee verglich. Statt Lenins Bescheidenheit gab es nun unter Stalin einen widerwärtigen, geschmacklosen Personenkult, und anstelle der selbstkritischen Betrachtung eigener Erfahrungen unter Lenin und dem Recht auf einen eigenen Weg zum Sozialismus in den verschiedenen Ländern wurde unter Stalin die Sowjetunion als das einzige Modell hingestellt.

Der Leninismus war eine Revolutionslehre mit der Zielsetzung einer revolutionären Veränderung der Gesellschaft, der Stalinismus war dagegen eine Ideologie, in der die Stärke, die Macht und die Autorität des Sowjetstaates und – in der Propaganda – die Weisheit des Führers im Vordergrund standen. Der Stalinismus war somit eine Rechtfertigungsideologie für das diktatorisch-terroristische System der UdSSR, für die Diktatur der neuen herrschenden Schicht, die im Namen des Marxismus-Leninismus das gesamte politische, ökonomische und geistige Leben des Landes dirigiert und kontrolliert.

4

Chruschtschow und die Konzeption der Entstalinisierung

Nach dem Tode Stalins am 5. März 1953 begann eine neue Periode in der Entwicklung der Sowjetunion. Stalin wurde scharf kritisiert, und die neue Führung entfernte sich schon bald von manchen Herrschaftsmethoden und Doktrinen Stalins. Diese Periode ist auch als Entstalinisierung bekannt. Wie würden Sie die Entstalinisierung charakterisieren?

Unter dem Begriff Entstalinisierung ist meiner Auffassung nach nicht nur die Kritik an Stalin zu verstehen, sondern die Summe aller Maßnahmen, die in der Sowjetunion von 1953 bis 1964 eine Abkehr von den Herrschaftsmethoden und Doktrinen Stalins zum Inhalt hatten. Das Stalin-System stand in krassem Widerspruch zu den neuen Bedingungen und sozialen Kräften, die sich inzwischen herausgebildet hatten. Die neuen Bedingungen der im Entstehen begriffenen modernen sowjetischen Industriegesellschaft und der ständig wachsende Einfluß der neuen, durch die Industrialisierung entstandenen sozialen Kräfte machten die Beibehaltung der alten Herrschaftsmethoden Stalins unmöglich. Das übernommene System mußte deshalb den neuen Bedingungen und Erfordernissen angepaßt werden. Die Entstalinisierung ist daher in erster Linie der Versuch, das System der entstehenden modernen sowjetischen Industriegesellschaft anzupassen.

Durch welche Maßnahmen wurde die Entstalinisierung eingeleitet?

Schon unmittelbar nach dem Tod Stalins wurde die kollektive Führung proklamiert und die Massenverhaftungen eingestellt. Vor allem nach dem Sturz Berias, der an der Spitze des sowjetischen Innenministeriums und des Staatssicherheitsdienstes gestanden hatte, kam es zu einer Entmachtung des Staatssicherheitsdienstes. Die Bedingungen in den Zwangsarbeitslagern verbesserten sich, und eine zunehmende Zahl von Häftlingen wurde aus den Lagern entlassen. Der Massenterror während der Stalin-Ära wurde offensichtlich kritisiert und die neue Losung von der »sozialistischen Gesetzlichkeit« proklamiert.

Eine weitere Abkehr von Stalin erfolgte im August 1953, als die sowjetische Führung ein weitreichendes Konsumgüterprogramm verkündete – im Gegensatz zur Priorität der Schwerindustrie unter Stalin. Anstelle der früheren, unter Stalin üblichen Lobpreisungen und Erfolgsmeldungen wurde nun deutlich und offen über allgemeine – nicht nur lokale! – Mängel, Schwierigkeiten und Mißstände berichtet. Eine weitreichende Dezentralisierung in der Wirtschaftsleitung wurde eingeleitet und der Stalinsche Isolationismus durch die neue Forderung »vom Ausland lernen« ersetzt.

Außenpolitisch machte sich schon sehr bald nach dem Tode Stalins eine gewisse Mäßigung bemerkbar, sowohl gegenüber den Westmächten als auch gegenüber Jugoslawien. Im Mai 1955 fuhren die Sowjetführer nach Jugoslawien, um neue Beziehungen zu dem bis dahin verfemten Land herzustellen.

Die Prunkarchitektur Stalins, der bekannte »Zuckerbäckerstil«, wurde seit 1955 nicht mehr praktiziert. In der Kultur, vor allem in der Literatur, kam es zum »Tauwetter«. Die Schriftsteller konnten Bücher veröffentlichen, die unter Stalin undenkbar gewesen wären. Auch der Stil der Führung begann sich zu verändern. Während Stalin hermetisch abgeschlossen im Kreml residiert hat, reisten die Führer nun in die verschiedensten Gebiete der Sowjetunion, kamen mit mittleren und unteren Funktionären zusammen und besuchten örtliche Parteikonferenzen.

Stalins Lehrbuch *Der kurze Lehrgang der Geschichte der KPdSU* wurde aus Schulen und Bibliotheken entfernt und durch eine etwas realistischere Betrachtung der Parteigeschichte ersetzt.

Das alles geschah in einem Zeitraum, den ich als »Phase der stillen Entstalinisierung« bezeichnen möchte. Es handelt sich dabei um die Zeit zwischen 1953 und Anfang 1956, in der die Sowjetpolitik sich von Stalin zu entfernen begann, ohne bereits Stalin direkt und offen zu kritisieren.

Dazu kam es erst auf dem 20. Parteitag der KPdSU im Februar 1956. Hier vollzog sich eine entscheidende Wendung in der sowjetischen Ideologie und Politik.
Dieser 20. Parteitag der sowjetischen Kommunistischen Partei vom 14. bis 25. Februar 1956 ist ganz sicher der wichtigste Parteitag in der bolschewistischen Geschichte. Er distanzierte sich öffentlich von Stalin, vom System des Stalinismus und vom Stalinterror. Auf ihm wurde die »Überwindung des Personenkults« proklamiert und eine Festigung der »sozialistischen Gesetzlichkeit« verlangt, verbunden mit der öffentlichen Rehabilitierung von führenden Persönlichkeiten der UdSSR, die unter Stalin verhaftet und als angebliche Volksfeinde erschossen worden waren. Gleichzeitig wurde der *Kurze Lehrgang der Geschichte der KPdSU,* das wichtigste ideologische Lehrbuch der Stalinära, offen kritisiert und eine neue, realistischere Parteigeschichte angekündigt.

Neben dieser öffentlichen Distanzierung vom Stalinismus wurden drei neue ideologische Konzeptionen verkündet:

a) Die neue Konzeption von der »Vermeidbarkeit der Kriege«. Bis dahin galt ja
  – von Lenin entworfen und auch von Stalin ständig wiederholt – die Doktrin
  von der angeblichen »Unvermeidbarkeit der Kriege«. Nun, so wurde erklärt,

sei es durch die neuen Bedingungen möglich und notwendig, militärische Konflikte und Kriege zu vermeiden.

b) Die neue These von der sowjetischen Koexistenz, die sich logisch an die Konzeption von der Vermeidbarkeit der Kriege anschloß. Nach dieser sowjetischen Koexistenz-Doktrin sollten friedliche Beziehungen zwischen Staaten mit unterschiedlicher Gesellschaftsordnung angestrebt werden, allerdings lediglich im staatlich-diplomatischen Bereich, da der ideologische Kampf zwischen den beiden Systemen fortgesetzt werden sollte.

c) Die Möglichkeit eines friedlichen Wegs zum Sozialismus. Der Kongreß verkündete die These, daß der Weg zum Sozialismus nicht unbedingt durch eine gewaltsame Revolution erfolgen müsse; es sei unter den neuen Bedingungen auch möglich, auf friedlichem Wege mit parlamentarischen Mitteln die Gesellschaft im sozialistischen Sinne umzugestalten.

Entscheidend war, daß alle neuen Thesen des 20. Parteitags – die These von der »Vermeidbarkeit der Kriege«, von der »friedlichen Koexistenz«, von der Möglichkeit eines »gewaltlosen Übergangs zum Sozialismus« und schließlich die innenpolitischen Thesen von der »Überwindung des Personenkults«, der »sozialistischen Gesetzlichkeit« und der »Einhaltung der Normen des Parteilebens« – sämtlich eine Abkehr von Doktrinen und Herrschaftsmethoden Stalins beinhalteten.

Soweit die offiziellen Doktrinen des zwanzigsten Parteitages, die auch in der Presse veröffentlicht und der gesamten Bevölkerung zugänglich gemacht wurden. Gegen Ende des Parteitages hat jedoch Chruschtschow noch eine Rede gehalten, die als »Geheimreferat« bekannt ist. Worum handelt es sich bei diesem Geheimreferat Chruschtschows, worin sehen Sie seine Bedeutung?

Dieses Geheimreferat – der offizielle Titel heißt übrigens: »Der Personenkult und seine Folgen« – wurde von Chruschtschow am Vormittag des 25. Februar 1956 in einer geschlossenen Sitzung des Parteitages verkündet. Es war eine erstaunliche Rede, ein sehr kritischer Rückblick über die gesamte sowjetische Geschichte.

Gleich zu Beginn kam Chruschtschow erstmals auf Lenins Testament zu sprechen, das unter Stalin niemals erwähnt worden war, und erklärte, daß Lenins Befürchtungen, vor allem hinsichtlich Stalins, berechtigt gewesen seien. Chruschtschow charakterisierte Stalin und unterstrich dabei dessen despotische Veranlagung. Stalin sei nicht bereit gewesen, zu überzeugen und aufzuklären, sondern habe anderen seine Ansichten aufgezwungen und absolute Unterwerfung unter seine Person verlangt. Jeder, der sich Stalins Konzeptionen widersetzte, sei aus den Führungsgremien ausgeschlossen und moralisch und physisch vernichtet worden. Besonders unterstrich Chruschtschow, daß nach 1934 viele ehrliche Kommunisten dem Despotismus Stalins zum Opfer gefallen seien.

Im Zentrum dieses Geheimreferats stand die große Säuberung, die von Chruschtschow als eine Massenunterdrückung charakterisiert wurde, als Verletzung aller Normen der Gesetzlichkeit, wobei als Schuldbeweis allein das »Geständnis« der Angeklagten gedient habe – »Geständnisse«, die, wie sich später herausgestellt habe, durch physische Gewalt erpreßt worden seien. Die Mehrzahl der Verhafteten von 1936 bis 1938, so erklärte Chruschtschow, seien keineswegs Feinde des Volkes oder Spione gewesen, sondern aufrechte Kommunisten. 70 % aller Mitglieder und Kandidaten des Zentralkomitees von 1934 seien in den Jahren 1936–1938 verhaftet worden. Unter Stalin habe Unsicherheit, Argwohn und Mißtrauen geherrscht, während Verleumder und Opportunisten Karriere machten. Die große Säuberung habe zu einer Schwächung der Armee und damit auch zu den Niederlagen in den ersten Kriegsmonaten des Jahres 1941 geführt. Stalin selbst habe damals alle Hoffnung verloren und Anzeichen von Hysterie erkennen lassen. Seine Einmischung in die militärischen Operationen der Sowjettruppen beruhten oft auf Fehleinschätzungen der Lage. Chruschtschow verurteilte die Deportation ganzer Völkerschaften während des Krieges und erklärte, daß nach Kriegsende Stalins Mißtrauen noch größer geworden sei und sein Verfolgungswahn unglaubliche Ausmaße erreicht habe. Kritisch beschäftigte sich Chruschtschow auch mit Stalins Selbstverherrlichung. Er habe z. B. selbst Lobpreisungen seiner Person für die Lehrbücher veranlaßt. Auch die sowjetische Nationalhymne sei auf Stalins Wunsch verändert und durch eine Hymne ersetzt worden, in der er selbst erwähnt wurde. Schließlich habe Stalin gegen Ende seines Lebens eine zweite große Säuberung eingeleitet, die nur durch seinen Tod nicht zum Tragen gekommen sei.

Dies sind harte Anschuldigungen, aber sie sind sicher berechtigt, weil sie der tatsächlichen Situation und der Stalin-Herrschaft entsprachen. Warum hat aber Chruschtschow diese Geheimrede gegen Stalin gehalten, was bezweckte er damit, und wie muß man Chruschtschows Abrechnung mit Stalin einschätzen?
Mit seiner Geheimrede am 25. Februar 1956 wollte Chruschtschow offensichtlich die gegenwärtige und zukünftige sowjetische Entwicklung vom Ballast der Stalinschen Verbrechen und des Stalinschen Terrors befreien und den sich den Reformen widersetzenden Funktionären einen Schock versetzen, mit dem offensichtlichen Ziel, weitere Entstalinisierungsreformen leichter verwirklichen zu können. Gleichzeitig aber hat Chruschtschow in seinem Geheimreferat die Kritik wiederum so begrenzt, daß die Autorität und Macht der Partei und des Apparats nicht gefährdet werden sollte. So bedeutsam Chruschtschows Abrechnung mit Stalin deshalb war, so klar sind auch gewisse Grenzen zu erkennen:
a) Chruschtschows Kritik konzentrierte sich in der Regel auf die Entwicklung des Stalinismus *nach 1934*; er erwähnte weder Stalins Aufstieg zur Macht noch die Entstehung des Stalinismus und die sowjetische Entwicklung bis 1934.
b) Chruschtschow schwieg über die Mitverantwortung der damals amtierenden Spitzenführer, auch über seine eigene.
c) Vor allem aber konzentrierte sich Chruschtschow in seiner Kritik auf die *Person* Stalins, dessen Charaktereigenschaften und Führungsmethoden, während jegliche Analyse des stalinistischen *Systems* fehlte.
Daher war es auch nur logisch, daß Chruschtschow am Ende seines Referates keine grundlegenden Maßnahmen vorschlug, mit denen der Stalinismus

überwunden werden konnte, er beschränkte sich vielmehr fast ausschließlich auf Korrekturen, um die *Auswüchse* des Systems zu verringern. So schlug Chruschtschow etwa vor, man müsse den Personenkult abschaffen und auf ideologischem Gebiet die falschen Ansichten überwinden, kritisch untersuchen und richtigstellen. Ferner müßte die sowjetische Nationalhymne einen neuen Text erhalten, die Stalinpreise sollten abgeschafft und statt dessen Leninpreise eingeführt werden. Die Städte, Betriebe und Kollektivwirtschaften dürften nicht mehr nach lebenden Personen benannt werden. Außerdem sei die kollektive Führung zu verwirklichen, müßten die Normen des Parteistatus eingehalten, die Grundsätze der sozialistischen Demokratie stärker zur Geltung gebracht, Willkür und Machtmißbrauch ausgemerzt und Verstöße gegen die »sozialistische Gesetzlichkeit« beseitigt werden.

All das ist sicher positiv zu werten, aber es waren keine grundlegenden Maßnahmen, mit denen der Stalinismus als System überwunden werden konnte, sondern eigentlich nur organisatorische Korrekturen zur Reduzierung der Auswüchse des Systems. Die grundsätzlichen Veränderungen, wie etwa Garantien für Rechtssicherheit und Pressefreiheit, die Trennung der Partei vom Staat, die innere Demokratisierung in der Partei und in der gesamten Sowjetunion, die Unabhängigkeit der Gewerkschaften, die Einführung der Arbeiterräte – all das fehlte.

Damit machte Chruschtschows Geheimreferat deutlich, daß es sich um eine *kontrollierte Entstalinisierung von oben* handeln sollte, nicht aber um einen Durchbruch zu einer wirklichen sozialistischen Demokratie. Trotz dieser Einschränkungen war die Bedeutung des 20. Parteitages und des Geheimreferates sehr groß, weil die Sowjetführung zum erstenmal selbst den Anstoß gegeben hatte, sich in den verschiedenen Bereichen des öffentlichen Lebens vom Stalinismus zu entfernen.

Wie würden Sie die Auswirkungen des 20. Parteitages beurteilen?
Der 20. Parteitag gab den Reform-Kräften sowohl innerhalb der Sowjetunion als auch innerhalb des Ostblocks und der kommunistischen Weltbewegung einen erheblichen Auftrieb. Die Sowjetunion hat danach eine Reihe von drakonischen Maßnahmen der Stalin-Ära aufgehoben, die Dezentralisierung fortgesetzt, erstmals gewisse Veränderungen im sozialen Bereich verkündet und die Hoffnung auf eine weiterreichendere Demokratisierung gestärkt. Noch beachtlicher waren die Folgen im Ostblock und in der kommunistischen Weltbewegung. Der »polnische Oktober« von 1956 und die ungarische Revolution wären ohne die vorhergehende Zerstörung des Stalin-Mythos undenkbar gewesen. Die Verselbständigungstendenz einzelner westeuropäischer kommunistischer Parteien, vor allem der KP Italiens, haben im 20. Parteitag ihren Ursprung. Allerdings wurde diese positive Entwicklung, vor allem nach der Niederschlagung der ungarischen Revolution im November 1956, abgebremst. Entscheidende Grundsätze des 20. Parteitages blieben jedoch erhalten und fanden auch in der Ideologie ihren Niederschlag.

Inwieweit wurden die Erklärungen des 20. Parteitages in die Ideologie einge-arbeitet?
Zunächst einmal wurden nach dem 20. Parteitag Stalins Werke nicht mehr in der Schulung benutzt. Stalin galt nun nicht mehr als »Klassiker des Marxismus-Le-ninismus«, und viele Doktrinen Stalins, darunter über die »kapitalistische Um-kreisung« und die Verschärfung des Klassenkampfes in Verbindung mit der wei-teren Entwicklung des Sozialismus – die Stalin als Begründung für die Massen-säuberung benutzt hatte –, wurden nun offiziell für falsch erklärt. Gleichzeitig gingen alle entscheidenden Thesen des 20. Parteitages, darunter die Kritik am Personenkult, das Bekenntnis zur kollektiven Führung und der sozialistischen Gesetzlichkeit sowie die Thesen über die Vermeidbarkeit der Kriege, die Koexi-stenz-Doktrin und die Möglichkeit einer friedlichen sozialistischen Revolution, in die Ideologie ein. Besonders bedeutsam war dabei, daß nunmehr erstmalig eine Systematisierung der gesamten Ideologie erfolgte.

Was verstehen Sie unter einer Systematisierung der Ideologie?
Im Unterschied zur Stalin-Ära, als es nur den *Kurzen Lehrgang der Geschichte der KPdSU* gab, wurde in der Zeit von 1956 bis 1959 ein neues Lehrbuch ausge-arbeitet, das im Oktober 1959 unter dem Titel *Grundlagen des Marxismus-Le-ninismus* erschien.
In diesem neuen Lehrbuch wurde erstmals eine zusammenhängende Darstellung des gesamten Marxismus-Leninismus sowjetischer Prägung geschaffen. Auf den 880 Seiten dieses Buches wird zunächst der »dialektische Materialismus«, die Philosophie, behandelt, dann der »historische Materialismus«, also die Ge-schichtsbetrachtung, ferner die »politische Ökonomie« und schließlich – erstma-lig – alle politischen Doktrinen in einer zusammenhängenden Form.

Während der Entstalinisierung wurde nicht nur das erste ideologische systemati-sche Lehrbuch Grundlagen des Marxismus-Leninismus *veröffentlicht, sondern auch das neue Parteiprogramm. Wie kam es dazu?*
Der Entwurf des neuen sowjetischen Parteiprogramms wurde Ende Juni 1961 bekanntgegeben. In einer sogenannten »Volksdiskussion« sollte es öffentlich beraten werden. Von Juni 1961 bis Mitte Oktober 1961 stand diese »Diskus-sion« über den Programmentwurf im Mittelpunkt der sowjetischen Innenpolitik. Das Parteiprogramm wurde als »kommunistisches Manifest des 20. Jahrhun-derts« gefeiert und im Oktober 1961 auf dem 22. sowjetischen Parteitag ange-nommen. Neben der Kritik an Stalin und den bereits erwähnten neuen Konzep-tionen des 20. Parteitages verwies das Programm vor allem auf die *zukünftige Entwicklung.*
Das Parteiprogramm verkündete, die Sowjetunion werde bis 1970 die USA in der Produktion pro Kopf der Bevölkerung überflügeln und das Land mit dem kürzesten Arbeitstag der Welt sein. Im folgenden Jahrzehnt, d. h. von 1970 bis 1980, sollte dann, laut Parteiprogramm, der Übergang zum kommunistischen Endziel erfolgen. Bereits vor 1980 würde nicht nur die Bildung in allen Lehran-stalten, die ärztliche Versorgung, einschließlich Sanatoriumsbehandlung, ko-

stenlos sein, sondern auch die Mieten wegfallen, alle wichtigen kommunalen Dienste (Wasser, Gas und Heizung), die Benutzung sämtlicher kommunaler Verkehrsmittel und die tägliche Hauptmahlzeit in den Betrieben unentgeltlich sein. Der letzte Satz des Parteiprogramms versprach, in großen Lettern gedruckt, die heutige Generation der Sowjetmenschen werde bereits im Kommunismus leben.

Wie definierte das Parteiprogramm den Begriff »Kommunismus«, was wurde für die kommunistische Gesellschaft als entscheidend angesehen?
Das sowjetische Parteiprogramm gab folgende Definition des Begriffes »Kommunismus«:
»Kommunismus ist eine klassenlose Gesellschaftsordnung, in der die Produktionsmittel einheitliches Volkseigentum und sämtliche Mitglieder der Gesellschaft sozial völlig gleich sein werden, in der mit der allseitigen Entwicklung der Individuen auf der Grundlage der ständig fortschreitenden Wissenschaft und Technik auch die produktiven Kräfte wachsen und alle Springquellen des gesellschaftlichen Reichtums voller fließen werden, und wo das große Prinzip herrschen wird: Jeder nach seinen Fähigkeiten, jedem nach seinen Bedürfnissen.
Der Kommunismus ist eine hochorganisierte Gesellschaft freier arbeitender Menschen von hohem Bewußtsein, in der die gesellschaftliche Selbstverwaltung bestehen wird, in der die Arbeit zum Wohle der Gesellschaft zum ersten Lebensbedürfnis für alle, zur bewußtgewordenen Notwendigkeit werden, und jeder seine Fähigkeiten mit dem größten Nutzen für das Volk anwenden wird.«

Und wie sollte dieses kommunistische Endziel erreicht werden, welche Maßnahmen zur Verwirklichung verkündete das Parteiprogramm?
Die erste Voraussetzung sollte die Errichtung des materiell-technischen Fundaments der kommunistischen Zukunftsgesellschaft sein, d. h. ein so schnelles »ökonomisches Wachstum, daß der Übergang zur Verteilung nach den Bedürfnissen der Menschen verwirklicht werden könnte. Bereits im ersten Jahrzehnt, also von 1960 bis 1970, seien die USA in der Produktion pro Kopf der Bevölkerung zu überflügeln, alle Werktätigen sollten ein gutes Auskommen und komfortable Wohnungen erhalten, die schwere körperliche Arbeit sollte verschwinden, und die Sowjetunion würde das Land mit dem kürzesten Arbeitstag der Welt werden. Im darauffolgenden Jahrzehnt, d. h. von 1970 bis 1980, sollte dann die gesamte Bevölkerung einen Überfluß an materiellen und kulturellen Gütern erhalten und unmittelbar darauf der Übergang zum Prinzip der Verteilung nach den Bedürfnissen verwirklicht werden.
Die Industrieproduktion sollte von 1960 bis 1980 auf das Sechsfache, die landwirtschaftliche Produktion von 1960 bis 1980 auf das Dreieinhalbfache steigen; damit werde die Sowjetunion sowohl in der Industrie wie auch in der Landwirtschaft die USA in der Pro-Kopf-Produktion der Bevölkerung weit überholt haben. Im sozialen Bereich sollte das Realeinkommen pro Kopf der Bevölkerung von 1960 bis 1980 sich um mehr als das Dreieinhalbfache erhöhen, die Unter-

schiede zwischen den höheren und niedrigeren Einkommen verringert werden und allmählich völlig verschwinden.

Hat das Parteiprogramm neben diesen ökonomischen und sozialen Zielen auch politische Veränderungen vorgesehen, die zur Errichtung des Kommunismus dienen sollten?

Ja, im politisch-staatlichen Bereich wurde angekündigt, daß die Diktatur des Proletariats sich allmählich in einen *Staat des ganzen Volkes* verwandeln werde, in eine »Volksorganisation der Werktätigen der sozialistischen Gesellschaft«. Als ersten Schritt dazu wurde ein Rotationssystem eingeführt (das bereits 1966 wieder abgeschafft wurde), wonach auf allen Ebenen des Partei- und Staatsapparates in regelmäßigen Abständen die Funktionäre ausgewechselt werden sollten. Dabei wurde bestimmt, daß nach jeder Wahlperiode jeweils mindestens ein Drittel der Funktionen personell neu besetzt werden müßten, und kein Funktionär länger als 3 Wahlperioden hintereinander in seinem Amt verbleiben könne. Die allmähliche Einschränkung des staatlichen Apparates und die zunehmende Beteiligung der Bevölkerung an staatlichen Angelegenheiten sollten dazu dienen, daß der Staat allmählich in eine kommunistische Selbstverwaltung hineinwachse. Das völlige Absterben des Staates – wie wir uns erinnern, eines der entscheidenden programmatischen Ziele von Marx und Engels – sollte, laut sowjetischem Parteiprogramm von 1961, erst nach dem Aufbau einer »entwickelten kommunistischen Gesellschaft« erfolgen.

War dieser Übergang zum kommunistischen Endzustand nur für die Sowjetunion vorgesehen oder auch für alle anderen Länder des Ostblocks?

Dies blieb im Parteiprogramm etwas unklar. Einerseits hieß es, der Übergang der sozialistischen Länder in die Periode des umfassenden kommunistischen Aufbaus werde *nicht* gleichzeitig vor sich gehen, andererseits sprach das gleiche Parteiprogramm von einem mehr oder minder gleichzeitigen Übergang zum Kommunismus innerhalb derselben geschichtlichen Epoche. Was mit dem Begriff »geschichtliche Epoche« gemeint war, wurde nicht erklärt.

Wie erklären Sie sich diese plötzlich einsetzende Zukunftsvision, und welche Bedeutung hatte das Parteiprogramm für die weitere sowjetische Entwicklung?

Durch dieses Zukunftsprogramm wollte Chruschtschow offensichtlich in der Sowjetbevölkerung neue Hoffnungen, Aktivitäten und Initiative für weitere Reformen und eine schnellere ökonomische Entwicklung wecken, um sein Hauptziel, die USA ökonomisch einzuholen und zu überholen, verwirklichen zu können.

Auf dem 22. sowjetischen Parteitag im Oktober 1961 wurde das Programm angenommen, gleichzeitig erfolgte eine neue Abrechnung mit dem Stalinismus, die sogar weit über den 20. Parteitag vom Februar 1956 hinausging. Auf diesem Kongreß wurde auch der Beschluß gefaßt, die einbalsamierte Leiche Stalins aus dem Lenin-Mausoleum zu entfernen. Mit einer Vielzahl von Einzelheiten wurden auf diesem Kongreß die früheren Berichte über den Stalin-Terror ergänzt.

Chruschtschow wollte offensichtlich einen für jedermann erkennbaren Schlußstrich unter den Stalinismus ziehen und die Hoffnungen auf weitere Reformen wecken. Die Abrechnung mit Stalin auf dem 22. Kongreß wurde zwar von progressiven und liberalen Kräften der Sowjetgesellschaft begrüßt, brachte Chruschtschow jedoch in zunehmende Schwierigkeiten, weil jetzt die doktrinären, pro-stalinistischen Kräfte im Parteiapparat, dem Staatssicherheitsdienst und in der Armee gegen ihn zu opponieren begannen.

Als das Parteiprogramm im Oktober 1961 auf dem 22. Parteitag angenommen wurde, stand Chruschtschow als Führer der Partei und des Sowjetstaates im Mittelpunkt. Nur drei Jahre später, im Oktober 1964, wurde er scheinbar ohne Widerstände von allen seinen Funktionen in Partei und Staat entbunden und verschwand in der Versenkung. Wie ist das zu erklären? Handelt es sich hier um persönliche Fehler und Schwächen Chruschtschows oder gründet sein Sturz im wesentlichen in seiner Konzeption der Entstalinisierung?
Beide Faktoren haben dabei eine Rolle gespielt. Zunächst einmal die persönlichen subjektiven Fehler: Chruschtschows Überoptimismus, seine utopischen Zielsetzungen, seine ständigen Reorganisationen – oft hektisch und schlecht vorbereitet –, seine Angewohnheit, Beschlüsse ohne Aussprache mit anderen Führern zu fassen. All dies hat Chruschtschow selbst von jenen Kräften entfernt, die eigentlich mit der Grundpolitik der Entstalinisierung durchaus einverstanden waren.
Der zweite Grund ist allerdings noch entscheidender: Die Entstalinisierung Chruschtschows ging den doktrinär-autoritären Kräften bereits viel zu weit, reichte aber andererseits nicht aus, um ganz neue, progressivere Kräfte in der Sowjetgesellschaft zu wecken.
Zweifellos ist und bleibt es Chruschtschows historisches Verdienst, die Abkehr vom Stalinismus eingeleitet zu haben. Andererseits aber waren deutlich die Grenzen zu erkennen. Chruschtschow selbst war noch befangen in vielen stalinistischen Vorstellungen. Er konnte sich nicht ganz freischwimmen, und dies erklärt auch die halbherzige Durchführung seiner Entstalinisierung.

Mit Chruschtschows Sturz, Mitte Oktober 1964, war die elfjährige Periode der oft widerspruchsvollen Entstalinisierung beendet. Was kann man zusammenfassend über diese Periode der sowjetischen Geschichte sagen?
Unter dem Begriff »Entstalinisierung« sind alle Maßnahmen zu verstehen, die eine Abkehr von überlebten Herrschaftsstrukturen, Herrschaftsmethoden und Doktrinen Stalins zum Inhalt hatten und gleichzeitig eine Anpassung an die veränderten Bedingungen der entstehenden modernen sowjetischen Industriegesellschaft erreichen sollten. Sie wurde notwendig, weil das Stalin-System weder innenpolitisch, vor allem in wirtschaftlicher Hinsicht, noch außenpolitisch den neuen Zielsetzungen der sowjetischen Weltmacht entsprach. Dabei handelte es sich jedoch weniger um eine Liberalisierung, als vielmehr um eine von oben kontrollierte Modernisierung, die sich auch in der Ideologie widerspiegelte.
Im Bereich der Ideologie ist die Periode der Entstalinisierung vom März 1953

bis zum Sturz Chruschtschows im Oktober 1964 durch eine Reihe neuer Konzeptionen gekennzeichnet, die eine Abkehr von Stalin beinhalten. Dabei spielten im außenpolitischen Bereich vor allem die Thesen von der »Vermeidbarkeit der Kriege« und der »friedlichen Koexistenz« eine wichtige Rolle, im Rahmen der kommunistischen Weltbewegung die Konzeption über die Möglichkeit eines friedlichen Verlaufs der sozialistischen Revolution und in der innenpolitischen Entwicklung die Thesen von der »Überwindung des Personenkults«, der »sozialistischen Gesetzlichkeit«, der »Einhaltung der Normen des Parteilebens«, später kam noch die These vom »Staat des ganzen Volkes« als Voraussetzung für den Übergang zu einer kommunistischen Selbstverwaltung hinzu.

Neben diesen neuen Thesen entstand in der Periode der Entstalinisierung das neue ideologische Lehrbuch *Grundlagen des Marxismus-Leninismus,* in dem erstmals alle Bestandteile der Sowjetideologie systematisch zusammengefaßt waren.

Auf dem Boden dieser Systematisierung der Ideologie wurde schließlich 1961 auch das neue sowjetische Parteiprogramm veröffentlicht, das neben der Kritik an Stalin und den neuen Entstalinisierungsthesen auch das Versprechen enthielt, daß die heutige Generation der Sowjetmenschen noch den Kommunismus erleben wird, und in Einzelheiten den Übergang zum kommunistischen Endzustand beschrieb.

Die im Parteiprogramm verkündeten Zielsetzungen waren jedoch offensichtlich unrealistisch und undurchführbar. Die Annahme des Parteiprogramms auf dem 22. Parteitag im Oktober 1961 wurde mit einer neuen, scharfen Kritik am Stalinismus verknüpft, aber die von Chruschtschow erhoffte Entstalinisierung blieb schon kurz nach dem Parteitag wieder stecken.

Weder in der Ideologie noch – was entscheidender war – in der politischen Praxis reichte die Entstalinisierung aus, um wirklich neue, progressive Kräfte der Sowjetgesellschaft zu wecken und den Durchbruch zu einer sozialistischen Demokratie zu vollziehen. Andererseits aber ging diese Entwicklung den autoritären Kräften, vor allem im Parteiapparat, im Staatssicherheitsdienst und in der Armee, bereits viel zu weit. Es waren jene Kräfte, die sich in erster Linie gegen Chruschtschows Entstalinisierung wandten und denen es im Oktober 1964 gelang, Chruschtschow zu stürzen.

5

Sowjetpolitik und Sowjetideologie seit Chruschtschows Sturz

Im Oktober 1964 wurde Chruschtschow von seiner Funktion als Erster Parteise-kretär und Vorsitzender des Ministerrates gestürzt. Seitdem ist die sowjetische In-nenpolitik durch eine Abkehr von der Entstalinisierung und einen härteren Kurs gekennzeichnet. Wir haben es heute mit einer Sowjet-Führung zu tun, die zwar eine flexible und seit 1969 etwas regelmäßigere Politik gegenüber dem Westen betreibt – die im letzten Teil des Buches behandelt wird –, im Inneren aber nach wie vor jede Opposition unterdrückt und einen harten autoritären Kurs steuert. Wie kam es zum härteren Kurs in der sowjetischen Innenpolitik?

Nach dem Sturz Chruschtschows im Oktober 1964 gab es zunächst ein Tauzie-hen in Kreisen des sowjetischen Establishments, wie es nun weitergehen sollte, vor allem, ob und inwieweit das überlebte, von Stalin übernommene bürokra-tisch-diktatorische System modernisiert und den neuen Bedingungen angepaßt werden sollte. Die dringende Notwendigkeit von Reformen wurde sogar von Vertretern des Establishments erkannt – in Staats- und Wirtschaftskreisen, ebenso innerhalb des Parteiapparats. Aber diese Kräfte blieben in der Minder-heit. Die Furcht, einmal in Gang gekommene Reformen nicht mehr unter Kon-trolle halten zu können und damit die eigenen Machtinteressen zu gefährden, war schließlich stärker als die rationalen Erkenntnisse. Die autoritär-bürokrati-schen Kräfte, vor allem im Parteiapparat, in der Armee und im Staatssicher-heitsdienst, die einen Übergang zu einem härteren Kurs und eine Anknüpfung an die Stalin-Tradition erstrebten, setzten sich durch. Auch militärische Kreise forderten eine Kontinuität der militärischen Tradition und wandten sich gegen jede Kritik an Stalin als Heerführer während des Zweiten Weltkrieges.

Nach härteren Auseinandersetzungen begann im Frühjahr 1965 ein schärferer innen- und kulturpolitischer Kurs, in dessen Verlauf die Entstalinisierung weit-gehend rückgängig gemacht und Stalin wieder aufgewertet wurde.

Dieser härtere Kurs, den die Kremlführung im Frühjahr 1965 beschloß, hat seitdem das innenpolitische Leben in der Sowjetunion bestimmt. Können Sie die wichtigsten innenpolitischen Veränderungen in der Sowjetunion seit dieser Zeit zusammenfassen und auch den gegenwärtigen innenpolitischen Kurs der Sowjetunion kurz charakterisieren?

Im einzelnen handelte es sich um folgende Tendenzen:

a) Der Staatssicherheitsdienst – KGB – wurde wieder aufgewertet und erhielt in den letzten Jahren neue Vollmachten. Die Zahl der Verhaftungen von kritischen Sowjetbürgern hat beträchtlich zugenommen. Im September 1966 wurde eine Ergänzung zum § 190 eingeführt, der Verhaftungen kritischer Sowjetbürger beträchtlich erleichtert. Die Verfolgung von Kritikern drückte sich nicht nur durch Verhaftungen und Einweisungen in Lager aus, sondern auch durch Einlieferungen in psychiatrische Kliniken. Das im Januar 1960 unter Chruschtschow dezentralisierte sowjetische Innenministerium wurde 1966 als »Ministerium für Öffentliche Ordnung« wieder installiert und hat seit 1968 wieder, wie unter Stalin, den Namen »Ministerium für innere Angelegenheiten«. Der Chef des sowjetischen Staatssicherheitsdienstes, Andropow, ist Ende April 1973 als Vollmitglied in das Politbüro aufgenommen worden.

b) Das »Tauwetter« in der Kulturpolitik unter Chruschtschow wurde durch einen harten Kurs ersetzt. Durch eine Reihe öffentlicher Prozesse gegen Schriftsteller – darunter gegen Sinjawski und Daniel im Februar 1966, gegen Ginsburg, Galanskow und Dobrowolski im Januar 1968 – begann ein Kesseltreiben gegen reformfreudige und kritische Schriftsteller, das offensichtlich dem Ziel diente, diese Autoren einzuschüchtern. In der Redaktion der berühmten progressiven literarischen sowjetischen Zeitschrift *Nowy Mir* fand eine Säuberung statt, und die sowjetische Zensur hat wieder fast stalinsche Ausmaße angenommen. Unter diesen Bedingungen können nachdenkliche, tiefgründigere und kritischere Werke sowjetischer Schriftsteller kaum noch veröffentlicht werden.

c) Im Rahmen der Partei wurde das unter Chruschtschow 1961 eingeführte Rotationssystem, das die personelle Neubesetzung aller entscheidenden Funktionen in Partei und Staat vorsah, wieder abgeschafft. Auf dem 23. Parteitag im April 1966 erhielt Breschnew anstelle des bis dahin üblichen Titels eines »Ersten Sekretärs« den Titel »Generalsekretär«, den vor ihm nur ein Führer getragen hatte: Stalin. Die Parteikontrollkommissionen erhielten neue Rechte und Kompetenzen, durch den 1972 bis 1975 erfolgten Umtausch der Parteimitgliedsbücher wurden 374 000 Mitglieder aus der Partei ausgeschlossen.

d) Die unter Chruschtschow begonnene Wirtschaftsreform wurde weitgehend abgeschwächt und verwässert. Aber selbst in dieser abgeschwächten Fassung ist die Wirtschaftsreform bisher kaum durchgeführt worden, so daß sowjetische Wirtschaftsfunktionäre manchmal etwas ironisch vom »Stalinismus mit Computern« sprechen.

e) Besonders wichtig ist der zunehmende Einfluß der Armee und des Offizierskorps auf das öffentliche Leben des Landes. Dazu gehört vor allem die seit Juli

1966 begonnene militärisch-patriotische Erziehung, in deren Verlauf die wichtigsten Schulbücher umgeschrieben wurden, um nicht nur die Partei, sondern auch die Armee und die militärische Tradition zu glorifizieren. Ein typisches Zeichen für diese militärisch-patriotische Erziehung sind Pflichtausflüge von Jugendlichen zu den Schlachtfeldern des Zweiten Weltkrieges, der in der Sowjetunion »Großer Vaterländischer Krieg« genannt wird. Dort haben sich die Jugendlichen in großen Karrees aufzustellen, während unter Trommelwirbel die Fahnen der Divisionen aufgezogen werden, die damals dort gekämpft haben. Anschließend müssen die Jugendlichen den »Kljatwa molodych patriotow« – den »Schwur der jungen Patrioten« – sprechen: die Heldentaten der Väter und Vorväter niemals zu vergessen, stets in Ehren zu halten und ihnen nachzueifern.

f) Eng damit verbunden ist eine zunehmende Betonung des russischen Nationalismus und eine verstärkte Russifizierung der nichtrussischen Unionsrepubliken, vor allem durch eine planmäßige, organisierte Umsiedlung von Russen in die nichtrussischen Unionsrepubliken, in deren Verlauf mehr als eine Viertelmillion Menschen in die baltischen Republiken, mehr als eine Million in die Ukraine und mehr als anderthalb Millionen in die zentralasiatischen Republiken umgesiedelt wurden. Als bedeutsam erscheint mir auch, daß das russische Volk erneut als das »führende Volk unter allen Völkern der Sowjetunion« offiziell proklamiert worden ist.

Also alles in allem, eine deutliche Abkehr von den Entstalinisierungsreformen, eine Anknüpfung an die Stalin-Tradition, an den Stalinismus, nur mit teilweise etwas moderneren Methoden. Nicht Reformen, sondern Macht und Autorität stehen im Vordergrund.

Wie hat sich aber die Verhärtung des innenpolitischen Kurses nun auf die Ideologie ausgewirkt?

Zunächst das Wichtigste: Alle ideologischen Doktrinen Chruschtschows zur Vorbereitung und Rechtfertigung der Entstalinisierung sind in den Hintergrund gedrängt worden: die These von der »sozialistischen Gesetzlichkeit«, die These vom »Staat des ganzen Volkes«, das Rotationssystem in der Partei und vor allem die wichtigsten Thesen von der »Überwindung des Personenkults«.

Anstelle einer selbstkritischen Betrachtung der Stalin-Ära und einer Kritik am Stalin-Terror ist in zunehmendem Maße eine positive Betrachtung, ja fast eine Schönfärberei der Stalinschen Vergangenheit getreten. Stalin wird wieder als großer Heerführer gepriesen, seine großen militärischen Fehler des Jahres 1941 werden nicht mehr erwähnt. An den Massenterror wird überhaupt nicht oder höchstens in abgeschwächter Form in Nebensätzen erinnert. Geburtstage Stalins werden wieder häufig positiv erwähnt, z. B. die 90. Wiederkehr des Stalin-Geburtstages am 21. Dezember 1969. Im Juni 1970 wurde an der Kremlmauer ein Gedenkstein zu Ehren Stalins angebracht. Anläßlich großer Jubiläen, etwa des 50. Jahrestages der Oktoberrevolution im November 1967 oder des 50jährigen Jubiläums der Gründung der UdSSR im Dezember 1972, fehlte jegliche kritische Betrachtung des Stalinismus.

Gleichzeitig wird die Entstalinisierung Chruschtschows mit Schweigen übergangen. Selbst bei der Beerdigung Chruschtschows war kein einziger Sowjetführer anwesend, und außer Mikojan hat keiner auch nur einen Kranz gesandt.

Wieso ist die Auseinandersetzung mit der Stalin-Ära, immerhin ein historisches Problem, Ihrer Auffassung nach von so großer Bedeutung?
Unter sowjetischen Bedingungen ist die Einstellung zu Stalin keineswegs nur eine historische, sondern eine aktuelle politische Frage. Nicht umsonst sagt man in der Sowjetunion: »Sag mir, wie du zu Stalin stehst, und ich sag dir, wer du bist.« Die Stellung zu Stalin ist zum wichtigsten Kriterium für die Politik der UdSSR geworden. Die Verurteilung des Stalin-Terrors war und ist immer ein Ausgangspunkt für Entstalinisierungsreformen, die positive Bewertung Stalins stets eine ideologische Rechtfertigung für einen härteren und autoritären Kurs in der sowjetischen Innenpolitik.

Gibt es neben der Abkehr von der Entstalinisierung oder deren Abschwächung und der positiveren Betrachtung Stalins noch andere wichtige ideologische Veränderungen, die sich seit dem Sturz Chruschtschows im Oktober 1964 vollzogen haben?
Ja, das völlige Zurückdrängen der Zukunftsvisionen Chruschtschows, darunter auch des Parteiprogramms von 1961. Weder der entscheidende letzte Satz des Parteiprogramms, die heutige Generation der Sowjetmenschen werde den Kommunismus noch erleben, noch die Versprechen im Parteiprogramm über die bis 1980 zu erreichenden Ziele werden seit Chruschtschows Sturz mehr erwähnt. Überhaupt wird das Parteiprogramm kaum noch zitiert. Dies ist ein deutliches Zeichen dafür, daß die Führung nach Chruschtschow nicht mehr daran glaubt, die überoptimistischen Zukunftsvisionen Chruschtschows aus dem Jahre 1961 verwirklichen zu können.

Alle bisher erwähnten ideologischen Veränderungen seit Chruschtschows Sturz betreffen die innersowjetische Entwicklung. Gibt es auch ideologische Veränderungen im Verhältnis der Sowjetunion nach außen, etwa zu den übrigen osteuropäischen Ländern?
Ja, durchaus; vor allem die entscheidende ideologische Doktrin von der »begrenzten Souveränität«. Diese Doktrin wird jedoch nur verständlich, wenn man sich vergegenwärtigt, daß bereits in den Jahren 1966 und 1967 die neue Doktrin von den »gemeinsamen Gesetzmäßigkeiten« in der Entwicklung aller Länder zum Sozialismus proklamiert wurde. Damit wurde die Grundlage für die spätere Doktrin von der begrenzten Souveränität gelegt.

Worum geht es bei dieser Doktrin von den »gemeinsamen Gesetzmäßigkeiten«?
Schon in den Jahren 1966 und 1967, also *vor* der Okkupation der Tschechoslowakei, wurden in ideologischen Lehrbüchern und in der Presse immer mehr die angeblichen »gemeinsamen Gesetzmäßigkeiten für die Entwicklung zum Sozialismus« proklamiert. Besonders wichtig dabei war und ist das Lehrbuch *Wissen-*

schaftlicher Kommunismus, das in der Sowjetunion bereits in über einer Million Exemplaren erschienen ist, übrigens inzwischen auch in großer Auflage in deutscher Übersetzung in der DDR. In diesem Buch wird die Behauptung aufgestellt, daß es gemeinsame Gesetzmäßigkeiten für die Entwicklung zum Sozialismus in *allen* Ländern gibt, wobei die Sowjetunion eindeutig als Vorbild und Modell herausgestellt wird.

Was beinhalten diese »allgemeinen Gesetzmäßigkeiten«, die nach sowjetischer Auffassung für alle Länder gelten sollen?
Insgesamt gibt es zehn solcher Gesetzmäßigkeiten, darunter sechs im sozialen und politischen Bereich. In der offiziellen Reihenfolge steht die proletarische Revolution und die Errichtung der Diktatur des Proletariats an erster Stelle, dann folgt die Führung der Werktätigen durch die Arbeiterklasse und ihren Vortrupp (Avantgarde), die marxistisch-leninistische Partei; drittens das Bündnis der Arbeiterklasse mit der Bauernschaft, viertens die Beseitigung der nationalen Unterdrückung, fünftens die Verteidigung der Errungenschaften des Sozialismus gegen die Anschläge äußerer und innerer Feinde und schließlich, an sechster Stelle, der proletarische Internationalismus.
Besonders wichtig ist die Führung durch die Partei (was ein Mehrparteiensystem ausschließt), die Verteidigung der Errungenschaften des Sozialismus und der proletarische Internationalismus, weil mit diesen »Gesetzmäßigkeiten« die sowjetische politische Linie eine obligatorische Verklausulierung für die Rechtfertigung der Existenz eines Staatssicherheitsdienstes, der mißliebige und kritische Personen beliebig verurteilen kann, als auch für eine mögliche militärische Intervention erhält, denn das »Bekenntnis zum proletarischen Internationalismus« wird so definiert, daß in der Praxis stets die Unterordnung des betreffenden Landes unter die Sowjetunion zu verstehen ist.

Sie erwähnten, daß es neben den sechs sozialen und politischen Gesetzmäßigkeiten noch andere gäbe. Welche sind dies?
Es folgen noch drei »ökonomische Gesetzmäßigkeiten«, nämlich die Beseitigung des kapitalistischen Eigentums und die Herstellung des gesellschaftlichen Eigentums an den Produktionsmitteln, die sozialistische Umgestaltung der Landwirtschaft und die planmäßige Entwicklung der Volkswirtschaft. Da in der Sowjetideologie unter gesellschaftlichem Eigentum stets *Staatseigentum* verstanden wird, unter sozialistischer Umgestaltung der Landwirtschaft eine *Kollektivierung* sowjetischen Musters, und unter einer planmäßigen Entwicklung eine *Planwirtschaft* sowjetischen Typs, bedeutet dies, daß die sowjetische Konzeption obligatorisch ist. Der letzte und zehnte Punkt ist die »Gesetzmäßigkeit« im geistigen Leben, nämlich die *Kulturrevolution.* Der Begriff »Kulturrevolution« hat nichts mit dem im Maoismus üblichen Begriff zu tun, sondern bedeutet die Schaffung einer Volkskultur und die Ersetzung der alten bürgerlichen Intelligenz durch eine neue sozialistische, d. h. dem Regime ergebene Intelligenz.

Diese zehn Gesetzmäßigkeiten sollen für alle Länder gelten, die den Weg zum Sozialismus beschreiten? Werden die historischen Besonderheiten einzelner Länder völlig negiert?

Ausdrücklich wird in dem Lehrbuch und seitdem in Dutzenden von Artikeln erklärt, daß diese »allgemeinen Gesetzmäßigkeiten für die Entwicklung zum Sozialismus« sowohl Politik wie Wirtschaft und Kultur umfassen. Zwar sollen, wie es heißt, konkrete historische Besonderheiten einzelner Länder berücksichtigt werden, aber es heißt ausdrücklich: »Die sowjetische Erfahrung hat internationale Bedeutung.« Damit wird von vornherein festgelegt, was sozialistisch ist und was nicht, und so die Möglichkeit gegeben, jedes Land, das seinen eigenen Weg zum Sozialismus geht, eine eigene Form bei der Verwirklichung des Sozialismus gefunden hat, als »antisozialistisch« zu brandmarken.

Sie sehen in diesen zehn Gesetzmäßigkeiten beim Übergang zum Sozialismus die Voraussetzung für die spätere Doktrin von der »begrenzten Souveränität«. Wann wurde diese Doktrin verkündet und was besagt sie?

Die Doktrin von der begrenzten Souveränität wurde zum erstenmal am 26. September 1968 verkündet, genau fünf Wochen nach der Okkupation der sozialistischen Tschechoslowakei in einem *Prawda*-Artikel des Sowjetideologen Sergej Kowaljow unter dem Titel: *Die Souveränität und die internationalen Verpflichtungen der sozialistischen Länder.*

Diese »Doktrin von der begrenzten Souveränität« besagt, daß die Verteidigung der sozialistischen Ordnung in einem bestimmten Land nicht ein Problem des betreffenden Landes sei, sondern in erster Linie eine Angelegenheit des gesamten, unter sowjetischer Führung stehenden sozialistischen Weltsystems. Die Verteidigung sei eine internationale Pflicht, und die sozialistischen Staaten dürften sich nicht im Namen einer abstrakt verstandenen Souveränität davon abhalten lassen.

Jedes Recht, darunter auch das Völkerrecht, sei den Gesetzen des internationalen Klassenkampfes untergeordnet. Man dürfe die nationale und staatliche Selbständigkeit nicht abstrakt sehen, sondern der Begriff »Souveränität« habe einen Klasseninhalt. Die Frage nach der inneren Entwicklung eines sozialistischen Landes, darunter, ob die sozialistische Ordnung eventuell gefährdet sei oder nicht, soll nicht in erster Linie von den Kommunisten des betreffenden Landes entschieden werden, sondern von der sozialistischen Staatengemeinschaft als Ganzer, die sich darum kümmern und vielleicht intervenieren müsse. Damit wurde von vornherein durch die Ideologie das Recht einer wirtschaftlichen, politischen und militärischen Intervention offiziell gestattet. Es handelt sich dabei also nicht nur um eine nachträgliche Rechtfertigung der Okkupation der Tschechoslowakei. Denn diese Rechtfertigung kann auch für die Zukunft gelten, etwa als Drohung gegenüber Jugoslawien, Rumänien oder sogar – zumindest theoretisch – gegenüber der Volksrepublik China.

Mit dieser von der Sowjetunion offiziell für alle kommunistischen Parteien deklarierten »Doktrin von der begrenzten Souveränität« haben sich nicht alle kommu-

nistischen Parteien einverstanden erklärt. Wer war dagegen und mit welchen Argumenten?

Mit dieser neuen Theorie haben sich mehrere kleinere kommunistische Parteien – darunter übrigens mit als erste die DKP in der Bundesrepublik – sofort einverstanden erklärt, einige nach gewissem Zögern, wie etwa die KP Österreichs und KP Kanadas. Die wichtigsten westeuropäischen kommunistischen Parteien, darunter auch die Italienische Kommunistische Partei, lehnten diese Doktrin ab. Besonders bedeutungsvoll ist aber, daß drei herrschende kommunistische Parteien sich offen gegen die »Doktrin von der begrenzten Souveränität« ausgesprochen haben: der Bund der Kommunisten Jugoslawiens, die kommunistischen Parteien Rumäniens und der Volksrepublik China.

So erklärte der jugoslawische Staatspräsident Tito auf dem 9. Kongreß des Bundes der Kommunisten Jugoslawiens im April 1969: »Diese Doktrin negiert im Namen einer angeblich höheren Stufe der Beziehungen zwischen den sozialistischen Ländern die Souveränität dieser Länder und versucht, das Recht eines oder mehrerer Länder zu legalisieren, nach eigenem Ermessen, und sei es durch militärische Interventionen, den eigenen Willen anderen sozialistischen Ländern aufzuzwingen. Wir lehnen eine solche Konzeption natürlich entschieden ab, weil sie dem Grundrecht aller Völker auf Unabhängigkeit und den Grundsätzen des Völkerrechts widerspricht. Außerdem steht eine solche Konzeption auch zu den Interessen des Kampfes für den Sozialismus im Widerspruch.« Soweit Tito.

Nikolae Ceaucescu, der Partei- und Staatsführer von Rumänien, einem Land, das dem Warschauer Pakt angehört, hat sich ebenfalls gegen diese Doktrin ausgesprochen, wörtlich sagte er: »Der Gedanke einer militärischen Intervention in die Angelegenheiten eines sozialistischen Bruderstaates kann durch nichts gerechtfertigt werden ... Die Frage der Wahl der Wege des sozialistischen Aufbaus ist eine Frage, die jede Partei, jeden Staat und jedes Volk selbst betrifft. Niemand kann das Recht darauf erheben, Ratschläge und Anleitungen darüber zu erteilen, wie der Sozialismus in einem anderen Land aufgebaut werden muß. Wir sind der Ansicht, daß es, um die Beziehungen zwischen den sozialistischen Ländern und zwischen den kommunistischen Parteien auf tatsächlich marxistisch-leninistischen Grundlagen aufzubauen, notwendig ist, ein für allemal der Einmischung in die Angelegenheiten anderer Staaten und anderer Parteien ein Ende zu setzen.«

Noch schärfer war die Reaktion aus China gegen die »Doktrin von der begrenzten Souveränität«. So hieß es in der Peking-Rundschau Nr. 13 vom 1. April 1969: »Nach der Gangsterlogik der sowjetrevisionistischen Renegaten gibt es für andere Länder nur eine begrenzte Souveränität, während die Souveränität der Sowjetrevisionisten selbst keinerlei Grenzen kennt.«

Gerade in der jüngsten Phase der sowjetischen Ideologie seit Chruschtschows Sturz im Oktober 1964 sind viele neue Entwicklungen und neue Aspekte zu beobachten. Dabei ist es vielleicht ratsam, die innenpolitische Entwicklung und die ideologischen Neuerungen kurz zusammenzufassen.

Für die Entwicklung nach Chruschtschows Sturz im Oktober 1964 scheinen mir folgende politisch-ideologische Wandlungen typisch zu sein:

a) In der sowjetischen Innenpolitik vollzog sich der Übergang zu einem härteren Kurs, gekennzeichnet durch die Verstärkung des Staatssicherheitsdienstes, eine härtere Kulturpolitik, die Verwässerung der Wirtschaftsreform, die zunehmende Russifizierung und eine wachsende Bedeutung der militärisch-patriotischen Aspekte in der Erziehung der jungen Generation sowie eines zunehmenden militärischen Einflusses auf die Politik des Landes. All dies markierte die Abkehr von der Entstalinisierung und den Übergang zu einem härteren autoritären Kurs in der Innenpolitik.

b) Die innenpolitische Wandlung hat sich auch in der Ideologie widergespiegelt. Dazu gehört die Abkehr von wichtigen Entstalinisierungsdoktrinen Chruschtschows (»Überwindung des Personenkults«, »sozialistische Gesetzlichkeit«, »Wiederherstellung der Leninschen Normen des Parteilebens«, »Staat des ganzen Volkes«).

c) Gleichzeitig damit wurde die Kritik an Stalin, dem Stalin-Terror und dem Stalinismus eingeschränkt, wodurch eine Teilrehabilitierung Stalins, die Schönfärberei der Stalinschen Vergangenheit und eine Anknüpfung an die Stalin-Tradition erfolgte.

d) Die Entwicklung seit Chruschtschows Sturz ist auch durch die Abkehr von den Zukunftsvisionen Chruschtschows charakterisiert. Die Zielsetzungen des Parteiprogramms von 1961 werden nicht mehr erwähnt.

e) In den Beziehungen zu den osteuropäischen Ländern wurde die sowjetische Vorherrschaft stärker unterstrichen. Die Okkupation der Tschechoslowakei am 21. August 1968, mit der auch der Versuch, einen Sozialismus mit menschlichem Antlitz zu verwirklichen, zunichte gemacht wurde, war dafür ein besonders wichtiges und tragisches Beispiel. Die im Herbst 1968 neu eingeführte »Doktrin von der begrenzten Souveränität«, die auf den vorher verkündeten zehn »Gesetzmäßigkeiten« aller Länder bei der Entwicklung zum Sozialismus basiert, sollte nicht nur nachträglich die Okkupation der Tschechoslowakei rechtfertigen, sondern auch für die Zukunft ein mögliches Interventionsrecht der Sowjetunion gegenüber allen eigenständigen Entwicklungen zum Sozialismus begründen.

II

Der heutige sowjetische Marxismus-Leninismus

1

Die offizielle Definition des Marxismus-Leninismus

Wir haben uns bisher mit den Wandlungen beschäftigt, die sich im Laufe der letzten hundertdreißig Jahre innerhalb der kommunistischen Ideologie vollzogen haben. Wir gingen von Marx und Engels aus, behandelten den Leninismus und Stalinismus, die Periode der Entstalinisierung (1953–1964) und die Veränderungen nach Chruschtschows Sturz.

Jetzt geht es uns darum, die heutige sowjetische Ideologie zu betrachten, wie sie gegenwärtig in den Schulen, an den Hochschulen und den Parteischulen der Sowjetunion und der mit der Sowjetunion verbündeten Länder des Ostblocks gelehrt wird.

In den ideologisch an Moskau orientierten Ländern wird die Ideologie offiziell als »Marxismus-Leninismus« bezeichnet. Wie wird dieser entscheidende Begriff gegenwärtig definiert?

Die offizielle Definition des Marxismus-Leninismus, die heute natürlich jeder Jugendliche in der Sowjetunion – Schüler, Hochschüler, Facharbeiter – auswendig kennt, lautet:

»Die Weltanschauung des Marxismus-Leninismus vereinigt in einem einheitlichen harmonischen System von Anschauungen die wichtigsten Bestandteile der großen Lehre von Marx, Engels und Lenin. Der Marxismus-Leninismus unterscheidet sich grundsätzlich von allen anderen weltanschaulichen Systemen. Die Existenz irgendwelcher übernatürlicher Kräfte oder eines Schöpfers erkennt er nicht an. Er steht fest auf dem Boden der Realität, der irdischen Welt. Der Marxismus-Leninismus befreit die Menschheit endgültig von Aberglauben und jahrhundertelanger geistiger Knechtschaft. Der Marxismus-Leninismus faßt die Welt so auf, wie sie ist, er wächst aus der Wissenschaft und vertraut ihr. Der Marxismus-Leninismus lehrt, daß sich nicht nur die Entwicklung der Natur, sondern auch die Entwicklung der menschlichen Gesellschaft nach objektiven, vom Willen der Menschen unabhängigen Gesetzen vollzieht. Der Marxismus-Leninismus deckt damit die grundlegenden Gesetzmäßigkeiten der Entwicklung in Natur und Gesellschaft auf.«

Schon in dieser ersten Definition wird von Gesetzen gesprochen und erklärt, die grundlegenden Gesetzmäßigkeiten würden durch den Marxismus-Leninismus aufgedeckt. Was versteht man denn in der Sowjetideologie unter einem Gesetz oder einer Gesetzmäßigkeit?

Begriffe wie »Gesetz« und »Gesetzmäßigkeit« kommen in der Sowjetideologie fast ständig vor. Unter dem Begriff »Gesetz« wird dabei ein tiefer, wesentlicher, beständiger, sich wiederholender Zusammenhang verstanden, bzw. die Abhängigkeit zwischen verschiedenen Erscheinungen oder verschiedenen Seiten ein und derselben Erscheinung.

Seit wann gibt es diesen Begriff »Marxismus-Leninismus«?

Die Bezeichnung »Marxismus-Leninismus« wurde in einer Resolution des Zentralkomitees der Kommunistischen Partei der Sowjetunion am 14. November 1938 – also unter Stalin – offiziell beschlossen. Damals erklärte man, daß es eine Trennung zwischen Marxismus und Leninismus nicht geben könne, sondern daß es sich um eine einheitliche Lehre handle. Seitdem wird in der Sowjetunion unverändert daran festgehalten.

Lediglich bei einer *historischen* Betrachtung, etwa des 19. Jahrhunderts, darf man vom Marxismus sprechen oder, zu Beginn des 20. Jahrhunderts, vom Leninismus. Sobald aber von der *Ideologie* die Rede ist, muß man immer den Begriff »Marxismus-Leninismus« verwenden, weil es sich hier ja, wie offiziell behauptet wird, um ein einheitliches geschlossenes Ganzes handle.

Aus welchen Bestandteilen setzt sich der heutige »Marxismus-Leninismus« sowjetischer Prägung zusammen, und wie fügen sich diese Bestandteile ineinander?

Der »Marxismus-Leninismus« ist genau systematisiert. Jeder Lehrgang beginnt zunächst mit der Philosophie, d. h. mit dem »dialektischen Materialismus«. Dann folgen die Geschichtsbetrachtung – auch »historischer Materialismus« genannt –, die Wirtschaftslehre – als »marxistische politische Ökonomie« bezeichnet – und schließlich die politischen Konzeptionen, die seit Anfang 1962 offiziell den Titel »Wissenschaftlicher Kommunismus« tragen.

Der »dialektische Materialismus«, der »historische Materialismus«, die »politische Ökonomie« und der »wissenschaftliche Kommunismus« sind damit die heutigen Bestandteile des Marxismus-Leninismus sowjetischer Prägung und werden stets in dieser Reihenfolge in Schulen, Hochschulen usw. behandelt.

In offiziellen sowjetischen Darstellungen heißt es, der Marxismus-Leninismus sei ein harmonisches System philosophischer, ökonomischer, sozial-theoretischer und politischer Anschauungen, in welchem alle Bestandteile organisch miteinander verbunden sind. Nur die Gesamtheit aller seiner Teile biete die theoretische Grundlage für die Lösung der Probleme der revolutionären Umgestaltung der Gesellschaft.

Widerspiegelt sich diese Tatsache – die Existenz unterschiedlicher Bestandteile bei gleichzeitiger Erklärung, daß sie ein harmonisches Ganzes bilden – in entsprechenden Veröffentlichungen und Lehrbüchern?

Ja, durchaus. Zunächst einmal existiert ein gemeinsames Lehrbuch für die gesamte Ideologie; dieses Lehrbuch heißt *Grundlagen des Marxismus-Leninismus.* Es wurde im Oktober 1959 zum erstenmal veröffentlicht. Danach erschienen immer wieder Neufassungen, selbstverständlich auch in sehr hohen Auflagen in deutsch in der DDR.

Außerdem gibt es für jeden einzelnen Bestandteil der Sowjetideologie ein besonderes Lehrbuch, und zwar die Schriften *Grundlagen der marxistischen Philosophie* für den dialektischen historischen Materialismus, *Politökonomie* für die Wirtschaftslehre und das Lehrbuch *Wissenschaftlicher Kommunismus* für die politischen Konzeptionen.

Jedes dieser Lehrbücher hat etwa 800 Seiten und dient dem Studium im Unterrichtsfach »Marxismus-Leninismus« an den Hochschulen und Universitäten. Daneben gibt es auch populäre Lehrbücher für jeden Bestandteil. Diese haben nur etwa 300 Seiten und sind für die unteren Ebenen der Schulung bestimmt. Übrigens ist für jeden Bestandteil auch ein besonderes Wörterbuch gedruckt worden, in dem die offiziellen Definitionen der entsprechenden Begriffe enthalten sind. Es gibt ein philosophisches, ein ökonomisches und ein politisches Wörterbuch sowie jetzt auch noch – ganz neu – ein Wörterbuch des »Wissenschaftlichen Kommunismus«, wobei man verpflichtet ist, alle Begriffe so zu verwenden, wie sie in diesen Wörterbüchern definiert werden.

2

Der dialektische und historische Materialismus

Sie erwähnten, daß der Unterricht im »Marxismus-Leninismus« in der Sowjetunion und den mit Moskau verbündeten Ostblockstaaten stets mit der Philosophie, also mit dem dialektischen Materialismus, beginnt. Da es ja in der Sowjetunion für alles offizielle Definitionen gibt – wie ist die offizielle Definition des dialektischen Materialismus?

Der dialektische Materialismus ist die Wissenschaft von den allgemeinsten Gesetzen der Entwicklung der Natur, der Gesellschaft und des menschlichen Denkens. Entscheidend für den dialektischen Materialismus ist, daß die Existenz irgendwelcher übernatürlicher Kräfte oder eines Schöpfers nicht anerkannt wird, sondern der dialektische Materialismus auf dem Boden der Realität und der irdischen Welt steht.

Der Begriff »dialektischer Materialismus« enthält ja eigentlich zwei Aspekte oder Seiten, den philosophischen Materialismus und die Dialektik. Werden diese in der heutigen Sowjetideologie als eine Einheit betrachtet?

Ja. Nach der heutigen Interpretation wird das so erklärt: »Die ›materialistische Dialektik‹ auf der einen, der ›philosophische Materialismus‹ auf der anderen Seite, sind untrennbar miteinander verbunden und durchdringen einander als zwei Seiten der einheitlichen philosophischen Lehre des Marxismus-Leninismus.« Den Unterschied sieht man folgendermaßen: Im »marxistischen philosophischen Materialismus« werden das Verhältnis von Materie zum Bewußtsein, die Materie-Auffassung und die Lehre von der materiellen Einheit der Welt behandelt.

Die »materialistische Dialektik« dagegen ist die Lehre von den allgemeinen Zusammenhängen und Gesetzmäßigkeiten der Bewegung und Entwicklung der objektiven Welt und ihre Widerspiegelung im Bewußtsein der Menschen.

Gibt es eine offizielle sowjetische Definition für diese »marxistische Dialektik«?
Die »marxistische Dialektik« gilt offiziell als die tiefste und umfassendste Lehre
von der Bewegung und der Entwicklung. Die Dialektik untersucht die allgemeinen Gesetzmäßigkeiten jeder Bewegung, jeder Veränderung und jeder Entwicklung. Die Dialektik ist aber nicht nur eine wissenschaftliche Theorie,
sondern auch eine Methode der Erkenntnis und eine Anleitung zum Handeln. Im Zentrum der marxistischen Dialektik stehen drei Gesetze: Das Gesetz
vom Umschlag der Quantität in Qualität, das Gesetz von der Einheit und dem
Kampf der Gegensätze und drittens das Gesetz von der »Negation der Negation«.

*Können Sie die von Ihnen eben erwähnten drei Gesetze der Dialektik kurz charak-
terisieren?*
Das erste Gesetz ist das Gesetz vom »Umschlag der Quantität in Qualität«, also
der Übergang quantitativer in qualitativer Veränderungen. Die quantitativen
Veränderungen vollziehen sich mehr oder weniger allmählich und sind anfangs
oft kaum zu bemerken. Im Verlaufe der Entwicklung steigern sich die quantitativen Veränderungen, bis schließlich eine grundsätzliche qualitative Veränderung erfolgt, d. h. die Quantität geht in eine neue Qualität über. Das wird als
Sprung in der Entwicklung bezeichnet, als Unterbrechung der Allmählichkeit
quantitativer Veränderungen durch eine plötzliche Wendung und grundsätzliche
Veränderung der Entwicklung. In der politischen Praxis bedeutet das, daß eine
evolutionäre Entwicklung sprungartig durch qualitative Veränderungen, also
durch eine Revolution abgelöst wird. Daraus wird die Schlußfolgerung gezogen,
daß man sich nicht mit Reformen beschränken dürfe, sondern auf eine Revolution hinwirken müsse.
Im zweiten Gesetz der Dialektik, dem Gesetz von »Einheit und Kampf der Gegensätze«, wird die Frage nach der Triebkraft behandelt, die Quelle für Entwicklungen und Veränderungen.
Nach diesem zweiten Gesetz geht in der Natur, im gesellschaftlichen Leben und
im Denken der Menschen die Entwicklung so vor sich, daß sich in dem betreffenden Gegenstand gegensätzliche, einander ausschließende Seiten oder Tendenzen herausbilden, die gewissermaßen in einen Kampf miteinander treten, der
zur Vernichtung des Alten und zur Entstehung des Neuen führt. Daher wird davon gesprochen, daß die Entwicklung ein Kampf der Gegensätze sei, während
eine Einheit der Gegensätze nur zeitweilig und relativ vor sich gehen kann. Der
Kampf der Gegensätze ist nach diesem zweiten Gesetz der Dialektik die entscheidende Triebkraft jeder Bewegung und jeder Entwicklung.

*Das dritte Gesetz ist das Gesetz von der Negation der Negation – worum handelt es
sich dabei?*
Das dritte Gesetz, die »Negation der Negation«, dient als Erklärung für längere
Entwicklungsprozesse. Im sowjetischen Marxismus-Leninismus versteht man
unter »Negation« die sich im Entwicklungsprozeß vollziehende gesetzmäßige
Ablösung einer alten Qualität durch eine neue, die aus der alten hervorgegangen

sei. Die Negation setze sich nicht nur durch die Vernichtung des Alten, sondern auch durch die Erhaltung von lebensfähigen Elementen der vergangenen Entwicklungsstufen durch, so daß stets ein bestimmter Zusammenhang zwischen dem vergehenden Alten und dem entstehenden Neuen bestehe, das nun an dessen Stelle trete. Nach einer gewissen Zeit wird die neue, durch die Negation entstandene Entwicklung erneut negiert (»Negation der Negation«), wobei man zum Ausgangspunkt, allerdings auf höherer Stufe, zurückkehrt. Als typisches Beispiel gilt folgendes: In der Urgemeinschaft war – aufgrund des Mangels an Werkzeugen – Grund und Boden Gemeineigentum. In einer gewissen historischen Periode entwickelten sich die Arbeitsgeräte und die Technik. Das Gemeineigentum entsprach nun nicht mehr den neuen Bedingungen, weshalb das Privateigentum an Grund und Boden entstand. Das war die erste Negation. Jahrtausende entwickeln sich, wir kommen in unsere Zeit. Modernste landwirtschaftliche Maschinen sind vorhanden. Nun erweist sich aber das Privateigentum an Grund und Boden als eine Fessel, die gesprengt werden muß, und man muß wieder zum Gemeineigentum an Grund und Boden übergehen, allerdings auf höherer Stufe (»Negation der Negation«).

Sie sind ja selbst einmal in der Sowjetunion ideologisch ausgebildet worden, darunter auch in den drei Gesetzen der Dialektik, die für Natur, Geschichte und das menschliche Denken als universelle Gesetze gelten. Wie wirkt das auf einen Menschen, der von der Richtigkeit der Ideologie überzeugt ist?
Unter den verschiedensten Aspekten der Ideologie sind, wie mir scheint, die drei erwähnten Gesetze der Dialektik besonders wichtig. Der Umschlag von Quantität in Qualität bringt einen Menschen, der an dieses Gesetz glaubt, auf den Gedanken, daß es ja gar nicht so wichtig sei, was heute *ist*, sondern was sich im Laufe der Zeit entwickeln *wird*. Er sieht die Welt, auch die politischen Ereignisse, nicht statisch, sondern dynamisch auf die Zukunft ausgerichtet.
Das Gesetz vom »Kampf der Gegensätze« als entscheidende Triebkraft allen Seins führt logischerweise dazu, daß ein überzeugter Anhänger der Ideologie Auseinandersetzungen, Aufstände, Bürgerkriege und Streiks, zumindest solange sie im Kapitalismus geschehen, nicht als etwas Anomales, als eine Krise ansieht, sondern als einen logischen Ausdruck des Kampfes der Gegensätze. Und schließlich bringen alle drei Gesetze der Dialektik zusammen einen Anhänger dieser Ideologie zu der Überzeugung, daß alles – Natur, Gesellschaft und menschliches Denken – sich in Vergangenheit, Gegenwart und Zukunft gesetzmäßig entwickelt. Das gibt ihm Sicherheit, verleiht ihm den Stolz, daß nur die Marxisten-Leninisten diese Gesetze kennen, die anderen Leute dagegen nicht. Ich glaube, hierin ist ein wichtiges Motiv für die Siegeszuversicht und das Überlegenheitsgefühl zu sehen, das man oft bei kommunistischen Funktionären antrifft, manchmal allerdings in einer etwas unangenehmen Arroganz.

Nach diesem kurzen Überblick über den dialektischen Materialismus wollen wir uns nun mit dem historischen Materialismus beschäftigen, der sich ja auch beim Studium der sowjetischen Ideologie stets an den dialektischen Materialismus an-

schließt. Was ist eigentlich, im heutigen Sprachgebrauch, »historischer Materialismus«, und welche Theorien gehören dazu?

Der historische Materialismus wird als die wissenschaftliche Theorie von den allgemeinen Gesetzen der gesellschaftlichen Entwicklung definiert, er beschränkt sich also, im Unterschied zum dialektischen Materialismus, auf den Geschichtsverlauf. Der historische Materialismus hat allgemein soziologische Gesetze zum Gegenstand, Gesetze, die in allen Epochen der menschlichen Gesellschaft, auch in der kommunistischen, wirken. Der »historische Materialismus« untersucht die Wechselwirkung von Basis und Überbau und geht davon aus, daß es in der Gesellschaft keinerlei überirdische Kräfte gibt und die Menschen selbst die Schöpfer ihrer Geschichte sind. Die Menschen machen allerdings ihre Geschichte nicht willkürlich, sondern auf der Grundlage materieller Bedingungen und einer gesetzmäßigen Entwicklung.

Der historische Materialismus beschäftigt sich unter anderem mit der Wechselwirkung zwischen Basis und Überbau in den fünf Gesellschaftsordnungen, die manchmal auch »sozioökonomische Formationen« genannt werden, und vertritt die These von der Gesetzmäßigkeit der historischen Entwicklung.

Unter den besonders wichtigen Themenstellungen erwähnten Sie die Lehre von Basis und Überbau. Handelt es sich dabei um dieselbe These, die wir bei der Darlegung des ursprünglichen Marxismus erwähnt hatten?

Ja, durchaus. Gerade in diesem Bereich – im Unterschied zu manchen anderen – ist der Einfluß von Marx und Engels unverkennbar. Ähnlich wie die Begründer des wissenschaftlichen Sozialismus erklärt auch die heutige Sowjetideologie, die ökonomische Struktur einer Gesellschaft stellt die Basis, das Fundament, die Grundlage dar, auf der vielfältige gesellschaftliche Verhältnisse, Organisationen, Institutionen und Ideen entstehen. Diese bilden den Überbau. Die These lautet, daß letzten Endes und auf lange Sicht die ökonomische Basis den Überbau bestimmt, d.h., daß jeder Wechsel der ökonomischen Basis der Produktionsverhältnisse in einer gewissen Zeit auch einen entsprechenden Wechsel im Überbau, also grundlegende Veränderungen in Staat, Recht, politischen Verhältnissen, Moral und Ideen, nach sich zieht. Dabei wird übrigens auch betont, daß der Überbau unter bestimmten Bedingungen seinerseits auf die Basis zurückwirken kann, und es sich somit um eine Wechselwirkung handelt.

Ähnlich wie bei Marx und Engels betont auch die heutige Sowjetideologie, daß ein tiefer Konflikt zwischen einer vorwärtsschreitenden Basis und einem zurückbleibenden Überbau die tiefere Ursache für Revolutionen darstellt, für den Sturz einer Gesellschaftsordnung und die Errichtung einer neuen; die Weltgeschichte habe die Richtigkeit dieser These bewiesen.

Welche Gesellschaftsordnungen hat es in der Geschichte der Menschheit, nach Auffassung der Sowjetideologie, bisher gegeben?

Nach dem heutigen Marxismus-Leninismus sowjetischer Prägung – und in dieser Hinsicht unterscheidet sich die heutige Sowjetideologie weitgehend von den ursprünglichen Auffassungen von Marx und Engels – durchläuft die Entwicklung aller Völker der Welt fünf Gesellschaftsordnungen: Urgemeinschaft, Sklaverei, Feudalismus, Kapitalismus und Kommunismus, dessen erste Phase »Sozialismus« heißt. Bei dieser Entwicklung handele es sich also um einen gesetzmäßigen Prozeß.

Gilt dieser gesetzmäßige Prozeß auch für die Gegenwart?
Ja, und das wird stets besonders betont. Ausgehend von der Lehre von den fünf Gesellschaftsordnungen wird stets die Schlußfolgerung gezogen: Genau wie früher eine Gesellschaftsordnung durch die andere ersetzt wurde, etwa der Feudalismus durch den Kapitalismus, so vollziehe sich in unserer Zeit auf der ganzen Welt die Ablösung des Kapitalismus durch den Sozialismus. Dies ist, wie gesagt, ein gesetzmäßiger und zwangsläufiger Prozeß, der auch durch keinerlei Gegenmaßnahmen zu verhindern ist. Davon ist ein Kommunist sowjetischer Prägung so überzeugt, daß nach seiner Auffassung nur Menschen, die keine Ahnung vom Geschichtsverlauf haben, an dieser These zweifeln können. Es kann, nach dieser Auffassung, gar keine Diskussion darüber geben, *ob* dieser Übergang vom Kapitalismus zum Sozialismus sich auch vollziehen wird, sondern lediglich, *wann* und *wie* er erfolgen wird, auf welchem Wege und mit welchen Methoden.

Damit sind wir bei einem weiteren Aspekt des »historischen Materialismus«, den Sie als besonders wichtig für die Bewußtseinsbildung ansahen: die These von der »Gesetzmäßigkeit der historischen Entwicklung«. Wie wird diese These heute in ideologischen Lehrbüchern der Sowjetunion definiert?
Die offizielle Definition lautet: »Der Marxismus-Leninismus lehrt, daß nicht nur die Entwicklung der Natur, sondern auch die Entwicklung der menschlichen Gesellschaft sich nach objektiven, vom Willen der Menschheit unabhängigen Gesetzen vollzieht. Der Marxismus deckt damit die grundlegende Gesetzmäßigkeit der Entwicklung der Gesellschaft auf. Damit erhob er die Lehre von der Geschichte der Menschheit zu einer wirklichen Wissenschaft.«
Allerdings wird hinzugefügt, daß die historischen Gesetze lediglich die allgemeine Richtung darlegen, während der konkrete Verlauf vom Handeln der Menschen abhänge, von den politischen Bedingungen und Kräfteverhältnissen.
Dieser Glaube an die Gesetzmäßigkeit stärkt die Festigkeit und Überzeugungskraft der Kommunisten sowjetischer Prägung. Auch dann, wenn etwa in einem bestimmten Land die Kommunisten keine Erfolge mehr haben, sogar eine Reihe von Mißerfolgen erleiden, besteht bei den Anhängern der Ideologie immer die Gewißheit, daß sich die historischen Gesetze letzten Endes durchsetzen werden. Hinzu kommt noch ein zweiter Aspekt: Alle anderen politischen Auffassungen widerspiegelten nur die Wünsche und Zielsetzungen bestimmter Klasseninteressen, dagegen verfüge der Marxismus-Leninismus als einzige Ideologie über eine *wissenschaftliche* Weltanschauung, durch die er die Gesetzmäßigkeit der Entwicklungen zu kennen glaubt. Damit sind natürlich auch kommunistische Parteien allen anderen politischen Parteien überlegen. Westliche politische Parteien, sagt ein Anhänger der Sowjetideologie, erklären ja selbst, daß sie keine Ideologien hätten, und sie seien ja noch stolz, pragmatisch zu sein, während er, als

Anhänger der Kommunistischen Partei, sich auf eine wissenschaftliche Weltanschauung stütze und daher allen anderen überlegen sei.

Gilt diese, in jetzigen ideologischen sowjetischen Lehrbüchern so stark betonte Gesetzmäßigkeit des historischen Prozesses auch für die Zukunft? Wird dies mit dem Anspruch verbunden, auch die Zukunft klar erkennen zu können?
Ja. In den neuen Lehrbüchern heißt es, daß die marxistische Wissenschaft von den Gesetzen der gesellschaftlichen Entwicklung einen Kommunisten nicht nur befähige, sich in den komplizierten gesellschaftlichen Widersprüchen zurechtzufinden, sondern, wörtlich: »auch vorauszusehen, wie sich die Ereignisse entwickeln werden, in welcher Richtung sich der historische Fortschritt vollziehen wird.« In der Einleitung zu den *Grundlagen* heißt es: »So gibt uns der Marxismus-Leninismus ein Instrument in die Hand, mit dem wir in die Zukunft blicken und den zukünftigen Geschichtsverlauf in seinen Umrissen wahrnehmen können.« Auch dies führt natürlich zu einem Überlegenheitsgefühl und dem Stolz, einer Bewegung anzugehören, die sich auf wissenschaftliche Erkenntnisse stützt, die nicht nur Vergangenheit und Gegenwart erklären, sondern auch die Zukunft bestimmen und aufzeigen können. Da aber auch die zukünftige Entwicklung angeblich gesetzmäßig zum Sozialismus und Kommunismus führen müssen, gehöre man einer zukunftsträchtigen Bewegung an und könne auch bei den größten Schwierigkeiten seinen Optimismus und seine Zuversicht behalten, Mißerfolge und Rückschläge nur als vorübergehend ansehen und sie leicht überwinden.
Dies wird verstärkt durch die Behauptung, daß die bisherige historische Entwicklung ja die Richtigkeit des Marxismus-Leninismus bewiesen habe. 1848 hätten Marx und Engels den Bund der Kommunisten gegründet, der damals 100 Mitglieder gehabt habe; 1917 hätten die Marxisten in Rußland gesiegt, 1944 und 1945 in den Ländern Ost- und Südosteuropas, 1949 in China, 1962 in Kuba, 1975 in Südvietnam. Die hundertdreißigjährige Entwicklung habe damit den unaufhaltsamen Vormarsch der mit der marxistischen Theorie ausgerüsteten Kommunisten bewiesen.

Diese Thesen drücken einen starken Optimismus, eine Zuversicht in die zukünftige Entwicklung aus. Ist diese optimistische Zuversicht ein Teil des gegenwärtigen sowjetischen historischen Materialismus?
Eine eigene These über den Optimismus gibt es zwar nicht, aber indirekt kommt die optimistische Grundhaltung in der Sowjetideologie deutlich zum Ausdruck. So wird stets behauptet, in der bürgerlichen Welt herrsche Hoffnungslosigkeit und düsterer Pessimismus, während das sozialistische Lager von einem lebendigen Optimismus bestimmt sei. Der Optimismus gilt damit praktisch bereits als ein Bestandteil der Ideologie. Wörtlich heißt es in den *Grundlagen*: »Mit der Weltanschauung des Marxismus-Leninismus ausgerüstet, wird der Mensch stark, politisch standhaft und prinzipienfest. Er erwirbt eine unerschütterliche Überzeugung, die ihm die Kraft verleiht, jegliche Prüfung zu bestehen.«
Dies gilt aber natürlich *nur* – noch einmal sei es deutlich gesagt – für diejenigen, die von dieser Ideologie überzeugt, von ihr durchdrungen sind.

3

Die politische Ökonomie

Im Anschluß an den dialektischen und historischen Materialismus folgt im Marxismus-Leninismus sowjetischer Prägung noch eine ausführliche Darstellung der politischen Ökonomie. Dazu die erste Frage: Wie wird der Begriff »Politökonomie« in heutigen sowjetischen Lehrbüchern definiert, und womit beschäftigt sich die »Politökonomie«?

Unter dem Begriff »Politökonomie« versteht man in der Sowjetunion und in den am sowjetischen Kommunismus orientierten Ländern die Wissenschaft von der Entwicklung der gesellschaftlichen Produktionsverhältnisse – oder, einfacher ausgedrückt: die Wissenschaft von den ökonomischen Verhältnissen. Die »Politökonomie« ergründet die Gesetze der Produktion und der Verteilung der materiellen Güter in den verschiedenen Entwicklungsstufen der menschlichen Gesellschaft.

Das heißt also, daß die »Politökonomie« für die ökonomischen Gesetze in allen Gesellschaftsordnungen gilt?

Im Prinzip ja. Aber in der Sowjetideologie steht eindeutig die »politische Ökonomie« des Kapitalismus im Vordergrund. Dabei wird zunächst der »vormonopolistische Kapitalismus« behandelt, d. h. der Kapitalismus bis Ende des 19. Jahrhunderts. Danach beschäftigt sich die sowjetische »politische Ökonomie« mit dem »Imperialismus«, und abschließend werden Fragen der unmittelbaren Gegenwart behandelt, wobei die Theorie vom »staatsmonopolistischen Kapitalismus« eine wichtige Rolle spielt.

Was versteht man in der kommunistischen Ideologie unter dem Begriff »Kapitalismus«?

Der Kapitalismus ist eine Gesellschaftsordnung, bei der sich die Hauptmasse der Produktionsmittel im Besitze weniger Personen befindet – der Kapitalisten oder

Vereinigung von Kapitalisten –, während die Mehrheit der Werktätigen *keine* Produktionsmittel besitzt und daher genötigt ist, ihre Arbeitskraft zu verkaufen, d. h., daß die Werktätigen von den Kapitalisten ausgebeutet würden. Entscheidend dabei ist der *Mehrwert,* dessen Erzeugung als das ökonomische Grundgesetz des Kapitalismus bezeichnet wird. Die Produktion von Mehrwert ist das absolute Gesetz der kapitalistischen Produktionsweise.

Wie wird diese Lehre vom Mehrwert nun definiert – ähnlich, wie ursprünglich bei Marx?
Eigentlich ja. Man geht davon aus, daß ein kapitalistischer Unternehmer für die Produktion einer bestimmten Ware die notwendigen Investitionen vornimmt und dann die produzierten Waren zu einer höheren Summe verkauft, als er selbst dafür aufgewendet hat. Dieser Mehrwert wird durch die Arbeit des Arbeiters produziert. Der Arbeiter erhält nämlich nicht den Wert der *Arbeit,* sondern lediglich den Wert der verausgabten Arbeit*skraft,* die er als Ware an den Unternehmer verkaufen müsse, um für sich und seine Familie den Lebensunterhalt, insbesondere aber die Erziehung und Ausbildung seiner Kinder bestreiten zu können, die den Zustrom der Arbeiter auch in der Zukunft gewährleisten sollen. Nach dieser Auffassung schafft der Arbeiter an seinem Arbeitsplatz mehr Wert als die Summe, die er in Form von Lohn für seine Arbeitskraft erhält. Diesen Mehrwert, also die Differenz zwischen geschaffenem und in Form des Lohnes erstattetem Wert, eigne sich der kapitalistische Unternehmer unentgeltlich an.

Neben der Mehrwertlehre, die als Grundgesetz für die Ausbeutung im Kapitalismus gilt, wird in der Sowjetideologie immer wieder darauf hingewiesen, daß die weitere Entwicklung des Kapitalismus unweigerlich zu seinem Untergang führe. Worin liegen hier die entscheidenden Aussagen?
Nach sowjetideologischer Auffassung erfolgt dies durch die sogenannte »Konzentration und Zentralisation des Kapitals«. Als Folge des Konkurrenzkampfes im Kapitalismus werden die schwächeren Betriebe ruiniert und zunehmend von größeren Unternehmen aufgesogen und diesen angegliedert.
Unter »Konzentration« versteht man dabei die Vergrößerung des Kapitals eines Einzelunternehmers durch das Angliedern kleinerer Betriebe, unter »Zentralisation« die Vereinigung mehrerer Unternehmen zu einem größeren Unternehmen mit einem größeren Kapital.
Nach Auffassung der kommunistischen Ideologie entstehen durch die Konzentration und die Zentralisation die Voraussetzungen für den Übergang vom Kapitalismus zum Sozialismus. Das wird so erklärt: Der technische Fortschritt führt zu einer immer weitergehenden Anwendung der Wissenschaft in der Produktion. Die Produktionsmittel entwickelten sich in einem solchen Ausmaß, daß sie nicht mehr durch Einzelpersonen oder Gruppen, sondern nur noch durch die Gesellschaft als Ganzes geleitet und genutzt werden können. Damit nähere sich der Moment, in dem es nicht nur möglich, sondern auch notwendig ist, die entscheidenden Produktionsmittel in gesellschaftliches Eigentum zu verwandeln. Nur dadurch, so wird erklärt, könne man den auf die Spitze getriebenen Wider-

spruch zwischen dem gesellschaftlichen Charakter der Produktion und dem privatwirtschaftlichen Charakter der Aneignung überwinden.

Die Politökonomie unterstreicht damit, ebenso wie vorher bereits die Leitsätze des historischen Materialismus, daß der Kapitalismus unweigerlich durch eine neue Gesellschaftsordnung, den Kommunismus, abgelöst werden muß.
Durchaus. Die Politökonomie unterstreicht jene Tendenzen, die bereits vorher im historischen Materialismus zum Ausdruck gekommen sind. Ein überzeugter Funktionär glaubt an die allgemeinen Gesetze der Dialektik für die gesamte Entwicklung in der Natur, der Gesellschaft und im menschlichen Denken. Er ist davon überzeugt, daß der gesamte geschichtliche Prozeß gesetzmäßig verläuft, und zwar durch die fünf Gesellschaftsordnungen hindurch, wobei eine Gesellschaftsordnung gesetzmäßig durch die andere abgelöst wird. Dies bedeutet für ihn dann wiederum, daß der Kapitalismus durch den Sozialismus abgelöst werden muß. Und nun – in der »politischen Ökonomie«, der dritten Säule der Ideologie, erhält er auch eine ökonomische Beweisführung für diesen Prozeß, so daß seine Überzeugung von der gesetzmäßigen Ablösung des Kapitalismus durch den Sozialismus noch verstärkt wird.
Dies wird auch offen und klar ausgesprochen: »Die politische Ökonomie enthüllt den ökonomischen Mechanismus der Ablösung einer ökonomischen Gesellschaftsformation durch die andere, zeigt, daß der Untergang des Kapitalismus und der Sieg des Kommunismus in der gesellschaftlichen Entwicklung unvermeidlich sind.«

Soweit zum Thema Kapitalismus. In der heutigen Sowjetideologie und in allen ideologischen Abhandlungen der DDR und der DKP wird jedoch fast immer vom »Monopolkapitalismus« und »Imperialismus« gesprochen. Diese Auffassungen gehen doch auf Lenin zurück?
Ja. Die heutige Lehre vom »Monopolkapitalismus« fußt im wesentlichen auf der Schrift Lenins aus dem Jahre 1916 *Der Imperialismus als höchstes Stadium des Kapitalismus.* Nach der damaligen Auffassung Lenins, die auch heute noch in der Sowjetunion und der DDR gültig ist, unterscheidet sich der »Monopolkapitalismus« vom früheren Kapitalismus dadurch, daß die freie Konkurrenz durch die Monopole verdrängt worden ist. Die Monopole spielen im Wirtschaftsleben die entscheidende Rolle. Sie vereinigen in ihren Händen eine riesige wirtschaftliche Macht, die ihnen die Möglichkeit gibt, Monopolpreise zu diktieren und einen Monopolprofit zu kassieren. Ferner wird, in Übereinstimmung mit Lenin, die Verschmelzung des Industrie- und Bankkapitals zum Finanzkapital hervorgehoben, sowie die Ersetzung des Warenexports in die wirtschaftlich rückständigen Länder durch den Kapitalexport und die Herausbildung internationaler Monopolverbände, die die Welt unter sich aufgeteilt haben. Das von Lenin erwähnte fünfte Merkmal – die territoriale Aufteilung der Welt unter die kapitalistischen Großmächte in der Form von Kolonien – ist inzwischen durch die Entkolonialisierung fast völlig überholt. Daher wurde es inzwischen auch durch die neue These vom »Neokolonialismus« ersetzt.

Neben diesen Merkmalen des »Imperialismus« wird, in Übereinstimmung mit Lenin, betont, daß es sich beim »Imperialismus« um einen »parasitären, einen faulenden und einen sterbenden Kapitalismus« handle. Der »parasitäre« Charakter kommt dadurch zum Ausdruck, daß die Schicht der Rentiers, der Inhaber von Aktien und Wertpapieren, bedeutend anwächst und die Mehrzahl kapitalistischer Unternehmer ihre unmittelbaren Beziehungen zur Produktion verlieren, da die Leitung der Betriebe in immer größerem Maße in die Hände von bezahlten Direktoren, von Managern gelegt werde. Die These vom »sterbenden Kapitalismus« besagt, daß sich alle entscheidenden Widersprüche des Kapitalismus im »Imperialismus« noch mehr verschärfen; der »Imperialismus sei damit jenes Entwicklungsstadium des Kapitalismus, in dem die proletarische Revolution zur praktischen Unvermeidlichkeit geworden sei«.

Nun sind aber seit Lenins Schrift über den Imperialismus als letztem Stadium des Kapitalismus aus dem Jahre 1916 sechs Jahrzehnte vergangen, und die angeblich unmittelbar bevorstehende sozialistische Revolution ist noch immer nicht eingetreten. Welche Erklärung findet man dafür?
Zweifellos hat sich der Kapitalismus weit lebensfähiger erwiesen, als die Kommunisten in ihren ideologischen Schriften angenommen hatten. Objektiverweise muß man allerdings hinzufügen, daß sich auch der sowjetische Kommunismus lebensfähiger erwiesen hat, als manche Antikommunisten in den zwanziger oder dreißiger Jahren glaubten. Da »Monopolkapitalismus« und »Imperialismus« sich also als viel vitaler erwiesen haben, mußte in die sowjetische Ideologie ein neuer Begriff zur Beurteilung des gegenwärtigen Systems eingeführt werden: der »staatsmonopolistische Kapitalismus«.

»Staatsmonopolistischer Kapitalismus« ist ja wohl das, was jetzt auch in der Diskussion unter extremen Linken in der Bundesrepublik als »Stamokap« bezeichnet wird. Seit wann gibt es die Theorie vom »staatsmonopolistischen Kapitalismus« in der sowjetischen Ideologie?
Der Begriff »staatsmonopolistischer Kapitalismus« wurde erstmals 1917 von Lenin benutzt, als er davon sprach, daß man sich gegenwärtig in der Epoche des Übergangs des »Monopolkapitalismus« in einen »staatsmonopolistischen Kapitalismus« befinde, wobei er auf die staatlichen Maßnahmen in Deutschland während des Ersten Weltkrieges hinwies. Dies wurde von Lenin nicht als vorübergehende Erscheinung, sondern als Beginn eines neuen historischen Prozesses gesehen. Seit etwa Mitte der fünfziger Jahre, so behauptet die Sowjetideologie, sei der Übergang zum »staatsmonopolistischen Kapitalismus« in den wichtigsten Industrieländern vollzogen. Das Entscheidende im »staatsmonopolistischen Kapitalismus« sei die Verschmelzung der Macht der Monopole mit dem Staat. Das Monopolkapital benutze den Staatsapparat, um sich das gesamte Wirtschaftsleben zu unterwerfen, sich einen noch höheren Monopolprofit zu sichern und die eigene ökonomische und politische Herrschaft noch mehr zu festigen. Im »staatsmonopolistischen Kapitalismus« – kurz »Stamokap« genannt – würden die Schlüsselpositionen im Staatsapparat – in Ministerien und Staatssekreta-

riaten – durch Vertreter der Monopole besetzt. Der Staat unterstütze die Monopole durch bedeutende Subsidien. Das Staatseigentum wachse, und durch die Regierungsaufträge entstehe eine Art Staatsmarkt. Der Staat schalte sich stärker in die Konflikte zwischen Unternehmern und Arbeitern ein. Und schließlich entstünden auch staatsmonopolistische Unternehmen auf internationaler Basis.

Aber es gibt ja häufig staatliche Maßnahmen, vor allem auch in sozialdemokratisch regierten Ländern, die gegen die Monopole gerichtet sind. Wie wird dieser offensichtliche Widerspruch erklärt?
Es wird behauptet, daß im »staatsmonopolistischen Kapitalismus« der Staat zwar eine Agentur der Monopole sei, doch andererseits auch wieder eine relative Eigenständigkeit besitze. In Einzelfällen, so wird behauptet, könnten dabei Maßnahmen des Staates gegen bestimmte Monopole erfolgen; aber diese dienten dann angeblich den Interessen des gesamten Monopolkapitals. Sie hätten den Zweck, das gesamte System zu retten, auch wenn sie vorübergehend einzelnen Monopolen schaden könnten.
Allerdings weist diese These, wie überhaupt die gesamte »Stamokap«-Theorie eine Vielzahl von Widersprüchen und Schwächen auf und kann das gegenwärtige System in westlichen Industriestaaten kaum wirklich erklären.

Die Politökonomie umfaßt somit den vormonopolistischen Kapitalismus, den Imperialismus und schließlich den staatsmonopolistischen Kapitalismus. Aus allen Bestandteilen geht jedoch hervor, daß der Übergang vom Kapitalismus zum Sozialismus und Kommunismus auch aus ökonomischen Gründen unvermeidbar sei. Von Kritikern wird manchmal eingewendet, daß es sich hier um einen ökonomischen Determinismus handele; wenn aus ökonomischen Gesetzmäßigkeiten der Kapitalismus sowieso durch den Sozialismus und Kommunismus abgelöst wird, so wird eingewendet, sei ja ein politischer Kampf gar nicht mehr notwendig. Halten Sie diesen Einwand für gerechtfertigt; nimmt die Sowjetideologie dazu Stellung?
Nein, in dieser Form würde ich diesen Einwurf für unberechtigt halten; denn in der Sowjetideologie wird stets auf eine gewisse Wechselwirkung zwischen den ökonomischen Notwendigkeiten einerseits und der politischen Möglichkeit ihrer bewußten Ausnutzung andererseits verwiesen. Der gesetzmäßige Untergang des Kapitalismus, erklärt die Sowjetideologie, bedeute nicht, daß diese Gesellschaftsordnung ohne Klassenkampf und ohne sozialistische Revolution von selbst verschwindet. Erst nachdem die ökonomischen Gesetzmäßigkeiten des Untergangs des Kapitalismus entdeckt worden waren, entstand die Möglichkeit ihrer bewußten Ausnutzung. Damit aber beschäftigt sich die politische Theorie der heutigen Sowjetideologie, die als »Wissenschaftlicher Kommunismus« bekannt ist.

4

Der »Wissenschaftliche Kommunismus«

In dem entscheidenden Lehrbuch der Sowjetideologie, den Grundlagen des Marxismus-Leninismus, *dessen erste Auflage im Oktober 1959 erschien, ist von einem »Wissenschaftlichen Kommunismus« noch nicht die Rede. Damals wurden die politischen Theorien noch ohne einen Gesamttitel dargelegt. Seit wann gibt es die offizielle Bezeichnung »Wissenschaftlicher Kommunismus«, und was ist darunter zu verstehen?*

Der Begriff »Wissenschaftlicher Kommunismus« ist Anfang 1962 von Michail Suslow, dem sowjetischen Chefideologen, auf einer großen ideologischen Tagung proklamiert worden.

Der »Wissenschaftliche Kommunismus«, so wird offiziell behauptet, sei die »Wissenschaft vom Klassenkampf der Arbeiterklasse und der sozialistischen Revolution sowie von den sozialen und politischen Gesetzmäßigkeiten des Aufbaus des Sozialismus und des Kommunismus«.

Der »Wissenschaftliche Kommunismus« beschäftigt sich mit dem Übergang vom Kapitalismus zum Sozialismus im Weltmaßstab und mit der Herausbildung einer kommunistischen Gesellschaftsordnung, deren erste Phase als »Sozialismus« bezeichnet wird. Der »Wissenschaftliche Kommunismus« stellt somit die politische Schlußfolgerung der Gesamtideologie dar, die, wie wir bereits festgestellt haben, mit dem »dialektischen Materialismus« beginnt, an den sich dann der »historische Materialismus« und die »politische Ökonomie« anschließen. Der »Wissenschaftliche Kommunismus« erörtert nun die Frage: wie, auf welchem Wege und mit welchen Mitteln der weltweite Übergang vom Kapitalismus zum Sozialismus vor sich gehen soll.

Können Sie kurz darlegen, mit welchen Problemen sich der »Wissenschaftliche Kommunismus« beschäftigt?

Der »Wissenschaftliche Kommunismus« beginnt meist mit dem, was in der Sowjetideologie als »Charakterisierung der gegenwärtigen Epoche« bezeichnet wird, nämlich den weltweiten Übergang vom Kapitalismus zum Sozialismus. Ausgehend davon werden die sogenannten »drei Hauptkräfte« – die »drei revolutionären Ströme« – charakterisiert, die diesen revolutionären Weltprozeß vollziehen sollen. Danach folgt der Problemkreis Krieg, Frieden und Koexistenz, wobei einerseits die Notwendigkeit der friedlichen Beziehungen zwischen Staaten unterschiedlicher Gesellschaftsordnung unterstrichen, andererseits aber hervorgehoben wird, daß gleichzeitig der internationale Klassenkampf und der ideologische Kampf verstärkt fortgesetzt werden sollen.

Anschließend beschäftigt sich der »Wissenschaftliche Kommunismus« mit der »sozialistischen Revolution«, mit ihren Voraussetzungen und Triebkräften. Dabei wird untersucht, ob eine sozialistische Revolution gewaltmäßig verlaufen *muß* oder auch friedlich verlaufen *kann*.

Der zweite Teil des »Wissenschaftlichen Kommunismus« befaßt sich dann mit der Entwicklung nach einer siegreichen sozialistischen Revolution?

Ja. Es handelt sich dabei weitgehend um eine ideologische Verallgemeinerung der sowjetischen Entwicklung: Zunächst wird die »Diktatur des Proletariats« behandelt, danach der Übergang zum Sozialismus und die »sozialistische Gesellschaft«.

Es folgen die Probleme des sozialistischen Weltsystems (d. h. die Beziehung der kommunistisch regierten Länder untereinander) sowie der Übergang vom Sozialismus zur höheren Phase, dem Kommunismus, mit einer wiederum sehr ausführlichen Darstellung der ökonomischen, sozialpolitischen, kulturellen und nationalen Veränderungen, bis schließlich die Darstellung mit der zukünftigen kommunistischen Gesellschaft endet.

Dies ist ein sehr großer Katalog von Themen, so daß wir hier natürlich nur einen kurzen gerafften Überblick vermitteln können. Aber beginnen wir doch gleich mit dem ersten Thema, der Charakterisierung der Epoche.

Nach Auffassung der Sowjetideologie ist die gegenwärtige Epoche dadurch gekennzeichnet, daß sie eine revolutionäre Epoche ist, eine Übergangsepoche, in der die alte ökonomische Gesellschaftsformation, der Kapitalismus, durch eine neue Formation, den Kommunismus, abgelöst wird. Da der Übergang vom Kapitalismus zum Sozialismus in den einzelnen Ländern unterschiedlich vor sich geht, umfaßt der Zusammenbruch des Kapitalismus und die Durchsetzung des Sozialismus und Kommunismus im Weltmaßstab eine ganze historische Epoche. Der Übergang vom Kapitalismus zum Sozialismus im Weltmaßstab wird durch drei große revolutionäre Kräfte verwirklicht.

a) Die Völker der sozialistischen Länder, manchmal auch das »sozialistische Weltsystem« genannt. Hierbei handelt es sich um die Sowjetunion sowie 7 kommunistisch regierte Länder in Europa (DDR, Polen, Tschechoslowakei, Ungarn, Rumänien, Bulgarien und Albanien), 4 kommunistisch regierte Länder in Asien (China, Vietnam, Nordkorea, Mongolei) und, auf dem amerikanischen Kontinent, Kuba. In den ideologischen Lehrbüchern werden immer noch alle 14 Länder genannt, obwohl die Verschärfung des Moskau-Peking-Konflikts und die zunehmenden Verselbständigungserscheinungen eine solche Aufzählung immer problematischer erscheinen lassen.

Von den drei revolutionären Kräften gilt das sozialistische Weltsystem als die wichtigste Kraft, da es immer stärker auf den Gang der Weltereignisse einwirkt. Die herrschenden kommunistischen Parteien der sozialistischen Länder sind nicht nur für den erfolgreichen Aufbau des Sozialismus und Kommunismus verantwortlich, sondern sollen auch »das maximal mögliche für die Erfüllung ihrer internationalen Pflichten« tun, entschlossen und aktiv alle Formen des Befreiungskampfes gegen den Imperialismus unterstützen.

b) Die Arbeiterklasse der entwickelten kapitalistischen Länder, die unter Führung der kommunistischen Parteien den Kampf gegen den Kapitalismus in ihren Ländern führen mit dem Ziel, das kapitalistische System durch eine sozialistische Revolution zu stürzen.

c) Die nationale Befreiungsbewegung, die Völker, die den Kolonialismus und Neokolonialismus bekämpfen. Die nationale Befreiungsbewegung schwächt den Imperialismus und hilft damit der Entwicklung der revolutionären Bewegung in den kapitalistischen Staaten. Einige Länder Afrikas und Asiens haben nach Erreichung ihrer nationalen Unabhängigkeit begonnen, eine nichtkapitalistische Entwicklung einzuschlagen. Auf diese Weise vollzieht sich allmählich der Übergang von der nationalen Befreiungsrevolution in eine sozialistische Revolution. Die kommunistischen Parteien der vom Kolonialismus befreiten Länder sehen ihre Hauptaufgabe darin, die nationale Befreiungsrevolution zu Ende zu führen, die weitere Entwicklung ihrer Staaten auf einen nichtkapitalistischen Weg zu sichern, der die Möglichkeit für den Aufbau des Sozialismus schafft.

Durch das Zusammenspiel dieser drei revolutionären Kräfte, verkörpert durch die drei Hauptabteilungen der kommunistischen Weltbewegung, vollzieht sich der revolutionäre Weltprozeß, der Übergang vom Sozialismus zum Kommunismus im Weltmaßstab.

Entscheidend für diesen Übergang ist die sozialistische Revolution. Was besagen die gegenwärtigen sowjetischen Thesen zum Problem der sozialistischen Revolution? Wie weit lehnen sie sich mehr an die ursprünglichen Auffassungen von Marx und Engels oder an die Konzeptionen Lenins an?

In der Regel an die Konzeptionen Lenins, die teilweise den gegenwärtigen Bedingungen angepaßt sind. Nach der heutigen Sowjetideologie ist die sozialistische Revolution eine Gesetzmäßigkeit und historisch unausbleiblich. Die Ursache liegt im Grundwiderspruch des Kapitalismus, dem Widerspruch zwischen dem gesellschaftlichen Charakter der Produktion und der privatkapitalistischen Form der Aneignung. Dieser Widerspruch im Kapitalismus reicht jedoch allein für eine sozialistische Revolution nicht aus; es muß vielmehr eine Verschärfung aller sozialen und politischen Widersprüche hinzukommen, um eine »revolutionäre Situation« zu erzeugen. In direkter Anlehnung an Lenin ist eine »revolutionäre Situation« gekennzeichnet a) durch eine Krise in der herrschenden politischen Klasse, b) eine Verschärfung der sozialen Gegensätze zwischen der herrschenden Klasse und der unterdrückten werktätigen Bevölkerung, sowie schließlich c) einem bedeutenden Anwachsen der politischen Aktivität der revolutionären Klassen.

Seit den Zeiten von Marx und Engels wird ja in der kommunistischen Ideologie darüber gestritten, ob sich eine Revolution nur gewaltmäßig vollziehen oder auch auf friedlichem Wege vor sich gehen könne. Wie wird diese Frage vom heutigen Marxismus-Leninismus sowjetischer Prägung beantwortet?

Die Möglichkeit eines friedlichen oder nichtfriedlichen Übergangs zum Sozialismus wird nach der heutigen Sowjetideologie in jedem einzelnen Land durch konkrete historische Bedingungen bestimmt. In den Ländern, wo die Herrschaft der Monopole in ihrer gröbsten und unverhülltesten Form auftritt, der Militarismus stark entwickelt ist und die herrschende kapitalistische Klasse terroristische Methoden anwendet, werden die sozialistischen Revolutionen wahrscheinlich gewaltsam durchgeführt werden. In anderen Ländern, die sich durch ein Minimum an bürgerlich-demokratischen Freiheiten auszeichnen, könne sich bei günstigen Bedingungen durch die Entfaltung des Massenkampfes eine sozialistische Revolution auch auf friedlichem Wege vollziehen. In der Zukunft muß man daher sowohl mit friedlichen als auch mit nichtfriedlichen Formen des Übergangs zum Sozialismus rechnen. Dabei ist auch ein Übergang von einer zur anderen Form möglich. So kann etwa eine Revolution mit bewaffneter Gewalt beginnen und allmählich friedlichere Formen annehmen – oder umgekehrt, eine Revolution kann zunächst in friedlichen Formen verlaufen, dann aber zu bewaffneten Kämpfen führen, wenn die Ausbeuterklassen ihren Widerstand verstärken und den Bürgerkrieg entfesseln. Entscheidend aber ist nach sowjetischer Auffassung eines: Der Übergang zum Sozialismus ist, unabhängig von den Formen, nur durch eine *Revolution* möglich. Selbst weitreichende, sogar radikalste Reformen können eine Revolution nicht ersetzen.

Und eine siegreiche sozialistische Revolution führt zu einer Diktatur des Proletariats?

Ja. Die sozialistische Revolution, so behauptet der gegenwärtige sowjetische Marxismus-Leninismus, zerschlägt die bürgerliche Staatsmaschinerie und errichtet die Macht der Arbeiterklasse – die Diktatur des Proletariats. Die Diktatur des Proletariats hat – unter Führung der marxistisch-leninistischen Partei – die Aufgabe, den Widerstand der Ausbeuterklassen zu unterdrücken, die sozialistischen Umgestaltungen im ökonomischen, sozialpolitischen und kulturellen Bereich zu verwirklichen und die Verbündeten der Arbeiterklasse, vor allem die Bauernschaft, in den sozialistischen Aufbau einzubeziehen.

Welche Rolle spielt die Gewalt bei der Diktatur des Proletariats?

Eine sehr wichtige. So wird auch im entscheidenden Lehrbuch *Wissenschaftlicher Kommunismus* darauf hingewiesen, daß die Unterdrückung des Widerstandes der Ausbeuterklassen eine der wichtigsten Aufgaben der Diktatur des Proletariats sei. Weiter heißt es: »In Perioden starker Verschärfung des Klassenkampfes und des Bürgerkrieges hat die Anwendung von Gewalt durch die Diktatur des Proletariats für das Geschick der Revolution besonders große Bedeutung.« Allerdings erschöpfe sich die Diktatur des Proletariats keineswegs in der Gewalt, sondern der Hauptinhalt ist der Aufbau der neuen sozialistischen Gesellschaft.

Versteht man heute in den Ostblock-Lehrbüchern unter »Diktatur des Proletariats« jene Staatsform, wie sie in der Sowjetunion und den osteuropäischen Ländern herrscht, oder werden auch andere Formen einer möglichen Diktatur des Proletariats zugestanden?

Die bolschewistische Herrschaft in Rußland nach 1917 und die sogenannten »Volksdemokratien« in Osteuropa nach Ende des Zweiten Weltkrieges gelten zweifellos als Modell für die Diktatur des Proletariats. Die erwähnten Grundthesen der Diktatur des Proletariats, vor allem die Führung durch die Kommunistische Partei sind sakrosankt und gelten für alle Länder und alle Zeiten. Lediglich die *Formen* der Diktatur des Proletariats können je nach den konkreten historischen Bedingungen unterschiedlich sein, darunter etwa die Wahlmodalitäten, die Formen der Staatsorgane, die Existenz einer Volks- oder Nationalen Front, d. h. Unterschiede, die nur untergeordnete Fragen betreffen. Moderne Reformkonzeptionen westeuropäischer kommunistischer Parteien lehnen allerdings dieses von den Lehrbüchern des Ostblocks festgelegte Schema ab.

Die Diktatur des Proletariats soll den Übergang zum Sozialismus verwirklichen. Welche Umgestaltungen sind dazu notwendig?

In den Lehrbüchern des Ostblocks werden stets folgende drei Umgestaltungen in den Mittelpunkt gestellt:

a) Die Nationalisierung der Großindustrie, der Banken und des Außenhandels.

b) Die Umwandlung des Privateigentums der Bauern, Handwerker und Kleingewerbetreibenden in eine genossenschaftliche Produktion. Entscheidend dabei ist die Kollektivierung der Bauernschaft, heute meist als »Vergenossenschaftlichung« bezeichnet. Dabei soll, den offiziellen Lehrbüchern zufolge, der Übergang freiwillig erfolgen, langfristig angelegt sein (eine künstliche Beschleunigung des Tempos sei nicht zulässig), und der Übergang soll stets von einfacheren Formen der Genossenschaften allmählich zu höheren, komplexeren Formen vor sich gehen.

c) Die sozialistische Industrialisierung, worunter die Schaffung ökonomischer Voraussetzungen für die sozialistische Gesellschaftsordnung verstanden wird. In erster Linie wird dabei an die Schwerindustrie gedacht. Die konkreten Formen und das Tempo der Industrialisierung werden in den verschiedenen Ländern unterschiedlich sein. So wird in hochindustrialisierten Ländern weniger der industrielle Aufbau als eine Wandlung der industriellen Struktur im Vordergrund stehen.

Wie wirken sich diese drei Veränderungen auf die Klassenverhältnisse, auf den sozialen und politischen Bereich aus?

Gleichzeitig mit der Nationalisierung, Vergenossenschaftlichung und Industrialisierung vollzieht sie auch eine Umgestaltung der Klassenstruktur. Mit der Nationalisierung hören die Gutsbesitzer und Kapitalisten auf, als Klassen zu existieren, mit der Industrialisierung und Vergenossenschaftlichung werden dann die Ausbeuterklassen völlig beseitigt. Dabei wird darauf hingewiesen, daß diese Umgestaltung der Klassenstruktur im Zuge der ökonomischen Veränderungen keineswegs automatisch, sondern »unter den Bedingungen eines erbitterten Klassenkampfes« erfolgt. Darunter wird nicht nur die Unterdrückung des Widerstandes der Ausbeuterklassen verstanden, sondern auch der Kampf um die schwankenden kleinbürgerlichen Mittelschichten, insbesondere der Bauernschaft.

Diese Übergangsperiode dient somit dazu, die Spaltung der Gesellschaft in feindliche Klassen zu überwinden und den Sieg des Sozialismus in der Ökonomie, in der Klassenstruktur und in der Politik zu garantieren.

Wie definiert der sowjetische Marxismus-Leninismus den Begriff »sozialistische Gesellschaft«? Welches sind ihre entscheidenden Merkmale?

Die ökonomische Grundlage der sozialistischen Gesellschaft ist das gesellschaftliche Eigentum an den Produktionsmitteln, und zwar in zwei Formen: dem staatlichen Eigentum (Volkseigentum) und dem genossenschaftlichen Eigentum, wobei das Staatseigentum dominiert.

Im Sozialismus wird das Prinzip »jeder nach seinen Fähigkeiten, jedem nach seiner Leistung« verwirklicht. Dies bedeutet, daß die Verteilung der zur Verfügung stehenden Güter nicht vom Besitz und Eigentum abhängt, sondern allein nach Quantität und Qualität der geleisteten Arbeit erfolgt. Damit sind allerdings noch nicht alle Reste von Ungleichheit aufgehoben, denn die Menschen haben unterschiedliche Qualifikationen, was sich in der unterschiedlichen Quantität und Qualität der geleisteten Arbeit widerspiegelt und damit auch zu unterschiedlicher Entlohnung führt. Daraus ergibt sich die Notwendigkeit, daß die sozialistische Gesellschaft eine strikte Rechenschaft und Kontrolle über den Umfang der Arbeit und des Verbrauchs ausübt, was in Anlehnung an Lenin als »Rechnungsführung und Kontrolle« bezeichnet wird.

Die sozialistische Gesellschaft ist eine Gesellschaft der Werktätigen, in der es keine Teilung in antagonistische Klassen, in Ausbeuter und Ausgebeutete, mehr gibt. Aber es gibt noch soziale und klassenmäßige Unterschiede, Unterschiede zwischen der Arbeiterklasse und den Genossenschaftsbauern, sowie zwischen Menschen, die vornehmlich mit körperlicher Arbeit und solchen, die vornehmlich mit geistiger Arbeit beschäftigt sind. Als charakteristische Besonderheit der sozialistischen Gesellschaft wird schließlich die »sozialpolitische und ideologische Einheit« hervorgehoben. Die Arbeiterklasse, die Genossenschaftsbauern und die sozialistische Intelligenz hätten die gleichen Grundinteressen, nämlich das schnelle Wachstum der sozialistischen Wirtschaft, die Festigung der ökonomischen Kraft und der Verteidigungsmacht des sozialistischen Vaterlandes. Mit der Veränderung der Klassenstruktur sind neue Beziehungen zwischen den Nationalitäten entstanden, die sich auf Gleichheit, Freundschaft und Zusammenarbeit begründen; mit der Aufhebung der sozialen Widersprüche ist eine geistige Einheit der Gesellschaft möglich geworden.

Bedeutet dies, daß, nach Auffassung der Sowjetideologie, in der sozialistischen Gesellschaft keine Widersprüche mehr bestehen?
Nicht ganz. In den neuen Ausgaben des Lehrbuchs *Wissenschaftlicher Kommunismus* wird erklärt, die sozialistische Gesellschaft sei, wie jede andere Gesellschaft, nicht frei von Widersprüchen. Sie unterscheide sich jedoch ihrem Charakter nach grundlegend von den antagonistischen Widersprüchen früherer Klassengesellschaften. Der Antagonismus, also die Unversöhnlichkeit, sei überwunden, der Widerspruch bleibe bestehen. Widersprüche kommen vor allem darin zum Ausdruck, daß das im Sozialismus erreichte Entwicklungsniveau der Produktion noch nicht ausreicht, um die Bedürfnisse aller Mitglieder der Gesellschaft vollständig zu befriedigen. Ferner hat die sozialistische Gesellschaft zwar die Gleichheit der Menschen in ihrem Verhältnis zu den Produktionsmitteln hergestellt, aber es besteht noch eine gewisse Ungleichheit in der Verteilung und in der unterschiedlichen Lebensweise. Schließlich gibt es noch Überreste aus der kapitalistischen Vergangenheit im Bewußtsein, in den Gewohnheiten und in den Lebensweisen der Menschen, die erst allmählich überwunden werden.
Dies ist zumindest die offizielle Antwort – wobei sich selbstverständlich viele nachdenkliche Sowjetbürger längst darüber im klaren sind, daß das gegenwärtige System in der UdSSR durch eine Vielzahl anderer, mitunter sehr großer Widersprüche und Gegensätze charakterisiert ist. Auch sei hier noch einmal erwähnt, daß es sich bei der These von der sozial-politischen und ideologischen Einheit im Sozialismus ausschließlich um eine *sowjetische* Interpretation handelt, die weder vom Maoismus noch von den jugoslawischen und vielen westeuropäischen Kommunisten in dieser Form anerkannt wird.

Wie steht es um die Beziehungen zwischen den Staaten, also die Beziehungen innerhalb des Ostblocks oder, wie es offiziell heißt, des »sozialistischen Weltsystems«?
Die Konzeption vom »sozialistischen Weltsystem« unterscheidet zunächst drei Etappen. In der ersten Etappe, etwa von 1944 bis 1949, bestand zwischen den osteuropäischen Volksdemokratien und der Sowjetunion ein militärisch-politisches Bündnis, die ökonomischen Beziehungen waren nur schwach entwickelt. In der zweiten Etappe, von 1949 bis Ende 1959, bildeten sich bereits multilaterale Beziehungen heraus, gekennzeichnet durch den Rat für gegenseitige Wirtschaftshilfe (im Westen als COMECON bekannt) und den Warschauer Militärvertrag. Seit 1959 befindet sich das »sozialistische Weltsystem« in seiner dritten Etappe, die durch eine sozialistische ökonomische Integration und Arbeitsteilung zwischen den einzelnen sozialistischen Ländern gekennzeichnet ist. Die Wirtschaftspläne werden koordiniert, gemeinsam große wirtschaftliche Objekte errichtet und die wissenschaftlich-technische Zusammenarbeit verwirklicht. Im *politischen* Bereich vollzieht sich die Zusammenarbeit durch die Koordinierung

der außenpolitischen Aktivität, regelmäßige Zusammenkünfte der führenden staatlichen Vertreter und intensive Kontakte zwischen den herrschenden kommunistischen Parteien der sozialistischen Länder. Im *militärischen* Bereich erfolgt die Zusammenarbeit durch den Warschauer Vertrag, der über ein gemeinsames Oberkommando verfügt, das sich mit der Organisation der militärischen Ausbildung der Truppen, der Standardisierung der Bewaffnung und der Koordinierung anderer Aktivitäten im Bereich der Verteidigung befaßt. Die Stationierung sowjetischer Truppen in einigen osteuropäischen sozialistischen Ländern wird dabei als »in Übereinstimmung mit dem Warschauer Vertrag« und »zeitweilig« betrachtet.

Diese Darstellung der Zusammenarbeit innerhalb des Ostblocks klingt recht idyllisch. Geben die ideologischen Lehrbücher nicht zumindest einige Schwierigkeiten in der Beziehung zwischen den Ostblockstaaten zu?
Widersprüche innerhalb des sozialistischen Weltsystems, so heißt es, können und werden durch einen freundschaftlichen Meinungsaustausch und durch gegenseitige Konsultationen gelöst. Als Ursachen für bestimmte Widersprüche und vorübergehende Schwierigkeiten gelten die unterschiedlichen historischen Traditionen der einzelnen Nationen, die im Bewußtsein mancher Bevölkerungsschichten nationalistische Vorurteile hinterlassen haben. Zweitens haben die verschiedenen Länder ihre sozialistische Entwicklung von einem unterschiedlichen Ausgangsniveau begonnen, und das unterschiedliche Entwicklungsniveau erschwert manchmal die Zusammenarbeit. Schließlich befinden sich die verschiedenen Länder in unterschiedlichen Stadien der sozialistischen Entwicklung. Neben diesen objektiven Ursachen werden auch subjektive Fehler zugegeben, etwa bei der Preisfestsetzung im Handel und beim Rohstoffproblem. Manchmal würden die nationalen Besonderheiten auch unterschätzt. Bei den Schwierigkeiten wird stets auch auf den sowjetisch-chinesischen Konflikt hingewiesen. Man hofft jedoch, daß sich die Beziehungen zwischen der Sowjetunion und China wieder normalisieren und die Freundschaft zwischen den beiden Völkern und Staaten wiederhergestellt werde.

Unter den wichtigsten Themen des »Wissenschaftlichen Kommunismus« erwähnten Sie anfangs den Übergang vom Sozialismus zum Kommunismus. Worum handelt es sich dabei?
Nach offizieller Auffassung handelt es sich beim Sozialismus und Kommunismus um zwei Phasen ein und derselben Gesellschaftsordnung, so daß der Übergang vom Sozialismus zum Kommunismus keinen revolutionären Bruch erfordert, wohl aber tiefgreifende qualitative Veränderungen. Der Übergang zum Kommunismus erfordert:
a) eine schnelle ökonomisch-technologische Entwicklung, die allmähliche Annäherung der landwirtschaftlichen und industriellen Arbeit, die stetige Annäherung der beiden Eigentumsformen (Staatseigentum und genossenschaftlich-kooperatives Eigentum) bis zur Herausbildung eines einheitlichen kommunistischen Eigentums, sowie der allmähliche Übergang zur kommunisti-

schen Verteilung nach dem Prinzip »jeder nach seinen Fähigkeiten, jedem nach seinen Bedürfnissen«;

b) die Annäherung und allmähliche Überwindung der Klassen und sozialen Gruppen und die Herstellung der vollständigen sozialen Gleichheit aller Mitglieder der Gesellschaft, die Überwindung der wesentlichen Unterschiede zwischen Stadt und Land, zwischen körperlicher und geistiger Arbeit und die allmähliche Umwandlung des sozialistischen Staates in eine kommunistische gesellschaftliche Selbstverwaltung;

c) die Überwindung von Überbleibseln der Vergangenheit im Bewußtsein und im Verhalten der Menschen und die Herausbildung der wissenschaftlichen Weltanschauung (also des Marxismus-Leninismus sowjetischer Prägung) und der kommunistischen Moral bei allen Mitgliedern der Gesellschaft, einschließlich des kommunistischen Bewußtseins in der Einstellung zur Arbeit.

Gibt es für den Übergang vom Sozialismus zum Kommunismus einen »Fahrplan« bzw. Hinweise, wann dieser Übergang vollzogen sein wird? Gilt noch das Versprechen Chruschtschows, die Sowjetunion werde im Jahre 1980 die kommunistische Gesellschaft errichtet haben?

Nein, der von Chruschtschow im Parteiprogramm von 1961 vorgelegte Zeitplan und das Versprechen, den Übergang bis zum Jahre 1980 zu vollenden, wird nicht mehr erwähnt. Heute wird lediglich erklärt, der Übergang vom Sozialismus zum Kommunismus vollziehe sich allmählich ohne politische Revolution und ohne soziale Erschütterungen. Dies bedeute jedoch nicht, daß die Entwicklung ohne jegliche Widersprüche und ohne »Sprünge« verlaufen werde. Es handle sich um einen beschleunigten Entwicklungsprozeß in allen Bereichen des gesellschaftlichen Lebens. Subjektivistische Versuche, der Entwicklung vorauszueilen, seien ebenso zu verurteilen wie die Bestrebungen, bei dem bereits Erreichten stehenzubleiben.

5

Das Endziel: die zukünftige kommunistische Gesellschaft

Wie definiert die heutige Sowjetideologie den zukünftigen Kommunismus, und welches sind seine entscheidenden Merkmale?

Die Definition des zukünftigen Kommunismus ist dieselbe, wie sie im Parteiprogramm vom Oktober 1961 beschlossen worden war, den wir im Wortlaut im Abschnitt über die Entstalinisierung erwähnt haben. Auch heute gilt der zukünftige Kommunismus als eine klassenlose Gesellschaft, in der die Produktionsmittel einheitliches Volkseigentum sind, sämtliche Mitglieder der Gesellschaft sozial völlig gleich sein werden, und, durch eine hohe Entwicklung der Wissenschaft und Technik, die Verteilung der Güter nach dem Prinzip »Jeder nach seinen Fähigkeiten, jedem nach seinen Bedürfnissen« erfolgen wird. Der Kommunismus wird eine hochorganisierte Gesellschaft mit einer gesellschaftlichen Selbstverwaltung sein. Die Voraussetzung dafür sind Menschen mit einem hohen Bewußtseinsstand, die in der Arbeit zum Wohle der Gesellschaft ihr erstes Lebensbedürfnis sehen.

Die entscheidenden Merkmale der zukünftigen kommunistischen Gesellschaft sind, nach den heutigen sowjetischen ideologischen Lehrbüchern:

a) ein so hoher Grad der ökonomisch-technologischen Entwicklung, daß die Verteilung der Erzeugnisse nach den Bedürfnissen der Menschen möglich wird;

b) die Verschmelzung der beiden Eigentumsformen in ein einheitliches Volkseigentum;

c) die Überwindung der Gegensätze von Stadt und Land und die Vereinigung von Industrie und Landwirtschaft;

d) die Überwindung der wesentlichen Unterschiede zwischen geistiger und körperlicher Arbeit, die Veränderung des Charakters der Arbeit, die die Arbeit zum ersten Lebensbedürfnis macht;

e) die Überwindung der noch existierenden Klassenunterschiede und die Herstellung einer sozialen Einheit und sozialen Gleichheit;

f) das Absterben des Staates und seine Ersetzung durch eine kommunistische gesellschaftliche Selbstverwaltung;

g) die Praktizierung einer kommunistischen Lebensweise mit veränderten zwischenmenschlichen Beziehungen und die Herausbildung eines kommunistisch erzogenen Menschen;

h) die Verschmelzung der Nationen nach einem Sieg des Kommunismus im Weltmaßstab, die schließlich zur Herausbildung einer kommunistischen Weltsprache führen wird.

Wie stellt man sich in der gegenwärtigen Sowjetideologie die Verwirklichung des Prinzips »Jedem nach seinen Bedürfnissen« vor?
Die Verwirklichung des Prinzips »Jeder nach seinen Fähigkeiten, jedem nach seinen Bedürfnissen« – das an die Stelle des gegenwärtigen, für den Sozialismus geltenden Prinzips »Jedem nach seiner Leistung« treten soll – bedeutet, daß die *vernünftigen* Bedürfnisse der Menschen zum grundlegenden Maß der Verteilung werden. Dies wird natürlich erst dann möglich sein, wenn ein Überfluß an Gebrauchsgegenständen erreicht sein wird und die Arbeit zum ersten Lebensbedürfnis der Menschen geworden ist. Die Planungsorgane einer zukünftigen kommunistischen Gesellschaft werden die Aufgabe haben, die Bedürfnisse der Menschen zu untersuchen, zu berechnen und für ihre Befriedigung zu sorgen.

Im Kommunismus sollen alle wesentlichen Unterschiede zwischen Stadt und Land sowie zwischen geistiger und körperlicher Arbeit überwunden sein. Was bedeutet das? Wie sieht eine Gesellschaft aus, in der es diese Unterschiede nicht mehr gibt?
Die Überwindung der wesentlichen Unterschiede zwischen Stadt und Land soll durch eine Vereinigung von Industrie und Landwirtschaft erfolgen. Das bedeutet, daß sich die Dörfer allmählich zu großen Wohnorten mit städtischem Charakter entwickeln, mit einer differenzierten Kommunalwirtschaft sowie kulturellen und medizinischen Einrichtungen, so daß sich die Lebensbedingungen der Landbevölkerung allmählich denen der Stadtbevölkerung annähern. Gleichzeitig soll sich der Charakter der Städte verändern; so sollen Stadt-Siedlungen entstehen, die industrielle und landwirtschaftliche Produktionszweige vereinen, wodurch die Trennung von Stadt und Dorf aufgehoben wird. Schließlich soll durch die planmäßige und rationelle Standortverteilung der Unternehmen das Wachstum der Stadtbevölkerung reguliert und eine übermäßige Einwohnerkonzentration in Großstädten vermieden werden.

Nun zur zukünftigen Vereinigung von körperlicher und geistiger Arbeit. Bei diesem Prozeß spielt zunächst die Automatisierung und die automatisierte Produktion eine Rolle, die dazu führt, daß die schwere körperliche Arbeit mehr und mehr zurückgedrängt wird, und die Tätigkeit des Arbeiters immer mehr schöpferischen Charakter annimmt. Als Regulator des Produktionsprozesses erwirbt der Arbeiter in zunehmendem Maße wissenschaftliche Kenntnisse. Auf der anderen Seite wird der Kommunismus die Exklusivität der geistigen Arbeit beseitigen und Bedingungen schaffen, die die Existenz besonderer sozialer Gruppen, die nur mit ihren Händen oder nur mit dem Kopf arbeiten, unmöglich machen. Alle

Angehörigen der zukünftigen kommunistischen Gesellschaft werden Werktätige sein, die in ihrer Tätigkeit körperliche und geistige Arbeit verbinden und eine produktive Tätigkeit entfalten, die die organische Vereinigung der Handarbeit mit einem hochentwickelten Intellekt verlangt.

Was bedeutet die von Ihnen erwähnte »soziale Einheitlichkeit« und »soziale Gleichheit« im Kommunismus?
Mit den Begriffen »soziale Einheitlichkeit« und »soziale Gleichheit« werden die sozialen Beziehungen in der zukünftigen kommunistischen Gesellschaft umrissen, nachdem die Klassenunterschiede zwischen Arbeitern, Kolchosbauern und Intelligenz überwunden sind. Danach bilde sich eine soziale Einheitlichkeit und eine soziale Gleichheit heraus. Unter »Gleichheit« wird dabei die Beseitigung der Klassen und der Klassenunterschiede sowie ein gleiches Verhältnis aller Menschen zu den Produktionsmitteln und gleiche Bedingungen in der Arbeit und in der Verteilung verstanden. Dies bedeute jedoch nicht ein Reich der Askese und der Eintönigkeit, der Standardisierung und der Gleichmacherei. Die »soziale Einheitlichkeit« der Angehörigen der zukünftigen kommunistischen Gesellschaft soll nicht als eine Nivellierung der Menschen, ihrer Interessen und Bedürfnisse angesehen werden. Sie wird im Gegenteil zur Entwicklungsgrundlage einer neuen, ungleich reicheren Vielfalt.

Aber nun zu dem wohl entscheidenden Problem, dem »Absterben des Staates«. Bei Marx und Engels stand ja diese Zukunftsvision im Mittelpunkt, während sie bei Lenin beträchtlich abgeschwächt und bei Stalin sogar durch die These von einem starken sozialistischen Staat in ihr Gegenteil verkehrt worden ist. Wie sieht die heutige Sowjetideologie das »Absterben des Staates«?
Das Absterben des Staates wird wieder erwähnt, allerdings erklärt man, daß sich dies erst allmählich in dem Maße vollziehen werde, in dem sich die kommunistische Gesellschaft entwickelt. Vor allem hängt dies von den äußeren Bedingungen ab. Der Staat kann erst absterben, wenn der Sozialismus *endgültig im Weltmaßstab* gesiegt hat. Aller Wahrscheinlichkeit nach werden zunächst die Straforgane, wie Gerichte, Staatsanwalt und Polizei, und schließlich die Armee beseitigt werden.
Das »Absterben des Staates« bedeutet jedoch nicht, daß die Funktionen des sozialistischen Staates, vor allem die wirtschaftlich-organisatorischen und kulturell-erzieherischen verschwinden, diese werden vielmehr *umgestaltet*. An die Stelle des Staates werde eine kommunistische gesellschaftliche Selbstverwaltung treten, eine, wie es offiziell definiert wird, »nichtpolitische, nichtstaatliche Form der Leitung der ökonomischen, sozialen und kulturellen Prozesse der klassenlosen Gesellschaft«. Die kommunistische Selbstverwaltung wird sich auf die aktive und unmittelbare Beteiligung aller Angehörigen der Gesellschaft gründen. Es wird dabei einen zentralen und lokalen neuen Typ universeller Organisationen zur Leitung der gesellschaftlichen Angelegenheiten geben.

All dies – beginnend vom Verteilungsprinzip »Jedem nach seinen Bedürfnissen«
bis zur kommunistischen gesellschaftlichen Selbstverwaltung – setzt einen verän-
derten, ja einen neuen Menschen voraus. Wie sieht die Sowjetideologie die Entfal-
tung des Menschen, die Charaktereigenschaften des Menschen und die zwischen-
menschlichen Beziehungen in der zukünftigen kommunistischen Gesellschaft?

Als Ergebnis der kommunistischen Erziehung während des Übergangs zum
kommunistischen Endziel werden bewußte, disziplinierte, von Überresten der
Vergangenheit freie, allseitig entwickelte Menschen herangebildet, die Prinzi-
pienfestigkeit, Arbeitsliebe, Organisiertheit, geistigen Reichtum, moralische
Sauberkeit und physische Vollkommenheit harmonisch in sich vereinigen. Der
kommunistisch erzogene Mensch – und die nachfolgenden Worte sind im Lehrbuch kursiv gedruckt – »verfügt über eine wissenschaftliche Weltanschauung
und eine feste Überzeugung, er ist allseitig gebildet, weist eine hohe Kultur, einen entwickelten ästhetischen Geschmack auf und ist physisch gestählt. Für den
kommunistisch erzogenen Menschen ist die Arbeit das erste Lebensbedürfnis.
Sein Charakter und sein Verhalten sind durch hohe moralische Qualitäten gekennzeichnet.« (*Wissenschaftlicher Kommunismus,* deutsche Übersetzung,
Seite 535.)

Gibt es so etwas wie den Begriff der Lebensqualität im Marxismus-Leninismus
sowjetischer Prägung, und wenn ja, wodurch zeichnet sich diese aus?

Den Begriff »Lebensqualität« gibt es nicht, wohl aber Vorstellungen über die
kommunistische Lebensweise, die zwischenmenschlichen Beziehungen und die
Familie der kommunistischen Zukunft. Danach werden die Menschen viel um-
fangreichere Möglichkeiten besitzen, sich sinnvoll zu erholen und zu unterhal-
ten, ihren geistigen Horizont zu erweitern, wissenschaftliche Erkenntnisse zu
erwerben, ihren Erfindergeist tätig werden zu lassen und sich der Beschäftigung
mit Literatur und Kunst, sowie dem eigenen künstlerischen Schaffen zu widmen.
Das Lernen wird zu einem unveräußerlichen Grundzug des täglichen Lebens im
Kommunismus; Sport, Tourismus und Reisen fördern die harmonische Entfaltung des Individuums.

Die Beziehungen der Menschen werden von religiösen Einflüssen befreit, die
Überreste der Ungleichheit zwischen Mann und Frau endgültig beseitigt. Die
Hausarbeit wird durch gesellschaftliche Formen der Versorgung der Familie ersetzt, die Neigung zur Privateigentümer-Mentalität wird überwunden sein. Fa-
milienbeziehungen werden endgültig von jeder materiellen Berechnung befreit
und entwickeln sich zu hoher Reinheit und Festigkeit. Ehe und Familie werden
nach dem Absterben des Staates keine juristische Institutionen mehr sein. Die
Familie wird allerdings selbst im Kommunismus nicht von vornherein vor jeder
Art von Mißverständnissen bewahrt, aber die Ursachen von Schwierigkeiten in
der Familie werden nicht in solchen Erscheinungen wie Gemeinheit, Trunksucht
und anderen Überresten der Vergangenheit zu suchen sein. Die kommunistische
Familie wird alles Wertvolle und Gesunde übernehmen, was die Erfahrung ver-
gangener Generationen hervorgebracht hat und gleichzeitig neue Prinzipien der
kommunistischen Moral entfalten.

Schließlich wird in der kommunistischen Zukunft die Wissenschaft eine viel größere Rolle spielen und alle Hemmnisse beseitigen, die sie an ihrer Entwicklung hindern. Der Kommunismus wird die beiden geschichtlichen Kräfte, das Volk und die Wissenschaft, vereinen und damit die Perspektive eines unbegrenzten Fortschritts eröffnen.

Gilt dies alles bereits für die zukünftige kommunistische Gesellschaft in der Sowjetunion und in den mit der Sowjetunion verbündeten Staaten oder läßt sich dies erst verwirklichen, wenn alle Völker der Erde den Kommunismus anstreben?
In den meisten Erörterungen bleibt es unklar, ob es sich hierbei um Schilderungen einer kommunistischen Zukunft der Sowjetunion bzw. des Ostblocks handelt oder an eine Entwicklung nach dem Weltsieg gedacht ist. Lediglich bei dem Absterben des Staates wird, wie bereits erwähnt, der Sieg des Sozialismus im Weltmaßstab als Bedingung vorausgesetzt. Noch deutlicher kommt dies bei der Behandlung der zukünftigen Beziehungen zwischen den Nationen zum Ausdruck. Dabei wird ausdrücklich von einer zukünftigen »Verschmelzung der Nationen« gesprochen, die mit einer Annäherung beginne und über eine Vereinigung der Nationalitäten und Völkerschaften schließlich zu einer Verschmelzung der Nationen führen werde.
Die Sowjetideologie sieht in diesem Zusammenhang voraus, daß in der zukünftigen sozialistischen Weltstaatengemeinschaft zunächst eine ökonomische Einheit, eine ökonomische Gemeinschaft geschaffen wird. Auf dieser Grundlage werde dann eine für alle auf dem Erdball lebenden Völker annehmbare Gemeinschaft der Kultur, Lebensweise und Sprache entstehen. Die Herausbildung einer neuen Weltsprache könne man jedoch nur als Bestandteil eines einheitlichen Prozesses sehen, in dem die Nationen im Weltmaßstab verschmelzen und sich allmählich eine, die ganze Welt umfassende, internationale Gemeinschaft der Menschen herausbildet. Diese Prozesse werden, sobald die notwendigen Bedingungen dafür herangereift sind, von den Völkern freiwillig in Gang gesetzt. Wörtlich heißt es: »Der Kommunismus führt, nachdem er im Weltmaßstab gesiegt hat, zum Zusammenschluß der Völker zu einer einheitlichen, brüderlichen, arbeitenden Familie, zur Beseitigung der Staatsgrenzen und schließlich zum Verschwinden der nationalen Unterschiede. Der Kommunismus sichert den ewigen Frieden auf der Erde.« (*Wissenschaftlicher Kommunismus,* Seite 320, 473, 474.)

6

Stärken und Schwächen der Sowjetideologie

Worin sehen Sie die Stärke der heutigen Sowjetideologie?
Zu den Stärken der Ideologie würde ich zunächst einmal die scheinbare innere Geschlossenheit rechnen. Es handelt sich um eine Ideologie, die mit dem Materie-Begriff beginnt, über die Gesetze der Dialektik und die Gesetze des historischen Materialismus zu weiteren polit-ökonomischen Betrachtungen führt, die alle in einem Ziel münden: die Ersetzung des Kapitalismus durch den Sozialismus und Kommunismus im Weltmaßstab. Daran schließen sich dann die politischen Lehren des Wissenschaftlichen Kommunismus an, die die Verwirklichung dieses Ziels zum Inhalt haben.

Die ständige Unterstreichung dieser Gesetze gibt einem gläubigen Anhänger und Verfechter dieser Ideologie ein Gefühl der Sicherheit; die dialektische Betrachtungsweise lehrt ihn, alles im Zusammenhang und in langfristigeren Entwicklungen zu sehen und macht ihn daher weitgehend immun gegen Rückschläge und Niederlagen.

Hinzu kommt, daß die gesetzmäßige Entwicklung für einen überzeugten Anhänger mit der Zielsetzung der eigenen kommunistischen Partei übereinstimmt und damit die politische Aktivität der kommunistischen Partei einen tiefen historischen und ideologisch begründeten Sinn erhält. Die kommunistische Partei wird daher von einem überzeugten Anhänger dieser Ideologie nicht als eine der üblichen politischen Parteien betrachtet, sondern als die einzige Partei, die eine wissenschaftliche Politik betreibt, deren Politik auf der Kenntnis der Gesetze der historischen Entwicklung basiert.

Für einen überzeugten Anhänger hat die historische Entwicklung der letzten 130 Jahre außerdem die Richtigkeit der Ideologie bestätigt. Diese Entwicklung führte vom kommunistischen Manifest von 1848 bis zur heutigen kommunistischen Weltbewegung mit über 50 Millionen Mitgliedern in 94 kommunistischen Parteien. Trotz mancher Rückschläge und Niederlagen kann ein überzeugter

Anhänger von diesem Siegeszug in der Hoffnung bestärkt werden, daß der zukünftige Weltsieg des Kommunismus unvermeidbar sei.

Für viele Partei- und Staatsfunktionäre der Sowjetunion kommt hinzu, daß mit
und durch diese Ideologie das wirtschaftlich rückständige Land zu einer Weltmacht geworden ist, die von allen anderen Staaten der Erde als solche anerkannt
wird. Dies äußert sich bei überzeugten Anhängern in einem Nationalstolz, der
manchmal sogar zu einer nationalen Arroganz ausartet, wobei sich der Marxismus-Leninismus sowjetischer Prägung sich mit dem Nationalismus vereint, ja
mit ihm zu verschmelzen scheint.

Bei Funktionären darf letztlich nicht vergessen werden, daß diese Ideologie auch
die eigenen Privilegien und Machtkompetenzen begründet und rechtfertigt. Es
ist, wie man aus allen Ländern zu allen Zeiten weiß, nicht allzu schwer, sich zu einer Ideologie zu bekennen, die mit den eigenen persönlichen Interessen übereinstimmt, ja, die eigenen ökonomischen, sozialen und politischen Machtprivilegien
begründet und rechtfertigt.

*Nun zu den Schwächen und Widersprüchen dieser Ideologie. Welche würden Sie
hier als entscheidend und besonders wichtig ansehen?*

An erster Stelle den Widerspruch zwischen der offiziellen *Theorie* des Marxismus-Leninismus und der *Praxis* in der Sowjetunion und den Ostblockstaaten.
Wie ist, so fragen immer mehr Menschen, der Anspruch, der Sozialismus bzw.
später der Kommunismus sei eine höhere Gesellschaftsordnung als der Kapitalismus, mit der Realität zu vereinbaren? Wie sind bei diesem Anspruch bestimmte Erscheinungen zu erklären, wie etwa die Diktatur Stalins, der Massenterror, die große Säuberung, die offenkundigen Mängel in der Wirtschaft, vor allem in der Landwirtschaft, die großen Privilegien und sozialen Unterschiede?
Läßt sich die These von der Gleichberechtigung mit der ganz deutlichen Vor-
machtstellung der Sowjetunion gegenüber anderen osteuropäischen Ländern
und kommunistischen Parteien vereinbaren? Wie vereinbart sich die proklamierte Gleichberechtigung aller Völker innerhalb der Sowjetunion mit der Russifizierung? Auch die Berliner Mauer, die Tötungsanlagen an der DDR-Grenze
und die Invasion und Okkupation der Tschechoslowakei werden selbst von weitgehend überzeugten Anhängern der Ideologie keineswegs so leicht bejaht, wie
dies offizielle Publikationen der Sowjetunion und des Ostblocks weismachen
wollen. Der Widerspruch zwischen den Ideen einer neuen Gesellschaft und der
Realität in der Sowjetunion und den anderen Ostblockstaaten ist tiefgreifend
und läßt sich auch nicht durch noch so ausgeklügelte ideologisch verbrämte Ent-
schuldigungen aus der Welt schaffen.

*Aus unseren bisherigen Darlegungen gehen ja darüber hinaus deutlich die großen
Unterschiede zwischen den ursprünglichen Auffassungen von Marx und Engels
auf der einen und dem heutigen Marxismus-Leninismus sowjetischer Prägung auf
der anderen Seite hervor. Spielt dies auch eine Rolle bei nachdenklichen Funktionären der Ostblockstaaten?*

Ja, durchaus. Der Widerspruch zwischen den ursprünglichen Konzeptionen von

Marx und Engels – teilweise auch Lenins – auf der einen und dem heutigen Marxismus-Leninismus der sowjetischen Richtung auf der anderen ist vielen Tausenden, ja Zehntausenden von Menschen durchaus bewußt.

Bei Marx und Engels steht die Entfremdung der Menschen im Vordergrund, die Befreiung der menschlichen Persönlichkeit, die Überwindung von Diktatur und Ausbeutung, die Assoziation der freien Produzenten. Der ursprüngliche Marxismus war eine revolutionäre Befreiungslehre der Gesellschaft und des Menschen. Daher wird in den kommunistischen Parteien zunehmend erkannt, daß die heutige Sowjetideologie lediglich als Rechtfertigungsideologie eines büro-kratisch-diktatorischen Systems anzusehen ist.

Auch gegenüber Lenin sind die Unterschiede deutlich: Lenin war für einen unterschiedlichen Weg zum Sozialismus. Immer wieder sprach er von der Hoffnung, daß andere Länder es besser machen würden als die russischen Kommunisten. Er trat für die soziale Gleichheit ein. Und dies alles steht ja nicht nur im Widerspruch zur heutigen Realität, sondern auch zum Inhalt der heutigen Ideologie.

Der Marxismus-Leninismus ist also keineswegs eine einheitliche geschlossene Lehre, die von Marx und Engels, also vom »Wissenschaftlichen Sozialismus« ausgeht, durch die Lehre des Leninismus bereichert wurde und die man später – wie es heißt – »schöpferisch weiterentwickelte«.

Nein. Deshalb stellen manche Anhänger dieser Ideologie auch immer wieder kritische Fragen, ob es wirklich eine Einheit zwischen Marxismus und Leninismus, zwischen Leninismus und der heutigen Ideologie gäbe. Diese Kritik wird verstärkt durch die tatsächlich existierenden unterschiedlichen Interpretationen – etwa zwischen dem Sowjetkommunismus, dem jugoslawischen Kommunismus, den westeuropäischen Reformströmungen und dem Maoismus. All das sind doch deutliche Zeichen dafür, daß es eben nicht *eine* Interpretation gibt, die allein das Monopol beanspruchen kann, sondern unterschiedliche Interpretationen, die sehr weit voneinander abweichen.

Wie weit werden die unterschiedlichen Interpretationen kommunistischer Theorien in der Sowjetideologie berücksichtigt?

Überhaupt nicht, und dies führt zu einem besonders schwachen Punkt in der Sowjetideologie, nämlich daß beim Studium des Marxismus-Leninismus in der Sowjetunion und den verbündeten Ostblockstaaten lediglich die *eine* Interpretation zugelassen ist. Damit nimmt die ideologische Schulung und Ausbildung immer mehr den Charakter des Auswendiglernens von festgelegten Texten – ohne freie Diskussionen und Debatten über alle wirklich entscheidenden Fragen der Ideologie. In diesem Schmalspur-Marxismus-Leninismus kommen weder die Auffassungen Trotzkis und Bucharins vor, noch entscheidende Thesen der jugoslawischen Theoretiker, noch der Maoismus, noch die Auffassung der humanistischen Marxisten oder des Prager Frühlings. All dies gibt es nicht, und die einseitige Schmalspurideologie führt logischer- und konsequenterweise zur Ermüdung, Langeweile, Nachlassen des ideologischen Einflusses, was heute in der Sowjetunion, auch von offiziellen Parteistellen, zugegeben wird.

Das Festhalten am Anspruch, die einzige geschlossene Lehre zu besitzen, bedeutet darüber hinaus, sich zunehmend von anderen Strömungen zu isolieren und damit, früher oder später, den Einfluß auf die kommunistische Weltbewegung zu verringern, wenn nicht ganz zu verlieren.

Wird dies nicht von der Sowjetführung auch gesehen? Wäre es nicht im eigenen Interesse besser, die unterschiedlichen Interpretationen des Marxismus und Leninismus anzuerkennen und frei darüber zu diskutieren?
Eine Anerkennung dieser unterschiedlichen Richtungen würde bedeuten, daß viele entscheidenden Aspekte der Ideologie beträchtlich flexibler gestaltet werden müßten. Ein offener Marxismus-Leninismus würde seine Ausstrahlungskraft zurückgewinnen. Er würde auch zu lebhaften, bedeutsamen, theoretisch interessanten Diskussionen und Debatten führen. Aber dies würde die monolithische Struktur, die Einheitlichkeit der Aussage und den Anspruch, alle Probleme lösen zu können, in Frage stellen. Gerade darauf aber kommt es der Sowjet-Führung in erster Linie an. Daher nimmt sie lieber in Kauf, daß große Teile der sowjetischen Bevölkerung von der Ideologie nicht angesprochen werden. Für viele stellt sie etwas Gleichgültiges oder gar Abstoßendes dar. Entscheidend für die Führung ist jedoch nicht so sehr, wie mir scheint, ob und inwieweit die Bevölkerung davon beeinflußt wird, sondern etwas anderes:
a) Die Ideologie dient der Legitimierung des Regimes. Sie gibt die Möglichkeit, schwierige ökonomische Bedingungen und Rückschläge zu rechtfertigen und den Anspruch zu vermitteln, einer Ideologie zu dienen und auf einer Ideologie zu fußen.
b) Die Ideologie dient der Begründung und Rechtfertigung vorher gefaßter Beschlüsse und Maßnahmen. Die Maßnahmen werden oft aus praktischen Notwendigkeiten gefaßt, die Ideologie aber dient ihrer Rechtfertigung, und sie erklärt, daß man eine »wissenschaftliche Politik« betreibe.
c) Die Ideologie dient der Aufoktroyierung von Denkschablonen und Denkkategorien, wobei nicht nur wichtig ist, was man glauben soll, sondern vor allem, was man ablehnen muß. Es gibt vorgeschriebene, genau definierte Abweichungen. Bei Anhängern dieser Ideologie kommt es daher zu einer fast automatischen Ablehnung aller Auffassungen oder Theorien, die nicht in die vorgefaßten Denkschablonen passen. Bestimmte Gedanken kann man ganz leicht sofort als »Abweichungen« deklarieren, und damit ist jede weitere Diskussion überflüssig.

Abschließend möchte ich noch ein Problem anschneiden, über das häufig diskutiert wird: die Beziehungen zwischen der Sowjetideologie und der modernen Wissenschaft. Können Sie dieses Problem kurz erläutern?
Der Marxismus-Leninismus erhebt ja nicht nur den Anspruch, alle Vorgänge in Vergangenheit, Gegenwart und Zukunft wissenschaftlich erklären zu können, sondern er will darüber hinaus auch eine Anleitung zum Handeln sein. In den Lehrbüchern wird immer wieder unterstrichen, der Marxismus-Leninismus sei ein unentbehrlicher Kraftquell für jeden fortschrittlichen Menschen, der die

Welt richtig verstehen und sein Leben nicht dem Zufall überlassen, sondern bewußt am Geschehen der Welt teilnehmen will. Nun befindet sich aber die Sowjetunion in der Periode des Eintritts in eine moderne Industriegesellschaft, d. h. daß für ihre praktische Weiterentwicklung bestimmte Forschungszweige, wie Kybernetik, Soziologie, Sozialpsychologie, Industriesoziologie und eine Vielzahl anderer moderner Sozialwissenschaften, dringend notwendig sind.

Das ist ja ein offensichtliches Eingeständnis, daß die Ideologie des Marxismus-Leninismus sowjetischer Prägung eben *nicht* als Anleitung zum Handeln ausreicht. Daher gibt es immer wieder Versuche, die modernen Wissensgebiete teilweise in die Ideologie einzubauen. Dies führt aber zu einem entscheidenden Dilemma: Wenn die Ideologie klar und übersichtlich bleibt, dann muß man indirekt eingestehen, daß sie ihren Anspruch, eine Anleitung zum Handeln zu sein, nicht verwirklichen kann, weil sie auf differenzierte Probleme einer modernen Gesellschaft keine Antworten weiß. Bezieht man jedoch die gesamten neuen Wissenszweige in die Ideologie ein, dann wird sie zu unübersichtlich, um noch als eine klare Anleitung zu dienen. Hier liegt das Problem, warum so viele Wissenschaftler in der Sowjetunion – vor allem auch Naturwissenschaftler – sich von der Sowjetideologie entfernen, neue Fragen aufwerfen und neue Wege suchen – was sich auch in den Konzeptionen der innersowjetischen Opposition widerspiegelt.

So machen sich bereits erste Anzeichen bemerkbar, daß Sowjetbürger, die sich als Marxisten betrachten, aber einen »demokratischen Kommunismus« befürworten oder sich gar als Sprecher eines »demokratischen Flügels« der Kommunistischen Partei bezeichnen, neue Alternativkonzeptionen ausarbeiten.

7

Alternativ-Konzeptionen
unabhängiger sowjetischer Marxisten

Der Begriff »unabhängige sowjetische Marxisten« oder »Repräsentanten eines demokratischen Flügels« innerhalb der sowjetischen KP sind Begriffe, die im Westen noch etwas fremd sind. An wen denken Sie dabei?
Es handelt sich dabei um Marxisten, meist Marxisten-Leninisten in der innersowjetischen Opposition, die sich zum Marxismus und Leninismus bekennen, die Oktoberrevolution von 1917 und die Lenin-Periode bejahen, den Stalinismus aber schärfstens ablehnen und das gegenwärtige Regime kritisieren, weil es vom Wege des Marxismus-Leninismus abgewichen sei. Die Anhänger dieser Richtung treten für eine Wiederbelebung und Erneuerung des Marxismus ein, für eine Demokratisierung der Kommunistischen Partei und für eine Vielzahl von Reformen, die das gegenwärtige Regime in der Sowjetunion in der Richtung auf eine sozialistische Demokratie verändern sollen.
Diese Gruppierungen können ihre Auffassungen nicht frei veröffentlichen, sondern nur durch die Form des SAMISDAT, der von Hand zu Hand weitergegebenen, maschinegeschriebenen Aufsätze, Artikel und Bücher, verbreiten.

Wen rechnen Sie zu den führenden Repräsentanten dieser Richtung?
Dazu würde vor allem der ehemalige General und Kommunist Pjotr Grigorenko gehören sowie der Publizist Iwan Dsjuba, der Pädagoge und Historiker Roy Medwedjew und der Mathematiker Pljuschtsch. In vieler Hinsicht sind die Auffassungen dieser unabhängigen Marxisten mit den Konzeptionen der Euro-Kommunisten Italiens, Spaniens und Frankreichs identisch. Der ukrainische Marxist Pljuschtsch erhielt 1976 die Ausreisegenehmigung, der ehemalige General Pjotr Grigorenko wurde während eines kurzfristigen Besuches in den USA von den Sowjetbehörden 1978 ausgebürgert.
Roy Medwedjew, Forschungsassistent an der Akademie für pädagogische Wis-

senschaften, wurde aus der Partei ausgeschlossen, nachdem er sich 1969 in einem offenen Brief an die Parteizeitschrift *Kommunist* gegen den Versuch einer Rehabilitierung Stalins gewandt hatte. In seiner Samisdat-Schrift *Plädoyer für eine sozialistische Demokratie* – geschrieben zwischen November 1970 und Frühjahr 1971, übrigens auch in der Bundesrepublik auf deutsch erschienen – hat Medwedjew ein detailliertes Programm der marxistischen Reformströmung ausgearbeitet.

Zu den demokratischen Kommunisten der Sowjetunion gehört auch Ilja Glumow, der ähnliche Gedanken in seiner Samisdat-Schrift *Auf dem Prüfstein des Leninismus* vertritt, sowie schließlich auch der sowjet-ukrainische Mathematiker Pljuschtsch, der nach mehrjähriger Haft in einer psychiatrischen Klinik Anfang Februar 1976 aus der Sowjetunion ausgewiesen wurde. Bei seiner Ankunft in Paris erklärte er, der Stalinismus sei eine bonapartistische Entartung der Oktoberrevolution, in der Sowjetunion sei ein Staatskapitalismus errichtet worden, das Eigentum liege nicht in der Hand des Volkes, sondern in der Hand eines von allen Klassen isolierten Staates, und in der nationalen Frage habe die Sowjetunion die Politik der zaristischen Regierung fortgeführt. Es komme jetzt darauf an, erklärte Pljuschtsch, um »die Wiederherstellung des kommunistischen Ideales zu kämpfen« und »endgültig mit dem Schandfleck, der die leuchtenden Ideale des Kommunismus verdunkelt, Schluß zu machen«.

Schon aus diesen wenigen Erklärungen läßt sich die Quintessenz dieser Richtung erkennen, aber es wäre interessant, etwas Genaueres über die programmatischen Vorstellungen der kritischen sowjetischen Marxisten zu erfahren, wie sie wohl besonders ausführlich von Roy Medwedjew dargelegt worden sind. Können Sie aus diesem Programm einige Thesen anführen?

Zunächst setzt sich Roy Medwedjew im Bereich der Theorie des Marxismus dafür ein, die seit Lenins Tod im Marxismus-Leninismus bestehenden Deformationen und Entstellungen zu überwinden. Es komme seiner Meinung nach darauf an, eine Theorie der sozialistischen Gesellschaft zu entwickeln, ihre charakteristischen Merkmale zu definieren, die Ursachen der Mängel zu erläutern und die Wege zu ihrer Vervollkommnung aufzuzeigen. Die sozialen Veränderungen in der Sowjetgesellschaft sollten genau analysiert, die Entwicklung des Sozialismus in der Periode der wissenschaftlich-technischen Revolution erarbeitet und die Frage des Staats- und Parteiaufbaus in einem sozialistischen System neu durchdacht werden.

Einen großen Raum in Medwedjews Analyse nimmt die Neubelebung der Partei ein, wobei er in konkreten Vorschlägen die Demokratisierung der inneren Parteistruktur und die Ersetzung mechanischer Jasager durch wirkliche politische, mit der Bevölkerung verbundene Funktionäre fordert. Die Partei sollte sich nicht in alle Detailfragen einmischen, sondern vielmehr auf wissenschaftlicher Grundlage politische Zielsetzungen ausarbeiten. Neben den offiziellen Parteizeitungen und -zeitschriften müßten unabhängige Kollektive, aus Vertretern unterschiedlicher Strömungen des Marxismus, die Möglichkeit erhalten, Materialien zu veröffentlichen, um so eine offene Auseinandersetzung zu gewährleisten.

Dies, so meint Medwedjew – wie ich glaube, zu Recht –, würde einer Neubelebung der politischen Theorie und auch der Partei dienlich sein.

*Aus diesen Äußerungen geht hervor, daß Medwedjew und die kritischen Marxi-
sten für eine Demokratisierung und Erneuerung der Kommunistischen Partei eintreten. Gibt es bei den unabhängigen sowjetischen Marxisten auch Vorstellungen
über ein Mehrparteiensystem in einer sozialistischen Gesellschaft?*
Aus allen Samisdat-Schriften der innersowjetischen marxistischen Opposition
geht hervor, daß sie für die Sowjetunion ein Zwei- oder Mehrparteiensystem für
notwendig halten. In der illegal verbreiteten Schrift des »Bundes der Kommu-
narden« heißt es, das offizielle Argument, ein Einparteiensystem sei notwendig,
weil es die einheitlichen Zielsetzungen der sowjetischen Gesellschaft wider-
spiegle, sei falsch. Erstens gibt es diese Einheit nicht, und zweitens, selbst wenn
es sie gäbe, wäre durchaus ein Mehrparteiensystem gerechtfertigt, da verschiedene Parteien dasselbe Ziel anstreben können, zur Erreichung dieses Ziels aber
verschiedenartige Wege vorschlagen. Die Bevölkerung könne dann entscheiden,
welche der vorgeschlagenen Wege ihr am meisten zusage. Dies ist aber bei einem
Einparteiensystem nicht möglich. Eine echte Demokratisierung des bürokratischen Regimes in der UdSSR sei ohne das Bestehen einer legalen Opposition,
ohne eine Form des Mehrparteiensystems unmöglich.

Ist dies auch die Auffassung von Roy Medwedjew, dessen Buch Plädoyer für eine
sozialistische Demokratie *Sie ja wohl für das wesentlichste programmatische Dokument dieser Richtung ansehen?*
Durchaus. Ein Mehrparteiensystem ist, laut Roy Medwedjew, nötig, weil es in
der Sowjetunion beträchtliche soziale und politische Unterschiede zwischen der
Stadt- und Landbevölkerung, zwischen den Arbeitern und der Intelligenz einerseits und den bürokratischen Elementen des Partei- und Staatsapparates andererseits gäbe. Auch innerhalb der Arbeiterklasse, der Intelligenz und der Funk-
tionärskreise, gibt es unterschiedliche Schichten und Gruppierungen. Diese widerspiegeln sich in unterschiedlichen politischen Strömungen, und daraus ergeben sich logischerweise unterschiedliche Organisationen, die zum Entstehen von
unterschiedlichen politischen Parteien führen.

*Welche Reformen schlagen die unabhängigen sowjetischen Marxisten für den
Staatsaufbau, das Wahlsystem und die Justiz vor?*
Staat und Partei sollten getrennt, die Staatsorgane demokratisiert werden. Der
Oberste Sowjet – nach der Verfassung das höchste Organ des Landes – müßte
häufiger und zu längeren Sitzungen einberufen werden, auf denen in wirklichen
Diskussionen die Gesetzentwürfe beraten werden sollten.
Die Abgeordneten dürften nicht von oben eingesetzt werden, sondern müßten
als echte Vertreter ihrer Wahlkreise die Interessen ihrer Wähler vertreten. Bei
den Wahlen sollten mehrere Kandidaten zugelassen werden, um eine wirkliche
Wahl zu ermöglichen.
Die Kompetenzen des Ministeriums für Staatssicherheit müßten eingeschränkt

werden, Gerichte und Staatsanwälte ihre Unabhängigkeit erhalten; ein neu ein-
zurichtendes Verfassungsgericht hätte über Recht und Unrecht von Maßnahmen
der Regierung zu befinden. Alle Gesetze und Strafbestimmungen, die die Menschenrechte einschränkten, müßten neu formuliert werden.

*Diese Reformvorschläge betreffen im wesentlichen das politische System. Gibt es
auch bestimmte Vorschläge für den Bereich der sowjetischen Wirtschaftspolitik?*
Ja, durchaus. Auf diesem Gebiet setzt sich Roy Medwedjew für die Abkehr von
der übermäßigen Zentralisierung und für eine elastische und vernünftige Kom-
bination von Zentralismus und Dezentralisierung, von Plan und Markt ein. Die
Wirtschaftsreform sollte sich nicht nur auf eine bessere Ausbildung der Manager
und eine weitgehende Anwendung moderner elektronischer Rechentechnik beschränken, sondern vor allem auch eine größere Mitwirkung der Werktätigen an
der Leitung der Produktion gewährleisten; die Möglichkeit für die Schaffung von
Arbeiterräten sei zu prüfen.
Die völlige Übernahme des jugoslawischen Modells einer Arbeiterselbstverwal-
tung lehnt Medwedjew für die Sowjetunion ab, meint aber, daß eine solche
Selbstverwaltung in kleineren und mittleren sowjetischen Unternehmen sowie in
Kollektivwirtschaften und Sowjetgütern möglich und notwendig sei. Auf jeden
Fall aber gelte es, die Rechte der Arbeiterkollektive zu verstärken, um neben der
Staatskontrolle auch eine echte Arbeiterkontrolle in der Sowjetunion zu besit-
zen.

*Welche Hoffnungen bestehen, daß diese, von den kritischen sowjetischen Marxi-
sten vorgeschlagenen Reformen und Wandlungen auch verwirklicht werden? Gibt
es darüber in den entsprechenden Materialien irgendwelche Äußerungen?*
Roy Medwedjew hoffte in seinem Buch *Sowjetbürger in Opposition, Plädoyer
für eine sozialistische Demokratie,* daß sich in begrenztem Umfang ein Pluralismus in einer übersehbaren Zukunft, vielleicht sogar in den nächsten 10 Jahren,
entwickeln würde. In einem im November 1973 veröffentlichten Aufsatz ver-
knüpfte Medwedjew diese Hoffnung mit einem baldigen Generationswechsel
und einer neuen Führungsgeneration, die sich vielleicht fähiger erweisen werde,
die sowjetischen Entwicklungsprobleme und Perspektiven anders zu sehen als
viele Anhänger der abtretenden Machtelite (*Die Zeit,* Hamburg, 23. Nov. 1973).
Im Sommer 1974 fügte Medwedjew hinzu, die überwältigende Mehrheit der
Sowjetbürger stehe bedingungslos hinter dem sozialistischen Weg zur Entwicklung der sowjetischen Gesellschaft, wenn auch die Vorstellungen über den Sozialismus bei vielen Leuten noch verschieden sind. »Deshalb gibt es für die Sowjetunion keinen anderen realen Weg der Entwicklung außer der Vervollkommnung der sozialistischen Gesellschaft – des Übergangs von den primitiven,
bürokratischen Varianten des Sozialismus und des Pseudo-Sozialismus zum Sozialismus mit menschlichem Antlitz« (*Der Spiegel,* Nr. 37, 1974).

III

Moskau und der Westen

1

Sowjetische Koexistenz – Realität oder Täuschung?

Unter Koexistenz versteht die Sowjetunion das friedliche Zusammenleben zwischen Staaten unterschiedlicher Gesellschaftsordnung bei gleichzeitigem ideologischem Kampf zwischen diesen Systemen. Wie verhalten sich die beiden Konzeptionen zueinander? Ist die Koexistenzdoktrin eine kurzfristige Taktik oder eine langfristige Orientierung? Bedeutet sie für die Länder des Westens eine Chance und Hoffnung, wie manche meinen, oder eine Drohung, wie andere befürchten? Doch zunächst zur Entstehung und Entwicklung der Koexistenzdoktrin. Seit wann gibt es eigentlich diese Doktrin von der friedlichen Koexistenz?

Lenin hat diesen Ausdruck einmal bereits Anfang der zwanziger Jahre gebraucht, und Stalin befürwortete wiederholt die friedliche Koexistenz zwischen Staaten mit unterschiedlichen Gesellschaftsordnungen. Aber gleichzeitig blieb bis zum Tode Stalins die Doktrin von der »Unvermeidbarkeit der Kriege« bestehen. Dadurch ergab sich die widersprüchliche Situation, daß man einerseits Kriege für unvermeidlich hielt, andererseits aber die Koexistenz befürwortet wurde. Zweitens und noch entscheidender: Alle diese Erklärungen gab Stalin nur ausländischen Journalisten. Sie wurden weder Bestandteil der Ideologie, noch gehörten sie zu den Themen der Parteischulung. Die entscheidende Wendung erfolgte erst nach Stalins Tod auf dem 20. Parteitag der KPdSU im Februar 1956, als Chruschtschow erstmals offiziell die Doktrin von der »friedlichen Koexistenz« verkündete.

Sie sehen also den 20. Parteitag der sowjetischen KP im Februar 1956 als das Geburtsdatum der These von der »friedlichen Koexistenz« an?

Zweifellos. Chruschtschow und die anderen Sowjetführer erkannten seit Mitte der fünfziger Jahre die Bedeutung des atomaren Zeitalters, insbesondere die Tatsache, daß durch die atomaren Waffen nicht nur eine quantitative, sondern auch eine qualitative Veränderung in den internationalen Beziehungen eingetreten war. Und dies machte eine neue Beurteilung des gesamten Fragenkomplexes über Krieg, Frieden und Außenpolitik notwendig.

Wie hat Chruschtschow auf dem 20. Parteitag die Koexistenzdoktrin definiert und erläutert?
In seinem großen Rechenschaftsbericht am 14.Februar 1956 verkündete Chruschtschow zunächst die neue Doktrin von der »Vermeidbarkeit der Kriege«. Lenins Theorie von der »Unvermeidbarkeit der Kriege«, erklärte Chruschtschow, sei zwar früher richtig gewesen, heute aber überholt, denn es existierten starke Kräfte, die die Entfesselung eines Krieges verhindern könnten. (Damit waren in erster Linie die kommunistisch regierten Länder gemeint, ferner die neutralen Staaten Asiens und Afrikas und auch die sogenannte »Weltfriedensbewegung«.) Es gebe, so erklärte Chruschtschow, zwar noch eine Kriegsgefahr, aber keine schicksalhafte Unvermeidbarkeit der Kriege mehr.

Mit dieser neuen These von der »Vermeidbarkeit der Kriege« schuf Chruschtschow die Voraussetzung für seine Koexistenzthese.
Das eine ist ohne das andere undenkbar. Solange wie die »Unvermeidbarkeit der Kriege« betont wurde – und das galt ja bis zu Stalins Tod –, konnte von einer ernsthaften Koexistenzdoktrin keine Rede sein. Erst die neue These von der »Vermeidbarkeit der Kriege« machte sie möglich.
Chruschtschow erklärte – und dies wird seitdem in sowjetischen Veröffentlichungen ständig wiederholt –, »daß Länder mit verschiedenen sozialen Systemen nicht nur einfach nebeneinander bestehen können, sondern darüber hinaus eine Verbesserung der Beziehungen, eine Festigung des Vertrauens und gegenseitige Zusammenarbeit anstreben müssen«. Die friedliche Koexistenz zwischen den beiden Systemen wurde zur sowjetischen Generallinie erklärt: »Das Leninsche Prinzip von der friedlichen Koexistenz war und bleibt die Generallinie der Außenpolitik unseres Landes.« Die Koexistenz sei kein taktischer Zug, erläuterte Chruschtschow, sondern das Grundprinzip der sowjetischen Außenpolitik.

Die These von der Verbesserung der Beziehungen zwischen Staaten unterschiedlicher Gesellschaftsordnung ist ja eigentlich sehr allgemein gehalten. Gibt es in sowjetischen Veröffentlichungen und ideologischen Lehrbüchern nicht auch konkretere Hinweise dafür, was darunter zu verstehen ist?
Ja, vor allem seit dem berühmten Artikel Chruschtschows in der amerikanischen Zeitschrift *Foreign Affairs* vom Oktober 1959, der gleichzeitig auch in der Sowjetunion und in allen Ostblockstaaten veröffentlicht wurde und inzwischen auch – allerdings ohne Chruschtschow zu erwähnen – in die entsprechenden ideologischen Lehrbücher eingegangen ist. Nach der heutigen Sowjetideologie gehört damit zur friedlichen Koexistenz: der Verzicht auf Krieg als Mittel zur Lösung von Streitfragen zwischen den Staaten, derartige Streitfragen sollen durch Verhandlungen geklärt werden, die Gleichberechtigung, gegenseitiges Verständnis und Vertrauen zwischen den Staaten sowie die gegenseitige Berücksichtigung ihrer Interessen; die Nichteinmischung in die inneren Angelegen-

heiten und die Anerkennung des Rechts eines jeden Volkes, selbständig in allen Angelegenheiten des eigenen Landes zu entscheiden; die strenge Respektierung der Souveränität und der territorialen Integrität aller Länder sowie die Entwicklung der ökonomischen und kulturellen Zusammenarbeit auf der Grundlage völliger Gleichheit und des gegenseitigen Vorteils.

Nun soll nach sowjetischer Auffassung während der Koexistenzperiode aber der ideologische Kampf fortgesetzt werden. Wann wurde das eigentlich verkündet? Gleichzeitig mit der Koexistenzdoktrin auf dem 20. Parteitag oder später?
Gleichzeitig. In seiner berühmten Rede auf dem 20. Parteitag erklärte Chruschtschow, die friedliche Koexistenz könne nicht auf die Ideologie übertragen werden. Wörtlich sagte er damals: »Aus der Tatsache, daß wir für die friedliche Koexistenz und den wirtschaftlichen Wettbewerb mit dem Kapitalismus eintreten, darf man auf keinen Fall herleiten, daß man den Kampf gegen die bürgerliche Ideologie, gegen die Überreste des Kapitalismus im Bewußtsein der Menschen abschwächen könnte. Unsere Aufgabe ist es, die bürgerliche Ideologie unablässig zu enthüllen, ihren volksfeindlichen Charakter, ihr reaktionäres Wesen bloßzulegen.«
Seitdem wird immer wieder betont, daß auch und gerade während der Koexistenzperiode der ideologische Kampf fortgesetzt werden soll. Ein ideologischer Waffenstillstand sei genauso unmöglich wie ein Kompromiß zwischen Licht und Finsternis. Wir müssen also, wenn wir von der sowjetischen Koexistenzdoktrin sprechen, uns immer beide Thesen vor Augen halten, die unmittelbar miteinander verknüpft sind:
a) das friedliche Nebeneinanderleben von Staaten mit unterschiedlicher Gesellschaftsordnung im staatlich-diplomatischen Bereich,
b) die Fortsetzung und Verschärfung des ideologischen Kampfes.

Ist in diesen beiden Thesen nicht ein grundsätzlicher Widerspruch enthalten? Ist es denn möglich, auf diplomatischem Gebiet ein friedliches Nebeneinander zu proklamieren und gleichzeitig den schärfsten ideologischen Kampf zu führen?
Das ist nach meiner Meinung und der Überzeugung vieler Menschen nicht nur in westlichen und neutralen Ländern, sondern auch im kommunistischen Machtbereich selbst unmöglich. Besonders widerspruchsvoll ist das in der UdSSR, denn die sowjetischen Spitzenfunktionäre sind bekanntlich gleichzeitig Partei- und Staatsführer. Als Führungskräfte der KPdSU sind sie für den ideologischen Kampf zuständig, als sowjetische Staatsführer aber müssen sie auf diplomatischem Gebiet ein friedliches Nebeneinander zwischen beiden Systemen befürworten. Der Widerspruch ist offensichtlich.

Aber könnte dieser Widerspruch zwischen dem friedlichen Nebeneinander von Staaten mit unterschiedlicher Gesellschaftsordnung auf staatlich-diplomatischer Ebene bei gleichzeitigem ideologischem Kampf nicht unterschiedliche Interessen der sowjetischen Führung zum Ausdruck bringen?

Ja, das würde ich durchaus annehmen, denn einerseits ist für die sowjetische Führung aus wissenschaftlich-technologischen und wirtschaftlichen Gründen eine »Öffnung nach dem Westen« notwendig. Dies wird durch die Doktrin von der friedlichen Koexistenz begründet. Andererseits aber strebt das Regime eine Festigung seiner Autorität und Macht in der Sowjetunion selbst an, und das soll durch die Fortsetzung und Verschärfung des ideologischen Kampfes gerechtfertigt werden.

Die sowjetische Führung benötigt vor allem aus ökonomisch-technologischen Gründen weitreichende Kontakte mit den westlichen Industriestaaten, will aber gleichzeitig die menschlichen, kulturellen und geistigen Auswirkungen dieser Kontakte unterbinden. Dies soll durch die These vom ideologischen Kampf sowie in der DDR zusätzlich noch durch die These von der »Abgrenzung« gerechtfertigt werden.

Dies zum Widerspruch zwischen der Koexistenzdoktrin und dem ideologischen *Kampf. Aber in sowjetischen Veröffentlichungen wird darüber hinaus erklärt, daß sich während der Koexistenzperiode der* internationale Klassenkampf *fortsetze. Seit wann gibt es diese These und was beinhaltet sie?*

Die These von der Koexistenz bei gleichzeitiger Fortsetzung des internationalen Klassenkampfes wurde erstmals im Oktober 1959, also unter Chruschtschow, verkündet, und gehört seitdem zum festen Bestandteil der Sowjetideologie. So wird im Lehrbuch *Grundlagen des wissenschaftlichen Kommunismus* ausdrücklich erklärt: »Die Politik des Friedens und der friedlichen Koexistenz hebt den Klassenkampf weder innerhalb der kapitalistischen Staaten noch im internationalen Maßstab auf.« Der Klassenkampf wird fortgesetzt.

Nach sowjetischer Sprachregelung vollzieht sich dieser Klassenkampf jedoch nicht nur zwischen den unterschiedlichen Klassen in jedem einzelnen Land, sondern auch auf *internationaler Ebene*: zwischen der kommunistischen Staatengruppierung auf der einen und den – offiziell als »Lager des Imperialismus« bezeichneten – Westmächten auf der anderen Seite. Dabei wird ausdrücklich erklärt, daß in der Periode einer friedlichen Koexistenz günstigere Möglichkeiten für die Praktizierung des internationalen Klassenkampfes bestehen. So heißt es in dem im Oktober 1961 angenommenen sowjetischen Parteiprogramm: »Bei friedlicher Koexistenz hat die Arbeiterklasse der kapitalistischen Länder günstigere Kampfmöglichkeiten, fällt es den Völkern der kolonialen und abhängigen Länder leichter, für ihre Befreiung zu kämpfen.«

Die These, daß die Koexistenz den internationalen Klassenkampf erleichtert, ist inzwischen besonders ausführlich in zwei wichtigen ideologischen Lehrbüchern dargestellt worden. Es handelt sich um W. W. Sagladin *Die kommunistische Weltbewegung / Abriß der Strategie und Taktik* und W. N. Jegorow *Friedliche Koexistenz und revolutionärer Prozeß.*

Beide Bücher sind in der DDR auch in einer deutschen Übersetzung erschienen.

Bisher haben wir stets von den Beziehungen zwischen Staaten mit einer unterschiedlichen Gesellschaftsordnung *gesprochen. Gilt die Koexistenzdoktrin nicht*

auch für die sozialistischen Länder untereinander, also für die Beziehungen zwischen der Sowjetunion und den osteuropäischen Staaten?
Leider nein, und dies scheint mir ein weiterer schwerwiegender Mangel der sowjetischen Koexistenzdoktrin zu sein. Für die Beziehungen der sozialistischen Länder untereinander gilt vielmehr die These vom sogenannten »proletarischen Internationalismus«. Er besagt, daß sich die Zusammenarbeit zwischen den sozialistischen Ländern im ökonomischen, politischen, militärischen, diplomatischen und ideologischen Bereich ständig intensiviert. Durch die »Doktrin von der begrenzten Souveränität« rangieren dabei die Interessen des sozialistischen Lagers unter sowjetischer Führung in allen entscheidenden Fragen vor den eigenen Interessen des betreffenden sozialistischen Landes.

Wie sollten Ihrer Auffassung nach westliche oder neutrale Länder auf die sowjetische Koexistenzdoktrin reagieren? Sollten sie, ausgehend von ihren vielen Widersprüchen, diese einfach ablehnen, oder sie als Ansatzpunkt benutzen, um eine eigene Koexistenzpolitik vorzuschlagen?
Das ist natürlich eine Frage der Einschätzung. Ich wäre für die zweite Variante. Ich glaube, es kommt darauf an, bestimmte positive Aspekte der sowjetischen Koexistenzdoktrin herauszugreifen – vor allem die Bereitschaft zu einer friedlichen Zusammenarbeit mit den kapitalistischen Ländern im Interesse der Verhütung eines Krieges. Gleichzeitig sollte man aber auf die Widersprüche hinweisen und eine konstruktive Antwort auf die sowjetische Koexistenzdoktrin zu geben versuchen.

Wie könnte eine solche Antwort aussehen? Worauf würden Sie besonders hinweisen?
Zunächst auf den Geltungsbereich. Ich würde dafür eintreten, daß sich eine Koexistenz auf die Beziehungen zwischen *allen* Ländern erstrecken muß, sowohl auf die Beziehungen von Staaten unterschiedlicher als auch gleicher Gesellschaftsordnungen.
Ferner würde ich auf das Problem »Koexistenz und ideologischer Kampf« hinweisen. Es erscheint mir undenkbar, daß eine wirkliche Koexistenzpolitik mit einem verschärften ideologischen Kampf verbunden sein kann. Ein langfristiges, ernstgemeintes friedliches Nebeneinander ist meines Erachtens nur möglich, wenn zwischen den Staaten, trotz unterschiedlicher Weltanschauung und politischer Auffassungen, ein Modus vivendi geschaffen wird, der es den einzelnen Systemen gestattet, ungehindert ihre innere Ordnung beizubehalten. Man sollte eine Koexistenz befürworten, die den ideologischen Bereich einschließt und einen freien Dialog, eine freie Auseinandersetzung über die unterschiedlichen philosophischen, soziologischen, ökonomischen und politischen Theorien und Auffassungen zuläßt.
Schließlich, so scheint mir, müßte man darauf hinarbeiten, daß der Begriff »Koexistenz« über den staatlich-diplomatischen Rahmen hinaus auf die *Völker* ausgedehnt wird. Man sollte unter Koexistenz eine Doktrin verstehen, die der Entspannung, dem freien Austausch von Menschen, Kulturgütern, Ideen und

Informationen dient. Die Freiheit der Ausreise, die Freiheit, alle Schriften lesen und alle Rundfunkstationen ungehindert hören zu können, die Freiheit des Gedankenaustausches und des menschlichen Zusammenlebens müßte nach meiner Auffassung zu einem Teil der Koexistenzdoktrin werden.

Wie würden Sie die wichtigsten Aspekte der Koexistenzdoktrin kurz zusammenfassen?

Die Verkündigung der Koexistenzdoktrin als der außenpolitischen Generallinie der Sowjetunion und als ideologisches Prinzip erfolgte erstmals durch Chruschtschow auf dem 20. Parteitag der KPdSU im Februar 1956. Nach der damals proklamierten und inzwischen ständig wiederholten und auch jetzt noch gültigen sowjetischen Koexistenzdoktrin wird auf staatlicher Ebene ein friedliches Nebeneinanderleben von Staaten mit unterschiedlicher Gesellschaftsordnung befürwortet, während auf ideologischem Gebiet der Kampf weitergehen soll. Selbst ein zeitweiliger ideologischer Waffenstillstand wird entschieden abgelehnt. Auch der internationale Klassenkampf soll unvermindert fortgesetzt werden.

Das Ziel der sowjetischen Koexistenzdoktrin liegt somit in dem Versuch, die sowjetischen Staats- und Wirtschaftsinteressen auf der einen und die weltrevolutionäre Zielsetzung auf der anderen in einer Sammlung von Thesen zusammenzufassen, die beiden Interessen Rechnung tragen sollen.

Die Frage, wie man sich angesichts der vielen Widersprüche in der sowjetischen Koexistenzdoktrin verhalten soll, kann natürlich unterschiedlich beantwortet werden. Mir selbst würde ein bloßes Nein zur sowjetischen Koexistenzdoktrin zu negativ und ungenügend erscheinen. Vielmehr käme es, wie mir scheint, darauf an, den Gedanken der Koexistenz aufzugreifen und zu unterstützen, dabei aber die von Moskau proklamierte Doktrin in drei Richtungen zu ergänzen und zu erweitern: Erstens sollte die Koexistenz nicht nur für die Beziehungen zwischen kapitalistischen und sozialistischen Staaten gelten, sondern für die Beziehungen *aller* Staaten, auch der sozialistischen Staaten untereinander. Zweitens sollte der Koexistenzgedanke nicht durch den ideologischen Kampf eingeschränkt, sondern vielmehr durch den freien Austausch unterschiedlicher Auffassungen sowohl in östlichen als auch in westlichen Ländern vertieft werden. Drittens schließlich sollte die Koexistenz nicht nur für den staatlich-diplomatischen Bereich gelten, sondern auch die Beziehungen zwischen den Völkern umfassen und damit als Grundlage für einen freien Austausch von Menschen, Kulturgütern und Ideen dienen.

2

Streben die heutigen Sowjetführer noch die Weltrevolution an?

Streben die heutigen Sowjetführer noch die Weltrevolution an? Ist sie ein Ziel der sowjetischen Politik? Diese Frage wird, auch und gerade in der Bundesrepublik, unterschiedlich beantwortet. Manche behaupten, die sowjetischen Führer hätten längst auf die weltrevolutionäre Zielsetzung verzichtet; diese diente lediglich als Lippenbekenntnis bei feierlichen Anlässen und habe mit der realen sowjetischen Politik nichts zu tun. Die Anhänger einer Weltrevolution seien längst durch nüchtern und sachlich denkende sowjetische Machtpolitiker ersetzt worden. Andere sind der Meinung, daß die Sowjetführer auf Auslandsreisen zwar ihre Friedensbereitschaft betonen, in Wirklichkeit aber unverrückbar am Ziel der Weltrevolution festhalten. Die jetzige relativ friedliche und gemäßigte Politik gegenüber dem Westen sei nur eine Atempause – eine vorübergehende taktische Wendung, um in Wirklichkeit das langfristige Ziel, die Weltrevolution, um so erfolgreicher durchführen zu können.
Welche dieser beiden Auffassungen teilen Sie?
Keine von beiden. Die besondere Situation besteht nach meiner Auffassung darin: Einerseits wird die Weltrevolution in der Sowjetunion als ideologisch-politisches Ziel nach wie vor in entscheidenden Parteidokumenten und ideologischen Lehrbüchern verkündet und ist damit als Fernziel nicht aufgegeben. Andererseits aber wirkt sich diese langfristige ideologische Weltrevolutionskonzeption kaum unmittelbar und direkt auf die gegenwärtige, durch eine Vielzahl praktisch-ökonomischer und machtpolitischer Komponenten beeinflußte sowjetische Außenpolitik aus. Aber das ist nur eine kurze Vorbemerkung, denn um diese Frage genauer beantworten und die Auswirkung dieser Konzeption auf die praktische Außenpolitik der Sowjetunion einschätzen zu können, müssen wir uns zunächst einmal vor Augen halten, was die Konzeption der Weltrevolution in der heutigen Sowjetideologie eigentlich bedeutet.

Wir haben gesehen, wie untrennbar die Koexistenzdoktrin sowjetischer Auslegung mit dem internationalen Klassenkampf verbunden ist. Damit scheint ja eine direkte Verbindung zur weltrevolutionären Zielsetzung geschaffen zu sein. Würden Sie dem zustimmen?

Durchaus. Bei der offiziellen Verkündung der Koexistenzdoktrin im Februar 1956 war dies zwar noch keineswegs deutlich. Die Grundsätze der staatlichen Außenpolitik auf der einen Seite und der kommunistischen Weltbewegung auf der anderen Seite waren noch voneinander getrennt und wurden in den entsprechenden Abhandlungen an unterschiedlicher Stelle und in einem unterschiedlichen Zusammenhang dargelegt. Seit 1959/1960 wurden jedoch beide Konzeptionen mehr und mehr miteinander verbunden. Dies erfolgte vor allem in der Deklaration der kommunistischen Weltkonferenz vom Dezember 1960 und dem sowjetischen Parteiprogramm vom Oktober 1961, durch die damals neu eingeführte These, die Koexistenz erleichtere sowohl den Klassenkampf in den kapitalistischen Ländern als auch den national-revolutionären Befreiungskampf. Noch deutlicher wurde dies unterstrichen in den bereits erwähnten Büchern von W. W. Sagladin und W. N. Jegorow.

Damit sind wir bei der heutigen sowjetischen Konzeption der Weltrevolution. Wie stellt man sich in der heutigen Sowjetideologie den weltrevolutionären Prozeß vor? Gibt es Darlegungen, in denen klipp und klar die Zielsetzungen der Weltrevolution erläutert werden?

Ja. In den neuen, jetzt gültigen und erst nach Chruschtschows Sturz eingeführten ideologischen Lehrbüchern wird die Weltrevolutionsthese eindeutig vertreten. So heißt es in dem offiziellen sowjetischen Lehrbuch *Grundlagen des wissenschaftlichen Kommunismus* auf Seite 102 der deutschen Ausgabe: »Ein besonderes Merkmal der gegenwärtigen Epoche besteht darin, daß sie eine revolutionäre Epoche, eine Übergangsepoche ist, in der die alte ökonomische Gesellschaftsformation, der Kapitalismus, durch eine neue Formation, den Kommunismus, abgelöst wird.« – Und auf Seite 107 wird erklärt, daß es gilt, »alle anti-imperialistischen Kräfte fest um sich zu scharen, dem Kampf dieser Kräfte zielstrebigen und organisierten Charakter zu verleihen und sie zum Sieg, zum Triumph des Sozialismus und Kommunismus im Weltmaßstab zu führen«.

Dies sind recht allgemein gehaltene Erklärungen. Gibt es Hinweise darauf, wie, auf welchem Wege und durch welche Kräfte dieser Triumph des Kommunismus im Weltmaßstab erfolgen soll?

Das wird durch die Theorie von den sogenannten »drei revolutionären Strömen« bzw. »drei revolutionären Hauptkräften« erklärt: Das sind:

a) *das sozialistische Weltsystem.* Darunter sind in erster Linie die *herrschenden* kommunistischen Parteien der sogenannten sozialistischen Länder des Ostblocks zu verstehen. Dieses sozialistische Weltsystem soll den Sieg im ökonomischen Wettbewerb mit dem Kapitalismus erringen und damit die Entwicklung des revolutionären Prozesses in der ganzen Welt erleichtern und beschleunigen.

b) *die Arbeiterklasse in der kapitalistischen Welt,* also die kommunistischen Parteien und die mit ihnen Sympathisierenden in den westlichen Demokratien. Diese zweite Hauptkraft hat die Aufgabe, den Kampf gegen den Kapitalismus in ihren Ländern zu führen mit dem Ziel einer antimonopolistischen Volksrevolution. Und schließlich

c) *die nationalen Befreiungsbewegungen in Asien, Afrika und Lateinamerika,* die *nach* der Erlangung der nationalen Unabhängigkeit in ihren Ländern einen sogenannten »nichtkapitalistischen Entwicklungsweg« beschreiten sollen, der sich innenpolitisch durch eine Vielzahl von Maßnahmen dem System des Sozialismus östlicher Prägung annähern und sich außenpolitisch – obwohl offiziell »blockfrei« – mehr und mehr an das sozialistische Lager anlehnen soll.

Diese drei revolutionären Kräfte sollen sich dann, wie es wörtlich heißt, »zu einem einheitlichen Strom des sich entwickelnden revolutionären Weltprozesses vereinigen«.

Diese Theorie von den »drei Strömen der Weltrevolution« wird heute auf Parteischulen gelehrt und in ideologischen Lehrbüchern dargestellt?
Ja, und zwar auch in Lehrbüchern, die für *alle* Studenten *aller* Fachbereiche an *allen* Hochschulen und Universitäten der UdSSR und auch in den meisten anderen Ostblockstaaten gelten. Es dürfte somit keinen Zweifel darüber geben, daß die Weltrevolution oder, wie es jetzt heißt, »der weltrevolutionäre Prozeß« eindeutig als ideologisches Ziel herausgestellt wird.

Aber, so wichtig diese Feststellung auch ist, es bleibt die entscheidende Frage, ob und, wenn ja, wie sich die Weltrevolutionsthese auf die praktische Außenpolitik der Sowjetunion auswirkt. Sind diese weltrevolutionären Zielsetzungen nur Lippenbekenntnisse für festliche Veranstaltungen oder haben diese Konzeptionen wirklich praktische Auswirkungen auf die sowjetische Politik? Kann man den weltrevolutionären Prozeß vielleicht sogar als einen Fahrplan, als eine Richtlinie der sowjetischen Außenpolitik ansehen?
Hier kommen wir natürlich in den Bereich der Interpretation. Meine Meinung ist die: Die Weltrevolutionskonzeption ist sicher weit mehr als nur ein Lippenbekenntnis für festliche Veranstaltungen; andererseits ist sie aber nicht unbedingt in jeder Hinsicht als ein Fahrplan für die sowjetische Außenpolitik anzusehen. Sie ist – neben ökonomischen Sachzwängen und politischen Machtinteressen – *eine* Komponente, die bei außenpolitischen Entscheidungen der Sowjetführung eine Rolle spielt. Es ist aber sehr wahrscheinlich, daß die Mehrheit der Sowjetführer diesen weltrevolutionären Prozeß und einen Weltsieg des Kommunismus nach wie vor als langfristiges Ziel, wenn auch sicher in sehr weiter Ferne, sieht. Das aber bedeutet nach meiner Auffassung nicht, daß nun *jede* außenpolitische Maßnahme der Sowjetführer immer nur unter weltrevolutionären Aspekten gesehen werden sollte.

Also mehr als ein bloßes Lippenbekenntnis, aber weniger als ein Fahrplan, der jede einzelne praktische außenpolitische Maßnahme bestimmt.

Aber warum könnte es eigentlich nicht sein, daß die Sowjetführer die Weltrevolutionskonzeption nicht doch als einen Kompaß für ihre praktische Außenpolitik ansehen? Was steht dem eigentlich entgegen?

Es gibt, wie mir scheint, zumindest zwei wichtige Faktoren, die die Verwirklichung weltrevolutionärer Ziele begrenzen und beschränken – und zwar Faktoren, die von der Sowjetführung selbst erkannt werden. Da ist zunächst einmal der Aspekt des Risikos. Die Sowjetführung hat zweifellos erkannt, daß im atomaren Zeitalter eine Unterstützung revolutionärer Aktionen und Bewegungen mit einem Risiko verbunden ist; sie hält sich daher in der Unterstützung revolutionärer Bewegungen manchmal zurück. Das zeigte sich auch in den letzten Jahren: Seit die UdSSR an einer Verbesserung der Beziehungen, etwa zu den USA, interessiert ist, möchte die sowjetische Führung diese Politik nicht durch ein zu großes Engagement in bestimmten Teilen der Welt gefährdet sehen. Ein typisches Beispiel dafür war ja etwa die sowjetische Haltung gegenüber der Volksfrontregierung in Chile. Zweitens ist das sowjetische Interesse an der Verwirklichung der Weltrevolution dadurch gedämpft, daß die Sowjetführer nicht mehr wie früher mit Sicherheit wissen, ob zukünftige kommunistische Länder auch wirklich die Moskauer Politik unterstützen werden. Es besteht ja heute für die Sowjetführung die ernste Gefahr, daß sich ein kommunistisches Land nach einer siegreichen Revolution Peking anschließt oder eine völlig eigenständige, von Moskau nicht zu kontrollierende Politik betreibt.

Ökonomische und machtpolitische Interessen, das atomare Risiko, die Bedeutung der amerikanisch-sowjetischen Kooperation auf vielen Gebieten sowie die Ungewißheit, wie sich ein zukünftiges kommunistisches Land verhalten werde, dämpfen also die sowjetische Einsatzbereitschaft für revolutionäre Bewegungen, obwohl das ideologisch-politische Ziel der Weltrevolution langfristig nach wie vor besteht.

Sie erwähnten, die Verwirklichung weltrevolutionärer Ziele wäre begrenzt, die sowjetische Einsatzbereitschaft sei »gedämpft«. Wie soll man sich das konkret vorstellen? Wann und unter welchen Bedingungen müßte man dennoch mit einem starken sowjetischen Einsatz rechnen?

Mit einer starken sowjetischen Einsatzbereitschaft muß man meiner Auffassung nach vor allem dann rechnen, wenn zwei Voraussetzungen gegeben sind:
a) Ein geringes Risiko, vor allem was die Beziehungen zu den Westmächten (besonders die USA) anbetrifft und
b) das Vorhandensein einer moskauhörigen Partei, auf die sich die Sowjetführung voll und ganz verlassen kann.

Im übrigen hängt das natürlich von den jeweiligen örtlichen und zeitlichen Bedingungen sowie der allgemeinen Situation ab.

Sie erwähnten eben die allgemeine Situation. Würde eine ökonomische Krise in Westeuropa und den USA, eine zunehmende Arbeitslosigkeit, Instabilität der Währung und Symptome einer gleichzeitigen politischen Krise die sowjetische Aktivität in weltrevolutionärer Hinsicht stärken?

Im Prinzip wäre das sehr wahrscheinlich. Innerhalb der politischen Führungs-schicht der Sowjetunion und der mit Moskau verbündeten Ostblockstaaten er-halten unter solchen Umständen vor allem jene Kreise Auftrieb, die eine revolu-tionäre Offensiv-Strategie befürworten. Manches spricht dafür, daß dies im Laufe des letzten Jahres auch geschehen ist. Allerdings gibt es im sowjetischen und osteuropäischen Establishment auch Gegenkräfte, die ökonomische und staatliche Interessen in den Vordergrund stellen; diese Kreise dürften vor einer allzu großen sowjetischen Aktivität in der kommunistischen Weltbewegung warnen – um so mehr als eine Vielzahl von kommunistischen Parteien einen au-tonomen und teilweise sogar völlig eigenständigen Kurs steuern, verbunden mit offener Kritik an vielen Erscheinungen in der Sowjetunion und in anderen Ost-blockstaaten.

Könnte dies nicht zu einer zunehmenden Entfremdung zwischen Moskau und großen Teilen der kommunistischen Weltbewegung führen?
Durchaus – und dieser Prozeß ist bereits im Gange. Manches spricht dafür, daß maßgebliche Kräfte des sowjetischen Establishments das Schwergewicht mehr auf eine konventionelle Außenpolitik verlegen wollen; sie befürworten die Aus-dehnung des sowjetischen Einflusses auf dem Hintergrund einer wachsenden militärischen Macht und halten dies für erfolgsträchtiger als eine Aktivierung der kommunistischen Weltbewegung, in der eine immer größere Zahl kommunisti-scher Parteien eigenständige Wege gehen. Die Betonung der konventionellen Außenpolitik bedeutet dabei keineswegs nur eine Rückkehr zu vergangenen Formen, sondern auch die Ausarbeitung neuer Zwischenziele – wie etwa der Finnlandisierung – und einer Vielzahl neuer Methoden und Taktiken, die aller-dings in ideologischen Lehrbüchern nicht beschrieben, sondern allenfalls nur an-gedeutet werden.

Würden Sie das Problem der Weltrevolution und den Einfluß dieser Zielsetzung auf die heutige sowjetische Politik noch einmal kurz zusammenfassen?
Zunächst eins: Begriff und Zielsetzung der Weltrevolution haben sich seit Marx und Engels beträchtlich gewandelt. Marx und Engels verstanden unter dem heute so geläufigen Begriff »Weltrevolution«, den sie selbst übrigens nicht be-nutzt haben, den gleichzeitigen Sieg einer sozialen Revolution der Arbeiter-schaft in den entwickelten Industrieländern Europas, vor allem in England, Frankreich und Deutschland sowie in Nordamerika. Im ersten Viertel unseres 20. Jahrhunderts, zu einer Zeit, als die ersten nationalen Befreiungsbewegungen in Asien sichtbar wurden, entwickelte Lenin, der den Begriff »Weltrevolution« erstmalig gebrauchte, seine Idee vom Zusammenfließen der sozialistischen Re-volution der Arbeiterklasse in den Industrieländern Europas mit den kolonialen Befreiungsbewegungen in den Ländern Asiens. Nachdem die erste Welle revo-lutionärer Erhebungen im Gefolge des Ersten Weltkrieges zusammengebrochen und Sowjetrußland für eine geraume Zeit allein geblieben war, entwickelte Sta-lin in den Jahren 1924 bis 1926 die These vom »Sozialismus in einem Land«. Dadurch ergab sich auch eine Veränderung der Weltrevolutionskonzeption, die

von Stalin nun als ein »Kampf zwischen zwei Systemen« gesehen wurde: des sowjetkommunistischen auf der einen und des kapitalistischen Systems auf der anderen Seite. Der Kampf dieser beiden Systeme sollte, laut Stalin, Inhalt und Tendenz der Weltrevolution bestimmen. Nicht mehr die revolutionäre Entwicklung, sondern die Stärke der Sowjetunion stand nun im Mittelpunkt; die Kommunisten aller Länder wurden daher ausdrücklich von Stalin verpflichtet, die Sowjetunion kritiklos zu unterstützen, zu verteidigen und zu schützen.

Erst Mitte der fünfziger Jahre, unter dem Eindruck der gewachsenen Macht und Stärke der UdSSR und einer Reihe erfolgreicher nationaler Befreiungsbewegungen in Asien, Afrika und Lateinamerika, wurde schließlich die neue, jetzt gültige Konzeption der Weltrevolution ausgearbeitet, die nun als »weltrevolutionärer Prozeß« bezeichnet wird, der durch das Zusammenwirken von »drei revolutionären Strömen« erfolgen werde: Erstens, dem sozialistischen Weltsystem, also der Sowjetunion und ihrer Bündnispartner, die in einem wirtschaftlichen Wettbewerb den Kapitalismus überholen sollen und damit das gesamte Weltgeschehen politisch entscheidend bestimmen könnten.

Als zweite revolutionäre Kraft folgt dann die Arbeiterklasse in den westlichen Industriestaaten, deren Ziel es sein soll, in ihrem Bereich das kapitalistische System zu überwinden.

Die dritte revolutionäre Kraft schließlich sind die nationalen Befreiungsbewegungen, die in den neuen Staaten Asiens, Afrikas und Lateinamerikas innenpolitisch einen nichtkapitalistischen Entwicklungsweg gehen und sich außenpolitisch mehr und mehr an den Ostblock anlehnen sollen.

Das Zusammenfließen dieser drei Prozesse garantiere, nach sowjetischer Auffassung, den Übergang vom Kapitalismus zum Sozialismus und Kommunismus im Weltmaßstab. Die Weltrevolution bleibt somit ein langfristiges ideologisch-politisches Ziel der sowjetischen Kommunisten. Allerdings sind die Sowjetführer in der Praxis heute nicht immer bereit, die revolutionäre Bewegung in allen Ländern mit vollem Einsatz zu unterstützen, weil sie sich über das Risiko möglicher militärischer und politischer Konflikte mit dem Westen im klaren sind und vor allem befürchten müssen, daß eventuell entstehende neue kommunistische Länder keineswegs immer der Sowjetunion folgen werden.

Die sowjetische Einsatzbereitschaft dürfte vor allem dann relativ groß sein, wenn 1. die Sowjetführung das Risiko einer Verschlechterung der Beziehung zu den Westmächten gering einschätzt und 2. es sich im betreffenden Land zur betreffenden Zeit um eine moskauhörige Partei handelt, auf die sich die sowjetische Führung voll und ganz verlassen kann. Ökonomische und politische Krisenerscheinungen im Westen können die sowjetische Einsatzbereitschaft ebenfalls stärken – aber es gibt wichtige Gegenfaktoren, vor allem die staatlich-ökonomischen Interessen der Sowjetunion und die zunehmenden Verselbständigungstendenzen in der kommunistischen Weltbewegung. Je größer diese Autonomiebestrebungen sind, um so mehr verstärkt sich im sowjetischen Establishment das Bestreben, sich auf die *eigenen* sowjetischen Kräfte zu verlassen und mit *eigenen* Mitteln den sowjetischen Einfluß auszudehnen.

3

Sowjetische Ziele in Europa – Finnlandisierung und antimonopolistische Umgestaltung

Seit einigen Jahren ist das Bestreben der Sowjetführung deutlich geworden, ihre Beziehungen zum Westen – sowohl Westeuropa als auch den USA – zu intensivieren, zu verbessern und auszubauen. Auch in der Sowjetunion wird manchmal der Begriff »Entspannung« (russisch »Rasrjadka«) benutzt, wenn auch mit anderen Akzenten als im Westen. In gewisser Hinsicht gibt es in der Sowjetunion eine »Öffnung nach dem Westen«.

Ausgehend von der sowjetischen Konzeption der Koexistenz und der weltrevolutionären Zielsetzung wäre es interessant, Ursachen, Methoden und Ziele dieser sowjetischen Westpolitik kurz zu umreißen. Handelt es sich dabei, wie manche hoffen, um einen grundsätzlichen Wandel von einer Konfrontation zur Kooperation? Oder handelt es sich, wie manche befürchten, nur um eine vorübergehende taktische Phase, die in Wirklichkeit nur der Stärkung des Ostblocks dient?

Bevor wir zur Einschätzung kommen, gleich meine erste Frage. Wann begann diese Wende in der sowjetischen Außenpolitik, und worin sehen Sie die Ursachen für das Bestreben der sowjetischen Führung, ihre Beziehungen zu den Westmächten zu verbessern?

Diese Wendung der Sowjetpolitik in ihren Beziehungen zum Westen begann im Frühjahr 1969. Für die Wendung zu einer flexibleren und gemäßigteren Politik gegenüber dem Westen gibt es meiner Auffassung nach drei entscheidende Ursachen:

a) Im Frühjahr 1969 begann die Sowjetführung zu erkennen, daß ihr wichtigstes Ziel, die USA in der Produktion von allen Industriezweigen pro Kopf der Bevölkerung einzuholen und zu überholen, in einer historisch absehbaren Frist nicht zu erreichen ist. Die Sowjetführung erkannte, daß sie vor allem in den modernen Industriezweigen – Computerherstellung, Elektronik, Petrochemie – immer mehr zurückbleibt und damit die Gefahr besteht, daß sie in der wissenschaftlich-technologischen Revolution das Nachsehen hat. Daher ihr

dringendes Interesse, durch eine langfristige, weitreichende ökonomisch-
technologische Kooperation mit den entscheidenden Industriemächten des
Westens dieses Problem zu lösen.

Die Sowjetunion braucht eine Entspannung, um alle verfügbaren Mittel für
Investitionen zur Verfügung zu stellen, und sie braucht aus dem Ausland die
Technik, die Ausrüstung und das Kapital, um den technologischen Rückstand
aufzuholen. Das Ziel ist dabei, die maximal möglichen ökonomisch-techni-
schen Vorteile vom Westen unter geringsten eigenen Konzessionen zu erlangen.

b) Im Frühjahr 1969 erkannte die Sowjetführung außerdem, daß sich ihre Hoffnung als Illusion erwies, die chinesischen Kommunisten würden im Verlaufe
der Kulturrevolution China in ein Chaos stürzen. Die chinesischen Kommunisten stärkten statt dessen ihre Position, konsolidierten ihr Land und vergrö-
ßerten den Einfluß der Volksrepublik China im internationalen Maßstab. Die
chinesische Volksrepublik hielt dabei konsequent an ihrem eigenständigen
Kurs fest und machte keinerlei Konzessionen an die Sowjetunion, so daß
die Sowjetführung vor der Gefahr eines Zweifrontenkampfes stand: gegen
China und den Westen. Daher galt es, die Beziehungen zum Westen zu verbessern.

c) Die Situation im eigenen Block: Durch das wirtschaftliche Zurückbleiben be-
stand für die Sowjetführung die Gefahr, daß die einzelnen osteuropäischen
Länder von sich aus versuchen würden, mit der Europäischen Gemeinschaft
Wirtschaftsbeziehungen aufzunehmen; damit aber könnte die Einheit des
Blocks unter sowjetischer Führung gefährdet werden, um so mehr als es
Nachwirkungen des »Prager Frühlings« – Reform- und Autonomieströmun-
gen – in Osteuropa gab und gibt. Die Sowjetführung unternahm daher eine
»Flucht nach vorn«, um als Führungsmacht des Blocks die Beziehungen zum
Westen zu verbessern und eine wirtschaftlich-technologische Kooperation
einzuleiten.

Das Ziel ist, die sowjetische Vorherrschaft über die osteuropäischen Länder
auszubauen und durch entsprechende diplomatische Vereinbarungen vom
Westen offiziell garantieren zu lassen.

*Als Ursache für die sowjetische »Öffnung nach dem Westen« sehen Sie ökono-
misch-technologische Sachzwänge, den Konflikt mit Peking und das Bestreben
der Sowjetführung, einen Zweifrontenkampf zu vermeiden sowie die Absicht, die
führende Rolle im eigenen Block aufrechtzuerhalten und zu verstärken. Gibt es
neben den von Ihnen erwähnten Gründen für die neue sowjetische Außenpolitik
auch noch offensive Aspekte, etwa gegenüber Westeuropa oder dem Westen im
allgemeinen?*

Ich glaube, daß die drei genannten Gründe die entscheidenden sind, aber es gibt
natürlich noch einen anderen Aspekt, nämlich die Hoffnung der Sowjetführung,
Schritt für Schritt den politischen Einfluß in Westeuropa auszudehnen und zu verstärken. Die Sowjetführung erkannte, daß ihre frühere Politik mit Drohungen,
Druck und Ultimaten oder – wie Chruschtschow es tat – mit »Schuhen-auf-

den-Tisch-hauen« den Westen nur noch mehr vereint, noch mehr zusammenschweißt. Sie kam zu der Überzeugung, daß mit einer versöhnlicheren Politik, mit Reisen ihrer Spitzenfunktionäre in den Westen, mit Lächeln, mit Freundschaftsbesuchen, mit Umarmungen der westlichen Führer die Stimmungen und Strömungen jener gefördert werden, die dem System im Osten neutraler gegenüberstehen und damit ein verstärkter psychologisch-politischer Einfluß der Sowjetunion auf Westeuropa ermöglicht werde.

Mit welchen Mitteln und welchen Zielen versucht die sowjetische Führung, ihren politischen Einfluß auf Zentral- und Westeuropa zu verstärken?
Es gibt meiner Auffassung nach zwei Ebenen mit zwei Zielrichtungen: ein politisches Nahziel oder, wenn Sie wollen, mittelfristiges Ziel, und ein langfristiges Endziel. Die näherliegende Zielrichtung ist die »Finnlandisierung«. Das Nahziel der sowjetischen »Westpolitik« besteht *nicht* darin, ganz Westeuropa oder einige Staaten Westeuropas durch eine von Kommunisten geführte Revolution dem sowjetischen Machtbereich einzugliedern. Das Nahziel der Sowjets ist die Verstärkung des sowjetischen Einflusses in den Ländern Westeuropas, und zwar in einem solchen Maße, daß alle wichtigen politischen Entscheidungen in den betreffenden Ländern im Interesse der Sowjetunion gefällt werden. Das sowjetische Ziel liegt darin, einen so starken Einfluß auf die Politik des betreffenden westlichen Landes ausüben zu können, daß innenpolitisch alle unerwünschten Schritte und Handlungen unterbunden werden und außenpolitisch das betreffende Land möglichst weit vom westlichen Verteidigungsbündnis entfernt wird.

Sie haben in diesem Zusammenhang den Begriff »Finnlandisierung« erwähnt. Können Sie diesen Begriff etwas genauer erläutern?
Zunächst eins: Der Begriff »Finnlandisierung« enthält keinerlei Kritik an Finnland, dessen politische Kräfte es verstanden haben, unter äußerst ungünstigen Bedingungen und Machtverhältnissen sich den in dieser Situation größtmöglichen Spielraum zu erhalten. Der Begriff »Finnlandisierung« hat sich längst von dem Landesnamen losgelöst und eine eigenständige Bedeutung erlangt. Das entscheidende Charakteristikum einer »Finnlandisierung« besteht darin, daß das parlamentarische System und die freie Marktwirtschaft in dem betreffenden Land weiterhin existieren, gleichzeitig jedoch der sowjetische Einfluß so stark ist, daß nichts geschehen kann, was dem Kreml nicht genehm ist. In dem Land, in dem die Sowjets eine »Finnlandisierung« anstreben, bleiben also alle bisherigen demokratischen Institutionen – wenn auch mit bestimmten Einschränkungen – erhalten, die für eine offene, pluralistische parlamentarische Gesellschaftsordnung charakteristisch sind: eine formal juristisch unzensierte Presse, politische Parteien, die in Konkurrenz miteinander stehen, und ein tatsächlich existierendes Parlament. Gleichzeitig aber soll hinter der Fassade der sowjetische Einfluß stark genug sein, um zumindest alle unerwünschten politischen Schritte zu unterbinden und im optimalen Fall, die politische Entwicklung in dem betreffenden Land in einer für die Sowjetunion günstigen Richtung zu beeinflussen.

Wie, auf welchem Wege und mit welchen Mitteln versucht die Sowjetunion, die er-
strebte »Finnlandisierung« zu erreichen?
Die Mittel und Methoden unterscheiden sich natürlich je nach den Bedingungen
in dem betreffenden Land und zur betreffenden Zeit. In den meisten Fällen versucht die Sowjetunion, die vorher abgeschlossenen außenpolitischen Verträge –
etwa mit Frankreich oder der Bundesrepublik – als »Hebel« zu benutzen, um ein
innenpolitisch günstigeres politisch-psychologisches Klima zu schaffen. Jeder,
der sich kritisch zu den Systemen des Ostens äußert, soll als »kalter Krieger«
verdächtigt werden können. Diese Isolierung möglicher politischer Gegenkräfte
wird mit eigener politischer Aktivität gekoppelt.
Dazu gehört die Verstärkung der politischen Präsenz in allen Bereichen, wobei
man gleichzeitig die verschiedensten sozialen Schichten, politische Strömungen,
Richtungen und Parteien ansprechen will. Der weltanschauliche Standpunkt
oder die politische Zielsetzung des betreffenden Personenkreises verliert dabei
immer mehr an Bedeutung. Entscheidend ist allein die Einstellung zur gegenwärtigen Sowjetführung, d. h. die Frage, ob und inwieweit der betreffende Per-
sonenkreis kooperationswillig oder potentiell kooperationsfähig ist.

Gibt es dabei in der von Ihnen erwähnten Phase besondere Schwerpunkte?
Ich würde in dieser Phase folgende Schwerpunkte nennen:
Zunächst wird versucht, Einfluß auf die Massenmedien in dem betreffenden
Land zu gewinnen. Zeitungen, Zeitschriften, Verlage und vor allem Rundfunk
und Fernsehen sollen den eigenen Absichten dienstbar gemacht werden. »Um zu
siegen, muß man die Herrschaft des Klassengegners über die Massenmedien und
die Propaganda beseitigen«, schrieb Anfang Juli 1975 der ZK-Sekretär und Leiter der internationalen Abteilung der sowjetischen KP, Boris Ponomarjow. Die
Erklärung zeigt, wo die Sowjetunion ansetzen will (wobei der Begriff »Klassen-
gegner« alle politischen Strömungen umfaßt, einschließlich linksstehender Kreise, die sich der sowjetischen Linie widersetzen).
Dabei spielt die Diskreditierung der russischsprachigen Sendungen westlicher
Rundfunkstationen eine große Rolle; diese Sendungen sollen entpolitisiert bzw.
der Kontrolle offizieller Regierungsinstanzen unterstellt werden, um sie schrittweise abzubauen und schließlich ganz abzuschaffen.
Gleichzeitig ist Moskau bestrebt, die Wirtschaftsbeziehungen mit dem betreffenden Land weiter auszubauen, mit der langfristigen Zielsetzung, daß ganze
Wirtschaftszweige vom sowjetischen Markt abhängig werden. Auf diese Weise
soll erreicht werden, daß auch führende Vertreter der Wirtschaft sich aus ökonomischen Gründen für eine kooperationswillige Politik und eine Anpassung an
die Sowjetunion einsetzen.

Als wichtigstes Nahziel erwähnten Sie die Isolierung politischer Gegenkräfte, den
verstärkten politischen Einfluß auf die unterschiedlichsten Gruppierungen inner-
halb der Gesellschaft, die Einflußnahme auf die Massenmedien und den Ausbau
der Wirtschaftsbeziehungen. Bei der angestrebten Politik der »Finnlandisierung«
haben Sie jedoch den militärischen Aspekt, die Aufrüstung der Sowjetunion,

überhaupt nicht erwähnt. Welche Rolle würden Sie dem militärischen Faktor ein-
räumen?

Zweifellos ist es eines der wichtigsten außenpolitischen Ziele der Sowjetunion,
die eigene militärische Überlegenheit anzustreben, wo sie nicht vorhanden ist,
und dort festzuschreiben und weiter auszubauen, wo sie bereits existiert. Die
Sowjetunion hat nach Chruschtschows Sturz unbestreitbar erheblich aufgerü-
stet, wobei besonders die Flotte gefördert wurde und eine rasche Zunahme des
sowjetischen Potentials an hochseefähigen, raketenbewaffneten Überseekampf-
schiffen bei gleichzeitiger Verstärkung der taktischen U-Boote beobachtet werden kann.

Gleichzeitig ist ein wachsender Einfluß des Militärs auf die sowjetische Politik
festzustellen. Dies kam bei der Okkupation der Tschechoslowakei im August
1968 deutlich zum Ausdruck. Die zunehmende Verflechtung zwischen militärischer und politischer Führung wurde u. a. bei der Aufnahme des Verteidigungsministers Marschall Gretschko in das Politbüro erkennbar (April 1973). Der
einflußreiche ZK-Sekretär Ustinow, der den gesamten Rüstungsbereich kontrolliert, rückte im März 1976, unmittelbar nach dem 25. Parteitag, ebenfalls
zum Vollmitglied des Politbüros auf.

Die sowjetischen Streitkräfte sind zu einem wichtigen Instrument der Außenpolitik geworden. Die »internationalen Verpflichtungen« der sowjetischen Streitkräfte werden auch deutlicher hervorgehoben. Damit ist nicht in erster Linie die
Hilfe für revolutionäre Bewegungen, sondern vor allem der Schutz des sowjetischen Macht- und Einflußbereiches gemeint. Die ursprüngliche revolutionäre Zielsetzung gilt heute meist nur noch als Tarnung – es geht vor allem
um reine machtpolitische Einflußnahme und die Sicherung des eigenen Besitz-
standes.

Bei all diesen Aspekten muß jedoch der militärische Faktor stets im Zusammenhang mit der politischen Zielsetzung gesehen werden. Die Einsetzung militärischer Mittel ist in der Sowjetunion stets der *politischen* Zielsetzung untergeordnet. Die militärische Macht dient als Drohkulisse, um die politischen Zielsetzungen und die verstärkte politische Einflußnahme leichter vollziehen zu können.

Wir haben bis jetzt über verschiedene Aspekte der »Finnlandisierung« gespro-
chen. Wird dieser Begriff in sowjetischen ideologischen Lehrbüchern oder in Pu-
blizistik benutzt, inwieweit wird dieses Zwischenziel in der Sowjetunion behandelt
oder diskutiert?

Im Unterschied zur Koexistenzdoktrin und der weltrevolutionären Zielsetzung,
die beide sehr ausführlich behandelt werden, wird über die »Finnlandisierung«
kaum geschrieben und der Begriff nur in seltenen Ausnahmefällen benutzt. Daß
dieses Zwischenziel angestrebt wird, geht aus der politischen Praxis hervor, und
man kann – wie bei ähnlichen Beispielen in der Vergangenheit – mit großer
Wahrscheinlichkeit annehmen, daß darüber in geschlossenen Funktionärskreisen die entsprechenden Instruktionsreferate und Aussprachen stattfinden.

»Finnlandisierung« bezeichnen Sie als das nächstliegende bzw. mittelfristige Ziel der sowjetischen Politik. Worauf ist die langfristige sowjetische Zielsetzung für die Länder Westeuropas oder des Westens überhaupt ausgerichtet?

Über das langfristige Ziel dürfte es kaum einen Zweifel geben. Nicht nur in dem unter Chruschtschow angenommenen Parteiprogramm der sowjetischen KP von 1961, sondern auch in vielen neueren Veröffentlichungen wird der Sturz des kapitalistischen Systems offen und klar als Ziel verkündet. So heißt es in dem offiziellen sowjetischen Lehrbuch *Wissenschaftlicher Kommunismus* auf Seite 210: »Die kommunistischen Parteien der entwickelten kapitalistischen Länder sehen ihre Hauptaufgabe darin, die kapitalistische Ordnung durch die sozialistische Revolution zu stürzen und die Diktatur des Proletariats in der einen oder anderen Form zu errichten«.

Diese Zielsetzung ist ja wohl deutlich genug. Man stelle sich einmal vor, in Westeuropa würden Sozialdemokraten, Liberale oder eine andere politische Richtung in einem offiziellen Buch – das noch dazu als verpflichtendes Lehrbuch der Studenten gilt –, die Forderung erheben, die sowjetische Ordnung müsse durch eine Revolution gestürzt und in der Sowjetunion eine parlamentarische Demokratie der einen oder anderen Form errichtet werden. Wie würde das von der Sowjetführung aufgenommen werden?

Das würde sofort als provokatorische Einmischung in die inneren Angelegenheiten schärfstens zurückgewiesen werden. In dieser Beziehung besteht überhaupt im Ost-West-Verhältnis ein seltsames Mißverhältnis. Wer in einem westlichen Land eine, wenn auch noch so berechtigte Kritik an Zuständen in der Sowjetunion vorbringt, wird sofort als »Kalter Krieger« gebrandmarkt. Wer sich in Rundfunksendungen nach dem Osten mit den Zielen der innersowjetischen Reformopposition solidarisiert, wird sogleich der Einmischung in die inneren Angelegenheiten der Sowjetunion bezichtigt. Umgekehrt erscheinen in der Sowjetunion und den mit ihr verbundenen Ostblockstaaten Lehrbücher in Hunderttausenden von Exemplaren, die unverblümt den Sturz der kapitalistischen Systeme im Westen proklamieren, ja sogar noch darlegen, wie dieses vonstatten gehen soll.

Gerade danach wollte auch ich jetzt fragen. Wie soll dann der Sowjetideologie zufolge die erstrebte sozialistische Revolution in den kapitalistischen Ländern und die Errichtung der Diktatur des Proletariats verwirklicht werden?

Auch darauf geben die offiziellen ideologischen Lehrbücher eine klare Antwort: Die Kommunisten werden darin aufgefordert, den Hauptstoß ihres Kampfes gegen die kapitalistischen Monopole zu richten. An der Beseitigung der Herrschaft der Monopole seien außer der Arbeiterschaft auch die Bauernschaft, die demokratische Intelligenz, die unteren Angestellten, die städtischen Schichten des Kleinbürgertums, d. h. die Mehrheit der Bevölkerung, zutiefst interessiert. Ausgehend von diesem gemeinsamen Interesse sollen die Kommunisten für die Schaffung breiter Bündnisse aller antimonopolistischen Kräfte eintreten.

Unter welcher Führung soll dieses »Bündnis aller antimonopolistischer Kräfte«
stehen?
Das Bündnis soll so breit wie möglich sein und möglichst alle Bevölkerungsteile
und Richtungen umfassen, die zum Kampf gegen die kapitalistischen Monopole
bereit sind. Nach den offiziellen ideologischen Lehrbüchern sollen sich die
Kommunisten tatkräftig und energisch für das gemeinsame Ziel des antimonopolistischen Bündnisses einsetzen und dadurch soweit an Vertrauen gewinnen,
bis schließlich die anderen Kräfte von selbst und freiwillig die führende Rolle der
kommunistischen Partei anerkennen.

Wird in ideologischen Lehrbüchern auch gesagt, welche Rolle die sozialdemokra-
tischen Kräfte in diesem Bündnis spielen sollen?
Dieser Frage wird besonders große Bedeutung beigemessen. Die Sozialdemokratie gilt einerseits als der opportunistische und reformistische Flügel der Arbeiterbewegung. Vor allem die rechten Führer der sozialdemokratischen Partei
seien die »Hauptfeinde der Einheit«. Andrerseits wird darauf hingewiesen, daß
die sozialdemokratische Bewegung eine beachtliche politische Rolle im Leben
der Völker Europas spielt, und es deshalb dringend notwendig sei, eine Aktionseinheit mit den Sozialdemokraten anzustreben. Dabei sind die kommunistischen
Parteien zu bestimmten Zugeständnissen bereit, sofern die Sozialdemokraten
ihrerseits auch Kompromisse machen und auf eine Reihe ihrer Forderungen ver-
zichten. In dem Buch des führenden sowjetischen Funktionärs W. Sagladin, *Die*
kommunistische Weltbewegung / Abriß der Strategie und Taktik, das als wichtigstes Standardwerk für die kommunistische Weltbewegung gilt, werden für das
erstrebte Bündnis der Kommunisten mit den Sozialdemokraten noch drei wichtige taktische Hinweise gegeben:
a) Es gilt, nicht nur Programme für einheitliche Aktionen auszuarbeiten, sondern einheitliche Organe, insbesondere auf der unteren Ebene, zu ihrer Verwirklichung zu schaffen.
b) Bei der Aktionseinheit soll die praktische gemeinsame Arbeit zur Erreichung
   konkreter Ziele im Mittelpunkt stehen.
c) Ideologische Diskussionen sollen hintangestellt werden, da sie die Einheit nur
   behindern könnten.
Damit soll also die Zusammenarbeit mit den Sozialdemokraten auf der unteren
Ebene, d. h. in Betrieben und Wohnorten, forciert werden. Ideologische Diskussionen, die nur die Kluft zwischen Kommunisten und Sozialdemokraten deutlich
machen, sind zu vermeiden. Gleichzeitig mit dieser praktischen Zusammenarbeit soll der Kampf gegen die »reformistische« Sozialdemokratie fortgesetzt
werden.

Aus den bisherigen Äußerungen läßt sich entnehmen, daß es sich bei dem antimo-
nopolistischen Bündnis um eine breite politische Bewegung handeln soll, die von
einer kommunistischen Partei angeführt wird, wobei der Zusammenarbeit mit so-
zialdemokratischen Kräften besondere Aufmerksamkeit zukommt. Aber gibt es
auch Hinweise, wie dadurch die Regierungspolitik beeinflußt werden soll? Sollen
Kommunisten in westliche Regierungen eintreten?
Ja, das wird stets betont, und die Teilnahme von Kommunisten in Regierungen
westlicher Länder wird in der Regel positiv beurteilt. In dem richtungweisenden
Buch von W. W. Sagladin auf S. 119 heißt es dazu:
»Je sicherer die Positionen der Kommunisten in den Vertretungsorganen bür-
gerlich-demokratischer Staaten, desto besser die allgemeinen Voraussetzungen
für den Klassenkampf.« Nach dem Eintritt in die Regierung sei zu gewährleisten,
daß die kommunistische Regierungspolitik von der breiten Bevölkerung unterstützt wird. Bei der Teilnahme an der Regierung sei daher auf folgendes zu ach-
ten:

a) Die Kommunisten dürften sich nicht nur auf die Regierungstätigkeit beschränken, sondern gleichzeitig die Bevölkerung zum Kampf aufrufen und
   stets nach Lösungen suchen, die den Kampf verstärken und nicht abflauen lassen;
b) sie müssen ihre Forderungen so definieren, daß sie gleichzeitig von KP-Ver-
   tretern in der Regierung und durch kommunistisch geleitete Massenbewe-
   gungen von außen vertreten werden;
c) sie sollen stets die Initiative ergreifen, so daß die anderen Regierungsparteien
   ständig mit eigenen Vorstellungen konfrontiert werden.

All dies soll dem Ziel dienen, die erstrebten antimonopolistischen Umgestaltungen
zu verwirklichen. Welche Veränderungen sind damit eigentlich gemeint?
Auch hierauf gibt das Lehrbuch *Wissenschaftlicher Kommunismus* eine klare
Antwort. Wörtlich heißt es, »eine wahrhaft demokratische Volksregierung soll
die Macht übernehmen«, worunter natürlich eine Regierung unter maßgebli-
chem Einfluß der Kommunisten verstanden wird. Das monopolistische Eigentum soll verstaatlicht und eine Kontrolle der Wirtschaftsregulierung eingeführt
werden. Die Verwirklichung eines solchen Programms der antimonopolistischen
Umgestaltung würde die Allmacht der Monopole beseitigen und gleichzeitig das
Gesamtsystem der kapitalistischen Verhältnisse so weit schwächen, daß damit
weitgehend die Voraussetzungen für den revolutionären Übergang zum Sozialismus geschaffen sind. Eine solche antimonopolistische Demokratie wäre bereits nicht mehr kapitalistisch, aber auch noch nicht sozialistisch. Die kommunistische Partei würde in diesem Staat jedoch die richtungweisende Rolle spielen
und den Übergang in eine Diktatur des Proletariats ermöglichen, sobald die Bedingungen dafür reif seien (Sagladin, *Kommunistische Weltbewegung*, S. 148).
Abschließend muß aber unbedingt noch betont werden: All dies sind *Zielsetzun-*
gen der *sowjetischen* Richtung im Weltkommunismus. Diese Zielsetzungen und
Taktiken werden in dieser Form von den anderen Strömungen im Weltkommu-

nismus nicht geteilt. Außerdem besagen diese Zielsetzungen keineswegs, daß das angestrebte Ziel auch erreicht wird.

Könnten Sie die in diesem Kapitel angeschnittenen Thesen noch einmal kurz zusammenfassen?
Im Frühjahr 1969 erfolgte eine gewisse Umorientierung der sowjetischen Politik gegenüber den westlichen Ländern mit dem Ziel, die Beziehungen zu verbessern. Die Ursache für diese veränderte Politik war a) das Bestreben nach einer weitreichenden wissenschaftlich-ökonomisch-technologischen Kooperation mit dem Westen, um die Industrialisierung voranzutreiben, sowie b) das Ziel, einen gleichzeitigen Zweifrontenkampf gegen den Westen und China zu vermeiden. Diese flexiblere Weltpolitik dient jedoch auch dem Ziel, mit neuen, elastischeren und geschmeidigeren Methoden die politische Präsenz der Sowjetunion und den sowjetischen Einfluß in Zentral- und Westeuropa zu verstärken.
Als Nahziel dient dabei die »Finnlandisierung«, d. h. ein Zustand, in dem das parlamentarische System und die freie Marktwirtschaft weiter existieren, gleichzeitig aber der sowjetische Einfluß so stark ist, daß sowohl innen- wie außenpolitisch das betreffende Land nur beschränkt handlungsfähig ist und stets den sowjetischen Interessen Rechnung zu tragen hat.
Als Fernziel wird offen eine erfolgreiche Revolution unter der Führung einer kommunistischen Partei verkündet, wobei diese zunächst ein antimonopolistisches Bündnis formieren und dieses Bündnis führen soll. Im Zuge einer antimonopolistischen Umgestaltung soll dann eine antimonopolistische Demokratie »als Zwischenstufe verwirklicht werden« – ein System, das bereits nicht mehr kapitalistisch, aber auch noch nicht sozialistisch (im sowjetischen Sinne des Wortes) wäre, in dem jedoch die kommunistische Partei eine richtungweisende Rolle spielen soll. Schließlich würde die Diktatur des Proletariats errichtet, sobald die Bedingungen dafür vorhanden seien.
Die »Öffnung nach dem Westen« im staatlich-diplomatischen Bereich bedeutet somit nicht, daß die langfristigen ideologischen Zielsetzungen aufgegeben sind. Diese werden, im Gegenteil, weiter betont, ja ausgebaut und auf den gegenwärtigen Bedingungen weiter entwickelt.

Wie schätzen Sie diese Zielsetzungen ein, und glauben Sie, daß es der Sowjetführung gelingen wird, diese Ziele zu verwirklichen?
Ich nehme diese Zielsetzungen durchaus ernst und unterschätze nicht die Fähigkeit und Energie – um es in positiver Form auszudrücken – der sowjetischen Führung und der mit ihr zusammenarbeitenden Kräfte. Vieles scheint mir dafür zu sprechen, daß es diesen Kräften – trotz einiger wohl kaum zu vermeidender Fehler und Rückschläge – im letzten Jahrzehnt weitgehend gelungen ist, den sowjetischen Einfluß außerhalb der eigenen Machtsphäre außerordentlich zu verstärken, darunter vor allem auch in Europa.
Der Verwirklichung der eigenen Zielsetzung stehen jedoch im eigenen Lager einige wichtige Faktoren entgegen, vor allem

a) die zunehmenden *inneren Schwächen* des Systems, das Zurückbleiben der wissenschaftlich-technischen Revolution, die chronische Agrarkrise, das wachsende Nationalitätenproblem und die Zunahme innersowjetischer Reformbestrebungen,

b) die zunehmenden *Verselbständigungstendenzen* innerhalb der kommunistischen Weltbewegung, wobei sich immer mehr kommunistische Parteien von der sowjetischen Linie entfernen und neue, eigene Vorstellungen entwickeln, ja sogar ein anderes Modell des Sozialismus erstreben.

IV

Die Strömungen
im Weltkommunismus

1

Das jugoslawische Modell:
Marxismus und Selbstverwaltung

Seit dem Bruch Jugoslawiens mit Moskau im Sommer 1948 ist die sowjetische In-
terpretation des Marxismus-Leninismus nicht mehr für alle kommunistisch regier-
ten Länder verbindlich. Die Jugoslawen haben seitdem einen eigenen Weg zum
Sozialismus entwickelt, ein neues Modell: den Selbstverwaltungssozialismus.
Wie ist es eigentlich zu dem besonderen jugoslawischen Weg gekommen?
Entscheidend war wohl zunächst, daß – im Gegensatz zu anderen osteuropäischen Ländern, wo die Kommunisten durch sowjetische Truppen an die Macht
kamen – in Jugoslawien eine eigenständige Revolution stattgefunden hat: die
Verbindung eines nationalen Befreiungskrieges in den Jahren 1941–1945 mit
einer tiefgreifenden inneren Umgestaltung des Landes unter der Führung der
jugoslawischen Kommunisten.
Nach ihrem Sieg im Jahre 1945 übernahm die jugoslawische KP zwar zunächst
wichtige Aspekte des sowjetischen Systems, aber schon bald kam es zu ständig
wachsenden Meinungsverschiedenheiten mit der UdSSR. Die jugoslawischen
Kommunisten erlebten mit zunehmender Erbitterung die Einmischung der Sowjetunion in das politische, wirtschaftliche und kulturelle Leben ihres Landes:
die steigende Zahl von sowjetischen Kontrolleuren, die offiziell als »Berater«
nach Jugoslawien entsandt worden waren, das Einschleusen von sowjetischen
Agenten in den jugoslawischen Partei- und Staatsapparat sowie in die Armee
und schließlich das Bestreben Moskaus, Jugoslawien an der Entwicklung einer
eigenen Schwerindustrie zu hindern, um das Land ökonomisch noch mehr von
der UdSSR abhängig zu machen.

Es handelt sich also im wesentlichen um einen Kampf gegen die sowjetische He-
gemonie und Überfremdung.
Ja, aber nicht nur. Hinzu kam, daß sich in diesem Konflikt zwei sehr unterschiedliche Formen des Kommunismus gegenüberstanden: ein junger, eben aus der

Revolution entstandener auf der einen und ein diktatorisch-bürokratischer mit hegemonialen Bestrebungen auf der anderen Seite. Dieser Konflikt führte schließlich im Sommer 1948 zum Bruch der jugoslawischen Kommunisten mit der UdSSR, zur Ablehnung der berüchtigten Moskauer Kominform-Resolution, mit der die jugoslawischen Kommunisten zur Unterordnung gezwungen werden sollten.

Kann man die Ablehnung der Kominform-Resolution vom 28. Juni 1948 durch die jugoslawischen Kommunisten als den entscheidenden Wendepunkt betrachten – den Beginn des eigenständigen Weges zum Sozialismus?
Ja. Zum erstenmal hatte eine kommunistische Partei der Stalinführung in Moskau eine Absage erteilt. Damit war der Grundstein für die eigenständige Entwicklung Jugoslawiens gelegt.
Anfangs glaubten zwar noch viele Jugoslawen, daß es sich beim Konflikt mit Moskau lediglich um ein Mißverständnis handele. Aber mit zunehmenden Angriffen der Stalinführung gegen Jugoslawien, der einseitigen Kündigung von Verträgen, der Wirtschaftsblockade und der steigenden Zahl von Grenzprovokationen begann ein kritisches Umdenken, in dessen Folge sich die Abkehr vom System sowjetischer Prägung vollzog.

Sie selbst haben ja diesen Prozeß miterlebt. Aus Ihrem Buch Die Revolution entläßt ihre Kinder *wissen wir, daß Sie im Frühjahr 1949 aus der damaligen Sowjetzone Deutschlands, in der Sie als Lehrer an der SED-Parteihochschule tätig waren, nach Jugoslawien geflohen sind und dort vom Frühjahr 1949 bis Ende 1950 diese Entwicklung an Ort und Stelle verfolgen konnten.*
Was war Ihrer Meinung nach das Bedeutsamste an diesem Neubeginn?
Nun, damals vollzog sich in Jugoslawien ein für mich unvergeßlicher, atemberaubender Befreiungsprozeß von alten Denkschablonen, die viele – darunter übrigens auch ich selbst – vom Stalinismus übernommen hatten.
Die anfängliche Enttäuschung, ja das Entsetzen über das sowjetische Verhalten machte bald kritischen Überlegungen Platz. Dabei stand zunächst das Verhältnis der Sowjetunion zu Jugoslawien und zu den anderen osteuropäischen Ländern im Mittelpunkt der Diskussion. Immer offener wurde dabei über die hegemonistischen Bestrebungen der Stalinführung diskutiert. Immer neue Tatsachen kamen ans Licht.
Aus dieser Kritik heraus entwickelten die jugoslawischen Kommunisten schon im Sommer 1949 zwei neue Konzeptionen: Die Thesen vom »unterschiedlichen Weg zum Sozialismus« und von der »Gleichberechtigung zwischen sozialistischen Ländern«.

Können Sie diese beiden Konzeptionen einmal kurz skizzieren?
Die These vom »unterschiedlichen Weg zum Sozialismus« stützt sich auf Marx, Engels und Lenin. Sie bestreitet die Behauptung der Sowjetideologie, nach der alle Länder im Prinzip den gleichen Weg zum Sozialismus gehen würden und es höchstens Unterschiede im Tempo oder in Detailfragen geben könnte. Im Ge-

gensatz dazu erklären die jugoslawischen Kommunisten, daß die Ziele des Sozialismus von den Völkern aus verschiedenen Gründen auf verschiedenen Wegen mit verschiedenen Mitteln verwirklicht würden; kein Kampfmittel, keine Kampfmethode dürfe als Prinzip oder als Dogma proklamiert werden; der Übergang zum Sozialismus könne sowohl durch eine Revolution als auch auf parlamentarisch-demokratischem Wege erfolgen. Bei diesem Übergang würden auch die verschiedensten politischen Orientierungen – darunter Gewerkschaften, nationalrevolutionäre Bewegungen, sozialdemokratische oder sozialistische Parteien – und nicht *nur* die Kommunisten als entscheidende Kräfte fungieren.

Daraus ergibt sich logisch der Schritt zur zweiten Konzeption, zur These von der »Gleichberechtigung zwischen sozialistischen Ländern«.

Durchaus. Im Unterschied zur sowjetischen Behauptung, daß nur die kommunistischen Parteien die Träger einer sozialistischen Entwicklung sein könnten und daher auf internationalen kommunistischen Treffen eine Generallinie für die gesamte kommunistische Weltbewegung ausgearbeitet werden müßte, sind die jugoslawischen Kommunisten der Ansicht, daß die Formen der internationalen Zusammenarbeit nicht vorgeschrieben und von einem Zentrum aus dirigiert werden dürften. Vielmehr müsse die internationale Zusammenarbeit auf völliger Gleichberechtigung der Arbeiterparteien der verschiedenen Länder beruhen, wobei jede Einmischung in die inneren Angelegenheiten der Partei eines anderen Landes strikt zu vermeiden sei. Das schließe natürlich auch eine völlige Gleichberechtigung in den ökonomischen und politischen Beziehungen zwischen den sozialistischen Ländern ein. Kein einziges Land, so stark und mächtig es auch sein möge, dürfe hierbei eine dominierende Rolle spielen oder sogar eine Monopolstellung einnehmen.

Diese beiden Konzeptionen waren also die entscheidenden Voraussetzungen für Jugoslawiens eigenen Weg zum Sozialismus. Wann nun aber begannen die jugoslawischen Kommunisten mit der Entwicklung ihres Modells eines »Selbstverwaltungssozialismus«?

Schon seit Ende 1949, vor allem aber seit Frühjahr 1950, gingen die Diskussionen in Jugoslawien über das Problem der Beziehungen zwischen den sozialistischen Ländern hinaus. Immer häufiger wurde die Frage erörtert, wie es möglich sei, daß ein sozialistisches Land, wie es die Sowjetunion sei, eine solche hegemoniale Politik gegenüber anderen sozialistischen Ländern betreiben könne. Dabei kam es auch zu kritischen Äußerungen über die innere Struktur der UdSSR. Man sprach über die bürokratische Diktatur, das zentralistische Wirtschaftssystem und die Russifizierung in der Nationalitätenpolitik. Im Laufe dieser Diskussionen kamen die jugoslawischen Kommunisten zu der Schlußfolgerung, daß sich in der Sowjetunion nach der sozialistischen Entwicklung während der ersten Revolutionsjahre später im Zuge einer zunehmenden ökonomischen und politischen Zentralisierung ein diktatorisches System herausgebildet habe, in dem die Bürokratie die neue herrschende Schicht sei. Dadurch wäre in der

UdSSR ein bürokratischer »Etatismus« – manche sagten: ein bürokratischer Staatskapitalismus – entstanden.

Ausgehend von dieser Kritik am bürokratischen Charakter des sowjetischen Systems begannen die Jugoslawen nun über ein neues Modell nachzudenken?
Je stärker sich die Kritik an der sowjetischen Bürokratisierung äußerte, je deutlicher die Verwandlung des Sozialismus in eine administrative Despotie erkannt wurde, um so mehr waren die jugoslawischen Kommunisten jetzt bestrebt, sich von den anfangs übernommenen sowjetischen Herrschaftsformen zu befreien.
Im Herbst 1949 begann in Jugoslawien eine weitgehende Dezentralisierung in der Wirtschaftsleitung und in der Staatsverwaltung. Immer mehr Kompetenzen gingen von den Bundesbehörden an die einzelnen Volksrepubliken und sogar die örtlichen Volksausschüsse über. In führenden jugoslawischen Betrieben wurden schon damals versuchsweise gewählte Arbeiterräte eingeführt, um erste Erfahrungen mit einer Arbeiterselbstverwaltung zu gewinnen.
Nach diesen Vorbereitungen nahm am 26. Juni 1950 das jugoslawische Parlament das »Gesetz über die Einführung der Arbeiterräte« an. Bei dieser Gelegenheit unterstrich Präsident Tito, daß man aus der sowjetischen Entwicklung einige Schlußfolgerungen gezogen habe. Das Staatseigentum sei nicht, wie die Sowjetführer behaupten, die höchste Form des sozialistischen Eigentums, sondern die niedrigste, und deshalb komme es darauf an, das *Staats*eigentum durch *gesellschaftliches* Eigentum zu ersetzen. Das aber bedeute, die verstaatlichten Betriebe in die Hände der Produzenten, der Arbeiter, zu legen; an die Stelle der bisher von oben eingesetzten Betriebsdirektoren sollten Arbeiterräte treten, die von allen Betriebsangehörigen zu wählen seien.
Die Fabriken den Arbeitern! – Diese alte Losung der Pariser Kommune von 1871 war nun im Jahre 1950 erneut überall in Jugoslawien zu hören. Das, so glaube ich, war der entscheidende Wendepunkt.

Die Einführung der Arbeiterräte in allen Unternehmungen mußte sich dann ganz zwangsläufig auch auf andere Probleme der Wirtschaft, darunter auch auf die Planung, auswirken?
Ja. Schon bald, nachdem die Arbeiterräte Anfang der fünfziger Jahre ihre Tätigkeit aufgenommen hatten, zeigte es sich, daß man von dem von der Sowjetunion übernommenen zentralistischen Planungssystem abgehen mußte.
Die Entscheidungen wurden immer mehr nach unten, auf die einzelnen Betriebe verlagert. Noch 1947 wurde die Produktion von über hunderttausend Artikeln von der Zentrale geplant; nun verringerten sich die von oben festgesetzten Plankennziffern, und seit 1952 gibt es in Jugoslawien nur noch eine zentrale Rahmenplanung für wichtige Investitionen und für die Grundproportionen.

Aber wie sieht denn nun die Arbeiterselbstverwaltung konkret aus? Was gibt es da für Organe? Worin liegen ihre Funktionen? Wie sieht das alles praktisch aus?
Seit dem ersten Gesetz über die Einführung der Arbeiterräte vom Juni 1950 bis heute sind die Rechte und Kompetenzen der Arbeiter ständig erweitert wor-

den. Jetzt gibt es in einem jugoslawischen Unternehmen drei entscheidende Gremien: Das Arbeitskollektiv, den Arbeiterrat und den Verwaltungsausschuß.

Das Arbeitskollektiv besteht aus allen in einem Unternehmen beschäftigten Arbeitern, unabhängig von Nationalität, Rasse, Religion, Geschlecht und Bildung – übrigens auch einschließlich Ausländern. Die Versammlungen des gesamten Arbeitskollektivs finden mindestens einmal vierteljährlich, in der Regel jedoch einmal monatlich statt. Alle höheren Organe, der Arbeiterrat und der Verwaltungsausschuß, sind verpflichtet, das Arbeitskollektiv über ihre Entscheidungen zu informieren und alle Fragen, die vom Arbeitskollektiv kommen, zu beantworten. Wichtige Fragen des Unternehmens werden durch ein Referendum aller Betriebsangehörigen in einer geheimen schriftlichen Abstimmung entschieden.

Sie erwähnten den Arbeiterrat, der ja das wichtigste Gremium der Arbeiterselbstverwaltung ist. Wer wählt eigentlich den Arbeiterrat, und welche Kompetenzen hat dieses Gremium?

Der Arbeiterrat wird in geheimer Abstimmung von allen Mitgliedern der Belegschaft gewählt. Seine Mitgliederzahl ist gesetzlich nicht vorgeschrieben; er besteht in der Regel jedoch aus 15 bis 30 Personen.

Die Wahl für den Arbeiterrat findet jährlich statt, in der Regel zum Jahresbeginn, etwa 30 Tage nach der Abschlußrechnung des vergangenen Arbeiterrats. Niemand darf länger als zwei Jahre Mitglied des Arbeiterrats sein, jedes Jahr wird deshalb die Hälfte des Arbeiterrats neu gewählt. Dabei müssen stets mehr Kandidaten auf den Listen stehen, als zu wählen sind, und in vielen Unternehmungen gibt es auch mehrere Kandidatenlisten.

Der Arbeiterrat tritt einmal im Monat zusammen, wobei die Sitzungen für alle Betriebsangehörigen öffentlich sind. Es herrscht Protokollpflicht, und jedes Mitglied des Betriebes hat das Recht, Einblick in das Protokoll zu nehmen.

Der Arbeiterrat ist für alle Probleme des Betriebes zuständig: für die Wirtschaftsplanung, für Finanz- und Personalfragen, Investitionen, Einstellung und Entlassung von Arbeitern und natürlich auch für die Verteilung des Gewinns.

Die Mitglieder des Arbeiterrats sind für ihre Arbeit dem gesamten Kollektiv verantwortlich und können für Pflichtverletzungen haftbar gemacht werden. Geht das Unternehmen in Konkurs, so dürfen die Arbeiterratsmitglieder für ein bis zwei Jahre auch in keinem anderen Betrieb Jugoslawiens mehr in einen Arbeiterrat gewählt werden.

Das dritte Organ, von dem Sie sprachen, ist der Verwaltungsausschuß. Wofür ist dieses Gremium zuständig?

Der Verwaltungsausschuß entscheidet über die Geschäftstätigkeit des Unternehmens und ist dem Arbeiterrat in allen Fragen rechenschaftspflichtig.

Der Verwaltungsausschuß wird vom Arbeiterrat gewählt, wobei sowohl Mitglieder des Arbeiterrats als auch andere Betriebsmitglieder nominiert werden können.

Die Sitzungen des Verwaltungsausschusses finden in der Regel einmal wöchentlich statt. Er tritt auch während der Arbeitszeit zusammen, um schnell operative Fragen durch Hinzuziehung von Technikern und Ingenieuren lösen zu können.

In der Sowjetunion und in den Ostblockstaaten wird der Direktor von oben eingesetzt. Wie ist das in Jugoslawien?
Die Position eines Direktors wird öffentlich ausgeschrieben. Eine paritätische Kommission, die sich in der Regel aus drei Vertretern des Arbeiterrats des betreffenden Unternehmens und drei Vertretern der Gemeindeverwaltung zusammensetzt, in der sich dieses Unternehmen befindet, leitet die Auswahl ein. Für die Ernennung eines Direktors, die stets auf vier Jahre erfolgt, muß der Arbeiterrat mit Stimmenmehrheit seine Zustimmung erteilen.

Der Direktor ist also von den gewählten Organen, dem Arbeiterrat und dem Verwaltungsausschuß, abhängig?
Ja. Der jugoslawische Direktor hat alle Beschlüsse des Arbeiterrats und des Verwaltungsausschusses auszuführen. Er leitet die tägliche Geschäftstätigkeit, vertritt das Unternehmen nach außen, und er muß auch über die Gesetzmäßigkeit des Unternehmens wachen. Er ist gewissermaßen der höchste Angestellte des Unternehmens. Seine Position ist übrigens besonders schwierig, weil er den Organen der Selbstverwaltung untersteht, dem Arbeiterrat des Betriebes ebenso wie dem der Gemeinde, und dabei gleichzeitig für eine erfolgreiche Betriebsleitung verantwortlich ist. Er hat also auch Interessen wahrzunehmen, die manchmal miteinander kollidieren.

In jugoslawischen Unternehmungen finden, wie Sie sagten, jedes Jahr die Neuwahlen für den Arbeiterrat und den Verwaltungsausschuß statt. Niemand kann länger als zwei Jahre in einem solchen Gremium bleiben, und selbst der Direktor wird alle vier Jahre neu gewählt, beziehungsweise bestätigt. Ist das nicht eine sehr kurze Frist?
Gewiß. Aber die grundlegende Zielsetzung liegt ja darin, keine von den Werktätigen unabhängige bürokratische Schicht entstehen zu lassen, den Unterschied zwischen leitender und ausführender Tätigkeit zu überwinden und jedem Produzenten die direkte Teilnahme an der Leitung des Unternehmens zu ermöglichen. Dies wird übrigens noch durch die Möglichkeit einer vorzeitigen Abberufung unterstrichen. So können ein oder mehrere Mitglieder des Arbeiterrats oder sogar der gesamte Arbeiterrat vorfristig abberufen werden, und zwar durch eine Versammlung des Arbeitskollektivs, wenn diese von einem Zehntel der Betriebsangehörigen verlangt wird. Die Abberufung erfolgt durch eine geheime Wahl, wobei der Stimmzettel nach dem Gesetz nur die Frage »Für Abberufung« oder »Gegen Abberufung« enthalten darf, um jegliche Manipulation auszuschließen. Falls alle Betriebsangehörigen die Abberufung mit Stimmenmehrheit fordern, ist sie vollzogen. Bei einem Mitglied des Verwaltungsausschusses genügt es, wenn der Arbeiterrat mit einer Zweidrittelmehrheit für eine solche Ab-

berufung stimmt. Gründe für eine Abberufung müssen nicht genannt werden, um eine vorzeitige Abberufung zu erleichtern.

Aber eine solche Abberufung, wie überhaupt die Wahl aller dieser Gremien, setzt doch eine genaue Information der Betriebsangehörigen voraus?
Auch dafür ist Sorge getragen, denn alle Organe der Selbstverwaltung – Arbeiterrat, Verwaltungsausschuß und Betriebsdirektor – sind durch das Gesetz über die Arbeiterselbstverwaltung, den berühmten Artikel 245, verpflichtet, allen Betriebsangehörigen über ihre Arbeit und ihre Entscheidungen Auskunft zu geben. Natürlich gibt es auch Geschäftsgeheimnisse, aber dem Arbeiterrat ist es untersagt, etwa nun alle Angaben, die sich auf die Geschäftstätigkeit des Unternehmens beziehen, zum Geschäftsgeheimnis zu deklarieren. Vor allem im innerbetrieblichen Rahmen müssen alle Vorschläge und alle Beschlüsse grundsätzlich öffentlich sein.

Welche Funktionen haben die Gewerkschaften in einem solchen System einer Arbeiterselbstverwaltung?
Zunächst eine völlig andere als in den Ostblockstaaten. Während die Gewerkschaften dort nur ein Transmissionsriemen der Partei, ein Instrument der Partei- und Wirtschaftsbürokratie sind, die in erster Linie die Arbeiter zur Erfüllung der Wirtschaftspläne aufrufen und für die Erfüllung dieser Pläne sorgen, ist die Funktion der Gewerkschaften in Jugoslawien eine völlig andere. Zwei Aufgaben stehen dabei im Vordergrund: Erstens müssen sie für die allgemeine und die berufliche Bildung der Arbeiter sorgen, vor allem um sie zu befähigen, in der Selbstverwaltung der Betriebe ihre Aufgabe zu erfüllen. Zweitens dienen die Gewerkschaften als Organ zum Schutz der allgemeinen Interessen aller Arbeiter. Sie üben damit eine gewisse Schutzfunktion aus, selbst gegenüber Fehlern und Schwächen der eigenen betrieblichen Selbstverwaltungsorgane. Sie sollen also die Interessen der gesamten Arbeiterschaft gegenüber möglichen lokalegoistischen Interessen einzelner Arbeiterräte vertreten.

Bisher haben wir uns mit der Arbeiterselbstverwaltung in der Industrie beschäftigt. Welche Konzeptionen haben die jugoslawischen Kommunisten für die Landwirtschaft entwickelt, die ja in Jugoslawien eine große Rolle spielt?
Auch in dieser Frage sind die jugoslawischen Kommunisten von der sowjetischen Doktrin abgewichen. Bereits im März 1953 – kurz nach Stalins Tod – erhielten alle Angehörigen der landwirtschaftlichen Produktionsgenossenschaften in Jugoslawien die Möglichkeit, sich frei darüber zu entscheiden, ob sie wieder ihr eigenes Land erhalten oder weiterhin den Produktionsgenossenschaften angehören wollen. Die Mehrzahl der Genossenschaftsbauern, etwa 80 Prozent, zogen damals die private Hofwirtschaft vor. So kam es zur Auflösung der künstlichen Produktionsgenossenschaften, während die echten, freiwilligen weiter bestanden und bestehen. Seit dieser Zeit haben die jugoslawischen Bauern die Möglichkeit, selbst über die verschiedensten genossenschaftlichen Produktionsformen zu entscheiden, falls sie solche für wünschenswert und richtig halten.

All dies setzt völlig andere Konzeptionen über die Wirtschaft in einer sozialisti-
schen Gesellschaft voraus. Welche Auffassungen vertreten die jugoslawischen
Kommunisten über ein sozialistisches Wirtschaftssystem?
Die sozialistische Wirtschaft ist nach Auffassung der jugoslawischen Kommunisten durch eine Arbeiterselbstverwaltung, Arbeiterräte und andere Selbstverwaltungsorgane der Produzenten gekennzeichnet. Eine sozialistische Wirtschaft
bedeute nicht, heißt es im jugoslawischen Programm von 1958, »daß die gesamte
Gesellschaft in einen Mechanismus verwandelt werden soll, der jedem ausführlich und konkret vorschreibt, was er zu tun hat«, und in einen Zustand versetzt, in
dem »der Mensch aufhört, ein Schöpfer zu sein«. Selbst der vollkommenste
Wirtschaftsplan, meint das Programm, könne nicht die unzähligen Möglichkeiten, Formen und Initiativen erschöpfen, die die spontane Entwicklung der Wirt-
schaftskräfte biete. Eine Wirtschaftsplanung im Sozialismus müsse sich daher
auf die Festlegung einiger grundlegender Verhältnisse in Produktion und Verteilung sowie einzelne regulierende Maßnahmen des Staates beschränken, jedoch
in diesem Rahmen die freie Initiative der Wirtschaftsunternehmen unter den
Marktbedingungen gewährleisten. Dies hängt unmittelbar mit den jugoslawischen Konzeptionen über den sozialistischen Staat zusammen. So betonen die
jugoslawischen Kommunisten, der Staatsapparat könne nicht der entscheidende, dauernde und allumfassende Entwicklungsfaktor im Sozialismus sein. Die
staatliche Verwaltung müsse vielmehr in einen fachlichen Apparat hinüber-
wachsen, der den selbstverwaltenden, gewählten Gesellschaftsorganisationen
untergeordnet ist. Die sozialistische Gesellschaft muß immer mehr zu einer direkten Demokratie werden, die sich auf die mannigfaltigsten Formen der gesellschaftlichen Selbstverwaltung stützt.

Und welche Rolle spielt im jugoslawischen System die Partei? Es wird ja nicht sel-
ten behauptet, diese Arbeiterselbstverwaltung sei zwar eine schöne Idee, aber in der
Praxis existiere sie kaum, weil nach wie vor die Partei – in Jugoslawien »Bund der
Kommunisten« genannt – die absolute Führungsgewalt innehabe. Würden Sie
dem zustimmen?
Nein. Das zu behaupten, wäre wohl einseitig und weit von der Wahrheit entfernt.
Obwohl die Rolle des »Bundes der Kommunisten« im Rahmen der Selbstverwaltung noch keineswegs theoretisch oder praktisch völlig geklärt ist, dürfte eins
sicher sein: Im Unterschied zu den Ostblockstaaten, in denen die Kommunistische Partei die Führung des Staatsapparates ausübt und die gesamte Politik bis
ins kleinste Detail bestimmt und ihre Ausführung kontrolliert, sehen die jugoslawischen Kommunisten ihre Aufgabe darin, im Rahmen der Selbstverwaltung
politisch und ideologisch zu wirken. Sie fungieren nicht als Teil des Staatsapparates, sondern als eine politische Organisation, mit der Zielsetzung, daß ihre Mitglieder in den Selbstverwaltungsorganen durch ihre Stellungnahme, ihre Überzeugungen und Argumente, durch den eigenen Einsatz und das eigene Beispiel
die Ideen und Ziele des »Bundes der Kommunisten« vertreten sollen.
Aus diesem Grunde sind in Jugoslawien auch die Funktionen von Partei und
Staat personell getrennt. Abgesehen von einigen Spitzenführern kann niemand

gleichzeitig eine Funktion im »Bund der Kommunisten« und im Staatsapparat ausüben.

Da der »Bund der Kommunisten« eine andere Funktion in der Gesellschaft hat, muß er wohl auch eine andere innere Struktur haben?
Ja, und zwar in vieler Hinsicht. Erstens sind in Jugoslawien alle Parteiversammlungen öffentlich, um keine Trennung, keine Elitebildung gegenüber der Bevölkerung entstehen zu lassen.
Zweitens gibt es in der Partei keine unabsetzbaren Funktionäre, sondern wie in allen Organen der Selbstverwaltung und den staatlichen Behörden ein Rotationssystem, durch das man in einer bestimmten Funktion nur eine begrenzte Zeit tätig sein kann.
In der neuen, im Herbst 1974 angenommenen jugoslawischen Verfassung wird der Bund der Kommunisten zwar als führende politisch ideologische Kraft bezeichnet, aber ein Monopolcharakter über alle Bereiche der Gesellschaft, wie dies in den Ostblockstaaten üblich ist, abgelehnt.

Ist die neue Parteikonzeption, die Sie soeben geschildert haben, bereits überall in Jugoslawien verwirklicht?
Sicher noch nicht überall. Zwischen Zielvorstellungen und Realität bestehen manchmal noch beträchtliche Unterschiede; im übrigen verläuft die Entwicklung keineswegs geradlinig, sondern unregelmäßig, wobei auch vorübergehende Rückschläge möglich sind. Besonders bedauerlich erscheinen in dieser Hinsicht die Maßnahmen gegen einige hervorragende marxistische Philosophen der Zeitschrift *Praxis* sowie Angriffe bürokratischer Behörden gegen einige jugoslawische Schriftsteller und Rechtsanwälte, wobei man jedoch hoffen darf, daß es sich hierbei um vorübergehende Rückfälle in eine sonst längst überwundene Vergangenheit handelt. Hinzu kommt, daß die innere Entwicklung Jugoslawiens nicht von der äußeren zu trennen ist, und hier sei auch auf die wiederholten Versuche der Sowjetführung hingewiesen, die jugoslawische Entfaltung des Selbstverwaltungs-Sozialismus durch Störaktionen zu behindern.

Sie erwähnten soeben den äußeren Faktor, und das bringt mich zur jugoslawischen Außenpolitik. Worin liegen in diesem Bereich die entscheidenden Konzeptionen?
Das Grundprinzip der jugoslawischen Außenpolitik ist die Blockfreiheit, manchmal auch »Nicht-Pakt-Gebundenheit« genannt. Die jugoslawischen Kommunisten sind der Auffassung, daß eine Aufteilung der Welt in ein »sozialistisches Lager« unter Führung der Sowjetunion und ein »kapitalistisch-imperialistisches Lager« unter Führung der USA keineswegs der Realität entspricht. Die Trennungslinie zwischen progressiven und sozialistischen Kräften auf der einen und reaktionären und kapitalistischen Kräften auf der anderen Seite verlaufe keineswegs nach geographisch festgelegten Grenzen. Innerhalb beider Machtblöcke ringen die unterschiedlichsten Kräfte miteinander; die Identifizierung des Sozialismus mit einem Militärblock stimme weder mit der Realität noch mit dem Marxismus überein. Die Ablehnung der Militärblöcke bedeute jedoch

keine passive Neutralität, und die Blockfreiheit wird daher durchaus mit einer aktiven Rolle in der Weltpolitik verbunden.

Abschließend noch eine Frage zur Ideologie. Gibt es eigentlich in Jugoslawien auch den in der Sowjetunion und dem Ostblock üblichen Begriff »Marxismus-Leninismus«?

Nein. Die jugoslawischen Kommunisten sprechen nicht vom »Marxismus-Leninismus«, sondern vom »wissenschaftlichen Sozialismus« oder »Marxismus«. In einigen, relativ seltenen Fällen wird auch der »Leninismus« erwähnt, ohne daß daraus künstlich, wie in der Sowjetunion, ein »Marxismus-Leninismus« gemacht wird. Verpflichtende offizielle ideologische Lehrbücher gibt es in Jugoslawien ebenfalls nicht. Das wichtigste ideologische Dokument ist das auf dem 7. Kongreß im Frühjahr 1958 angenommene *Programm des Bundes der Kommunisten Jugoslawiens,* in dem unterstrichen wird, daß der Marxismus weder eine für alle Zeiten festgesetzte Lehre noch ein System von Dogmen sei, sondern eine Theorie des gesellschaftlichen Prozesses. Die jugoslawischen Kommunisten, so heißt es im Programm, und so wird es auch in vielen anderen Veröffentlichungen betont, treten für eine unabhängige Entwicklung des Marxismus ein, ohne dabei Ansprüche auf eine Monopolstellung auf dem Gebiet der Ideologie zu erheben. »Der Bund der Kommunisten Jugoslawiens«, so steht es im *Programm,* »ist weder auf dem Gebiet des Marxismus, noch auf dem Gebiet der Gesellschaftswissenschaften überhaupt ein Schiedsrichter.« Ausgehend davon gibt es in Jugoslawien eine Vielzahl von marxistischen Schriften, die sich teilweise erheblich voneinander unterscheiden.

Also fehlt in Jugoslawien, im Gegensatz zu den Ländern des Ostblocks, der Alleinvertretungsanspruch einer Partei und der Anspruch auf die Unfehlbarkeit der Ideologie?

Beide gibt es nicht. Sogar im eigenen Programm wird erklärt, dies sei kein Kodex von Dogmen und endgültigen Wahrheiten; vielmehr werde die zukünftige Entwicklung konkrete Standpunkte, Ansichten und Formulierungen überholen, richtigstellen und vielleicht sogar negieren. Interessant erscheint mir auch der letzte Satz des jugoslawischen *Programms*: »Nichts, was geschaffen ist, darf für uns so heilig sein, daß es nicht überholt werden könnte, um Platz zu schaffen für etwas, das noch fortschrittlicher, noch freier, noch menschlicher ist.«

Worin sehen Sie, kurz zusammengefaßt, die entscheidenden Unterschiede zwischen dem jugoslawischen Marxismus und dem sowjetischen Marxismus-Leninismus?

Die jugoslawischen Kommunisten haben, wie mir scheint, vor allem viele wichtige Theorien von Marx und Engels wiederbelebt, die in der weiteren Entwicklung des sowjetischen Marxismus-Leninismus negiert oder unterdrückt worden waren und darüber hinaus die Grundprinzipien von Marx und Engels weiterentwickelt – stets im Sinne einer logischen Fortsetzung der Marxschen Grundprinzipien. Dabei sind vor allem folgende Aspekte wichtig:

a) Die ursprünglich von Marx und Engels verkündeten Thesen über den unterschiedlichen Weg zum Sozialismus in den verschiedenen Ländern und über die Gleichberechtigung in der internationalen Arbeiterbewegung wurden von den jugoslawischen Kommunisten wieder in den Mittelpunkt gestellt und auf die heutigen Probleme übertragen.

b) Dasselbe gilt für die These von Marx und Engels über das gesellschaftliche Eigentum in der Form der »Assoziation der freien Produzenten«. Im Sinne von Marx und Engels unterscheiden die jugoslawischen Kommunisten deutlich zwischen dem Staatseigentum als einer kurzfristigen Übergangsform und dem gesellschaftlichen Eigentum in der Form der »Assoziation der freien Produzenten«. Die Arbeiterselbstverwaltung stellt den Versuch dar, diese Grundidee von Marx und Engels unter den heutigen Bedingungen zu verwirklichen.

c) Im engen Zusammenhang damit steht die Wiederbelebung der Marxschen Hauptthese vom »Absterben des Staates«, die in heutigen sowjetischen ideologischen Lehrbüchern kaum und wenn, dann auch nur als eine ferne Zukunftsperspektive erwähnt wird. Nach Auffassung der jugoslawischen Kommunisten soll die Entwicklung der Arbeiter- und der gesellschaftlichen Selbstverwaltung allmählich zum Absterben des Staates führen, wobei zunächst an dessen wirtschaftliche Funktionen gedacht ist.

d) Wichtige humanistische Ansätze von Marx und Engels, vor allem auch das Problem der Entfremdung und Selbstentfremdung des Menschen, die in der weiteren Entwicklung des sowjetischen Marxismus-Leninismus verlorengegangen waren, werden von den jugoslawischen Kommunisten wieder stark betont. »Der Sozialismus kann das persönliche Glück des Menschen nicht irgendwelchen höheren Zielen unterordnen, da das höchste Ziel des Sozialismus eben das persönliche Glück des Menschen ist«, heißt es im *Programm.* Bereits in der sozialistischen Phase müsse dem Menschen in stets wachsendem Maße die Unabhängigkeit und Freiheit seines Denkens, seines Glaubensbekenntnisses und anderer Überzeugungen garantiert werden. Die Verwirklichung der persönlichen Rechte des Menschen dürfe nicht auf irgendwelche höheren Phasen der sozialistischen Entwicklung hinausgeschoben werden.

e) Schließlich sehen die jugoslawischen Kommunisten im Marxismus nicht ein Dogmen-System, das in offiziellen, von der Parteiführung veranlaßten Lehr- und Wörterbüchern verbreitet wird, sondern sie treten für eine unreglementierte Entwicklung des Marxismus ein, in der unterschiedliche Schattierungen frei zu Worte kommen sollen.

Sie sind also der Ansicht, daß der jugoslawische Marxismus, der von sowjetischen Ideologen als »Abweichung« bekämpft wird, in Wirklichkeit dem ursprünglichen Marxismus bedeutend nähersteht?

Unbedingt, darüber kann es keinen Zweifel geben. Die jugoslawischen Kommunisten haben entscheidende Grundzüge des Marxismus, die in der sowjetischen Entwicklung verlorengegangen sind, wieder zum Leben erweckt und versuchen, diese in der Praxis zu verwirklichen.

Und das Ergebnis? Der Bruch Jugoslawiens mit Moskau erfolgte 1948, die Ein-führung der Arbeiterräte im Sommer 1950, also vor mehr als einem Vierteljahr-hundert. Worin sehen Sie die Bedeutung des jugoslawischen Weges zum Sozialis-mus?

Nach meiner Ansicht ist es das historische Verdienst der Völker Jugoslawiens und der Marxisten dieses Landes, daß sie nach einer erfolgreichen Revolution nicht dem sowjetischen Beispiel eines zentralistisch-bürokratisch-diktatorischen Systems folgten, sondern – unter unglaublich schwierigen Bedingungen – die Kraft hatten, einen neuen Weg zu beschreiten, wobei sie sich bemühten, ihr Mo-dell des Selbstverwaltungs-Sozialismus zu verwirklichen. Damit haben sie prak-tisch bewiesen, daß eine sozialistische Gesellschaft nicht so aussehen muß, wie dies in der Sowjetunion und in den von der Sowjetunion abhängigen osteuropäi-schen Ländern der Fall ist. Die Einführung der Arbeiterräte, die Abkehr von der Zwangskollektivierung, das Rotations-System, die größere Diskussions- und Meinungsfreiheit im Verhältnis zu den Ostblockstaaten, das Recht, frei ausrei-sen zu dürfen und die Blockfreiheit – all dies und vieles andere sind zweifellos Errungenschaften, um die die Völker des sogenannten »sozialistischen Lagers« die Jugoslawen beneiden. Andererseits würde es wohl niemandem einfallen – übrigens auch den jugoslawischen Kommunisten nicht –, dieses System bereits als Modell für alle Länder und alle Völker zu bezeichnen oder gar die Behaup-tung aufzustellen, daß alle Probleme gelöst seien.

Damit wären wir bei den Schwierigkeiten, Mängeln und Rückschlägen, die es bei diesem Versuch eines Selbstverwaltungs-Sozialismus gegeben hat und auch heute noch gibt.

Einige der wesentlichsten Schwierigkeiten scheinen mir nicht im Prinzip der Selbstverwaltung zu liegen, sondern vielmehr in dem Problem, dieses System in einem Vielvölkerstaat wie Jugoslawien, noch dazu unter den Bedingungen einer Industrialisierung, zu verwirklichen. So hat sich vor allem gezeigt, daß die natio-nale Frage komplizierter und schwieriger ist, als man anfangs angenommen hat-te, wobei das starke ökonomische Gefälle zwischen den entwickelten Teilen im Norden und den unterentwickelten im Süden zusätzlich Probleme gebracht hat. Die unter diesen Bedingungen vollzogene Dezentralisierung führte mitunter zu einer sozialen Differenzierung, über die man sich in Jugoslawien zu Recht ernste Sorgen macht. Die ökonomisch bedingte Konzentration der Produktion hat wei-tere neue Probleme aufgeworfen, z.B. wie die Arbeiterselbstverwaltung in gro-ßen Unternehmen zu verwirklichen ist. Das führte auch zu einer verstärkten Machtposition der Banken, die man seit Anfang der siebziger Jahre zu beschnei-den sucht. Auch die Frage, wie die gesellschaftliche Selbstverwaltung mit der Rolle des »Bundes der Kommunisten Jugoslawiens« in Einklang gebracht wer-den könne, stellt sich oft noch als schwierig dar. Schließlich funktioniert die Ar-beiterselbstverwaltung noch keineswegs überall so, wie es eigentlich nach den gesetzlichen Vorschriften und den Zielen sein sollte. So haben manche Arbeiter-ratsmitglieder Schwierigkeiten, wenn über komplizierte moderne Probleme ih-res Unternehmens zu entscheiden ist; hinzu kommen auch Bestrebungen der

Manager, Beschlüsse und Entscheidungen des Arbeiterrats zu manipulieren.

Inwieweit könnten die jugoslawischen Erfahrungen eine internationale Bedeutung erlangen?

Man sollte, so meine ich, hierbei zwischen den Grundprinzipien einer gesellschaftlichen Selbstverwaltung einerseits und den konkreten Formen, wie sie in Jugoslawien verwirklicht wurden, andererseits unterscheiden. Die Grundprinzipien einer gesellschaftlichen Selbstverwaltung scheinen mir von internationaler Bedeutung zu sein – in einer Welt, in der staatliche bürokratische Apparate immer mehr an Einfluß und Macht gewinnen, und wo es dringend darauf ankommt, diesem Prozeß entgegenzuwirken.

2

Der Prager Frühling –
die Hoffnung auf
einen menschlichen Sozialismus

*Anfang 1968 begann in der Tschechoslowakei ein relativ kurzer, aber sehr tief-
greifender Erneuerungsprozeß, der in der Welt als »Prager Frühling« bekannt
wurde. Dabei handelte es sich nach der Entwicklung in Jugoslawien um den zweiten Versuch, ein diktatorisches, bürokratisch-zentralistisches System östlicher
Prägung in eine sozialistische Demokratie zu verwandeln.*

*Wie und warum ist es gerade in der Tschechoslowakei zu dieser Aktion gekom-
men? Welche entscheidenden politisch-ideologischen Konzeptionen standen dabei im Mittelpunkt? Worin liegt die internationale Bedeutung des »Prager Frühlings«?*

Zunächst einige Bemerkungen zur Vorgeschichte des »Prager Frühlings«. Die
Welle von Reformen im Frühjahr und Sommer 1968 in der Tschechoslowakei
waren bereits ein deutlicher Ausdruck der fehlgeschlagenen Politik des Novot-
ny-Regimes, einer tiefen Krise, die dann Ende 1967 ihren Höhepunkt erreicht
hatte.

Das starre bürokratisch-diktatorische Herrschaftssystem Novotnys stand im
schärfsten Widerspruch zu den Erfordernissen der Tschechoslowakei. Die Wirtschaftspolitik, auf administrativem Wege durch Direktiven von oben durchgeführt, entsprach weder den ökonomischen Bedürfnissen noch den Möglichkeiten
des Landes. Sie führte zu einem immer bedenklicheren Zurückbleiben der Produktion, zu einer Senkung des Lebensstandards. Ferner hatten sich die Span-
nungen zwischen den Tschechen und den Slowaken verschärft, war die Unzu-
friedenheit unter den nationalen Minderheiten immer größer geworden, und
schließlich hatten die Übergriffe des Staatssicherheitsdienstes, die Massenverhaftungen von ehrlichen Staatsbürgern jedes Vertrauen in das System untergraben. An die Stelle von Selbständigkeit und Aktivität, fachlicher Tüchtigkeit und
Initiative waren Kriecherei, Gleichgültigkeit und Phrasendrescherei getreten.

Ihre Schilderung der damaligen Situation in der Tschechoslowakei ist eigentlich typisch für die Verhältnisse in mehr oder weniger allen Ostblockstaaten, damals wie heute. Warum entwickelte sich Anfang 1968 nun gerade dort eine große Reformbewegung? Lag es an den ausgeprägten demokratischen Traditionen dieses Landes im Herzen Europas, seinem hohen Stand der ökonomischen Entwicklung und dem großen Einfluß der Industriearbeiterschaft – an genau jenen Voraussetzungen also, die einst von Marx und Engels als notwendig für die Errichtung einer neuen klassenlosen Gesellschaft dargelegt worden waren?

Ich glaube ja. In einem Land mit derartigen Bedingungen mußte sich die Übertragung des bürokratisch-diktatorischen Systems sowjetischer Prägung besonders negativ auswirken; dies führte daher auch zu einer weit größeren Opposition – übrigens der verschiedensten Kräfte – als in den übrigen Ostblockstaaten um diese Zeit.

Von welchen Kräften ging die Reformbewegung in erster Linie aus?

Wie auch in anderen osteuropäischen Ländern, die Sowjetunion eingeschlossen, hatte sich zunächst die kulturelle und künstlerische Intelligenz, vor allem seit 1966, für eine freiere kulturelle und politische Entwicklung ausgesprochen. Hinzu kamen – was besonders wichtig war – hervorragende Ökonomen, Technologen, Philosophen und Soziologen, die bereits seit Mitte der sechziger Jahre, gestützt auf genaues Forschungsmaterial, die Notwendigkeit von Reformen nachgewiesen und die zu beschreitenden Wege aufgezeigt hatten. Dies kam vor allem in einem Forschungsbericht von Radovan Richta deutlich zum Ausdruck, den übrigens Robert Jungk – wie mir scheint, zu Recht – als das »Kapital des zwanzigsten Jahrhunderts« bezeichnet hat. Ferner drängten Betriebsdirektoren und Wirtschaftsplaner, repräsentiert vor allem durch Ota Šik, auf eine konsequente Wirtschaftsreform. Und selbst viele Funktionäre des Staates und der Partei forderten eine Überwindung des Dogmatismus und modernere Arbeitsmethoden. Vor allem aber gab es fortschrittlich denkende Reformkommunisten, die sich für einen grundlegenden Wandel, für den Übergang zu einer sozialistischen Demokratie einsetzten. Schließlich fühlten sich slowakische Kommunisten und auch Parteilose von der protschechischen und antislowakischen Politik diskriminiert und traten für eine größere Autonomie der Slowakei ein.

Wie kam es nun zum Durchbruch der Reformer im Januar 1968?

Die Opposition gegen das Novotny-Regime hatte Ende 1967 nicht nur breite Bevölkerungskreise, sondern sogar auch Teile der Führung des Landes erfaßt, die mehr und mehr zu der Erkenntnis kamen, daß eine Wende notwendig sei. Auf der Tagung des Zentralkomitees der tschechoslowakischen KP im Januar 1968 kam es zu harten Auseinandersetzungen zwischen autoritären Stalinisten und progressiven Reformern. Nach stürmischen Diskussionen – es sprachen insgesamt 150 Redner – gewannen die Reformer schließlich die Oberhand. Novotny mußte als Erster Parteisekretär zurücktreten, behielt jedoch zunächst noch das Amt des Staatspräsidenten. Alexander Dubček, der Sprecher der Reformer, trat an seine Stelle.

Aber es hat doch schon häufig in Ostblockstaaten wichtige Veränderungen in der Spitzenführung gegeben, ohne daß damit gleichzeitig weitreichende Reformen eingeleitet wurden. Warum war gerade der Führungswechsel in der Tschechoslowakei – die Ersetzung Novotnys durch Dubček – so bedeutsam?

Dieses Ereignis hätte wahrscheinlich niemals eine solche Bedeutung erlangt, wenn die Anhänger Novotnys nicht im Dezember 1967 den Versuch unternommen hätten, mit Hilfe von Teilen der Armee und des Staatssicherheitsdienstes – de facto durch einen Palastputsch – wieder an die Macht zu gelangen. Der mißglückte Versuch, Armee und Staatssicherheitsdienst gegen die eigene Partei zu mobilisieren, führte dazu, daß die Novotny-Gruppe moralisch und politisch völlig diskreditiert wurde, vor allem, nachdem einer der höchsten Staatssicherheitsoffiziere, General Sejna, Ende Februar 1968 in den Westen geflohen war. In den anschließenden, schon bald in aller Öffentlichkeit, in Presse, Hörfunk und Fernsehen über das Novotny-Regime geführten Diskussionen war das Gesamtproblem des Stalinismus nicht mehr zu umgehen. Die kritische Betrachtung der Vergangenheit mit der Schlußfolgerung, etwas Ähnliches in der Tschechoslowakei nie wieder zuzulassen, führte mit logischer Konsequenz zu reformkommunistischen Vorstellungen und Konzeptionen. Überall entbrannte nun die Hoffnung auf eine Demokratisierung und Liberalisierung des Systems.

»Schon in der Zeit des Januar-Plenums war es offenkundig geworden«, schrieb damals der bereits zitierte tschechoslowakische Reformkommunist Radovan Richta, »daß die fortschrittlichen Kräfte unserer Partei weit mehr im Sinne haben als diese oder jene Veränderung in den leitenden Organen und daß es um eine neue Politik der Partei, um neue Wege des Sozialismus geht.« Wie wirkten sich diese »neuen Wege« in der Praxis aus?

Die Situation in der Tschechoslowakei veränderte sich fast über Nacht. Die Zensur hörte faktisch auf zu existieren. Presse, Hörfunk und Fernsehen, die bis dahin von der Bürokratie beherrschten und dementsprechend monotonen Massenmedien, brachten nun die Vorstellungen, Bestrebungen und Wünsche der Bevölkerung zum Ausdruck. Apathie und politisches Desinteresse schlugen in eine seit vielen Jahren nicht mehr gekannte Aktivität um, in einen allgemeinen Kampf für die Durchsetzung politischer Reformen. Der tschechoslowakische Schriftstellerverband wählte den Reformkommunisten Eduard Goldstücker zum Vorsitzenden. Die ideologische Kommission des Zentralkomitees ersetzte den stalinistischen Dogmatiker Iri Hendrych durch den Reformer Josef Spaček. Unter dem immer stärker werdenden Druck der Bevölkerung und auch der Reformkräfte in der Partei mußte am 21. März Novotny auch vom Posten des Staatspräsidenten abtreten. Eine Welle von Rücktritten stalinistischer Funktionäre folgte. Anfang April 1968 tagte das Zentralkomitee, wobei Novotny und sechs weitere stalinistische Funktionäre ihren Sitz in der Spitzenführung einbüßten. Fünf neue Mitglieder, darunter die Reformkommunisten Kriegel und Smrkovsky, traten an ihre Stelle. In einer Resolution wurde nun öffentlich bekanntgegeben, daß das Zentralkomitee sich nachdrücklichst für die Entwicklung der sozialistischen

Demokratie einsetzen und nicht zulassen werde, »daß der seit Januar einge-
schlagene Weg wieder verlassen wird«.

*Wenige Tage später, am 10. April 1968, veröffentlichte das Zentralkomitee das
neue Aktionsprogramm der kommunistischen Partei der Tschechoslowakei. Auf
etwa 60 Druckseiten waren hier die entscheidenden Maßnahmen für den Übergang von einer bürokratisch-zentralistischen Diktatur zu einer sozialistischen
Demokratie zusammengefaßt. Dieses Aktionsprogramm gehört zu den bedeu-
tendsten Dokumenten in der Geschichte des Marxismus. Es verkündete die Verwirklichung eines neuen, zutiefst demokratischen und den tschechoslowakischen
Bedingungen entsprechenden Modells einer sozialistischen Gesellschaft. – Was
sind die wichtigsten Reformkonzeptionen dieses Aktionsprogramms?*
Zunächst ging es im Aktionsprogramm um eine neue Funktion und Rolle der
kommunistischen Partei. Die Parteiorgane sollten nicht mehr die staatlichen und
wirtschaftlichen Behörden ersetzen und jeden Schritt im öffentlichen Leben
durch Direktiven festlegen, sondern als eine auf der freiwilligen Unterstützung
der Bevölkerung beruhende politische Organisation wirken. Anstelle von Ver-
ordnungen und Direktiven sollte die Partei eine sozialistische Initiative hervor-
rufen, und durch Überzeugung und eigenes Beispiel die Bevölkerung gewinnen.
Innerhalb der Partei, so wurde erklärt, sollte frei und offen diskutiert werden,
und es sei unzulässig, Kommunisten zu verfolgen, wenn sie andere Ansichten
verträten. Auch sollte die Parteipresse nicht nur die Ansichten der Führung wie-
dergeben, sondern die wirklichen Diskussionen innerhalb der Partei zum Ausdruck bringen.

*Mit der weitreichenden Umgestaltung der Partei wollten die Reformer die mono-
politische Struktur des Systems verändern und eine neue Form des sozialistischen
Pluralismus verwirklichen. Wie sollte sich das im Staatsaufbau niederschlagen?*
Durch eine Aufteilung der Machtbefugnisse, durch ein System gegenseitiger
Kontrolle und gesetzlich verankerter demokratischer Grundwerte, insbesondere
Versammlungs- und Koalitionsfreiheit und das Recht, freiwillige Organisationen, Interessengemeinschaften und Verbände zu gründen, die keinen bürokratischen Einschränkungen unterliegen sollten. Ferner sollte das Informationsmo-
nopol abgeschafft und die Pressefreiheit garantiert werden mit der Begründung,
daß es in einer sozialistischen Gesellschaft niemandem gestattet sein dürfte, den
Werktätigen vorzuschreiben, worüber sie informiert zu sein hätten und worüber
nicht, welche Ansichten sie öffentlich aussprechen könnten und welche nicht. In
der Presse, so wurde erklärt, sollte es möglich sein, auch andere als die offiziellen
Ansichten des Staates oder der Parteiorgane zu vertreten. Auch die Freiheit von
Kunst und Wissenschaft wurde bestätigt und jede einseitige ideologische und politische Funktion von Kunst und Literatur abgelehnt.

*All dies war jedoch nur durch eine Entmachtung des Staatssicherheitsdienstes und
die Einführung gewisser Rechtsgarantien möglich.*
Ja. Das Aktionsprogramm verlangte daher auch, daß die unkontrollierte Macht

des Staatssicherheitsdienstes überwunden werden müßte. Er hätte sich auf den Schutz vor ausländischen Einwirkungen zu beschränken und sollte sich nicht in innenpolitische Fragen einmischen. Die politischen Überzeugungen und Ansichten tschechoslowakischer Bürger, so wurde erklärt, dürften nicht mehr von Organen des Staatssicherheitsdienstes untersucht oder gar verfolgt werden, und alle Personen, die durch das frühere Terrorsystem unschuldig verurteilt worden waren, seien zu rehabilitieren. Den Bürgern der sozialistischen Tschechoslowakei wurde absolute Sicherheit garantiert, darunter auch die Freizügigkeit, ja sogar der Rechtsanspruch auf einen langfristigen oder dauernden Aufenthalt im Ausland. Das Parlament, die Nationalversammlung, sollte wieder eine wichtige Rolle spielen; hier hätten die entscheidenden Diskussionen über politische Fragen stattzufinden. Ferner sollten die Kompetenzen der Gerichte genau festgelegt werden und Gerichtsverhandlungen unabhängig von politischen Faktoren vor sich gehen und nur dem Gesetz verpflichtet sein.

Man hört manchmal in Kreisen der sogenannten »Neuen Linken« oder solchen, die sich dafür halten, die starke Betonung der demokratischen Freiheiten sei ein Zeichen dafür, daß die Prager Reformer in ein bürgerlich-liberales Fahrwasser geraten waren. Stimmt das?
Nein, überhaupt nicht. Zunächst haben Marx, Engels und Lenin niemals behauptet, daß eine sozialistische Revolution zu einer Einschränkung der Freiheiten der Bevölkerung führen sollte oder müßte. Eine gewisse Beschränkung für die sogenannten Ausbeuterklassen sollte nur für die unmittelbare Periode der Revolution gelten, die ja in der Tschechoslowakei 1968 längst vorüber war; es gab zu dieser Zeit überhaupt keine Ausbeuterklassen mehr. Die von Ihnen erwähnten Kritiker vergessen, daß das ursprüngliche Ziel der sozialistischen Gesellschaft nicht darin lag, Freiheiten einzuschränken, sondern umgekehrt, Freiheiten auszudehnen und zu erweitern – als Voraussetzung für die erstrebte gesellschaftliche Selbstverwaltung und für das Absterben des Staates. Die Demokratisierungsvorschläge des »Prager Frühlings« stellten damit nicht eine Abkehr vom Sozialismus dar, sie verstärkten vielmehr die Wirksamkeit der sozialistischen Ideen und die Anziehungskraft des sozialistischen Beispiels. Sie sollten, wie es im Aktionsprogramm hieß, »die Vorzüge des Sozialismus in vollerem Maße geltend machen«.

Das Aktionsprogramm der Reformer sah auch entscheidende Veränderungen im ökonomischen Bereich vor. Wie sollte zum Beispiel die Wirtschaftspolitik gestaltet werden, was mit der Planwirtschaft, mit den Betrieben geschehen? Welche Rolle war den Gewerkschaften zugedacht?
Ziel der Wirtschaftspolitik war ein neues ökonomisches System, eine Demokratisierung der Wirtschaft, um das Land in den Prozeß der wissenschaftlich-technischen Revolution einzugliedern. Die Planung sollte erhalten bleiben, aber einer demokratischen Kontrolle durch die Nationalversammlung sowie einer fachlichen Kontrolle durch wissenschaftliche Institutionen unterstellt sein. Dabei sollten die Bedürfnisse der Bevölkerung stärker berücksichtigt werden.

Insgesamt dachte man an eine Verbindung von Planung und einer Art sozialistischer Marktwirtschaft. Die Betriebe und Unternehmungen sollten eine relative Unabhängigkeit von den Staatsbehörden erhalten und von demokratisch gewählten Organen geleitet werden, bestehend sowohl aus Delegierten des Arbeiterkollektivs, als auch aus Vertretern außerhalb des Unternehmens, um den Einfluß der Interessen der gesamten Gesellschaft und ein fachlich qualifiziertes Niveau zu gewährleisten. Die Gewerkschaften sollten nicht mehr die Ansprüche des Staates und der Partei, sondern die sozialen Interessen der Werktätigen schützen und gleichzeitig bei der Lösung der Wirtschaftsprobleme mitwirken.

In welchem Ausmaß hat nun dieses Aktionsprogramm die weitere Entwicklung beeinflußt? Welche Forderungen und Zielvorstellungen wurden in die Realität umgesetzt?
Das Aktionsprogramm wurde als Entwurf veröffentlicht. Anschließend gab es zahlreiche Diskussionen, die zweifellos die Reformbewegung erweitert und vertieft haben. Die meisten Forderungen des Aktionsprogramms waren zu dieser Zeit bereits erfüllt, auch, wenn sie noch nicht gesetzlich verankert worden waren. Der Demokratisierungsprozeß wurde seit April von immer breiteren Bevölkerungsschichten aktiv unterstützt, wobei vor allem die Arbeiterschaft eine entscheidende Rolle spielte. Vom Mai an entstanden in zunehmendem Maße, oft spontan, Arbeiterräte in den Betrieben, und am 6. Juni 1968 veröffentlichte die Regierung die sogenannten Rahmenrichtlinien über die demokratische Verwaltung von Unternehmungen und Betrieben.

Also eine Arbeiterselbstverwaltung nach jugoslawischem Vorbild?
Im Prinzip ja, aber mit gewissen Unterschieden. Die Rahmenrichtlinien sahen für alle Unternehmungen zwei maßgebende Institutionen vor: einen »Rat der Werktätigen« und die Direktion. Die Direktion sollte den Produktionsprozeß vorbereiten und durchführen, für laufende technische, kaufmännische und finanzielle Fragen sowie für die Fragen des Absatzes verantwortlich sein. Dem »Rat der Werktätigen« sollten in der Tschechoslowakei nicht nur wie in Jugoslawien Arbeiter und Angestellte des Betriebes angehören, sondern auch Personen außerhalb des Betriebes, darunter unabhängige Experten, Repräsentanten anderer Unternehmungen, Vertreter der Konsumenten und der regionalen staatlichen Organe. Damit wollte man wohl einen möglichen Betriebsegoismus verhindern und die gemeinsamen Interessen der gesamten Gesellschaft mehr in den Vordergrund rücken. Für den »Rat der Werktätigen« waren zehn bis dreißig Mitglieder vorgesehen, sie sollten, wie in Jugoslawien, direkt und geheim gewählt werden, allerdings nicht jedes Jahr, sondern nur alle zwei Jahre.

Die Ereignisse in der Tschechoslowakei wurden in der gesamten kommunistischen Weltbewegung mit außerordentlicher Spannung verfolgt. Dabei kam eine deutliche Differenzierung zum Ausdruck. Den fortschrittlichen Kommunisten, die den »Prager Frühling« mit Begeisterung verfolgten und sich mit dieser Entwicklung solidarisierten, standen militante, bürokratisch-diktatorische Kräfte gegenüber, die eine Ausdehnung des tschechoslowakischen Modells auf die Länder des Ost-blocks befürchteten, und die sich daher mit allen Mitteln gegen die Reformer wandten.

Von welchen kommunistischen Parteien wurden Dubček und seine Freunde damals unterstützt?

Vor allem von den jugoslawischen, rumänischen und italienischen Kommunisten. Luigi Longo, der Generalsekretär der KP Italiens, erklärte, die Entwicklung in der Tschechoslowakei stelle einen großen Beitrag zur Unterstützung der Linkskräfte in den kapitalistischen Ländern dar und sei auch ein Anreiz für manche östliche Staaten, den Weg zu einer sozialistischen Demokratie zu beschreiten. Die Führer der jugoslawischen und rumänischen Kommunisten, Tito und Ceaucescu, besuchten Anfang August 1968 die Tschechoslowakei und wurden von der Bevölkerung begeistert begrüßt. Aber auch andere kommunistische Parteien, darunter die schwedische, spanische, japanische und vorübergehend auch die österreichische KP, sahen im »Prager Frühling« ein Modell des Sozialismus und einen Ansporn für ihren eigenen Kampf.

Und wie wirkte sich der »Prager Frühling« auf die anderen Staaten des War-schauer Paktes aus? Gab es hier auch Reformgruppen, die sich mit dem Demokra-tisierungsprozeß in der Tschechoslowakei solidarisierten?

Ja, zweifellos, wahrscheinlich sogar in noch größerem Maße als in Westeuropa, obwohl diese Reformer natürlich keine Möglichkeit hatten, sich offen dafür aus-zusprechen. Zwei Beispiele mögen hier für viele sprechen. Der sowjetische Atomphysiker Andrej Sacharow rühmte in seinem programmatischen Dokument vom Frühjahr 1968 *Gedanken über Fortschritt, friedliche Koexistenz und geistige Freiheit* die für die Zukunft des Sozialismus auf der ganzen Erde so »wichtige Initiative der Tschechoslowakei«. Er schlug sogar vor, daß die Sowjet-union den »Prager Frühling« sowohl politisch als auch durch verstärkte Wirt-schaftshilfe unterstützen sollte. Ähnlich äußerte sich in der DDR Professor Robert Havemann, dessen Erklärung natürlich genausowenig wie die Sacharows im Osten veröffentlicht wurde. Havemann schrieb damals wörtlich: »In der tsche-choslowakischen sozialistischen Republik erleben wir heute den grandiosen Versuch eines radikalen und kompromißlosen Durchbruchs zur sozialistischen Demokratie. Gelingt dieser Versuch, so wird dieser Erfolg von einer historischen Tragweite sein, die sich nur mit der russischen Oktoberrevolution vergleichen läßt. Nichts hat ja den Kampf der Sozialisten und Kommunisten in den kapitali-stischen Ländern mehr gelähmt und gehindert als die Formen des stalinistischen und bürokratischen Sozialismus in den sozialistischen Ländern. Wenn aber in der ČSSR bewiesen wird, daß Sozialismus und Demokratie nicht nur miteinan-der vereinbar, sondern wesensgleich sind, wenn bewiesen wird, daß wahre De-mokratie nur im Sozialismus wirklich vollendet werden kann, dann wird die läh-mende Enttäuschung weichen. Die revolutionäre Jugend der Welt wird wieder ein Ziel vor Augen haben, das frei ist von dunklen Schatten«.

Auf der anderen Seite aber wurde von den führenden Kräften des Ostblocks bereits die Kampagne gegen den neuen Kurs in der Tschechoslowakei begonnen und mit allen Mitteln versucht, die Reformen zu beenden.

Ja, die Maßnahmen der Ostblockführungen gegen den »Prager Frühling« verstärkten sich, je mehr das tschechoslowakische Modell des menschlichen Sozialismus verwirklicht wurde. Nach dem ersten Gipfeltreffen der Ostblockführer in Dresden, Ende März 1968, folgte ein zweites Anfang Mai in Moskau, und schließlich beschlossen die Ostblockführer Mitte Juli in Warschau gemeinsame Maßnahmen gegen die Prager Reformer. Sie veröffentlichten einen Offenen Brief an die tschechoslowakischen Kommunisten, der praktisch darauf hinauslief, die Reformführung zu stürzen. An diesen Konferenzen nahmen jedoch stets lediglich die Spitzenfunktionäre der Sowjetunion, Polens, der DDR, Ungarns und Bulgariens teil, nicht aber die Rumäniens und selbstverständlich auch nicht die Jugoslawiens.

Wann wurden nach Ihrer Meinung die Vorbereitungen für die militärische Invasion und Okkupation der Tschechoslowakei beschlossen?

Offensichtlich in dem Moment, als es der Sowjetführung klar wurde, daß es keine Möglichkeit mehr gab, den Reformprozeß in der Tschechoslowakei aufzuhalten. Ende Mai hatte das tschechoslowakische Zentralkomitee beschlossen, den 14. Parteitag zum 9. September 1968 einzuberufen. Auf diesem Parteikongreß sollte das neue Parteistatut angenommen, eine neue Parteiführung gewählt und das Aktionsprogramm offiziell bestätigt, vielleicht sogar erweitert werden. Damit aber wäre der »Prager Frühling« sanktioniert worden. Zudem hatte sich Mitte Juli, bei den – übrigens erstmals geheimen – Wahlen für die Parteitagsdelegierten herausgestellt, daß die Reformer eine überwältigende Mehrheit erhalten hatten, und die Stalinisten überall durchgefallen waren. Den Ostblockführern wurde nun bewußt, daß der Prozeß in der Tschechoslowakei selbst nicht mehr aufzuhalten war und sie beschlossen daher, eine militärische Invasion vorzubereiten.

Die Sowjetunion und die prosowjetischen Kommunisten haben schon während des »Prager Frühlings«, vor allem aber nach der Okkupation, stets behauptet, daß angeblich in der Tschechoslowakei die Gefahr einer Rückkehr zum Kapitalismus und einer Loslösung vom Warschauer Pakt bestanden hätte. Was halten Sie von dieser Auffassung?

Selbst bei sehr kritischem Lesen der Dokumente, Erklärungen und Reden der tschechoslowakischen Reformer läßt sich eindeutig feststellen, daß es keinerlei Anzeichen für eine Rückkehr zum Kapitalismus gab, weder in Worten noch in Taten. In keiner einzigen Zeitung stand auch nur ein Gedanke, den man auch nur entfernt als Wiederherstellung des kapitalistischen Eigentums oder des Großgrundbesitzes hätte deuten können. Ebensowenig gab es irgendwelche Loslösungsbestrebungen vom Warschauer Pakt. Es wurde lediglich angeregt, den Vertrag zu modernisieren und die Eigenständigkeit der einzelnen Paktstaaten etwas zu vergrößern. Aber niemand stellte damals die Forderung, aus dem Warschauer Pakt auszutreten. Dasselbe gilt auch für die angeblichen Versuche der Prager Reformkommunisten, zu den westlichen Staaten bestimmte wirtschaftliche Kontakte anzubahnen. Die Prager Reformer hatten nicht einmal einen Bruchteil jener Beziehungen geplant, die die heutige sowjetische Führung durch ihre Wirtschaftsabkommen mit den westlichen Ländern verwirklicht.

Worin sehen Sie nun aber die entscheidende Ursache für die sowjetische militärische Intervention am 21. August 1968?
Die einzige Ursache für die Okkupation war meiner Meinung nach die Furcht der Sowjetführer, daß im Herzen Europas ein Sozialismus mit menschlichem Antlitz entstehen könnte, eine tolerante, humane sozialistische Gesellschaft mit freier Meinungsäußerung, geheimen Wahlen, Rechtssicherheit, Presse- und Meinungsfreiheit, dem Recht, ins Ausland zu reisen und der unmittelbaren Teilnahme der Bevölkerung an allen wirtschaftlichen und politischen Angelegenheiten des Landes – geführt von einer vom Vertrauen der Bevölkerung getragenen kommunistischen Partei. Ein solches Modell des Sozialismus hätte eine gewaltige Ausstrahlungskraft auf die gesamte kommunistische Weltbewegung ausgeübt, vor allem aber auch auf die Bevölkerung der osteuropäischen Länder und der Sowjetunion selbst, und dort die Hoffnung auf eine Liberalisierung und auf Reformen verstärkt. Das sollte durch die Okkupation verhindert werden.

Wurde bei den sowjetisch-tschechoslowakischen Verhandlungen in Cierna, Ende Juli 1968, nicht ein Übereinkommen angestrebt?
Ich glaube, das war der letzte Versuch der Moskauer Führung, die tschechoslowakischen Reformkommunisten wieder auf die sowjetische Linie zu bringen. Aber die Vorbereitungen für die militärische Invasion und Okkupation liefen bereits auf vollen Touren, und nur zwölf Tage nach den Verhandlungen in Cierna wurde die verleumderische Pressekampagne der UdSSR und anderer Ostblockstaaten gegen den »Prager Frühling« wieder aufgenommen.

Es wird oft behauptet, der Beschluß über die Besetzung der Tschechoslowakei sei auf Drängen Walter Ulbrichts erfolgt, und innerhalb des sowjetischen Politbüros habe es darüber Meinungsverschiedenheiten gegeben. Ist das auch Ihre Ansicht?
Mit großer Sicherheit kann man annehmen, daß sich Ulbricht im Namen der DDR und auch der damalige polnische KP-Chef Gomulka für die Invasion ausgesprochen haben, aber ich halte es für zweifelhaft, daß das sowjetische Politbüro die Invasion deshalb beschlossen hat. Wie es scheint, gab es innerhalb des sowjetischen Politbüros auch Meinungsverschiedenheiten in dieser Frage – einige Mitglieder sollen zumindest etwas gezögert haben, aber diese Differenzen betrafen meines Erachtens weniger die Haltung zum »Prager Frühling« als lediglich die Methoden, mit denen die tschechoslowakische Reformbewegung unterbunden werden sollte.

Nach der sowjetischen Okkupation in der Nacht vom 20. auf den 21. August 1968,
die ja von den Truppen der DDR, Polens, Ungarns und Bulgariens unterstützt
wurde, haben sich sogar viele kommunistische Parteien gegen die Aggressoren
gewandt. Wie bewerten Sie diese Proteste?

Noch nie hat es eine Aktion der sowjetischen Führung gegeben, die in der kommunistischen Weltbewegung auf eine so weitgehende Ablehnung gestoßen ist. Darunter befanden sich auch die vier herrschenden kommunistischen Parteien in Jugoslawien, Rumänien, China und Albanien, die übrigens sonst in vielen anderen Fragen unterschiedliche Auffassungen vertreten. Im Namen der rumänischen KP erklärte Ceaucescu, daß es keine Rechtfertigung für eine militärische Intervention in die Angelegenheiten eines sozialistischen Bruderlandes gebe, und er verlangte im Namen der rumänischen Kommunisten den völligen Abzug der ausländischen Truppen aus der Tschechoslowakei. Ähnlich äußerte sich Tito im Namen des Bundes der Kommunisten Jugoslawiens, und in Peking erklärte Tschu En-Lai am 23. August, zwei Tage nach der sowjetischen Okkupation: »Das Volk und die Regierung Chinas verurteilen entschieden die verbrecherische Aggression der revisionistischen sowjetischen Führungsclique und ihrer Komplicen. Sie unterstützen das tschechoslowakische Volk in seinem heldenhaften Widerstand gegen die sowjetischen Okkupanten«.

Welche anderen kommunistischen Parteien haben damals die Invasion verurteilt?

In Europa fast alle, darunter vor allem die kommunistischen Parteien Italiens, Schwedens, Belgiens, Hollands, der Schweiz, Dänemarks, Norwegens, Großbritanniens und Spaniens.

Mehrfach war die Auffassung zu hören, die Führer des »Prager Frühlings« seien
zu weit gegangen. Sie hätten den Reformprozeß vorsichtiger und langsamer ver-
wirklichen sollen und dadurch vielleicht die Okkupation vermieden. Halten Sie
das für richtig?

Das ist eine Meinungsfrage. Ich halte diese Auffassung jedoch nicht für richtig. Die Abkehr von einer bürokratischen Diktatur kann nicht ohne Entschlossenheit verwirklicht werden, sonst würde sie ja in halben Reformen steckenbleiben. Mir scheint im Gegenteil, daß manchmal während des »Prager Frühlings« unnötige Konzessionen gemacht wurden und Partei und Bevölkerung nicht genügend auf die Gefahr einer Okkupation vorbereitet worden sind. Die schnellere Entfernung der Stalinisten aus dem Partei- und dem Staatsapparat, eine frühere Einberufung des Parteitages, verbunden mit allgemeinen Wahlen im Lande, hätten den »Prager Frühling« offiziell in jeglicher Hinsicht sanktioniert und damit das Eingreifen von außen erschwert. Auch eine deutlichere Bekundung der Bereitschaft, die Reformen mit allen Mitteln zu verteidigen, hätte der sowjetischen Führung die Invasion eher als Risiko erscheinen lassen und dadurch vielleicht die Gefahr einer Okkupation verringert oder sogar ganz verhindert. Vor allem habe ich es bedauert, daß nach der militärischen Besetzung die Mehrheit der tschechoslowakischen Reformkommunisten im Parlament den Stationierungsvertrag mit den sowjetischen Truppen im Parlament gebilligt und damit den Kampf der Bevölkerung gegen die ausländische Okkupation erschwert hat.

Wie schätzen Sie die Konzeptionen der Prager Reformbewegung für die weitere Zukunft ein? Nicht selten hört man die Meinung, das tragische Beispiel der Tschechoslowakei habe gezeigt, daß solche Zielsetzungen, so positiv sie von der Sache her auch sein mögen, in der Realität keine Perspektiven hätten. Würden Sie dem zustimmen?

Nein, keinesfalls. Die Tatsache, daß dieser erneute Versuch, ein anderes Modell des Sozialismus zu schaffen, durch eine militärische Intervention zunichte gemacht wurde, sagt noch nichts über die langfristigen Möglichkeiten aus. Die Ziele und Konzeptionen des »Prager Frühlings« sind keine abstrakten Wünsche, sie entsprechen vielmehr den gesellschaftlichen Notwendigkeiten und Erfordernissen – übrigens nicht nur der Tschechoslowakei, sondern auch der Sowjetunion und den mit ihr verbündeten Ländern Osteuropas. Diese Konzeptionen stellen meiner Auffassung nach den einzig möglichen Weg dar, die gegenwärtigen Widersprüche und Gegensätze in den Ostblockstaaten auf einer sozialistischen Grundlage zu überwinden. Durch die Okkupation wurde dieser erste Versuch zwar zerschlagen, aber damit sind weder die Probleme gelöst, noch ist das endgültige Wort über die Ideen und zukünftigen Möglichkeiten eines Sozialismus mit menschlichem Antlitz gesprochen.

3

Der Maoismus – die Ideologie der chinesischen Kommunisten

Der Maoismus wird heute weit über China hinaus diskutiert. Er umfaßt jedoch so viele Bereiche und Probleme, daß wir uns hier nur auf einige zentrale Fragen konzentrieren können. Vor allem interessiert uns, worin die Besonderheiten des chinesischen Kommunismus liegen, wann und unter welchen Bedingungen Mao Tsetung seine Konzeptionen entwickelt hat und worin die entscheidenden politisch-ideologischen Thesen des Maoismus bestehen. Wie würden Sie den Maoismus kurz definieren?

Der Maoismus, der in China offiziell als »Marxismus-Leninismus-Mao Tsetung-Ideen« bezeichnet wird, stellt den Versuch dar, bestimmte marxistische und leninistische Konzeptionen mit der chinesischen Tradition zu verbinden; er enthält eine ideologische Verallgemeinerung der Erfahrungen der chinesischen Revolution sowie eine Reihe politischer Konzeptionen für die Entwicklung nach dem Sieg der Revolution, wobei die Probleme der Widersprüche und der Bewußtseinsumbildung des Menschen eine besonders große Rolle spielen.

Unter den wichtigsten Aspekten des Maoismus haben Sie eben den Versuch erwähnt, bestimmte marxistische und leninistische Konzeptionen den Besonderheiten Chinas anzupassen und mit der chinesischen Tradition zu verbinden. Läßt sich dies mit dem Problem Lenins vergleichen, marxistische Konzeptionen um die Jahrhundertwende auf das zaristische Rußland zu übertragen?

Es gibt durchaus Ähnlichkeiten, aber vielleicht war dieser Prozeß im Fall Chinas noch schwieriger. Als im Juli 1921 die Kommunistische Partei Chinas gegründet wurde, fehlten jegliche Bedingungen für eine sozialistische Revolution. China war zu Anfang der zwanziger Jahre ein riesiges halbkoloniales Land, ökonomisch sogar noch rückständiger als das zaristische Rußland von 1917, ein Staat, in dem die Arbeiterklasse noch nicht einmal 1 % der Bevölkerung ausmachte. Die jahrhundertelange Isolierung des Landes, die konfuzianische Tradition, die ethnozentrische Vorstellung eines »Reiches der Mitte«, die ökonomische Rückständigkeit und der halbkoloniale Zustand mit einer weitgehenden Kontrolle durch ausländische Mächte – diese und viele andere Besonderheiten erforderten notwendigerweise eine völlig neue Revolutionstheorie, die sich weitgehend von marxistischen, ja selbst von leninistischen Konzeptionen unterscheiden mußte. In China war ein Aufstand der Arbeiterklasse gegen den Kapitalismus nicht möglich; denkbar und möglich war dagegen nur eine Verbindung zwischen einem nationalen Befreiungskampf und einer antifeudalen Revolution, wobei die Bauernschaft die entscheidende Rolle spielen mußte.

Aber dies wurde von den chinesischen Kommunisten zunächst nicht erkannt?
Nein, zunächst nicht. Die Kommunistische Partei Chinas konzentrierte ihre politische Tätigkeit in den Jahren von 1921 bis 1927 auf die Arbeiterschaft in den Städten und entwickelte sich daher nur langsam. Auf sowjetischen Wunsch verbündeten sich die chinesischen Kommunisten zunächst mit der damals nationalrevolutionären Bewegung der Kuo-min-tang und versuchten, wie bereits erwähnt, vor allem die Arbeiterschaft in den großen Städten zu gewinnen. Die Übertragung sowjetischer Vorstellungen und Doktrinen auf die völlig andersgeartete revolutionäre Bewegung in China führte zu einer katastrophalen Niederlage. Nach dem Staatsstreich Tschiang Kai-scheks im Frühjahr 1927 und dem Bruch zwischen der Kuo-min-tang und den Kommunisten wurden auf Befehl Tschiang Kai-scheks Tausende von chinesischen Kommunisten ermordet. Die überlebenden Kommunisten befanden sich in der Illegalität, waren demoralisiert und zersplittert. Bei vielen chinesischen Kommunisten, darunter auch Mao Tse-tung und Tschou En-lai, führten die damaligen Ereignisse zu der Erkenntnis, daß die chinesische kommunistische Bewegung nicht mehr von ausländischen Emissären geleitet werden dürfte, sondern sich auf die eigenen revolutionären Kräfte stützen müßte, in erster Linie auf die Bauernschaft.

Und Mao Tse-tung hat diese Notwendigkeit dann verkündet?
Ja, Mao Tse-tung erklärte bereits im März 1927 in seinem heute so berühmten, damals aber kaum beachteten Artikel *Untersuchungsbericht über die Bauernbewegung in Hunan,* daß es nur kurze Zeit dauern werde, bis sich in allen Teilen Chinas Hunderte Millionen von Bauern erheben würden. »Sie werden«, so sagte Mao wörtlich, »ungestüm und unbändig wie ein Orkan sein, und keine noch so große Macht wird sie aufhalten können. Sie werden alle ihnen angelegte Fesseln sprengen und auf dem Wege zur Befreiung vorwärts stürmen.«
In dieser Schrift bezeichnete Mao die Bauernschaft als Hauptkraft der Revolution. Dies stand zweifellos im Gegensatz zur ursprünglichen Marxschen Theorie von der Arbeiterschaft als der führenden Kraft der sozialen Revolution, aber es war eine These, die den Bedingungen der chinesischen Revolution genau entsprach.

Wann und wie wurde diese neue These über die führende Rolle der Bauernschaft in der Revolution von den chinesischen Kommunisten in der Praxis verwirklicht?

Schon im Herbst 1927, in der Periode des tragischen Zusammenbruchs der kommunistischen Bewegung, beschloß Mao, übrigens ohne Zustimmung der damaligen offiziellen Führung der KP Chinas, bewaffnete Verbände aus revolutionären Bauern zu bilden. Es gelang ihm, an der Spitze eines revolutionären Bauernverbandes von etwa 1000 Mann, in den Tsching-Kang-Bergen, einer schwer zugänglichen Gebirgsgegend an der Grenze der Provinzen Hunan und Kiangsi, die erste revolutionäre Partisanenbasis zu bilden.

Im Frühjahr 1928 stießen weitere revolutionäre Partisanen-Abteilungen zu Mao, darunter auch eine, die von Tschou En-lai geführt wurde. Mao Tse-tung prophezeite bereits damals in seiner Schrift *Der Kampf in den Tsching-Kang-Bergen,* daß diese roten Territorien sich allmählich immer mehr ausdehnen würden. Tatsächlich wurden vor allem durch die Aufteilung des Großgrundbesitzes immer mehr Bauern für die revolutionäre Sache gewonnen. Die enge Verknüpfung des militärischen und des politischen Kampfes und der neue Charakter der revolutionären Armee – Offiziere und Soldaten waren gleichberechtigt, sie genossen Rede- und Versammlungsfreiheit, und die Gelder wurden vor den Augen aller verteilt – spielte bei diesen Erfolgen eine große Rolle. So konnte bereits im November 1931 die chinesische Sowjetrepublik mit dem Zentrum Juichin in der Provinz Kiangsi ausgerufen werden. Mao Tse-tung wurde zwar der Vorsitzende der neuen Regierung, gehörte aber nicht dem Politbüro an, das damals noch von Anhängern der sowjetischen Parteilinie beherrscht wurde, die immer wieder die Tätigkeit auf die Großstädte verlagern wollten und Mao Tse-tungs Konzeptionen kritisch gegenüberstanden. Erst im Januar 1935, auf der berühmten Konferenz in Tsunji während des »Langen Marsches«, wurde dann Mao Tse-tung zum Vorsitzenden der Partei gewählt.

Sie erwähnten eben den »Langen Marsch«, der ja in der Geschichte des chinesischen Kommunismus eine große Rolle gespielt hat. Wie kam es dazu?

Im Herbst 1933 begann die Kuo-min-tang, übrigens unter Mitwirkung deutscher Militär-Experten, darunter von Seeckt und von Falkenhausen, eine gewaltige, alles bis dahin übersteigende militärische Offensive gegen die chinesischen Sowjetgebiete, die bald umzingelt wurden. Den KP-Führern blieb nur die Möglichkeit, durch einen Ausbruch der drohenden Vernichtung zu entgehen, die Sowjetgebiete in Kiangsi zu räumen und zu versuchen, in anderen Gebieten Chinas eine neue revolutionäre Basis zu schaffen.

So begann Mitte Oktober 1934 der Ausbruch der kommunistischen Truppen, der berühmte »Lange Marsch«. Unter unsagbaren Schwierigkeiten durchquerte damals die chinesische Rote Armee elf chinesische Provinzen und legte dabei insgesamt einen Weg von 12 000 Kilometern zurück. Nach 368 Tagen ständigen Kampfes und dauernder Gewaltmärsche durch unwegsame Gebiete erreichte die chinesische Rote Armee Ende 1935 die nördliche Provinz Schensi. Hier wurde wenige Monate später ein neues revolutionäres Zentrum mit der Hauptstadt Yenan geschaffen, und schon 1936 verfügten die chinesischen Kommunisten wieder über ein Territorium mit 40 Millionen Einwohnern.

Der »Lange Marsch« wird auch im heutigen China, mehr als 40 Jahre später, besonders herausgestellt. Worin sehen Sie seine Bedeutung für die weitere Entwicklung des chinesischen Kommunismus?

Das Vertrauen in die Stärke der eigenen Kraft, die untrennbare, für den Maoismus so typische Verflechtung des politischen und militärischen Kampfes hatten hier ihren Ursprung. Erst nachdem Mao Tse-tung im Januar 1935, also während des »Langen Marsches«, Parteiführer geworden war und die chinesischen Kommunisten sich anschließend selbständig und ohne äußere Hilfe ein neues revolutionäres Zentrum in Yenan geschaffen hatten, begann die eigentliche Geschichte des *chinesischen* Kommunismus. Nun erst hatte Mao sowohl die Möglichkeit als auch die Macht, seine Konzeptionen für die chinesische Revolution zu entwickeln.

Um welche entscheidenden Thesen handelt es sich dabei?

Zunächst schuf Mao eine neue Revolutions-Konzeption für China. Nach seiner Auffassung hatte die chinesische Revolution die Hauptaufgabe, den nationalen Befreiungskrieg gegen die japanischen Eroberer und ausländischen Imperialisten zu führen und diesen mit einer demokratischen Revolution gegen die feudalen Großgrundbesitzer zu verbinden. Zur Verwirklichung dieser Zielsetzung forderte Mao die Bildung einer breiten nationalen revolutionären Einheitsfront. Die Kommunisten sollten aufrichtig und ehrlich mit den befreundeten Gruppierungen und Parteien zusammenarbeiten. Dieses Bündnis sollte in einem Drei-Drittel-System, manchmal auch Drittel-Parität genannt, seinen Ausdruck finden.

Was verstand Mao unter diesem Drei-Drittel-System beziehungsweise der Drittel-Parität?

Nach der von Mao verkündeten Drittel-Parität sollten bei der Bildung der neuen Machtorgane, der Volksausschüsse, jeweils ein Drittel der Sitze auf die Kommunisten entfallen, ein zweites Drittel auf die parteilosen Linken, die vor allem von fortschrittlichen Angehörigen des Kleinbürgertums repräsentiert wurden, und schließlich das restliche Drittel auf Vertreter der mittleren nationalgesinnten Unternehmer und der fortschrittlichen Großgrundbesitzer. Diese Drittel-Parität war, laut Mao, notwendig, um Verbündete für den Kampf zu gewinnen, andererseits aber auch, um Monopolansprüche zu verhindern und die Mitglieder der Kommunistischen Partei daran zu gewöhnen, langfristig mit anderen politischen Kräften zusammenzuarbeiten.

Wie verhielt sich diese nationale, anti-feudale Revolution aber nun zur sozialistischen Zielsetzung?

Die nationale, antifeudale Umwälzung, später übrigens neu-demokratische Revolution genannt, sollte die spätere sozialistische Revolution vorbereiten. Als Nahziel und Zwischenstufe proklamierte Mao Tse-tung Anfang 1940 die Errichtung einer »neuen Demokratie«. Dabei sollten die Großbanken und großen Industrieunternehmen verstaatlicht werden, das kleine und mittlere Privateigentum jedoch weiter bestehen. In der Landwirtschaft wollte man lediglich den Boden der Großgrundbesitzer beschlagnahmen und unter die Bauern aufteilen, während große bäuerliche Wirtschaften bestehen bleiben sollten. Politisch sollte diese neue Demokratie durch ein Bündnis aller am Kampf beteiligten revolutionären Klassen getragen werden. Gleichzeitig sollte im Verlaufe einer Kulturrevolution – dieser Begriff wurde schon damals von Mao benutzt – die alte reaktionäre Kultur überwunden und eine neue nationale, demokratische Kultur geschaffen werden.

Häufig wird der Ausspruch Maos »Die Macht kommt aus den Gewehrläufen« zitiert. Wann hat er das verkündet und aus welchen Gründen?
Dieser Ausspruch stammt aus einem Artikel vom November 1938; er ist kennzeichnend für die enge Verknüpfung politischer und militärischer Kampfmethoden in der chinesischen Revolution. Mao erklärte, daß die zentrale Aufgabe der Revolution die Machtergreifung mit Waffengewalt sei und die Macht aus den Gewehrläufen komme, wobei jedoch die Partei über das Gewehr zu kommandieren habe. In diesem Zusammenhang wies Mao Tse-tung übrigens erneut darauf hin, daß die Bauern die Grundlage der Revolution in China darstellten und der Sieg der chinesischen Revolution zunächst in den ländlichen Gebieten erfolgen würde. Das Dorf, die ländlichen Gebiete, seien die Basis der Revolution.

Mao Tse-tungs Thesen über die Verbindung des nationalen Befreiungskampfes mit einer antifeudalen Umwälzung, die breite revolutionäre Einheitsfront, das Drei-Drittel-System, die führende Rolle der Bauernschaft, das Zwischenziel einer neuen Demokratie und schließlich die Verknüpfung des militärischen und politischen Kampfes – all dies stellte ja eine weitgehende Abkehr von der sowjetischen Ideologie dar. Wie hat Mao das erklärt und begründet?
Bereits in den dreißiger Jahren erklärte Mao immer wieder, daß es darauf ankomme, den Marxismus mit der konkreten Praxis der chinesischen Revolution zu verbinden, den Marxismus-Leninismus, wie er sagte, in eine chinesische Form zu kleiden und sich dabei auf die chinesische Tradition zu stützen. Ende 1936 wandte sich Mao bereits gegen die falsche Ansicht, man brauche nur die Erfahrungen in Rußland zu studieren und in Übereinstimmung mit den dort veröffentlichten Handbüchern aktiv zu werden. Dies zu tun würde bedeuten, die Füße zu beschneiden, damit sie in die Stiefel passen; eine solche Politik würde zu einer Niederlage führen.
Im Oktober 1938 forderte Mao die chinesischen Kommunisten auf, nicht nur Marx und Lenin, sondern auch die chinesische Tradition zu studieren. Wörtlich erklärte Mao damals: »Unser Volk hat eine vieltausendjährige Geschichte, es hat seine Besonderheiten, es hat unzählige Werte geschaffen. Wir dürfen unsere historische Vergangenheit nicht verleugnen. Wir müssen unsere ganze Vergangenheit verallgemeinern, müssen von diesen Werten Besitz ergreifen. Der Marxismus muß auf die konkreten Bedingungen Chinas angewendet werden, damit er in all seinen Erscheinungen unbedingt die chinesische Besonderheit wider-

spiegelt. Man muß Schluß machen mit den Schablonen von jenseits der Meere.« Die chinesischen Kommunisten müßten, wiederholte Mao im Januar 1940, die allgemeinen Wahrheiten des Marxismus mit der konkreten Praxis der chinesischen Revolution verbinden.

Mao lehnte es ab, die Sowjetunion als Modell anzusehen. Wie reagierte die Stalin-Führung in Moskau darauf?
Es fiel schon damals, Anfang der vierziger Jahre, auf, daß viele Schriften der chinesischen Kommunisten nicht, wie sonst üblich, in der Sowjetunion in russischer Übersetzung veröffentlicht wurden. Darüber hinaus kam es in den Jahren 1941 und 1942 zu erheblichen Differenzen zwischen Mao Tse-tung und den damals in Yenan eingetroffenen sowjetischen Vertretern, die eine strikte Übernahme sowjetischer Erfahrungen verlangten. Mao stellte dagegen die Besonderheiten der chinesischen Revolution in den Vordergrund. Im Sommer 1943 erklärte Mao, nicht ohne Stolz, die chinesische Revolution sei komplizierter als die russische Revolution und die chinesischen Kommunisten hätten schon seit 1935 weder Hilfe noch Rat von der in Moskau residierenden Kommunistischen Internationale erhalten. Im Frühjahr 1945 meinte Mao, in China werde eine eigenartige Form des Staates entstehen, die sich von der Ordnung in Rußland unterscheide. Schon damals, in den vierziger Jahren, gab es übrigens in vielen Ländern nachdenkliche und kritische Kommunisten, die die Hoffnung hegten, daß in China eine Alternative zum Stalinismus entstehen würde.

Aber offiziell bekundeten die chinesischen Kommunisten damals noch ihre Treue zur Sowjetunion.
Durchaus, in allen offiziellen Verlautbarungen war dies der Fall, obwohl manche besonderen Akzente nicht zu übersehen waren. Nach dem Sieg der Revolution und der Proklamierung der chinesischen Volksrepublik am 1. Oktober 1949 in Peking wurde zunächst in China das sowjetische System weitgehend übernommen: die Verstaatlichung, die Bodenreform, die Planwirtschaft sowie Mitte der fünfziger Jahre auch die Kollektivierung der Bauernschaft. Stalin und die Sowjetunion wurden offiziell verherrlicht. Aber die Besonderheiten der chinesischen Entwicklung wirkten trotzdem weiter, und es war nicht schwer vorauszusagen, daß diese früher oder später mit dem bürokratisch-zentralistischen System der Sowjetunion und den sowjetischen Bestrebungen, ihren Einfluß in China auszubauen, in Konflikt geraten würden. So kam es schließlich auch: Nach dem 20. sowjetischen Parteitag im Februar 1956 begann der eigentliche Moskau-Peking-Konflikt.

Schon bald nach dem 20. sowjetischen Parteitag begannen die chinesischen Kommunisten sich immer mehr von Moskau zu distanzieren. Sie entwickelten eine Reihe neuer ideologischer Konzeptionen. Um welche Thesen und Theorien handelt es sich dabei?
Die erste bedeutsame neue Konzeption war Maos Theorie von den »Widersprüchen im Sozialismus«. Ende 1956 verkündete er, daß im Gegensatz zur Sowjet-

ideologie, die von einer »moralisch-politischen Einheit« im Sozialismus spricht, die Widersprüche ein allgemeingültiges Gesetz der Entwicklung seien und auch in der sozialistischen Phase weiter bestehen würden. Dabei müsse man sorgfältig zwischen zwei Arten von Widersprüchen unterscheiden. Einerseits gebe es antagonistische Widersprüche – Widersprüche zwischen dem Volk und seinen Feinden, die nur mit Gewalt gelöst werden könnten. Andererseits aber gebe es auch in der sozialistischen Entwicklung nichtantagonistische Widersprüche – darunter die Widersprüche zwischen der Arbeiterklasse und der Bauernschaft, zwischen den Werktätigen in der Produktion und der Intelligenz, ja sogar zwischen der Regierung und den Volksmassen; ferner Widersprüche zwischen den Interessen des Staates, der Kollektive und den einzelnen Personen. Diese im Sozialismus existierenden Widersprüche, so Mao, müßten durch Diskussionen und offene Aussprachen gelöst werden.

Diese Lehre Maos von den Widersprüchen im Sozialismus ist wohl die Grundlage für seine Devise »Laßt hundert Blumen blühen, laßt hundert Schulen miteinander wetteifern«?
Ja, beide Dinge hängen miteinander zusammen. Im direkten Gegensatz zu den sowjetischen Vorstellungen über eine »moralisch-politische Einheit« im Sozialismus, über die »Parteilichkeit in der Wissenschaft« und den »sozialistischen Realismus« als der verpflichtenden Generallinie in Literatur und Kunst vertritt der Maoismus die Auffassung, daß, ausgehend von den Widersprüchen im Sozialismus, ein freier Meinungskampf stattfinden müsse, allerdings mit der Einschränkung, daß dabei alle unterschiedlichen Auffassungen des Sozialismus, nicht aber die seiner Feinde zum Ausdruck kommen dürfen. Die Devise »Laßt hundert Blumen blühen« bezeichnete Mao als eine gute Methode, um die Widersprüche aufzudecken und zu lösen. »Es kommt darauf an«, erklärte Mao, »daß man alle Menschen ihre Meinung ungeniert zum Ausdruck bringen läßt, daß man sie ermutigt, zu sprechen, zu kritisieren und zu debattieren, daß man falsches und boshaftes Gerede nicht fürchtet, daß Meinungskampf und gegenseitige Kritik gefördert und sowohl Kritik wie Gegenkritik frei geübt werden, daß man falsche Ansichten nicht unterdrückt, sondern diejenigen, die falsche Ansichten vertreten, mit Argumenten überzeugt.«
Durch diesen freien Meinungskampf sollten Wissenschaft, Kultur und Kunst gefördert werden. Unterschiedliche Formen und Stilarten der Kunst sollten sich frei entwickeln, unterschiedliche Schulen der Wissenschaft frei miteinander wetteifern.

Sollte die Politik der »hundert blühenden Blumen« auch für den ideologischen Bereich gelten?
Ja, Mao Tse-tung verkündete im Frühjahr 1957, daß auch der Marxismus in China offen kritisiert werden könnte: »Die Marxisten sollten keine Kritik, woher sie auch komme, fürchten. Ganz im Gegenteil, sie müssen sich im Feuer der Kritik und im Sturm des Kampfes stellen und entwickeln und ihre Stellung erweitern. Die Politik, hundert Blumen blühen und hundert Schulen miteinander

wetteifern zu lassen, wird die führende Position des Marxismus auf ideologischem Gebiet nicht schwächen, sondern stärken.«

Obwohl diese Kampagne der »hundert Blumen« einige Monate später, als die Kritik über die von der Führung gewünschte Grenze hinausging, wieder eingestellt wurde, gilt das Grundprinzip von den Widersprüchen im Sozialismus und der Politik der »hundert Blumen« auch in der heutigen maoistischen Ideologie.

Bisher haben Sie die Rolle und Funktion der kommunistischen Partei, die ja in der sowjetischen Ideologie von überragender Bedeutung ist, nur einmal beiläufig erwähnt. Was sagt der Maoismus über die Partei, ihre Struktur und Funktion?

Im Mittelpunkt der maoistischen Konzeption über die Partei steht zunächst, daß die Partei engste Verbindung zur Bevölkerung halten müsse und die Parteifunktionäre sich durch Bescheidenheit auszeichnen sollen. »Ein chinesischer Kommunist« – so schrieb Mao im Oktober 1938, und dies wird auch heute in China häufig zitiert – »darf politisch zurückgebliebenen Menschen keine Mißachtung oder Verachtung entgegenbringen, sondern er muß die Verbindung mit ihnen festigen und sie zu überzeugen versuchen. Die Kommunisten haben nicht das geringste Recht, sich für unfehlbar zu halten, die Nase hoch zu tragen, sie dürfen nicht aufschneiden und sich nicht für uneingeschränkte Herrscher halten.« Daher werden auch die Funktionäre zur körperlichen Arbeit in Kollektiven herangezogen, und in den sechziger Jahren wurden die Einkommensunterschiede zwischen den Funktionären und der Bevölkerung immer mehr verringert.

Der Maoismus betont besonders, daß die kommunistischen Parteien aller Länder unabhängig und selbständig sein müssen. »Eine Partei«, so heißt es in einem offiziellen chinesischen Kommentar, »die ausländische Erfahrungen abschreibt und nachplappert und nach dem Befehlsstab gewisser Leute im Ausland tanzt, ist niemals zur Führung eines revolutionären Kampfes fähig. Notwendig ist dagegen eine Partei, die imstande ist, selbständig zu denken, ihren eigenen Kopf zu benutzen und die Prinzipien des Marxismus-Leninismus mit der konkreten Praxis im eigenen Land zu verbinden.« Ausgehend davon fordern die chinesischen Kommunisten die absolute Gleichberechtigung der kommunistischen Parteien aller Länder. Es dürfe keine führenden und untergeordneten kommunistischen Parteien geben. Keine Partei, so stark sie auch sein möge, dürfe andere kommunistische Parteien dirigieren.

Damit sind wir bereits bei den maoistischen Vorstellungen über die internationale kommunistische Bewegung. Wie steht der Maoismus zu der sowjetischen Vorstellung von einem »einheitlichen sozialistischen Lager« und zu den von Moskau erstrebten ökonomischen Integrationen im Ostblock?

Die von Moskau erstrebte enge Zusammenarbeit des »sozialistischen Lagers« unter sowjetischer Führung wird abgelehnt. Der Maoismus fordert die Gleichberechtigung in den Beziehungen zwischen allen sozialistischen Ländern. Diese Beziehungen sollen sich auf die Prinzipien der völligen Gleichberechtigung gründen, der Achtung der territorialen Integrität, der Souveränität und Unabhängigkeit sowie der gegenseitigen Nichteinmischung in die inneren Angelegenheiten. Auch die von Moskau geforderte ökonomische Integration des Ostblocks unter der Losung »Internationale sozialistische Arbeitsteilung« lehnen die chinesischen Kommunisten ab, weil, wie sie erklären, dies dazu führen könnte, daß ein starkes sozialistisches Land gegenüber anderen Ländern wirtschaftlichen Druck ausübt. Dies wird als Großmachtchauvinismus abgelehnt. Der Maoismus tritt für die Selbständigkeit jedes sozialistischen Landes ein. Jedes sozialistische Land müsse, den konkreten Bedingungen entsprechend und gestützt auf die Begabung, den Fleiß und die Arbeit des eigenen Volkes, den Aufbau des Sozialismus eigenständig verwirklichen.

Im Gegensatz zu Moskau treten die chinesischen Kommunisten nicht nur für die Unabhängigkeit und die Gleichberechtigung aller kommunistischen Parteien ein, sie haben auch eine massive Kritik am innerpolitischen System der UdSSR geübt. Könnten Sie das einmal kurz skizzieren?
Bis 1964 erklärten die chinesischen Kommunisten, daß es sich bei den Sowjetführern um »Revisionisten« handele, also um Kommunisten, die sich einer Abweichung schuldig gemacht hätten. Seit Juli 1964, seit dem Aufsatz *Über den Pseudo-Kommunismus Chruschtschows und die historischen Lehren für die Welt* gehen die chinesischen Kommunisten in ihrer Kritik weit darüber hinaus: Unter Lenin und Stalin habe sich die Sowjetunion im wesentlichen positiv entwickelt, obwohl bereits unter Stalin negative Tendenzen zutage getreten seien. Vor allem habe Stalin ein Lohnsystem mit hohen Gehältern eingeführt, und ein Teil der Partei- und Staatsfunktionäre sei zu bürgerlichen Elementen entartet. Nach Stalins Tod habe sich dann die Klassendifferenzierung in der sowjetischen Gesellschaft beschleunigt, und eine neue priviligierte Schicht habe die Macht übernommen. Diese eigne sich die Früchte der Arbeit des Sowjetvolkes an; sie habe sich in ihrer Lebensweise völlig von den Werktätigen der Sowjetunion losgelöst und führe »das schmarotzerische und dekadente Leben der Bourgeoisie«. Das einzige, was die Angehörigen der herrschenden Schicht der UdSSR interessiere, sei »die Festigung ihrer wirtschaftlichen Stellung und ihrer politischen Herrschaft«. Unter diesen Bedingungen sei die sowjetische Partei- und Staatsführung nichts anderes als die Vertretung der sowjetischen Bourgeoisie. Die UdSSR sei damit keine »Diktatur des Proletariats« mehr, sondern ein Staat, in dem eine Handvoll Machthaber die Diktatur über die breiten Massen der Arbeiter, Bauern und Intellektuellen ausübe. In der Sowjetunion habe sich eine kapitalistische Restauration vollzogen.

Hatte nicht die Kulturrevolution in China – das beherrschende Ereignis in den Jahren 1966 bis 1969 – unter anderem auch das Ziel, eine ähnliche Entartung oder gar kapitalistische Restauration, wie sie nach Auffassung der Maoisten in der Sowjetunion zu beobachten sei, in China unmöglich zu machen?
Diese Meinung würde ich durchaus teilen. Mir scheint, es wird häufig übersehen, daß die chinesische Kritik an der Sowjetunion sehr eng mit der Kulturrevolution zusammenhängt. Die zunehmende Kritik Pekings an der Sowjetunion, vor allem die »These von der kapitalistischen Restauration«, führte logischerweise zu der

Schlußfolgerung, ähnliches in China nicht zuzulassen. Das fand zunächst seinen Ausdruck unter anderem darin, daß man im Mai 1965 die Rangabzeichen in der Armee abschaffte und die früheren Schriften Mao Tse-tungs aus der Revolutionszeit wieder in großen Auflagen neu herausgab. Schließlich wurden im August 1966, nach längeren internen Auseinandersetzungen, auf einer Plenartagung des Zentralkomitees die Ziele der Kulturrevolution proklamiert. »Die große proletarische Kulturrevolution«, so wurde offiziell erklärt, »ist eine großartige Revolution, die das innere Leben der Menschen berührt. Das Ziel dieser Revolution ist der Sturz einer Handvoll von Parteileuten, die Machtpositionen innehaben und den kapitalistischen Weg gehen; sie ist die Zerstörung der bürgerlichen Ideologie, die nachdrückliche Pflege der Lehre Mao Tse-tungs, die Umwandlung der Weltanschauung des Menschen, die Ausrottung der Wurzeln des Revisionismus, damit die Diktatur des Proletariats in unserem Lande konsolidiert und das sozialistische System gesichert und weiterentwickelt wird.«

Hat eigentlich eine Kulturrevolution noch irgend etwas mit Marx und Engels zu tun? Haben Marx und Engels in ihren Schriften sich einmal vorgestellt, daß im Gefolge einer zukünftigen sozialen Revolution auch eine Kulturrevolution folgen werde?
Doch, durchaus. Die chinesischen Kommunisten können sich auf einen wichtigen Hinweis von Marx und Engels im *Kommunistischen Manifest* stützen. Dort heißte es wörtlich: »Die proletarische Revolution ist das radikalste Brechen mit den überlieferten Eigentumsverhältnissen; kein Wunder, daß in ihrem Entwicklungsgange am radikalsten mit den überlieferten Ideen gebrochen wird.« In diesem Sinne war und ist die Zielsetzung der chinesischen Kommunisten, sich nicht auf ökonomische und politische Wandlungen zu beschränken, sondern auch durch eine Kulturrevolution zu einer geistigen Umwälzung zu gelangen, durchaus im Einklang mit Marx und Engels. Die Formen, in denen das geschieht, sind natürlich der chinesischen Entwicklung und den chinesischen Besonderheiten angepaßt. Aber auch dies hat Marx vorausgesehen. So prophezeite er 1850, eine zukünftige Übertragung sozialistischer Grundsätze auf China werde erhebliche Veränderungen mit sich bringen. Wörtlich meinte Marx: »Der chinesische Sozialismus mag sich nun freilich zum europäischen verhalten wie die chinesische Philosophie zur Hegelschen.«

Aber nun zum politischen Aspekt der Kulturrevolution. Worum ging es den chinesischen Kommunisten? Wie schätzen Sie die Bedeutung der Kulturrevolution ein?
In erster Linie ging es wohl darum, die Revolution permanent zu machen, die revolutionären Erfahrungen der älteren auf die junge Generation zu übertragen und diesen jungen, nach der Revolution aufgewachsenen Menschen das Erlebnis einer Revolution zu vermitteln. Außerdem, und dies war besonders wichtig, sollte die Entstehung hierarchischer Partei-, Staats- und Wirtschafsstrukturen verhindert und bürokratische Überheblichkeit und Eigendünkel ausgemerzt werden. Denn nach Auffassung der Maoisten genügt es nicht, eine Revolution auf den ökonomischen, sozialen und politischen Bereich zu beschränken. Eine

Revolution sei nur dann konsolidiert und gesichert, wenn sie das Bewußtsein der Menschen erfaßt und verändert. Übrigens wurde in Peking wiederholt erklärt, daß es sich bei der Kulturrevolution nicht um eine einmalige Aktion handele, sondern daß diese nur die erste ihrer Art sei und in Zukunft regelmäßig Kulturrevolutionen in China stattfinden würden.

Während der Kulturrevolution Mitte und Ende der sechziger Jahre, und vor allem seit dem Ussuri-Grenzkonflikt im März 1969, hat sich die Kritik der chinesischen Kommunisten an der Sowjetunion beträchtlich verschärft.
Richtig. Seit dieser Zeit sprechen die chinesischen Kommunisten in zunehmendem Maße von den »neuen Zaren im Kreml« und vertreten die These, die frühere zaristische Eroberungspolitik werde unter neuer Flagge fortgesetzt. Sie stützen sich dabei auf Lenin, der während des Ersten Weltkrieges den Begriff »Sozial-Imperialismus« für diejenigen prägte, die die imperialistischen Ziele ihrer Regierung unterstützen, aber gleichzeitig vorgeben, Sozialisten zu sein. Peking benutzt nun den Begriff für die sowjetischen Führer, die, nach Auffassung der chinesischen Kommunisten, ihre imperialistische Politik mit einem sozialistischen Mäntelchen verschleiern; daher seien sie »Sozial-Imperialisten«.

Wie läßt sich die These von den »neuen Zaren« und der Politik des »Sozial-Imperialismus« auf die gegenwärtige Weltsituation anwenden? Wo stehen nach Auffassung des Maoismus die revolutionären Kräfte, wo die Imperialisten?
Auch hier ist der Gegensatz zur sowjetischen Betrachtungsweise unverkennbar. Während die Sowjetideologie vom Kampf zweier Systeme spricht – einem »sozialistischen Lager« unter Führung der Sowjetunion und einem »imperialistischen Lager« unter Führung der USA – wird dies von den chinesischen Kommunisten bestritten.
Nach Auffassung des Maoismus gibt es ein revolutionäres Lager, das vor allem durch die revolutionären Kräfte in den Entwicklungsländern Asiens, Afrikas und Lateinamerikas repräsentiert wird. Auf der anderen Seite steht das Lager des Imperialismus, nämlich die beiden Supermächte USA und UdSSR, die eine Einheit bilden, auch wenn sie in Einzelfragen mitunter in Konflikt geraten. Zwischen den revolutionären Kräften auf der einen und dem Lager des Imperialismus auf der anderen Seite gebe es eine Zwischenzone, nämlich diejenigen kapitalistischen Länder, die sich nicht einer der beiden Supermächte anschlössen. Die Verselbständigung der kapitalistischen Länder gegenüber den Supermächten sei zu begrüßen. Deshalb steht auch die Volksrepublik China positiv zur Entwicklung der europäischen Gemeinschaft.

In den letzten Jahren scheint es, daß die chinesischen Kommunisten die Politik der Sowjetunion oft schärfer kritisierten als die der USA. Gehört dies mehr in den Bereich der praktischen Politik, oder gibt es auch dafür eine ideologische Erklärung?
Es gehört sicher zur praktischen Politik, wird aber ideologisch begründet. Nach Auffassung der chinesischen Kommunisten – dargelegt in dem wichtigen Artikel »Ökonomische Ursachen für das Streben der Sowjetrevisionisten nach Welt-

hegemonie« (*Peking Rundschau* Nr. 51 vom 23. Dezember 1975) – handelt es sich bei der gegenwärtigen Sowjetunion um einen sozial-imperialistischen Staat, der »überall aggressiv und expansiv vorgeht und mit aller Kraft nach der Welthegemonie trachtet«. Die Sowjetunion sei trotz ihres »sozialistischen« Aushängeschildes ein kapitalistisch-imperialistisches Land und werde durch die Gesetze des Imperialismus beherrscht. Alle von Lenin aufgezeichneten Merkmale – nämlich die Herrschaft der Monopole, das Streben, beliebige Länder zu annektieren, und das Streben nach Hegemonie – seien für die heutige Sowjetunion typisch.

Lenin habe zusätzlich darauf hingewiesen, daß Spätankömmlinge – also Länder, die später den Übergang zum Imperialismus vollziehen – sich oft besonders aggressiv verhalten. Das gelte auch für die heutige Sowjetunion. Im Unterschied zur Herrschaft der Monopole in imperialistischen Ländern westlichen Typs herrsche in der Sowjetunion ein staatsmonopolistischer Kapitalismus, eine bürokratische Monopol-Bourgeoisie. Diese ökonomische Struktur mache die UdSSR »noch brutaler in ihrer Aggression und Expansion nach außen und in ihrem Streben nach Welthegemonie«.

Gleichzeitig unterstreichen die chinesischen Kommunisten die inneren Schwierigkeiten der Sowjetunion: das Scheitern des Fünfjahresplanes, den Rückgang der landwirtschaftlichen Produktion, die Krisen in der sowjetischen Volkswirtschaft, die krassen sozialen und nationalen Widersprüche sowie den Kampf der osteuropäischen Länder und Völker gegen die sowjetische Unterdrückung. Daher sei die Losung »Alle Reaktionäre sind Papiertiger« zu ergänzen durch die These »Auch die revisionistische Sowjetunion ist ein Papiertiger«.

Haben sich seit dem Tode Maos am 9. September 1976 irgendwelche grundlegenden Veränderungen im Maoismus vollzogen?

In den grundlegenden Konzeptionen Maos, soweit wir bisher sehen, nicht. Maos grundlegende ideologische Konzeptionen werden nach wie vor unterstrichen; die neue Parteiführung unter Hua Kuo-feng hat den 5. Band der Ausgewählten Werke Maos veröffentlicht und beruft sich häufig auf Gedanken Mao Tse-tungs. Allerdings fällt es auf, daß nach dem Tode Maos ökonomisch technologische Aspekte stärker in den Vordergrund gestellt werden.

4

Die neuen Konzeptionen der KP Italiens und der Eurokommunisten

Neben allen bisher erwähnten Strömungen richtet sich, vor allem in jüngster Zeit, die Aufmerksamkeit auf die italienische Kommunistische Partei und andere westeuropäische Kommunisten, die sich in zunehmendem Maße von Moskau loslösen und eigene Wege beschreiten. In offiziellen Erklärungen bekennen sie sich zum pluralistischen System, zur parlamentarischen Demokratie und zu den demokratischen Freiheiten und kritisieren offen die Unterdrückungsmaßnahmen der Sowjetunion und des Ostblocks. Im Mittelpunkt des Interesses steht dabei die italienische Kommunistische Partei, die bei den Wahlen im Juni 1976 mehr als 34,4 % aller Stimmen erhalten hat und zur Regierungsverantwortung drängt. Manche sehen in den gegenwärtigen offiziellen Erklärungen nur eine Taktik, andere glauben, einen tiefen Umgestaltungsprozeß erkennen zu können. Wie würden Sie diese neuen Tendenzen einschätzen?

Es ist ganz sicher mehr als eine Taktik, um schneller in die Regierung zu kommen. Vieles spricht dafür, daß es sich um einen ernsten und bedeutungsvollen Wandlungsprozeß handelt, der allerdings noch nicht abgeschlossen ist, so daß ein endgültiges Urteil noch nicht gefällt werden kann.

Aber haben nicht kommunistische Parteien in der Vergangenheit wiederholt taktische Erklärungen abgegeben, die sie über Bord warfen, als sie die entsprechende Machtstellung erlangt hatten? Warum nehmen Sie die jetzigen Erklärungen der Kommunistischen Partei Italiens und einiger anderer westeuropäischer KP-Führer so viel ernster?

Ich nehme es vor allem deshalb ernster, weil es sich hier um einen *langfristigen* Prozeß handelt, mit dem Ziel, sich schrittweise von der sowjetischen Vorherrschaft zu lösen und neue politische Konzeptionen zu entwickeln, die den Bedingungen in Industriestaaten mit parlamentarisch-demokratischen Traditionen entsprechen. Die politische Umorientierung der Kommunistischen Partei in Italien begann immerhin schon 1956 – eine Umorientierung, die vor zwei Jahrzehnten begann, läßt sich kaum mit dem Begriff »taktisches Manöver« umschreiben.

Worin sehen Sie die Ursachen dafür, daß diese Umorientierung gerade in der italienischen Kommunistischen Partei begann? Welches waren die Besonderheiten der italienischen Kommunisten, die diese Wandlungen erleichterten?
Ausgangspunkt scheint mir die Tatsache zu sein, daß die italienische KP bereits unmittelbar nach Ende des Zweiten Weltkrieges als Massenpartei in Erscheinung trat. Die Kommunistische Partei Italiens verfügte schon Anfang 1946 über mehr als 1,7 Millionen Mitglieder. In dem damals angenommenen Parteistatut wurde die Klausel eingefügt, daß die Aufnahme in die Partei nicht mehr an eine marxistisch-leninistische Weltanschauung gebunden sein sollte. Bereits im Juli 1946 lagen die Kommunisten mit 4,3 Millionen Stimmen an dritter Stelle hinter den regierenden Christlichen Demokraten und den Sozialisten. Anfang 1948 zählte die Partei schon über 2,3 Millionen Mitglieder; bei den Wahlen im April 1948 konnte die KP als »Liste der Volksfront« mit einigen verbündeten Organisationen über 31 % der Stimmen auf sich vereinigen. Die Massenbasis im eigenen Land hat, wie mir scheint, dazu beigetragen, sich leichter von der Moskauer Oberherrschaft lösen zu können. Mehr als irgendwo anders stand die damals unter Togliatti stehende Führung der KP Italiens vor der entscheidenden Alternative: entweder die Massenbasis zu erhalten und auszubauen, was nur durch eine Abkehr von Moskauer Doktrinen und einer Anpassung an die Bedingungen eines Industriestaates in Europa möglich war, oder aber weiterhin den veralteten Moskauer Thesen und Direktiven zu folgen und zu einer bedeutungslosen Sekte herabzusinken. Die italienische KP-Führung unter Togliatti entschied sich für die Autonomie und einen modernen Kurs; diese Verselbständigung wurde auch durch die Tatsache erleichtert, daß die italienischen Kommunisten sich auf das Erbe Antonio Gramscis stützen konnten, eines außergewöhnlichen marxistischen Denkers, der bereits in den zwanziger und dreißiger Jahren zu neuen, bedeutsamen Erkenntnissen gekommen war.

Sie erwähnten das Jahr 1956 als den Beginn der Neuorientierung der Kommunistischen Partei Italiens. Meinen Sie damit die berühmten Erklärungen Togliattis im Anschluß an den 20. sowjetischen Parteitag vom Februar 1956.
Ja, im Juni 1956, wenige Monate nach dem 20. Parteitag, veröffentlichte Togliatti eine Erklärung, die weit über Chruschtschows Kritik an Stalin hinausging. Togliatti begrüßte zwar die Kritik Chruschtschows, meinte jedoch, die sowjetischen Genossen hätten es bisher versäumt, sich zu einer historischen und politischen Gesamtbeurteilung durchzuringen. Die sowjetische These, persönliche Charaktereigenschaften Stalins als Ursache für die Entwicklung darzustellen, sei nicht befriedigend. Das wirkliche Problem ist, wie und weshalb die Sowjetgesellschaft, wie Togliatti wörtlich sagte, »bis zur Degeneration abweichen konnte und abgewichen ist«. Man müsse die zunehmende Macht des bürokratischen Apparates in der Wirtschaft, im politischen Leben und im Leben der Partei analysieren. Man könne nicht mehr verschweigen, daß die Partei der Ausgangspunkt für

die schädlichen Beschränkungen der Demokratie und das allmähliche Überhandnehmen bürokratischer Organisationsformen in der Sowjetunion war.

An die Stelle der *Kritik am Personenkult* setzte Togliatti die These von der *bürokratischen Degeneration* der Sowjetunion und trat dafür ein, daß nunmehr die Korrekturen ohne Zögern und mutig durchgeführt werden, damit sich die sowjetische Gesellschaft durch neue lebendige Impulse auf demokratischer Basis entfalten könnte.

War das die gleiche Erklärung, in der Togliatti auch seine neue Konzeption vom »Polyzentrismus« verkündete?
Ja. Ausgehend von seiner, übrigens sehr ausführlichen Analyse der innersowjetischen Entwicklung erklärte Togliatti, die Situation habe sich so weitgehend verändert, daß das sowjetische Modell »nicht mehr obligatorisch sein kann und darf«. Die Kommunisten, erklärte Togliatti, müßten in jedem Lande von den eigenen nationalen Traditionen und Bedingungen ausgehen, wobei die Entwicklung eine ständig wachsende Autonomie verlangt, und dies könne für die kommunistische Bewegung nur von Vorteil sein. Innerhalb der Bewegung bilde sich ein »polyzentrisches System« heraus, und man könne nicht mehr von einer »einheitlichen Führung« sprechen.

So bedeutsam dieser Artikel Togliattis vom Juni 1956 auch sein mag – ist es wirklich berechtigt, ausgehend von diesem einen Artikel, von einer ideologisch-politischen Neuorientierung der KP Italiens zu sprechen?
Wenn es sich nur um diesen einen Artikel handeln würde – so bedeutsam er meiner Meinung nach auch ist – sicherlich nicht. Aber es blieb nicht dabei. Auf dem 8. Parteitag der KP Italiens im Dezember 1956 wurde die Linie Togliattis bestätigt und seine Widersacher geschwächt. Im Frühjahr 1957 fand, wie wir aus einer späteren Veröffentlichung der KP Italiens wissen, eine dramatische Sitzung des italienischen Zentralkomitees statt, auf der sich Togliatti offen für die Loslösung vom sowjetischen Modell aussprach. Die frühere Verbindung mit der Sowjetunion sei, so meinte Togliatti, richtig gewesen. In der gegenwärtigen historischen Periode aber brauchen die italienischen Kommunisten andere Modelle. »Wir brauchen für die Länder des Westens andere Modelle, so, wie man andere Modelle braucht für die unterentwickelten Länder in Asien und Afrika«, meinte Togliatti. »Überall dort«, fügte er hinzu, »wo die Modelle nicht der Situation angepaßt sind, verlieren die Kommunisten ihre Stellung.« Seit dem Frühjahr 1957 konnte die italienische KP nicht mehr als sowjet-hörig bezeichnet werden; in vielen Äußerungen, sowohl theoretischer als auch praktisch-politischer Natur, wurden die eigenständigen Akzente immer deutlicher.

Auf diese Weise hatten also die italienischen Kommunisten bereits bis zum Frühjahr 1957 sich für eine konsequentere Entstalinisierung, für den Polyzentrismus in der kommunistischen Weltbewegung und für ein neues Modell des Sozialismus in Westeuropa ausgesprochen. Welche eigenständigen Akzente spielten in der weiteren Entwicklung der KP Italiens noch eine Rolle?

Schon seit Ende der fünfziger Jahre wurden sowjetische Direktiven von der KP Italiens nicht mehr kritiklos übernommen. Die italienische theoretische KP-Zeitschrift *Rinascita* veröffentlichte eine Vielzahl selbständiger Analysen über die Möglichkeit und Notwendigkeit *struktureller Reformen* für den Übergang zum Sozialismus, die sich erheblich von den sowjetischen Thesen über die sozialistische Revolution und die Diktatur des Proletariats unterschieden.

Strukturelle Reformen sollten einen Übergang zum Sozialismus ermöglichen. Bedeutet dies nicht eine Abkehr von Lenins Konzeption über die Diktatur des Proletariats?
Ja, durchaus. Und die italienischen Kommunisten scheuten sich nicht, sich selbst von einigen Aspekten des Leninismus zu distanzieren. So wies Luciano Gruppi, der Leiter der ideologischen Abteilung des Zentralkomitees, bereits im Juli 1964 darauf hin, man könne nicht alle Konzeptionen Lenins über die Diktatur des Proletariats als sakrosankt und allgemeingültig ansehen. Als Lenin 1917 sein Werk *Staat und Revolution* verfaßte, hatte er den damaligen russischen Staat vor Augen. Daraus ergebe sich ein gewisser einseitiger Charakter der Leninschen Analyse über die Natur des Staates. Neben dem Klassencharakter und dem Wesen des Staates als Repressionsgewalt müsse, so meinte Gruppi in der theoretischen Zeitschrift der KP Italiens im Juli 1964, auch das Moment der Zustimmung in Betracht gezogen werden. Parlamente, Regionalgemeinden und Provinzverwaltungen könnten, unter heutigen Bedingungen, durchaus dazu benutzt werden, um die soziale und staatliche Ordnung von Grund auf zu erneuern. Auf diese Weise könne der Übergang zum Sozialismus ohne Unterbrechung der Verfassungskontinuität, ohne Aufhebung der demokratischen Gesetzlichkeit, ihrer Institute und Verfahren, durchgeführt werden.

Kurz darauf, im August 1964, folgte das als »Testament« bekannte Memorandum Togliattis. Wie schätzen Sie dieses Memorandum ein, und welche entscheidenden Thesen werden in diesem Memorandum verkündet?
Bei dem Memorandum Togliattis, das der italienische Parteiführer unmittelbar vor seinem Tode verfaßte, handelt es sich meiner Auffassung nach um eines der wichtigsten ideologisch-politischen Dokumente in der Geschichte des Weltkommunismus. Togliatti vertritt vor allem drei entscheidende Thesen. An erster Stelle steht Togliattis klares Bekenntnis zur Autonomie jeder einzelnen kommunistischen Partei, für den unterschiedlichen Weg zum Sozialismus und gegen jede internationale zentralistische Organisation in der kommunistischen Weltbewegung. Die Einheit in der internationalen Arbeiterbewegung, meinte Togliatti, sei nicht durch die Schaffung einer neuen zentralistischen Organisation zu verwirklichen, sondern vielmehr durch einen Erfahrungsaustausch und durch öffentliche Debatten zwischen den Parteien verschiedener Länder in korrekten Formen und unter Wahrung der gegenseitigen Achtung mit objektiven Argumenten. Man müsse alle Versuche ablehnen, allgemeingültige starre Formeln für die internationale kommunistische Weltbewegung zu verkünden, weil die Formen und konkreten Bedingungen heute völlig anders sind. Die Unterschiede

sind von Land zu Land so außerordentlich groß, daß jede kommunistische Partei in autonomer Weise handeln muß.

Zweitens setzte sich Togliatti für einen Dialog mit Andersdenkenden ein. Es komme darauf an, daß die Kommunisten nicht in abstrakter Weise die eigenen Vorstellungen den Tendenzen und Strömungen anderer Art entgegenhalten, sondern einen Dialog mit diesen Strömungen eröffnen. Dies war offensichtlich eine Absage an die sowjetische Formel vom »ideologischen Kampf«, wobei Togliatti nicht nur den Dialog mit den Sozialdemokraten, sondern auch mit katholischen Kreisen im Auge hatte.

Der dritte und vielleicht sogar wichtigste Aspekt des Memorandums lag darin, daß sich Togliatti für ein freiheitliches Modell des Sozialismus einsetzte. In den sozialistischen Ländern sollen, so erklärte Togliatti wörtlich, »offene Debatten über aktuelle Themen abgehalten werden, an denen auch führende Persönlichkeiten teilnehmen«. Der Sozialismus müsse als Ordnung verstanden werden, »in der es die größte Freiheit für die Werktätigen gibt, und diese tatsächlich auf organisierte Weise an der Leitung des gesamten sozialen Lebens teilnehmen«.

Togliatti verband diese Zielsetzung mit einer Kritik an der Situation in der Sowjetunion und der mit der Sowjetunion verbündeten Länder. Es komme darauf an, das repressive Regime und die Unterdrückung demokratischer und persönlicher Freiheiten, die Stalin eingeführt hatte, zu überwinden. Leider geschähe dies nicht. In allen sozialistischen Ländern bestehe vielmehr der Eindruck der Langsamkeit und des Widerstandes, sowohl innerhalb als auch außerhalb der Partei, eine Diskussionsfreiheit zuzulassen – eine freie Diskussion nicht nur in der Kultur und Kunst, sondern auch in der Politik.

Was geschah mit dem Memorandum Togliattis? Wo wurde es veröffentlicht? Welche Rolle spielte es für die weitere Entwicklung?

Togliatti hatte dieses Memorandum an die sowjetische Führung während seines Aufenthalts auf der Krim verfaßt. Es war im August 1964, wenige Wochen vor dem Sturz Chruschtschows. Das Memorandum wurde interessanterweise nicht nur von dem italienischen KP-Zentralorgan *Unita* am 5. September 1964, sondern auch, einige Tage später, in der sowjetischen *Prawda* und im SED-Zentralorgan *Neues Deutschland* veröffentlicht. Das Togliatti-Memorandum hat außerordentlich viele Menschen in den Ostblockstaaten zum Nachdenken gebracht und fand vor allem in den europäischen kommunistischen Parteien viele Anhänger. Die neuen Konzeptionen wurden auch von Togliattis Nachfolger Longo fortgesetzt, auf dem 11. Parteitag im Januar 1966 bestätigt, ausgedehnt und konkretisiert, vor allem durch die Konzeption des pluralistischen Sozialismus.

Was verstanden und verstehen italienische Kommunisten unter dem Begriff »pluralistischer Sozialismus«?

Die Konzeption des pluralistischen Sozialismus wurde erstmals auf der Tagung der Paulus-Gesellschaft in Salzburg im April 1965 vertreten, an der führende katholische Theologen, Naturwissenschaftler und selbständige Marxisten, darunter vor allem führende italienische Kommunisten, teilnahmen. Das Modell einer sozialistischen Gesellschaft, erklärten dort führende italienische Kommunisten, sei das einer pluralistischen Gesellschaft von realen Gruppen, die sich auch ideologisch gruppieren können. Der Sozialismus müsse das Ziel verschiedener Richtungen, die gemeinsame »dialogische« Arbeit mehrerer ideologischer Komponenten sein. Luciano Gruppi, der Leiter des ideologischen Sekretariats der KP Italiens, meinte, der Sozialismus sei eine pluralistische Gesellschaft, in der Gruppen und Kräfte verschiedener politischer und ideeller Überzeugungen zusammenarbeiten. In einer solchen Gesellschaft werde der Staat keiner Ideologie verschrieben, weder formal noch praktisch, sondern allen Anschauungen die Möglichkeit bieten, in Wettstreit miteinander zu treten.

Diese Thesen wurden bereits im Frühjahr 1965 verkündet – und sollten bei der Beurteilung der heutigen Politik der KP Italiens in Rechnung gestellt werden.

Sie erwähnten vorhin, daß die Konzeptionen der italienischen Kommunisten auch die Kommunisten anderer Länder beeinflußten. In welchen Ländern zeigten kommunistische Parteien Ansätze einer eigenständigen Entwicklung?

Neben der KP Italiens war dies zunächst vor allem die Kommunistische Partei Schwedens, die Anfang 1967 ihr neues Parteiprogramm verkündete, in dem erstmals jede Bezugnahme auf Lenin und den Leninismus und auf die Diktatur des Proletariats fehlte. An die Stelle der Diktatur des Proletariats wurde von der KP Schwedens das Mehrparteiensystem nicht nur für den Übergang zum Sozialismus verkündet, sondern auch für die sozialistische Gesellschaft selbst als notwendig und richtig erachtet. Anschließend hat vor allem der »Prager Frühling« 1968 die Erneuerungsbestrebungen in den westeuropäischen kommunistischen Parteien beflügelt. Neben der KP Italiens wurde der »Prager Frühling« auch von den kommunistischen Parteien Schwedens, Spaniens, Australiens und Japans begrüßt, die das neue Modell zum Sozialismus in der Tschechoslowakei als Ansporn für ihren eigenen Kampf betrachteten.

Aber selbst diese Parteien, darunter die so bedeutungsvolle KP Italiens, haben bis jetzt noch keinen eindeutigen Bruch mit der sowjetischen Führung in Moskau vollzogen?

Nein. Bei aller Autonomie und Kritik an vielen Einzelerscheinungen in der Sowjetunion und den mit der Sowjetunion verbündeten Staaten erklärt die KP Italiens, das heutige Sowjetsystem müsse als eine historisch gewordene Realität anerkannt werden, so, wie der Sozialismus dort nun einmal ist, mit allen seinen Deformationen. Daher sei eine »kritische Solidarität« mit der Sowjetunion und den übrigen Ostblockstaaten notwendig – allerdings auf der absoluten Autonomie der italienischen KP und der Freiheit der Kritik an einzelnen politischen Akten der KPdSU und an den Zuständen in ihrem Machtbereich.

Gelten die von Ihnen erwähnten Grundsätze der KP Italiens auch für die kommunistischen Parteien Spaniens und Frankreichs?

Ähnliche Prinzipien vertritt auch die Kommunistische Partei Spaniens unter ihrem Parteivorsitzenden Carillo, zum Teil sogar noch konsequenter als die KP

Italiens. Das Eintreten für einen pluralistischen Sozialismus im Sinne eines Mehrparteiensystems, die freie Kritik an Unterdrückungsmaßnahmen in der Sowjetunion, die Distanzierung von Thesen und Konzeptionen aus dem Rußland des Jahres 1917, des Leninismus, sowie die freie Aufnahme von Beziehungen zu den chinesischen Kommunisten – all dies ist für die spanische KP bereits seit Jahren eine Selbstverständlichkeit. Anders sieht es allerdings mit der Kommunistischen Partei Frankreichs aus, die keineswegs mit der autonomen Richtung der kommunistischen Parteien Italiens und Spaniens gleichzusetzen ist. Noch 1970 wurde der französische marxistische Theoretiker Roger Garaudy, der sich zum »Prager Frühling«, zur Selbständigkeit und Erneuerung bekannte, aus der Partei ausgeschlossen, und erst seit 1972 machen sich erste vorsichtige Anzeichen einer Autonomie der KP Frankreichs bemerkbar. Inzwischen hatte die Partei aber durch ihren moskauhörigen Kurs an Einfluß verloren. Während die KP Frankreichs noch 1956 25,9 % aller Stimmen erhalten konnte, war ihr Stimmenanteil bis Herbst 1975 auf 20 % gesunken.

War dies vielleicht der Grund, daß nach 1973 die französische KP auf einen autonomistischen Kurs einzuschwenken begann?
Zweifellos dürfte dies eine Rolle gespielt haben. 1973 wagte nun auch die KP Frankreichs, sich gegen die Unterdrückung von Sacharow in der Sowjetunion auszusprechen, kritisierte die Internierung politischer Gefangener in sowjetischen psychiatrischen Kliniken und setzte sich für die Freilassung von Häftlingen in der UdSSR ein, darunter auch für den Mathematiker und marxistischen Oppositionellen Pljuschtsch. Schließlich fand Mitte November 1975 das Treffen des französischen KP-Führers Marchais mit dem italienischen KP-Vorsitzenden Berlinguer in Rom statt, die in einer gemeinsamen Erklärung die Autonomie und einen auf Westeuropa zugeschnittenen politischen Kurs bestätigten.

Sie haben eine ganze Reihe europäischer kommunistischer Parteien erwähnt, aber nicht die Kommunistische Partei Portugals. Warum?
Weil die KP Portugals zu den wenigen kommunistischen Parteien Europas gehört, die sich an der Autonomie und Erneuerungsbewegung nicht beteiligten, sondern den Charakter einer prosowjetischen, diktatorisch-stalinistischen Partei beibehielten. Das, was die KP Portugals in den ersten zwei Jahren nach der Revolution vom April 1974 zu verwirklichen suchte, war typisch für eine prosowjetische diktatorische Partei, und diese Politik wurde ja auch von manchen anderen kommunistischen Parteien, vor allem der KP Italiens und KP Spaniens und sogar von der KP Frankreichs, scharf kritisiert.

Sie haben bereits mehrmals die zögernde Haltung der KP Frankreichs unterstrichen. Hat sich durch den 22. Parteitag der KP Frankreichs im Februar 1976 etwas geändert, und wie schätzen Sie die Bedeutung dieses Parteitags ein?
Schon die riesige, auf der Stirnwand des Kongresses angebrachte Losung, »Ein demokratischer Weg zum Sozialismus, ein Sozialismus für Frankreich«, deutete die neue Tendenz an. Im Namen der KP Frankreichs sagte sich Marchais von der

Konzeption der Diktatur des Proletariats los, weil die Entwicklung der sozialistischen Länder die Diktatur des Proletariats entstellt und diskreditiert habe. »Es
gibt keinen besseren und kürzeren Weg zum Sozialismus als den der Demokratie«, erklärte Marchais, der gleichzeitig mit der Losung »ein Sozialismus in den
Farben Frankreichs« die Eigenständigkeit unterstrich. Neben der »Union der
Linken«, also der weiteren Zusammenarbeit mit der sozialistischen Partei,
wurde auf dem Kongreß bereits von einer »Volksunion« gesprochen, offensichtlich eine, wenn auch zunächst vorsichtige Aufforderung an mittlere politische
Kräfte in Frankreich. Bei diesen Autonomie-Tendenzen darf jedoch nicht vergessen werden, daß der auf dem Kongreß anwesende Sowjetführer, Politbüro-
Mitglied Kirilenko, mit triumphalen Beifall empfangen wurde und Marchais vor
»jeder Form von Antisowjetismus« warnte. Von einem Einschwenken auf die
Linie der KP Italiens kann, zumindest bisher, noch nicht die Rede sein. Erstens
beginnt die KP Frankreichs diese Entwicklung erst jetzt, während die KP Italiens
bereits auf eine 20jährige autonome Erfahrung zurückblicken kann, und zweitens sind die Erklärungen der KP Frankreichs noch längst nicht so präzise und
eindeutig wie die der italienischen Bruderpartei.

*Wie kam es zur Politik des »historischen Kompromisses« der KP Italiens mit den
Christlichen Demokraten?*
Dies ist eine logische Konsequenz der Weiterführung der politischen Linie. Togliatti hatte bereits 1956 und noch deutlicher in seinem Memorandum von 1964
den Dialog mit den Katholiken befürwortet. Diese Richtlinie wurde von Longo
und vor allem von Berlinguer weiterentwickelt. Unter dem Eindruck des gewaltsamen Sturzes der Allende-Regierung in Chile erklärte Berlinguer, man müsse
aus Chile ernste Lehren ziehen. Es müsse in demokratischen Ländern auf jeden
Fall eine Polarisierung der Bevölkerung verhindert werden, zwischen einer weitgehend kommunistisch orientierten Arbeiterbewegung auf der einen und einem
christlich-demokratischen Mittelstand auf der anderen Seite. Selbst wenn die
Linken die berühmten 51 % der Stimmen erreichen, sei dies keine Garantie.
Man müsse daher über ein Bündnis der Kommunisten mit Sozialisten hinausge-
hen und einen »historischen Kompromiß« mit der Christlich-Demokratischen
Partei suchen. Dabei darf es sich nicht um eine kurzfristige Taktik handeln, sondern um eine echte Verständigung und langfristige Zusammenarbeit.
Nach der Verkündung des »historischen Kompromisses« stieg der Einfluß der
KP Italiens noch mehr, und bei den Regionalwahlen Mitte Juni 1975 konnte die
KP Italiens 33 % der Stimmen auf sich vereinigen. Nicht nur Bologna, sondern
auch Mailand, Turin und Neapel werden seitdem von Kommunisten regiert, wobei die KP Italiens alle radikalen Aktionen abgelehnt hat, mit kleineren und
mittleren Unternehmern zusammenarbeitet, antiklerikale Ausfälle vermeidet
und sich um den Dialog mit den Katholiken bemüht.

*Neben der italienischen, spanischen und schwedischen KP, die bereits seit langem
einen autonomen Kurs steuern und einen pluralistischen Sozialismus mit demokratischen Freiheiten bejahen, beginnt in letzter Zeit auch die KP Frankreichs, die-*

sen Weg einzuschlagen. Damit kommen wir aber zur entscheidenden Frage: Wie ehrlich sind die Beteuerungen? Kann man diesen Erklärungen vertrauen? Manche meinen, dies alles sei ja nur Taktik, und die Kommunisten würden, sobald sie in der Regierung sind und über die notwendige Machtbasis verfügen, sich als Statthalter Moskaus entpuppen und ihre eigene Diktatur errichten. Andere sind dagegen der Auffassung, es handle sich diesmal bei den erwähnten kommunistischen Parteien Europas um einen echten Wandlungsprozeß in Richtung auf sozialistische oder sozialdemokratische Massenparteien und den Erklärungen ihrer Führer sei durchaus zu trauen, ja es eröffneten sich vielleicht neue Möglichkeiten einer gewissen Kooperation.

Vieles spricht dafür, daß es sich diesmal tatsächlich nicht um eine Taktik, sondern um einen Wandlungs- und Erneuerungsprozeß handelt; in diesem Sinne sind die Erklärungen der Führungen und Parteitage durchaus ernst zu nehmen und können nicht einfach als taktische Manöver abgetan werden. Dafür spricht auch, daß die italienische KP in den letzten zwei Jahrzehnten wiederholt von sowjetischen Presseorganen sowie von der DDR-Führung kritisiert, ja angegriffen worden ist, und es sicher nicht leicht war, sich von der Diktatur des Proletariats loszulösen und immer wieder Kritik an der Sowjetunion und der mit ihr verbündeten Länder zu üben. Eine Entwicklung von zwei Jahrzehnten ist kein »abgesprochenes Täuschungsmanöver«.

Andererseits aber – und dies muß mit demselben Ernst unterstrichen werden – gibt es zweifellos in den genannten westeuropäischen kommunistischen Parteien noch einen harten, prosowjetischen, weitgehend stalinistischen Kern, der nach wie vor existiert, sicher nicht ohne sowjetische Unterstützung, der durchaus versuchen könnte, zur gegebenen Zeit das Steuer wieder herumzuwerfen und die gegenwärtigen autonomen und reformfreudigen Führer durch harte prosowjetische Apparat-Leute zu ersetzen. Zahlenmäßig dürften solche Gruppierungen unter den 1,7 Millionen Mitgliedern der KP Italiens und den fast 500 000 Mitgliedern der KP Frankreichs nicht bedeutend sein, aber sie sind da, und mit diesen Kräften muß man rechnen; sie könnten zu gegebener Zeit, vielleicht mit sowjetischer Unterstützung, zu einer ernst zu nehmenden Kraft werden.

Also sollte man, Ihrer Meinung nach, die Erklärungen der KP-Führungen in Italien, Schweden, Spanien und jetzt auch in Frankreich zwar durchaus ernst nehmen, aber gleichzeitig niemals vergessen, daß der Autonomie- und Erneuerungsprozeß noch keineswegs abgeschlossen ist und in diesen Parteien prosowjetische und prostalinistische Kräfte nur darauf warten, das Steuer wieder herumzuwerfen?
Dies ist durchaus meine Meinung. Ein übermäßiges Mißtrauen würde lediglich die Autonomie- und Erneuerungsversuche erschweren und den stalinistischen Kräften in die Hand arbeiten. Umgekehrt würde die überoptimistische Annahme, diese Parteien hätten sich bereits völlig von der Sowjetunion gelöst und sich endgültig zu sozialen und demokratischen Reformparteien gewandelt, bedeuten, die stalinistischen Gegenkräfte zu unterschätzen. Auch in dieser Frage kommt es auf die Differenzierung an; die unterschiedlichen Kräfte im Weltkommunismus sollten daher sorgfältig analysiert und berücksichtigt werden.

5

Der Trotzkismus –
Entwicklung und Zielsetzung

Was ist eigentlich Trotzkismus? Wie läßt sich dieser Begriff kurz definieren?
Der Trotzkismus ist eine Theorie und Bewegung, die von Leo Trotzki
(1879–1940) begründet und entwickelt worden ist. Ausgehend von den Lehren
von Marx, Engels und Lenin sowie den Erfahrungen der russischen Revolution,
an der Trotzki einen maßgeblichen Anteil hatte, betrachten sich die Trotzkisten
selbst als revolutionäre Marxisten. Sie treten für den Sturz des Kapitalismus
durch eine proletarische Revolution ein, befürworten eine Diktatur des Proletariats, die den Weg zu einer sozialistischen Gesellschaft ebnen soll, in der die
Ausbeuterklassen entmachtet sind und die Herrschaft der Werktätigen in Form
eines sozialistischen Mehrparteiensystems existiert – allerdings nur solcher
Parteien, die auf dem Boden des Sozialismus stehen. Sie bejahen zwar die gesellschaftliche Grundstruktur der Ostblock-Staaten, verurteilen aber deren
bürokratisches System. Deshalb treten sie für eine politische Revolution in
den östlichen Staaten ein, die eine sozialistische Entwicklung gewährleisten
soll.

*Schon der Name »Trotzkismus« zeigt, wie sehr diese Strömung mit der Person Leo
Trotzkis verbunden ist. Von den Trotzkisten wird Trotzki als großer Revolutionär
und engster Kampfgefährte Lenins gepriesen, dagegen behaupten sowjetische
Schriften, Trotzki sei immer ein Gegner Lenins gewesen. Was ist wahr?*
Die Beziehungen zwischen Lenin und Trotzki, die eine Periode von mehr als
zwei Jahrzehnten umfassen, waren widerspruchsvoll. Trotzki lernte Lenin im
Oktober 1902 in London kennen; beide wirkten bis zum Tode Lenins im Januar
1924 in verantwortungsvollen Positionen in der russischen revolutionären Bewegung. Als sich auf dem zweiten Parteitag der russischen Sozialdemokraten
im Sommer 1903 die Partei in eine von Lenin geführte Richtung der Bolschewiki und in eine etwas gemäßigtere Strömung der Menschewiki spaltete, schloß

sich Trotzki zunächst den Menschewiki an und hatte an der ersten russischen Revolution von 1905 als Vorsitzender des Petrograder Sowjet einen entscheidenden Anteil. Anschließend gründete Trotzki in der Emigration eine eigene Gruppe und versuchte wiederholt, wenn auch vergeblich, die beiden verfeindeten Fraktionen der sozialdemokratischen Partei Rußlands zu versöhnen, um eine breite sozialistische Massenpartei bilden zu können. Dabei wurde er von Lenin, der sich, besonders während der Emigration in den Jahren 1910 bis 1912, gegen eine solche Aussöhnung stellte, erbittert bekämpft.

Es sind wohl vor allem die harten Urteile Lenins über Trotzki aus dieser Zeit, die heute immer wieder in der sowjetischen Presse zitiert werden?
Ja, denn damit versucht die Sowjetpresse den Eindruck zu erwecken, als ob zwischen Lenin und Trotzki stets eine Gegnerschaft bestanden habe. Die sowjetischen Veröffentlichungen verschweigen dabei, daß es sich nur um eine vorübergehende politische Differenz gehandelt hat, denn schon 1914, seit Beginn des Ersten Weltkrieges, entwickelte sich zwischen Trotzki und Lenin eine sehr enge Kampfgemeinschaft.

Wann ist Trotzki offiziell in die bolschewistische Partei eingetreten?
Trotzki und seine Anhänger traten im August 1917 offiziell der bolschewistischen Partei bei, nachdem sie bereits viele Jahre mit den Bolschewiki engstens zusammengearbeitet hatten. Trotzki kam sogleich in das Zentralkomitee. Auf den beiden entscheidenden Tagungen des bolschewistischen Zentralkomitees im Oktober 1917, als der bewaffnete Aufstand auf der Tagesordnung stand, wurde Lenin besonders nachdrücklich von Trotzki unterstützt. Als Leiter des »Militärrevolutionären Komitees des Petrograder Sowjet« spielte Trotzki neben Lenin die entscheidende Rolle in der Oktoberrevolution von 1917.

Wie entwickelte sich das Verhältnis zwischen Trotzki und Lenin nach dem Sieg von 1917?
Auch hier gibt es keinen Zweifel, daß Trotzki der nächste und engste Kampfgefährte Lenins war – und zwar in der gesamten Periode von 1917 bis zu Lenins Tod im Januar 1924. Nach dem Sieg im Oktober 1917 wollte Lenin Trotzki sogar zum Vorsitzenden des »Rates der Volkskommissare«, wie damals die Sowjetregierung genannt wurde, ernennen. Dies unterblieb, weil Trotzki ablehnte. Er leitete zunächst kurzfristig das Volkskommissariat für Äußeres und führte Ende 1917 und Anfang 1918 die Verhandlungen mit dem kaiserlichen Deutschland in Brest-Litowsk. Im Frühjahr 1918 übernahm Trotzki das Kriegskommissariat und wurde Vorsitzender des »Revolutionären Kriegsrates«. Er gilt zu Recht als Schöpfer der Roten Armee. In den militärischen Operationen des Bürgerkrieges von 1918 bis 1921 spielte Trotzki die führende Rolle. Lenin schlug 1922/23, in seinen beiden letzten Lebensjahren, übrigens wiederholt vor, daß Trotzki stellvertretender Vorsitzender des »Rates der Volkskommissare« werden sollte, also Lenins offizieller Stellvertreter und damit auch sein Nachfolger. Trotzki lehnte diese Vorschläge jedoch mehrmals ab. Ende Dezember 1922, in seinem be-

rühmten »Testament«, charakterisiert Lenin mehrere seiner möglichen Nachfolger. Trotzki nannte er dabei an erster Stelle.

Aber wie war es dann möglich, daß Trotzki so schnell von der Macht verdrängt werden konnte?

Obwohl sicher auch persönliche Aspekte dabei eine Rolle spielten – Trotzki wurde in manchen Kreisen der Partei als möglicher Bonaparte gefürchtet, während Stalin sich in den ersten Jahren sehr bescheiden gab und taktisch außerordentlich geschickt operierte –, so scheinen mir doch allgemeine gesellschaftlich-politische Probleme entscheidend gewesen zu sein. Der langjährige Bürgerkrieg hatte die revolutionären Kräfte dezimiert. Hunger, Leiden, Entbehrungen führten zu einer Erlahmung des revolutionären Enthusiasmus. Zur Erringung des militärischen Sieges im Bürgerkrieg war eine Militarisierung und teilweise auch Bürokratisierung fast unvermeidlich gewesen; nun, nach dem Sieg, wirkte sich dies verhängnisvoll aus. Hinzu kam, daß sich die Hoffnungen auf eine Weltrevolution als Illusion erwiesen und Sowjetrußland allein blieb.

Unter diesen Bedingungen einer Isolierung und Bürokratisierung sowie einer zunehmenden Apathie und Passivität wurden die intellektuellen revolutionären Internationalisten vom Schlage eines Trotzkis mehr und mehr durch engstirnige Organisationsfunktionäre ersetzt, die in der Bürokratie ihre Stütze und in Stalin ihren Vertreter sahen. Trotzki als Repräsentant der revolutionären internationalistischen Periode unterlag Stalin, dem Vertreter der bürokratischen Kräfte, die nun zunehmend die politische Entwicklung bestimmten.

Hat Trotzki diesen Wandel und die sich daraus ergebenden Fragen denn nicht erkannt?

Doch, er hat sie erkannt und nahm im Herbst 1923 in seiner berühmten Aufsatzreihe *Der neue Kurs* den Kampf gegen die Bürokratisierung auf – aber es war offensichtlich schon zu spät. Trotzki rügte bereits damals, daß die Beschlüsse der Partei von den Spitzenfunktionären gefaßt würden, während die niederen Ebenen die getroffenen Entscheidungen nur noch zur Kenntnis zu nehmen hätten. Er kritisierte die bürokratische Selbstgenügsamkeit der Funktionäre und ihre zunehmende Isolierung von den einfachen Menschen. Schon Ende 1923 wies Trotzki darauf hin, daß es sich beim Bürokratismus keineswegs nur um eine Art »Amtsschimmel« handele, sondern um ein System sozialer Beziehungen; auch sei der Bürokratismus nicht etwa nur ein Überbleibsel der Vergangenheit, sondern eine grundlegende Entwicklungstendenz, die durchaus zu einer Konterrevolution führen könne. Er kritisierte auch die beginnende ideologische Versteinerung, die Umwandlung des Leninismus in einen Kanon, der ein für allemal vorbestimmte Interpretationen festlege.

Was sollte nach Trotzkis Auffassung unternommen werden, um die zunehmende Bürokratisierung zu überwinden?

Schon Ende 1923 schlug Trotzki eine Demokratisierung des Parteilebens vor. Das Zentrum der Aktivität sollte von der Spitze auf die Basis, auf die unteren

Organisationen verlagert werden. Die Verwirklichung einer innerparteilichen Demokratie sei das einzige Mittel, um, wie Trotzki wörtlich schrieb, »den Kastengeist der Funktionäre zu überwinden«. Gewiß müsse die Einheit der Partei erhalten bleiben, aber gleichzeitig auch die Möglichkeit gegeben sein, unterschiedliche Standpunkte und eigene Meinungen zu vertreten, auch dann, wenn man in der Minderheit sei. Leninismus, erklärte Trotzki, verlange kritisches Denken und ideologischen Mut.

Aber warum war der Widerhall dieser Konzeption Trotzkis so gering? Warum reichte er nicht aus, um der Entwicklung eine Wende zu geben?
Als Trotzki im Herbst 1923 diesen Kampf begann, war der bürokratische Apparat bereits zu stark, die Apathie und politische Ermüdung, auch innerhalb der Partei, zu groß. Hinzu kam, daß Trotzki bis zu diesem Zeitpunkt als Vertreter eines harten, unbeugsamen Kurses und diktatorischer Zwangsmittel aufgetreten war und daher sein plötzliches Eintreten für eine Demokratisierung der Partei vielfach mit Mißtrauen aufgenommen wurde. Schließlich verstand es Stalin, der Mitte der zwanziger Jahre noch bescheiden für eine kollektive Führung eintrat, mit taktischem Geschick, Trotzkis Einfluß zu untergraben, wobei er nicht vor Verleumdungen und Verfälschungen zurückschreckte.

Welche der damaligen Aktionen Stalins waren bei der Entmachtung Trotzkis besonders wichtig?
Zunächst die von Stalin organisierte und inszenierte Kampagne gegen den Trotzkismus, die den Eindruck erweckte, als ob der Trotzkismus angeblich eine eigenständige, gegen den Leninismus gerichtete Theorie sei. Jetzt wurden auch die kritischen Äußerungen Lenins aus dem Jahre 1910 bis 1912 gegen Trotzki verbreitet und mit der verlogenen Behauptung verbunden, Trotzki sei stets ein Gegner Lenins gewesen. Nach dem Tode Lenins im Jahre 1924 gelang es Stalin durch eine Lüge, Trotzki von der Begräbnisfeier fernzuhalten, so daß Stalin seinen berühmten »Schwur« am Grabe Lenins vortragen konnte. Schließlich faßte das sowjetische Zentralkomitee im Mai 1924 den verhängnisvollen Beschluß, das Testament Lenins, in dem dieser die Entfernung Stalins gefordert hatte, nicht zu veröffentlichen. Damit hatte Stalin die gefährlichste Klippe seiner Laufbahn umschifft und konnte nun zum offenen Angriff übergehen.

In welchem Ausmaß haben bei der Auseinandersetzung zwischen Stalin und Trotzki auch ideologische Probleme eine Rolle gespielt? Welche Rolle spielte dabei Trotzkis Theorie von der »Permanenten Revolution«?
Zweifellos spielte dieser Fragenkomplex eine sehr wichtige Rolle. Trotzki hatte erstmals bereits 1906 in seiner Schrift *Unsere Revolution* seine Theorie von der permanenten Revolution entwickelt und sie später, in den zwanziger und dreißiger Jahren, nachdrücklichst vertreten. Entscheidend war dabei der Gedanke, daß es sich bei der Revolution nicht um einen einmaligen Vorgang handele, sondern um eine Kette sozialer und politischer Veränderungen im Sinne einer ununterbrochenen Revolution, die es der Arbeiterbewegung auch eines rückständigen

Landes ermögliche, unabhängig vom Stand der jeweiligen Produktivkräfte, die Revolution zu beginnen und ständig voranzutreiben. Die revolutionäre Arbeiterklasse in einem rückständigen Land könne jedoch nur dann ihre Macht behaupten und eine sozialistische Gesellschaft errichten – und dies ist der zweite Aspekt –, wenn diese Revolution den Anstoß zu einer europäischen, einer internationalen sozialistischen Revolution gäbe. Der Sieg der Arbeiterklasse in einem rückständigen Land sei nur dann gesichert, wenn die Revolution im internationalen Maßstab siege. Ohne Unterstützung der internationalen Arbeiterbewegung könne eine sozialistische Entwicklung nicht siegreich vollendet, die sozialistische Gesellschaft nicht errichtet werden.

Gegen diese Theorie Trotzkis von der »Permanenten Revolution« setzte Stalin seine Doktrin vom »Sozialismus in einem Land«.
Ja. Stalin hatte seine neue Doktrin, nach der es möglich sei, die sozialistische Gesellschaft in einem einzigen Land zu errichten – gemeint war die Sowjetunion –, erstmals im Dezember 1924 verkündet und in den Jahren 1925 und 1926 mehrfach wiederholt. Damit begann die Abkehr vom revolutionären Internationalismus Lenins und die Konzentrierung auf innersowjetische Probleme. Ideologisch betrachtet hielt Trotzki am revolutionären Internationalismus Lenins fest, während Stalins Doktrin vom »Sozialismus in einem Land« in direktem Gegensatz zum Leninismus stand. In der Praxis aber entsprach Stalins Doktrin dem regional und national begrenzten Denken der praktisch tätigen Funktionäre, die nun ihre Aufgabe hatten: »den Sozialismus aufzubauen«, während Trotzkis Ideen weniger Widerhall fanden.

Meinen Sie damit, daß durch Stalins Doktrin vom »Sozialismus in einem Land« die Entmachtung Trotzkis und seiner Anhänger erleichtert und beschleunigt wurde?
Durchaus, Stalin konnte nun seine Theorie vom »Sozialismus in einem Land« als optimistische Konzeption verkünden, während er Trotzki vorwarf, ein »Pessimist« zu sein, da dieser die Errichtung des Sozialismus erst nach dem Sieg der Revolution in anderen Ländern für möglich hielt. Dies war zwar in dieser Form nicht richtig, aber es fand Anklang. Im übrigen war seit 1925–1926 die Entmachtung Trotzkis und seiner Anhänger immer weniger von ideologischen Auseinandersetzungen abhängig, als von der Tätigkeit des bürokratischen Machtapparates. Die entscheidenden Stufen: Im Januar 1925 gibt Leo Trotzki das Kriegskommissariat ab, und viele seiner Anhänger werden aus wichtigen Positionen entfernt. Im Sommer 1926 gelten Trotzki und seine Anhänger bereits als gefährliche Oppositionelle, die sich nur noch illegal treffen können, überwacht von dem immer mächtiger werdenden, von Stalin-Anhängern durchsetzten Staatssicherheitsdienst. Gegen die Schmähungen, Lügen und Verleumdungen der von Stalin-Anhängern beherrschten Presse können sich Trotzki und seine Anhänger nicht mehr durchsetzen. Im Oktober 1926 wird Trotzki aus dem Politbüro entfernt, Ende Oktober 1927 aus dem Zentralkomitee, am 15. November 1927 gemeinsam mit seinen Anhängern aus der Partei ausgeschlossen. Mitte

Januar 1928 werden die aktiven Trotzkisten in entlegene Gebiete der Sowjetunion deportiert. Trotzki selbst kommt nach Alma-Ata, verbringt ein Jahr in
der Verbannung, um dann im Januar 1929 aus der Sowjetunion ausgewiesen zu
werden.

Damit wurde der engste Mitkämpfer Lenins 12 Jahre nach einer siegreichen Revo-
lution aus jenem Staat ausgestoßen, den er selbst aktiv mitgeschaffen hatte. Trotzki
war nun Flüchtling und politischer Emigrant. Wie schätzen Sie seine Tätigkeit im
Exil ein? Welche Rolle haben die folgenden zwölf Jahre bis zu seinem gewaltsa-
men Tod für seine Ideen und Theorien gespielt?
Nach seiner zwangsweisen Aussiedlung aus der Sowjetunion im Januar 1929 hat
Trotzki, der inzwischen in der Türkei auf der Insel Prinkipo ein Asyl erhielt, in
seiner Schrift *Die permanente Revolution,* die im Jahre 1930 erschien, erneut unterstrichen, daß die Errichtung der sozialistischen Gesellschaft in einem einzigen
Land unmöglich sei und jede Revolution in einem Land mit der allgemeinen
weltrevolutionären Zielsetzung verknüpft werden müßte. Darüber hinaus
schrieb Trotzki seine Autobiographie *Mein Leben* und arbeitete an seiner bedeutenden *Geschichte der russischen Revolution.* In den Jahren 1931 bis 1933
konzentrierte er seine politisch-publizistische Tätigkeit weitgehend auf
Deutschland; er warnte immer wieder vor einem möglichen Sieg des Faschismus
in Deutschland und forderte die deutschen Kommunisten vergeblich auf, eine
echte Kampfeinheit mit der Sozialdemokratie gegen den Faschismus zu schaffen.
Der Sieg des Nationalsozialismus in Deutschland im Januar 1933 stellte für
Trotzki einen entscheidenden Wendepunkt in der Beurteilung nicht nur des
deutschen Kommunismus, sondern auch der Kommunistischen Internationale
dar.

Im Sinne einer schärferen Kritik an dem von Stalin geleiteten internationalen
Kommunismus?
Ja. Im April 1933 schrieb Trotzki, daß der Kommunismus in Deutschland nur
auf neuen Grundlagen und auf einer neuen Führung wieder auferstehen könne.
Wenige Wochen später erklärte Trotzki bereits, jegliche Hoffnung auf eine Reform der von Moskau geleiteten Kommunistischen Internationale müsse als uto-
pisch und reaktionär aufgegeben werden. Es ginge jetzt nicht mehr um eine Reform, sondern man müsse sich den Aufbau einer »Vierten Internationale« und
neuer revolutionärer Parteien zum Ziel setzen.

Hat Trotzki diese Zielsetzung einer »Vierten Internationale« während seines Auf-
enthaltes auf der türkischen Insel Prinkipo verkündet?
Ja, Trotzki verbrachte damals sein viertes Jahr im türkischen Asyl. Erst im Som-
mer 1933 gelang es ihm, näher an das Zentrum des politischen Geschehens in
Europa heranzukommen. Vom Sommer 1933 bis zum Sommer 1935 lebte
Trotzki in Frankreich und wurde Augenzeuge der Entstehung der Volksfront.
Im Juni 1935 übersiedelte er nach Norwegen, wo er bis Ende 1936 blieb.
Anschließend erhielt er in Mexiko endlich die Möglichkeit eines langfristigen

Asyls. Von Januar 1937 an lebte er in Coyoacan, einem Vorort von Mexiko-City.

In der Sowjetunion begannen Ende 1936 die Massenverhaftungen, die »große Säuberung«, und die Schauprozesse, die ja hauptsächlich gegen die Trotzkisten und Trotzki persönlich gerichtet waren. Wie hat Trotzki diese Ereignisse damals beurteilt?

Neben der fast täglich publizistischen Widerlegung der unglaublichen Beschuldigungen, die damals von der Stalin-Führung gegen Trotzki vorgebracht wurden, ging es Trotzki vor allem darum, die Hintergründe der Prozesse und der »großen Säuberung« aufzuzeigen. Wichtig in dieser Hinsicht war vor allem sein Buch *Stalins Verbrechen* aus dem Jahre 1937, wovon vieles, was Trotzki damals beschrieb, inzwischen durch Chruschtschows Geheimreferat auf dem 20. Parteitag im Februar 1956 bestätigt worden ist. Noch bedeutsamer jedoch scheint mir das kurz zuvor erschienene Buch von Trotzki *Die verratene Revolution* zu sein, in der Trotzki erstmals eine Gesamtanalyse der sowjetischen Entwicklung vornahm und auch ein revolutionär-marxistisches Alternativprogramm ausarbeitete.

Können Sie Trotzkis Thesen aus seiner Verratenen Revolution *kurz zusammenfassen?*

Trotzki vertrat zunächst die These, die Sowjetunion sei als Arbeiterstaat aus der Oktoberrevolution von 1917 hervorgegangen, und die Verstaatlichung der Produktionsmittel habe zu einem schnellen ökonomischen Wachstum geführt. Unter dem Stalinismus sei der Staat jedoch völlig umgestaltet worden: vom Werkzeug der Arbeiterklasse zum Werkzeug über die Arbeiterschaft. Die Bürokratie habe sich in eine allmächtige privilegierte Schicht verwandelt; sowohl die Konflikte innerhalb der Bürokratie als auch die tiefen Widersprüche zwischen der Bürokratie und dem Volk spiegelten sich in den Moskauer Prozessen wider. In der Sowjetunion herrschte das Regime eines entarteten Arbeiterstaates. Die Grundlagen des Arbeiterstaates seien erhalten, die sozialistische Entwicklung werde jedoch durch die Bürokratie verhindert. Die politische Hauptaufgabe sei daher der Sturz der Bürokratie durch eine politische Revolution. Nur dadurch könne die sozialistische Grundlage gerettet und eine kapitalistische Restauration verhindert werden. Die Beibehaltung der sozialistischen Gesellschaftsordnung, aber der Sturz der Bürokratie, um eine Weiterentwicklung auf sozialistischer Grundlage zu garantieren – das war die damalige Grundauffassung des Trotzkismus und das ist sie auch heute noch.

Gibt es konkrete Vorstellungen der Trotzkisten, wie sich dieser politische Umschwung vollziehen und wohin er führen sollte?

Der revolutionäre Prozeß sollte sich, nach Trotzki, gegen die soziale Ungleichheit und die politische Unterdrückung richten. Gewerkschaften und Fabrikkomitees sollten ihre Freiheit erhalten; die Privilegien sollten abgeschafft, die Ränge und Orden der Sowjet-Aristokratie verschwinden. Die Sowjets sollten wieder gewählte Organe der Werktätigen sein, politische Parteien, sofern sie auf

dem Boden des Sozialismus und der Sowjetmacht stehen, legal werden; die
Planwirtschaft müßte im Interesse der Produzenten und Konsumenten überprüft
werden. Die Fabrikkomitees sollten das Recht auf Kontrolle der Produktion haben, Verbrauchergenossenschaften die Interessen der Verbraucher wahrnehmen. Die kollektive Landwirtschaft sollte dem Willen der Kolchosbauern entsprechend verändert und reorganisiert werden. Alle politischen Urteile seien zu
revidieren und zu überprüfen; die Organisatoren der Fälschungen und Schauprozesse müßten ihre verdiente Strafe erhalten. In der Außenpolitik sollte der
national beschränkte Egoismus überwunden und durch eine aktive Förderung
der Weltrevolution ohne militärische Expansion ersetzt werden. Die diplomatische Korrespondenz des Kreml sollte veröffentlicht, die kommunistische Parteien aus der Moskauer Vormundschaft entlassen werden, denn lebensfähig sei
nur eine Revolution, die mit eigenen Kräften siege.

All dies sollte nicht durch Reformen von oben erfolgen, sondern durch eine politi-
sche Revolution, die zum Sturz der Bürokratie führen würde?
Ja, die »große Säuberung« und die Schauprozesse von 1936 bis 1938 schienen
für Trotzki der Beweis dafür zu sein, daß man in der Sowjetunion jede Hoffnung
auf Reformen von oben aufgeben müßte. Er war davon überzeugt, daß nur durch
eine politische Revolution die Bürokratie gestürzt, die Sowjetherrschaft erneu-
ert und die Weiterentwicklung zum Sozialismus garantiert werden könnte. Daraus ergab sich als logische Schlußfolgerung die Notwendigkeit einer neuen revolutionären Organisation der »Vierten Internationale«, deren Gründungskongreß nach mehrjährigen Vorarbeiten Anfang September 1938 in Perigny bei
Paris stattfand. 21 Delegierte vertraten 11 nationale Sektionen. Die Gründung
wurde gegen die Stimme der beiden polnischen Vertreter beschlossen, die den
Zeitpunkt für ungünstig hielten. Auf der Konferenz wurde die neugegründete
»Vierte Internationale« als Weltpartei der sozialistischen Revolution bezeichnet
und gleichzeitig das von Trotzki ausgearbeitete Übergangsprogramm angenommen. Als Begründung wurde erklärt, die »Kommunistische Internationale«
sei zum Instrument der herrschenden Stalin-Bürokratie geworden. Die revolutionäre Bewegung brauche eine neue Führung für den Kampf um den Sozialismus. Die »Vierte Internationale« würde dabei an die Tradition des revolutionären Bolschewismus anknüpfen.

Ein Jahr nach dem Gründungskongreß begann der Zweite Weltkrieg. Konnte sich
unter diesen Bedingungen die »Vierte Internationale« überhaupt entwickeln?
Nur schwer. Bereits kurz vor Kriegsbeginn wurde das internationale Sekretariat,
die Führung der »Vierten Internationale«, nach Amerika verlegt, und es war
äußerst schwer, die für den Trotzkismus so dringenden internationalen Verbin-
dungen aufrechtzuerhalten. Hinzu kam, daß die von Stalin organisierte Kampagne gegen Trotzki und die Trotzkisten ständig an Schärfe zunahm.
Überfälle auf Trotzkis Mitarbeiter, Ermordungen seiner Freunde und Kampfge-
fährten dienten offensichtlich dem Ziel, Trotzki selbst einzuschüchtern. Am
24. Mai 1940 fand ein bewaffneter Überfall auf Trotzkis Haus in Coyoacan,

einem Vorort von Mexiko-City, statt; die offensichtlich geplante Ermordung Trotzkis gelang jedoch nicht. Trotzki wies sofort darauf hin, daß nach diesem ersten Mißerfolg der sowjetische Staatssicherheitsdienst weitere Versuche unternehmen werde. Wenige Monate später war es soweit. Am späten Nachmittag des 20. August 1940 wurde Trotzki, während er an seinem Schreibtisch einen Artikel durcharbeitete, von dem stalinistischen Agenten Jacson-Mercader mit einem Eispickel von hinten in den Schädel geschlagen. Noch am gleichen Abend starb Leo Trotzki.

Seit der Ermordung Trotzkis im August 1940 sind nun mehr als 35 Jahre vergangen. Wie ist die Entwicklung der »Vierten Internationale« während dieser Periode einzuschätzen?
Die von Trotzki Ende 1938 geschaffene »Vierte Internationale« hat nach einem langen Schattendasein erst im letzten Jahrzehnt an Einfluß gewonnen. Insgesamt haben zehn trotzkistische »Weltkongresse« stattgefunden, der bisher letzte im Februar 1974. Aus der internationalen kommunistischen Bewegung ist die trotzkistische Strömung nicht mehr wegzudenken, andererseits haben sich die Erwartungen Trotzkis nicht erfüllt. Der Stalinismus ist zu Ende gegangen, aber die großen Wandlungen in der kommunistischen Weltbewegung wurden von den Trotzkisten meist zu spät erkannt; vor allem haben sich die entscheidenden Ereignisse in der Abkehr vom Stalinismus unabhängig von den Trotzkisten entwickelt.

An welche großen Ereignisse und Wandlungen, die sich ohne Trotzkisten vollzogen, denken Sie dabei?
Der Bruch Jugoslawiens mit Moskau Ende Juni 1948, der sich bereits Monate vorher abzeichnete, kam für die Trotzkisten völlig überraschend. Sie unterstützten zunächst Jugoslawien im Kampf gegen die Stalin-Führung, aber schon bald begann sich das Verhältnis der Trotzkisten gegenüber Jugoslawien abzukühlen, weil die jugoslawischen Kommunisten eigene Wege gingen. Ähnlich verhielt es sich 1949 beim Sieg der chinesischen Kommunisten. Obwohl auch hier bald eine eigenständige Entwicklung zu erkennen war und sich der Moskau-Peking-Konflikt schon früh abzuzeichnen begann, reagierten die Trotzkisten erst sehr spät. Als sie sich endlich zu einer »kritischen Unterstützung« der chinesischen Kommunisten aufrafften, stießen sie bei diesen auf keine Gegenliebe. Auch bei der Entstalinisierung der Sowjetunion, im »polnischen Oktober« und der ungarischen Revolution von 1956 sowie im »Prager Frühling« von 1968, spielten die Trotzkisten nur eine sehr geringe Rolle – vielleicht weil sie zu sehr von den Erfahrungen der russischen Revolution geprägt und den Gedankengängen Trotzkis aus den zwanziger und dreißiger Jahren verhaftet waren, um die vielen neuen Probleme zu erkennen. Hinzu kam, daß die internationale trotzkistische Bewegung durch eine Reihe von Spaltungen geschwächt war.

Aber im letzten Jahrzehnt ist die trotzkistische Bewegung wieder im Ansteigen begriffen. Worin zeigt sich das?

In manchen Fällen wurde der Trotzkismus zu einem Anziehungspunkt junger Anhänger der »Neuen Linken«, die sich vom Kommunismus sowjetischer Prägung nicht angezogen fühlten und auch im Maoismus keine politische Heimat fanden. Er spielte eine Rolle bei der Mai/Juni-Revolution von 1968 in Frankreich. Auch in Osteuropa entstanden illegale trotzkistische Zirkel – als linke revolutionär-marxistische Alternative gegenüber dem etablierten System.

Sicher sind diese Strömungen nicht so stark wie etwa die der Anhänger des »menschlichen Sozialismus«, aber immerhin, es gab solche illegale Gruppierungen und Zirkel sowohl in Polen und Ungarn; in der Tschechoslowakei existierte eine illegale »Revolutionäre sozialistische Partei«, die sich zum Trotzkismus bekannte. Führende Funktionäre dieser Organisation wurden auf dem Prager Trotzkistenprozeß im März 1971 verurteilt.

Und in der Sowjetunion selbst? Hört man dort etwas von Trotzkisten?
Natürlich nur indirekt, da es in der Sowjetunion besonders gefährlich ist, sich als Trotzkist zu bekennen. Aber im Samisdat, den illegal von Hand zu Hand verbreiteten Schriften, werden Trotzki und Diskussionen über den Trotzkismus erwähnt, darunter auch eine neue Biographie Trotzkis. Man darf mit großer Wahrscheinlichkeit annehmen, daß in manchen linken marxistischen Kreisen der Sowjetunion das Interesse auch für Trotzki gewachsen ist. Auffallend ist, daß in den letzten Jahren die Zahl der offiziellen sowjetischen Schriften gegen die Trotzkisten sprunghaft gestiegen ist. Diese von Moskau veröffentlichten anti-trotzkistischen Schriften wie etwa *Neo-Trotzkismus ohne Maske* von Ogurzow und *Das Wesen des Trotzkismus von heute* von Basmanow strotzen zwar vor Schmähungen und Verleumdungen, geben aber zu, daß sich der Einfluß der Trotzkisten in den letzten Jahren vergrößert hat. So räumt Ogurzow ein, der Trotzkismus habe sich in den letzten Jahren aktiviert; Basmanow spricht von einem »Wiederaufleben des Trotzkismus« und weist dabei vor allem auf den zunehmenden Einfluß der Trotzkisten auf die junge Generation hin.

Die trotzkistische Bewegung wird also auch in der Zukunft eine Rolle spielen?
Durchaus. Es handelt sich beim Trotzkismus ganz offensichtlich nicht um eine vorübergehende modische Erscheinung, wie dies bei manchen anderen linksrevolutionären Strömungen der Fall gewesen ist. Die Tatsache, daß die organisierte trotzkistische Bewegung bereits seit fast vier Jahrzehnten existiert und in fast allen Ländern durch Organisationen vertreten ist, scheint mir für eine langfristige Entwicklung zu sprechen. Gewiß kann man sich einen überragenden Einfluß, eine wirklich mächtige trotzkistische Bewegung kaum vorstellen, wohl aber, daß der Trotzkismus auch weiterhin als *eine* Richtung innerhalb der kommunistischen Weltbewegung fortbestehen wird.

6

Kommunistische Strömungen
und Organisationen
in der Bundesrepublik Deutschland

Welche kommunistischen Hauptrichtungen gibt es gegenwärtig in der Bundes-
republik?
In einer gewissen Vereinfachung lassen sich drei Hauptrichtungen erkennen. Da
sind zunächst die Kommunisten der prosowjetischen Richtung, vertreten durch
die Deutsche Kommunistische Partei, abgekürzt DKP, in der Bundesrepublik
und die Sozialistische Einheitspartei in West-Berlin, abgekürzt SEW, mit den
entsprechenden Zeitungen, Jugend- und Studentenorganisationen. Die zweite
Strömung umfaßt die Kommunisten der maoistischen Richtung. Dazu gehören
die Kommunistische Partei Deutschlands, abgekürzt KPD, und die Kommunistische Partei Deutschlands/Marxisten-Leninisten, abgekürzt KPD-ML. Die KPD
verkündet unverfälscht die maoistischen Auffassungen, wie sie von der KP-Führung Chinas vertreten werden, während sich die KPD/ML in den letzten Jahren
von der chinesischen Entwicklung etwas distanziert und weitgehend die Konzeptionen der albanischen Kommunisten unter Führung Enver Hodschas zum Ausdruck bringt. Eine Sonderstellung nimmt der Kommunistische Bund Westdeutschlands, bekannt unter der Abkürzung KBW, ein, den man vielleicht als
»halbmaoistisch« bezeichnen könnte. Der KBW vertritt eine maoistische Linie
in abgeschwächter Form und hat auch eigene, vom Maoismus abweichende Vorstellungen entwickelt. Die dritte, übrigens schwächste kommunistische Strömung, sind die Trotzkisten; am bekanntesten ist die »Gruppe Internationaler
Marxisten«, abgekürzt GIM, die offizielle deutsche Sektion der trotzkistischen
Vierten Internationale.

Ehe wir uns mit den Unterschieden zwischen prosowjetischen Kommunisten,
Maoisten und Trotzkisten befassen, wäre es gut, wenn Sie zunächst einmal das
Gemeinsame *aller dieser Organisationen herausstellen könnten. Worin stimmen*
die drei kommunistischen Strömungen miteinander überein?
Gemeinsam bekennen sich alle erwähnten kommunistischen Richtungen zum

Marxismus-Leninismus und zum Klassenkampf, wobei dem revolutionären Kampf der Arbeiterklasse die entscheidende Bedeutung beigemessen wird. Alle drei kommunistischen Strömungen sind davon überzeugt, daß Reformen, wie sie etwa von den Sozialdemokraten angestrebt und zu verwirklichen versucht werden, nicht zum Ziel führen, sondern die Arbeiterklasse vom eigentlichen Kampf ablenken. Gemeinsam ist schließlich die Zielsetzung, das kapitalistische System nicht etwa nur zu reformieren, sondern es in einem revolutionären Kampf zu stürzen und nach einer Übergangsperiode in Form einer Diktatur des Proletariats (beziehungsweise politischen Herrschaft der Werktätigen) eine klassenlose kommunistische Gesellschaft zu errichten.

Diese Gemeinsamkeiten von prosowjetischen Kommunisten, Maoisten und Trotzkisten scheinen, auf den ersten Blick gesehen, eine Vielzahl prinzipieller Fragen und Ziele zu umfassen. Worin sehen Sie die wichtigen ideologisch-politischen Unterschiede?
Sie liegen zunächst in den verschiedenartigen Interpretationen des Marxismus-Leninismus, in dem zum Vorbild genommenen Modell und in den befürworteten Kampfmethoden zur Erreichung des Ziels. Alle Richtungen bekennen sich zum Marxismus und zum Leninismus, aber die prosowjetischen Organisationen der DKP und SEW vertreten die sowjetische Interpretation und heben besonders die Erklärungen der DDR-Führung hervor. Die Maoisten berufen sich außer auf Marx, Engels und Lenin vor allem auf Mao Tse-tung, in einigen Fällen, wenn auch in jüngster Zeit seltener, auch auf Stalin und ebenfalls, um an die Tradition der früheren deutschen Kommunisten anzuknüpfen, auf Ernst Thälmann. Die Trotzkisten schließlich stellen neben den Theorien von Marx, Engels und Lenin vor allem die Schriften Trotzkis in den Mittelpunkt ihrer ideologischen Überlegungen. Dies widerspiegelt sich auch in den Modellen, die angestrebt werden.

Dabei spielt wohl die unterschiedliche Einstellung zur Sowjetunion und zu China die entscheidende Rolle?
Ja, zweifellos. Die prosowjetischen Kommunisten der SEW und DKP bejahen, beschönigen und rechtfertigen das System der Sowjetunion und der DDR sowie die Politik ihrer Führer, einschließlich der Berliner Mauer und der Besetzung der Tschechoslowakei. Die Maoisten sehen in China bzw. Albanien die Verwirklichung ihrer Zielsetzung, wobei es auch hierbei gewisse Akzentunterschiede gibt, einige maoistische Gruppen zählen auch noch Nord-Korea und Vietnam zu den »echten« sozialistischen Ländern, während natürlich alle Maoisten die Außenpolitik der Sowjetunion als »sozial-imperialistisch« schärfstens verurteilen. Die Trotzkisten verfügen über kein Vorbild, da sie noch nirgends die Macht übernommen haben. Sie zeichnen sich durch ein äußerst kritisches Verhalten aus – sowohl gegenüber der Sowjetunion als auch gegenüber der Volksrepublik China. Neben den unterschiedlichen Modellen gibt es noch gewisse Unterschiede in den befürworteten Kampfmethoden. Die prosowjetischen Kommunisten der DKP und SEW vermeiden ein offenes Bekenntnis zur revolutionären Gewalt,

während die maoistischen Organisationen und auch die Trotzkisten sich offen zur Revolution, zum revolutionären Sturz der Gesellschaft bekennen.

Die wichtigsten Differenzen liegen also in den unterschiedlichen Interpretationen des Marxismus-Leninismus, den angestrebten Zielvorstellungen und den befürworteten Kampfmethoden. Inwieweit wirken sich nun diese mehr ideologischen Differenzen auf die praktische Politik aus, auf die Einstellung zu den wichtigsten Gegenwartsfragen?

Außerordentlich stark. Es gibt weitgehende Differenzen zwischen den kommunistischen Strömungen in ihrer Einstellung zur sozial-liberalen Koalition, zu den Gewerkschaften, zur Mitbestimmung, zur Ostpolitik und zur deutschen Wiedervereinigung.

Könnten Sie die einzelnen kommunistischen Strömungen und Organisationen kurz charakterisieren? Da von den drei erwähnten kommunistischen Strömungen die prosowjetische Richtung der DKP und SEW am stärksten ist, sollten wir mit dieser Richtung beginnen.

Von den prosowjetischen Kommunisten besitzt, nach eigenen Angaben, die im April 1969 gegründete Deutsche Kommunistische Partei (DKP) 38 000 Mitglieder und die in West-Berlin auftretende Sozialistische Einheitspartei (SEW) etwa 7500 Mitglieder. Die prosowjetischen Kommunisten bekennen sich zum Marxismus-Leninismus der sowjetischen Interpretation. Sie treten für eine grundlegende Umgestaltung der Gesellschaft, die Ablösung des Kapitalismus durch den Sozialismus ein, wobei unter dem Begriff »Sozialismus« das in der Sowjetunion bzw. in der DDR herrschende System verstanden wird. Typisch für die DKP ist, daß alle Formulierungen sorgfältig ausgewählt sind, um verfassungsfeindliche Äußerungen zu vermeiden. So wird an Stelle des Begriffs »Diktatur des Proletariats« von der politischen Macht der Arbeiterklasse im Bündnis mit anderen Werktätigen gesprochen. Als wichtigstes Nahziel gilt die antimonopolistische Demokratie, ein Ausdruck, der in DKP-Schriften besonders häufig zu finden ist.

Warum antimonopolistische Demokratie, und was soll das eigentlich konkret bedeuten?

Nach Auffassung der DKP dominiert in der Bundesrepublik – und übrigens auch in allen anderen entwickelten westlichen Industriestaaten – ein System des staatsmonopolistischen Kapitalismus, d. h. ein System, das durch eine zunehmende Verflechtung und Verfilzung zwischen den großen Monopolen und der Staatsmacht gekennzeichnet ist. Da dieser staatsmonopolistische Kapitalismus, nach Auffassung der DKP, nicht nur die Arbeiter, sondern auch Bauern, Handwerker, das städtische Kleinbürgertum und die Intelligenz ausbeutet, tritt die DKP für eine breite Kampfgemeinschaft aller Kräfte ein, die gegen diese Monopole sind. Ein solches antimonopolistisches Bündnis könnte dann, im weiteren Verlauf des Kampfes zur Verwirklichung einer antimonopolistischen Demokratie führen, in der die Macht des Großkapitals eingeschränkt ist und das werktätige Volk, geführt von der Kommunistischen Partei, einen bestimmten Einfluß auf Wirtschaft, Staat und Gesellschaft ausübt.

Und um diese antimonopolistische Demokratie – offensichtlich eine Vorstufe zur kommunistischen Machtübernahme – zu erreichen, treten die prosowjetischen Kommunisten der DKP für eine breite Aktionseinheit ein?
Ja. Immer wieder wird eine Aktionseinheit zwischen sozialdemokratischen, kommunistischen, christlichen und parteilosen Arbeitern und Gewerkschaftlern als Voraussetzung und Kern für ein breites demokratisches Bündnis gefordert. Als wichtigste Aktionsziele fordern die prosowjetischen Kommunisten die Verstaatlichung der Banken, Versicherungen und Konzerne, der Grundstoff- und Schlüsselindustrien sowie der Rüstungsbetriebe. Besonders scharf wendet sich die DKP gegen jegliche Aufrüstung und erklärt, angesichts der Entspannung bestehe kein Anlaß mehr für den weiteren Ausbau der Bundeswehr. Die Aufrüstung der Sowjetunion und der Ostblockstaaten wird natürlich nicht kritisiert.

Und wie steht die DKP zu einigen aktuellen Fragen – etwa Gewerkschaften und Mitbestimmung, Deutschland- und Ostpolitik?
Die prosowjetischen Kommunisten rufen ihre Mitglieder auf, als aktive und vorbildliche Gewerkschafter zu wirken, die Politik der Gewerkschaften zu unterstützen, mit dem klaren Ziel, den Einfluß in den Gewerkschaften zu vergrößern und Positionen zu erlangen, die sich für die DKP nutzbringend auswirken. Die DKP unterstützt daher auch die Mitbestimmung, die sie ausweiten und vertiefen will. DKP und SEW treten für eine Weiterführung und Vertiefung der Ostpolitik ein und kritisieren dabei nicht nur die CDU-Opposition, sondern manchmal auch die sozial-liberale Koalition, weil diese angeblich nicht klar und nicht schnell genug die Ostpolitik fortsetzt. In der Deutschland-Politik stehen SEW und DKP auf dem Boden der deutschen Spaltung, was offiziell als »Anerkennung der Existenz der beiden deutschen Staaten« bezeichnet wird. Alle Vorschläge der DDR-Führung in Ost-Berlin werden von den prosowjetischen Kommunisten der DKP und SEW sofort kritiklos bejaht und unterstützt.

Man hört manchmal, die DKP habe, relativ gesehen, besonders unter Jugendlichen und Studenten Widerhall gefunden.
Ja, wobei man sich allerdings stets vergegenwärtigen muß, daß es sich im Vergleich zu den großen politischen Kräften unseres Landes nur um relativ unbedeutende Gruppierungen handelt. Immerhin fällt es aber auf, daß die im Mai 1968 in Essen gegründete »Sozialistische Deutsche Arbeiterjugend« (SDAJ), die die politische Linie der DKP vertritt, nach eigenen Angaben aus über 500 Gruppen mit insgesamt 29 000 Mitgliedern besteht, wobei allerdings diese Ziffer sicher überhöht ist. Der 1971 in Bonn gegründete »Marxistische Studentenbund Spartakus« verfügt laut eigenen Angaben über 4500 Mitglieder, die in 150 Gruppen organisiert sind. Der die DKP-Linie vertretende MSB-Spartakus fordert ein gesellschaftswissenschaftliches Grundstudium und die Befreiung der Studieninhalte von allem antikommunistischen und demokratiefeindlichen Ge-

dankengut, wobei natürlich der MSB-Spartakus für sich selbst das Recht in Anspruch nimmt, zu bestimmen, was demokratisch und was demokratiefeindlich ist.

Vertritt nicht auch der MSB-Spartakus die Losung »Marx an die Uni«?
Durchaus, »Marx an die Uni« gehört sogar zu den zentralen Forderungen des MSB-Spartakus. Darunter wird allerdings nicht verstanden – was ich für selbstverständlich halte und was ich stets befürwortet habe –, sich im Rahmen der dafür in Frage kommenden Fächer ausführlich, gründlich und sachlich mit den Theorien von Marx und Engels zu beschäftigen, sondern etwas ganz anderes. Der MSB-Spartakus fordert, den Marxismus nur durch Marxisten zu lehren, die unverfälscht den Marxismus vertreten, worunter der MSB-Spartakus nur die Marxisten der sowjetischen Richtung versteht, also eine völlig einseitige Interpretation. Auch tritt der MSB-Spartakus dafür ein, den Marxismus nicht etwa neben und im Vergleich zu anderen gesellschaftlichen Theorien zu behandeln, sondern es wird erklärt, daß es keine Koexistenz zwischen marxistischen und bürgerlichen Theorien an einer Hochschule geben kann und damit auch keinen Pluralismus verschiedener Wissenschaften, die gleichberechtigt nebeneinander existieren. Somit geht es nicht um die Gleichberechtigung des Marxismus, sondern um die Dominanz, um die einseitige monopolistische Bevorzugung, noch dazu eines Marxismus, der in völlig einseitiger Darlegung und Interpretation gelehrt werden soll.

Nach dieser Charakterisierung der prosowjetischen Kommunisten, der DKP und SEW, ihrer Jugendorganisationen SDAJ und dem Marxistischen Studentenbund Spartakus, sollten wir uns jetzt den anderen kommunistischen Strömungen zuwenden. Welche Organisationen gehören zu den Kommunisten der maoistischen Richtung und für welche Ziele treten sie ein?
Die beiden wichtigsten maoistischen Organisationen sind die Ende 1968 in Hamburg gegründete KPD-ML, d. h. die Kommunistische Partei Deutschlands / Marxisten-Leninisten, die inzwischen ihren Sitz nach Dortmund verlegt hat und ihre Auffassungen in der Zeitung *Roter Morgen* verbreitet, sowie die im Februar 1970 in Dortmund gegründete Kommunistische Partei Deutschlands, bekannt als KPD, mit dem Zentralorgan *Rote Fahne,* die inzwischen ihren Sitz nach Köln verlegt hat. Die maoistischen Kommunisten berufen sich neben Marx, Engels und Lenin vor allem auf Mao Tse-tung und die Erfahrungen der chinesischen Revolution. Im Unterschied zur DKP treten die Maoisten offen für eine Volksrevolution ein, weil ihrer Auffassung nach die herrschende Klasse nirgends freiwillig abtreten wird. Durch die Errichtung der Diktatur des Proletariats soll der Weg zu einer klassenlosen kommunistischen Gesellschaft geebnet werden. Als Vorbilder gelten die Volksrepublik China und Albanien.

Wie stehen die deutschen Maoisten zur sowjetischen Politik?
Das gegenwärtige System und die gegenwärtige Politik der Sowjetunion werden abgelehnt. Die Sowjetunion habe sich unter Lenin und teilweise auch noch unter

Stalin in einer sozialistischen Richtung entwickelt, aber bereits unter Stalin sei eine soziale Differenzierung entstanden. Mit dem 20. Parteitag im Februar 1956 unter Chruschtschow habe sich die Sowjetunion im Zuge eines Palastputsches rasch zu wandeln begonnen. Im Gefolge einer Restauration des Kapitalismus sei die ehemals sozialistische Sowjetunion zu einem monopolkapitalistischen Land geworden. Zwar gäbe es formal keinen Privatbesitz an den Produktionsmitteln, aber eine Monopolbourgeoisie neuen Typs verfüge über das Kapital und eigne sich den Mehrwert an. Die Sowjetunion betreibe nach außen – auch gegenüber Deutschland – eine imperialistische Politik, die sie mit sozialistischen Schlagworten kaschiere. Deshalb wird sie als »sozial-imperialistisch« bezeichnet.

Von diesem Standort aus müßten die maoistischen Parteien der KPD und KPD-ML die Ostpolitik ablehnen.
Das tun sie auch. Die Ostverträge werden als schamloser Verrat bezeichnet, mit dem die »neuen Zaren« ihren Anschlag auf das deutsche Volk krönten. Im gleichen Sinne treten die maoistischen Kommunisten, wenn auch mit unterschiedlichen Nuancen, nachdrücklichst für den Kampf um die Wiedervereinigung Deutschlands ein. In der deutschen Innenpolitik sind die Forderungen der Maoisten revolutionär. Die Mitbestimmung ist für die Maoisten nur ein Betrugsmanöver, um die Arbeiterklasse vom Kampf abzuhalten. Selbst eine erweiterte Mitbestimmung wird davon nicht ausgenommen, da eine Mitbestimmung die Möglichkeit vorgaukelt, die kapitalistische Produktionsweise im Interesse der Werktätigen zu verändern.

Sie erwähnten vorhin, daß der »Kommunistische Bund Westdeutschlands« in manchen Fragen ähnliche Konzeptionen vertritt wie die Maoisten, aber in anderen Fragen eigene Auffassungen entwickelt hat. Was ist der KBW und worin unterscheidet er sich von den Maoisten?
Der KBW, also der Kommunistische Bund Westdeutschlands, betrachtet sich nicht – und das ist sehr wichtig – als Partei, weil der KBW die Entwicklung für die Organisation einer Partei noch für verfrüht hält. Der KBW ist daher auch erst nach langen programmatischen Diskussionen und organisatorischen Vorbereitungen im Sommer 1973 gegründet worden; seitdem erscheint auch die Wochenzeitung *Kommunistische Volkszeitung*. Der KBW bekennt sich zu vielen entscheidenden Thesen Mao Tse-tungs, vertritt diese jedoch meist in einer abgeschwächten Form. Ähnlich wie die Maoisten wird das System der Sowjetunion auch vom KBW scharf kritisiert, und die DDR wird als eine Halbkolonie des sowjetischen Imperialismus bezeichnet. Die Auseinandersetzung mit dem System der Sowjetunion spielt jedoch eine weniger wichtige Rolle als bei der KPD und KPD-ML, der KBW ist auch zu Streitgesprächen mit der DKP bereit, während dies von den reinen Maoisten abgelehnt wird.

Gibt es auch Unterschiede zwischen den Maoisten und dem KBW in der Einstellung zu wichtigen deutschen politischen Gegenwartsfragen?
Ja, vor allem in zwei Fragen: Gewerkschaften und Wiedervereinigung Deutschlands. Im Unterschied zu den Maoisten sieht der Kommunistische Bund Westdeutschlands die Gewerkschaften als wichtige Arbeiterorganisationen an. Der Aufbau einer revolutionären Gewerkschaftsopposition wird daher abgelehnt. Der KBW tritt vielmehr dafür ein, in den Gewerkschaften zu wirken und dort den Kampf zu führen – nicht gegen den gesamten Funktionärsapparat, sondern lediglich gegen die in diesem Apparat dominierenden Reformisten. Noch wichtiger ist der Unterschied in der Frage der Wiedervereinigung. Während die Maoisten der KPD und KPD-ML für die Wiederherstellung der deutschen Einheit eintreten, geht der KBW davon aus, daß die deutsche Nation gespalten sei. Die deutsche Arbeiterklasse müsse zunächst den Kampf in Westdeutschland gewinnen, die herrschende kapitalistische Klasse stürzen und Westdeutschland aus dem System des Imperialismus herausbrechen, ehe der Kampf um die Wiedervereinigung auf die Tagesordnung gesetzt werden kann.

Könnte man sagen, daß der KBW weniger maoistisch ist als die bisher von Ihnen erwähnten offiziellen maoistischen Parteien?
Ja, der KBW scheint zu versuchen, einige Ziele des Maoismus teilweise zu übernehmen – aber eben nur teilweise und sonst mehr von deutschen Gegebenheiten auszugehen. Dies hat allerdings zur Folge, daß der KBW von allen anderen kommunistischen Organisationen angegriffen wird. Die Maoisten werfen dem KBW vor, die Gefahr des sowjetischen Sozialimperialismus zu unterschätzen und sich dem Trotzkismus anzunähern. Die Trotzkisten ihrerseits werfen dem KBW vor, noch viel zu maoistisch zu sein.

Welche trotzkistische Strömungen gibt es in der Bundesrepublik und wofür treten sie ein?
Zu den Trotzkisten gehören mehrere Organisationen. Die relativ stärkste ist die »Gruppe Internationaler Marxisten«, die Pfingsten 1969 gegründet wurde, als offizielle deutsche Sektion von der Vierten Internationale anerkannt ist und die zweimal monatlich erscheinende Zeitung *Was tun* herausgibt. Die GIM, wie die Organisation abgekürzt heißt, soll über 600 aktive Mitglieder verfügen und tritt für die Errichtung einer Räterepublik in Deutschland ein. Es gibt noch einige andere trotzkistische Organisationen, etwa den »Spartakusbund«, die »Gruppe revolutionärer Kommunisten« und die »Trotzkistische Liga Deutschlands« – aber nur die GIM, die Gruppe Internationaler Marxisten, ist vom internationalen Sekretariat der Vierten Internationale in Brüssel anerkannt.

Welches sind nun die wichtigsten Forderungen und Ziele der Trotzkisten?
Die Trotzkisten betonen mehr als alle anderen Organisationen den revolutionären Internationalismus und bekennen sich zur Theorie Trotzkis von der permanenten Revolution. Das Ziel der deutschen Trotzkisten ist die Errichtung einer Räterepublik in Deutschland, wobei dies als Beitrag zur Errichtung einer soziali-

stischen Weltrepublik angesehen wird. Am Anfang steht dabei die Machtergreifung der Arbeiterklasse und die Errichtung einer Diktatur des Proletariats. Diese Diktatur des Proletariats soll jedoch, nach trotzkistischer Auffassung, nicht die Willkürherrschaft eines Diktators oder einer kleinen Gruppe sein, sondern die Diktatur der Mehrheit des werktätigen Volkes über die Minderheit der Ausbeuter. Nicht deren physische Vernichtung sei das Ziel der Diktatur des Proletariats, sondern ihre Beseitigung als kapitalistische Ausbeuterklasse. Die Räteherrschaft soll nach den Vorstellungen der Trotzkisten die Rechte und Freiheiten der Werktätigen erweitern, im Rahmen des Arbeiterstaates soll Organisationsfreiheit für alle Parteien bestehen, gedacht wird an ein Mehrparteiensystem, allerdings nur von Arbeiterparteien, die sich zum Sozialismus bekennen.

Wie würden Sie die Trotzkisten zwischen Maoisten, prosowjetischen Kommunisten und den Reformkommunisten des Prager Frühlings einordnen?
Sie stehen außerhalb aller von Ihnen erwähnten Richtungen. Sie distanzieren sich sowohl vom System der Sowjetunion als auch von der Volksrepublik China und darüber hinaus auch noch vom jugoslawischen Modell und dem Prager Frühling. Allerdings kritisieren die Trotzkisten die Volksrepublik China nicht so scharf, wie dies die prosowjetischen Kommunisten tun, und sie opponieren nicht so entschieden gegen die Sowjetunion wie die Maoisten. Überhaupt wirken manche Veröffentlichungen der Trotzkisten differenzierter als die der anderen beiden Richtungen. Die Politik der Gewerkschaften wird allerdings auch von den Trotzkisten scharf kritisiert. Auch die Mitbestimmung wird abgelehnt, weil sie nach Auffassung der Trotzkisten den Arbeitern lediglich die Mitverantwortung für die kapitalistische Wirtschaft aufbürdet. An Stelle der Mitbestimmung fordern die Trotzkisten die Arbeiterkontrolle über die Produktion, manchmal auch Arbeiterproduktionskontrolle genannt, wobei diese Arbeiterkontrolle als Vorstufe für die angestrebte proletarische Revolution gilt.

Können Sie noch etwas über die Mitgliederzahlen und die auf die unterschiedlichen kommunistischen Organisationen entfallenen Wählerstimmen sagen?
Zunächst handelt es sich bei allen kommunistischen Strömungen und ihrem Wähleranhang in der Bundesrepublik nur um kleine Minderheiten. Die Bundesrepublik gehört zu jenen industrialisierten Ländern der Welt, in denen die Kommunisten besonders schwach sind. Selbst in den großen Städten konnten z. B. die prosowjetischen Kommunisten nur geringe Erfolge erzielen: in Hamburg 2,2 %, in Bremen 2,1 % und in West-Berlin sogar nur 1,9 %. Bei den Landtagswahlen erreichte die DKP in Hessen 0,9 %, in Niedersachsen und Bayern sogar nur 0,4 %. Die maoistische KPD erhielt bei den Wahlen in Berlin im Frühjahr 1975 0,7 % und bei Landtagswahlen in der Regel nur 0,1 bis 0,3 %, wobei allerdings in Rechnung gestellt werden muß, daß nicht in allen Wahlkreisen Kandidaten aufgestellt wurden. Bei den Bundestagswahlen vom 3. Oktober 1976 erhielt die DKP 118 581 Stimmen (0,3 %), die KPD 22 714 (0,1 %) der KBW 20 018 (0,1 %), und die Gruppe internationaler Marxisten (GIM) 4759 Stimmen.

*Warum finden die Kommunisten in der Bundesrepublik bei der Bevölkerung nur
geringen Widerhall?*
Entscheidend für das geringe Ansehen der DKP ist die Tatsache, daß diese Partei alles verteidigt, rechtfertigt und beschönigt, was in der DDR und in der Sowjetunion vorgeht. So wirkt diese Partei wie ein Propagandainstitut des herrschenden Regimes in der Sowjetunion und der DDR, nicht aber wie eine deutsche sozialistische Arbeiterorganisation. Die Erfahrungen haben gezeigt, daß sie
nur dort, wo eine kommunistische Partei sich von der sowjetischen Vorherrschaft loslöst, offen und frei über Mängel, Mißstände und Unterdrückung im sowjetischen Machtbereich spricht und sich deutlich und klar davon distanziert,
von breiten Schichten der Werktätigen des eigenen Landes ernst genommen
wird. Solange die DKP nach der Pfeife Moskaus und Ost-Berlins tanzt, wird sie
bei deutschen Werktätigen keinen Widerhall finden.

*Das mag sicher für die DKP gelten, aber die Trotzkisten distanzieren sich von der
Sowjetunion, und die Maoisten scheuen sich ja nun wirklich nicht, die Ungerech-
tigkeiten und die Unterdrückung in der Sowjetunion und der DDR anzuprangern.
Sie verurteilten schärfstens die Okkupation der Tschechoslowakei, die Berliner
Mauer und die Spaltung Deutschlands. Trotzdem haben auch diese kommunistischen Organisationen keine nachhaltige Resonanz gefunden.*
Ich glaube, weil sie in ihrer Betrachtung, ihren Diskussionen, Veröffentlichungen und Zielsetzungen zu sehr von vergangenen Zeiten und entfernten Ländern
ausgehen. Wer trotzkistische Veröffentlichungen liest, erhält den Eindruck, in
den zwanziger oder dreißiger Jahren zu leben. Wortschatz, Erkenntnis und Erfahrung stützen sich in erster Linie auf die russische Revolution, die sowjetische
Entwicklung der zwanziger Jahre und Trotzkis Schriften der dreißiger Jahre – all
dies wird dann mühsam auf die Bundesrepublik Deutschland der siebziger Jahre
übertragen, wobei man die Schwierigkeit und Unvollkommenheit dieses Versu-
ches nur allzu deutlich spürt.

Gilt das eben Gesagte auch für die Maoisten?
Während die Trotzkisten in ihren Betrachtungen, Veröffentlichungen und Zielsetzungen von der Vergangenheit ausgehen, orientieren die Maoisten ihre Konzeptionen an den Erfahrungen entfernter Länder, in erster Linie an China. Ich
wäre der letzte, der die gewaltige Bedeutung der chinesischen Revolution
schmälern, die internationale Bedeutung der Erfahrungen der chinesischen
Entwicklung – vor allem im letzten Jahrzehnt – und die Berechtigung ihrer Kritik
am gegenwärtigen System in der Sowjetunion leugnen würde. Die Frage ist allerdings, ob man einfach all dies auf die Bundesrepublik übertragen kann. Die
Unterschiede im Entwicklungsstand, in der gesellschaftlichen Problematik, in
der Aufgabenstellung und im Bewußtseinsstand sind viel, unendlich viel größer,
als es manche deutsche Maoisten wahrhaben wollen. Es erscheint eigentümlich,
daß deutsche Maoisten offensichtlich eine Schlußfolgerung des Maoismus für
sich selbst nicht ziehen: Die chinesischen Kommunisten verzeichneten erst Erfolge, als sie sich von dem damaligen sowjetischen Vorbild lösten, die Situation

im eigenen Land analysierten, sich mit den Nöten, Wünschen und Hoffnungen des eigenen Volks identifizierten und, davon ausgehend, die dem Bewußtseinsstand des eigenen Volkes entsprechenden Ziele und Kampfmethoden entwickelten.

Können Sie das über die kommunistischen Organisationen in der Bundesrepublik Gesagte kurz zusammenfassen?
Alle drei kommunistischen Strömungen zusammengenommen spielen gegenwärtig in der Bundesrepublik nur eine verschwindend geringe Rolle – teils weil sie, wie die DKP, das sowjetische Gesellschaftssystem beschönigen, teils weil sie Vorstellungen und Thesen übernehmen, die aus früheren Jahrzehnten oder von Revolutionen in anderen Ländern stammen, die nicht auf die völlig anders gearteten Probleme und Aufgaben der Bundesrepublik Deutschland in den siebziger Jahren übertragen werden können.

7

Die Differenzierung im Welt-
kommunismus –
Rückblick und Ausblick

Wir haben bisher die wichtigsten Strömungen im Weltkommunismus kennenge-
lernt: den besonderen Weg des jugoslawischen Kommunismus, den »Prager Früh-
ling«, mit dem Bestreben, einen Sozialismus mit menschlichem Antlitz zu verwir-
lichen, den Maoismus oder, wie er offiziell heißt, »Marxismus-Leninismus-
Mao-Tse-tung-Ideen«, die neuen Konzeptionen der KP Italiens und vieler westeu-
ropäischer Kommunisten und schließlich den Trotzkismus. Wir sollten vielleicht
jetzt versuchen, diese Entwicklungen zu integrieren, die Wechselbeziehungen zwi-
schen dem Moskauer Zentrum und den verschiedenen Strömungen zu analysieren
und die möglichen Perspektiven für die Zukunft aufzuzeigen.

Beginnen wir zunächst mit dem Ausgangspunkt dieser Entwicklung. Warum war
– oder zumindest schien – die kommunistische Weltbewegung in der Stalin-Ära, in
der Zeit von Ende der zwanziger bis Anfang der fünfziger Jahre, so einheitlich und
monolithisch? Wie gelang es damals der Stalin-Führung, die kommunistischen
Parteien anderer Länder zu bevormunden?

Während der Stalin-Ära, also in den Jahren 1929 bis 1953, bestand tatsächlich
eine absolut einheitliche, monolithische, kommunistische Weltbewegung, die
völlig den Interessen und Zielen der Stalin-Führung in Moskau untergeordnet
war. Die Kommunisten in so unterschiedlichen Ländern wie Australien und
Schweden, Venezuela und Deutschland gaben zur selben Frage stets die gleichen
Erklärungen ab, verherrlichten Stalin und reagierten sogar dann absolut gleich-
förmig, wenn die Direktiven aus Moskau nicht rechtzeitig eingetroffen waren.
Die Sowjetunion, das sollte nicht vergessen werden, war damals das einzige
kommunistisch regierte Land der Welt, und die kommunistischen Parteien aller
anderen Länder waren de facto Hilfstruppen im Dienst der Außenpolitik
der Sowjetunion. Für diesen einheitlichen monolithischen Charakter der kommunistischen Weltbewegung in der Stalin-Periode gab es vor allem vier Ursachen:

a) die finanzielle Abhängigkeit der meisten kommunistischen Parteien der Welt von der Sowjetführung in Moskau;

b) die gemeinsame Schulung der kommunistischen Funktionäre der verschiedensten Länder in der Sowjetunion in der Lenin-Schule, die später in Komintern-Schule umbenannt wurde; sie vermittelte den Parteifunktionären der verschiedenen Länder ein einheitliches Weltbild und gleichzeitig ein gewisses Zusammengehörigkeitsgefühl;

c) der psychologisch-politische Faktor: die sowjetischen Kommunisten hatten als einzige eine erfolgreiche Revolution durchgeführt, und sie ließen dies auch ihren weniger erfolgreichen Genossen spüren, wodurch sich eine Art Lehrer-Schüler-Verhältnis herausbildete;

d) die organisatorische Komponente: durch Direktiven und Emissäre verpflichtete man die kommunistischen Parteien anderer Länder, sich den Anordnungen Moskaus zu fügen.

Aber war der Kommunismus damals wirklich so einheitlich und monolithisch? Sie selbst haben doch in Ihrem Buch Die Revolution entläßt ihre Kinder *berichtet, daß schon während der Stalin-Ära sogar auf der SED-Partei-Hochschule interne »unter-uns-Diskussionen« zwischen kritischen Kommunisten stattgefunden haben. Gab es nicht schon damals gewisse Ansätze für die später einsetzende Differenzierung?*

In gewisser Hinsicht ja, weil sich hinter der offiziellen Fassade dieses einheitlichen monolithischen Weltkommunismus schon während der Stalin-Ära, und zwar in fast allen kommunistischen Parteien der Welt, Differenzierungen herausbildeten. Der Begriff »Kommunist« war auch damals schon keineswegs einheitlich, sondern es gab unterschiedliche Typen von kommunistischen Parteimitgliedern und Funktionären. Auf der einen Seite stand der harte dogmatische stalinistische Parteiapparatschik, der in Macht, Disziplin und Organisation seine Erfüllung sah, sich für theoretisch-ideologische Fragen des Marxismus kaum interessierte und stets rücksichtslos und skrupellos die Anordnungen der Moskauer Stalin-Führung durchsetzte. Auf der anderen Seite stand der nachdenkliche, suchende, kritische Kommunist, für den die humanistischen Grundkonzeptionen des Marxismus, die Befreiung des Menschen von Ausbeutung und Unterdrückung, im Vordergrund standen, der die Entwicklung des Stalinismus in der Sowjetunion kritisch betrachtete und nach einer Alternative zum Stalinismus suchte, nach einem neuen Modell, nach einer besseren sozialistischen Gesellschaft.

Schon damals gab es auch Bestrebungen und Hoffnungen, einen selbständigen Weg zum Sozialismus einzuschlagen, um ein besseres, humaneres und freieres Modell des Sozialismus zu verwirklichen. Aber damals spielte sich dies unter der Oberfläche ab, und die Bestrebungen konnten nicht wirksam werden, solange die Sowjetunion als einziges kommunistisch regiertes Land der Welt existierte.

Moskau konnte so lange das Zentrum des Weltkommunismus bleiben, als es keiner anderen kommunistischen Partei gelungen war, an der Spitze einer Revolution die Macht zu übernehmen. Wollen Sie damit sagen, daß gerade der Sieg der Kommunisten in anderen Ländern, außerhalb der Sowjetunion, letztlich die Ursache für die Differenzierung des Weltkommunismus gewesen ist?

Genau das. Im Verlaufe der Stalin-Ära, vor allem gegen Ende der Stalin-Periode, zeigte sich immer deutlicher, daß die von Stalin geprägte Ideologie und Organisationsform des internationalen Kommunismus unter Moskauer Führung in zunehmendem Gegensatz zu den veränderten Realitäten geriet. Die einzigen von den Kommunisten erfolgreich geführten Revolutionen, nämlich in Jugoslawien und in China, siegten gerade deshalb, weil sie sich *nicht* der Sowjetunion unterordneten, sich nicht an stalinistische Rezepte und Direktiven hielten, sondern unabhängig blieben und ihre eigenen Revolutions-Konzeptionen entwickelten und in der Praxis verwirklichten.

Der Sieg der Revolutionen in Jugoslawien und China leitete das Ende der stalinistischen Monopolstellung im Weltkommunismus ein. Denn es war vor allem das Entstehen anderer kommunistisch regierter Länder, die das stalinistische Herrschaftsmodell eines monolithischen Weltkommunismus zerstörten. Gewiß gelang es anfangs Moskau noch, die übrigen kommunistischen Länder in einem Satellitenstatus zu halten, aber Schritt für Schritt erhielten die anderen Länder ein wirtschaftliches und politisches Eigengewicht, und es wurde für die Sowjetführung immer schwieriger, die unter völlig unterschiedlichen Bedingungen entstandenen kommunistischen Länder auf einen einheitlichen Nenner zu bringen. Denn diese Länder besaßen unterschiedliche Traditionen und befanden sich auf einer völlig anderen Entwicklungsstufe, was wiederum andere politische Zielsetzungen und Aufgaben verlangte. Dies scheint mir die entscheidende Ursache für die allmähliche Differenzierung des gesamten Weltkommunismus zu sein.

Worin sehen Sie die Hauptereignisse, die entscheidenden Weichenstellungen und Wendepunkte, in der Differenzierung des Weltkommunismus?

Im Mittelpunkt dieses Prozesses standen drei Ereignisse. Der Bruch Jugoslawiens mit Moskau im Sommer 1948, wobei zum ersten Mal eine kommunistische Partei einen eigenen Weg beschritt, der sich von dem der Sowjetunion unterschied. Das zweite Ereignis war der 20. Parteitag der sowjetischen KP im Februar 1956, jener Kongreß, auf dem Stalin verurteilt wurde und Chruschtschow völlig neue Thesen zum Weltkommunismus verkündete. Der darauffolgende »polnische Oktober« und die ungarische Revolution im Herbst 1956 verdeutlichten die tiefen Risse im Weltkommunismus. Schließlich, als drittes Ereignis, der Moskau-Peking-Konflikt, der ebenfalls nach dem 20. Parteitag im Frühjahr 1956 begann, sich immer mehr verschärfte und die gesamte weitere Entwicklung des Weltkommunismus nachhaltig beeinflußte.

Können Sie diese drei bedeutsamen Ereignisse in ihren Auswirkungen auf den Weltkommunismus etwas konkretisieren?

Der Bruch Jugoslawiens mit Moskau im Sommer 1948 machte erstmals deutlich, daß eine kommunistische Partei fähig sein kann, sich von Moskau zu lösen und einen eigenen Weg zu beschreiten. Das Eintreten Jugoslawiens für die Gleichberechtigung der sozialistischen Länder, für das Recht auf einen eigenen Weg zum Sozialismus entsprach den Vorstellungen vieler Kommunisten auch in anderen Ländern. Die eigenständige Entwicklung Jugoslawiens, darunter die Einführung der Arbeiterräte, die Abkehr von der stalinistischen Planwirtschaft, die Auflösung der zwangsweise geschaffenen Kollektivwirtschaften, die Befreiung der Literatur und Kunst vom sozialistischen Realismus und vor allem der weitere Ausbau der gesellschaftlichen Selbstverwaltung – all dies hatte eine gewaltige Auswirkung auf viele Kommunisten, die eine Alternative zum Stalinismus suchten.

Als zweiten entscheidenden Wendepunkt bezeichneten Sie den 20. Parteitag der sowjetischen KP im Februar 1956, den berühmten Kongreß der Entstalinisierung in der Sowjetunion.
Der 20. sowjetische Parteitag im Februar 1956 zeigte, wie stark die nach Autonomie, Unabhängigkeit und einer Entwicklung zur sozialistischen Demokratie gerichtete Strömung bereits war. Im Juni 1956 verkündete Togliatti, der damalige Führer der starken Kommunistischen Partei Italiens, das Recht der Kommunisten, von den Besonderheiten und Traditionen des eigenen Landes auszugehen, und erklärte, daß das sowjetische Modell nicht mehr obligatorisch sein dürfe. Innerhalb der kommunistischen Weltbewegung gäbe es kein Zentrum mehr, sondern es bilde sich ein polyzentrisches System, d. h. mehrere Zentren heraus. Das Streben nach Selbständigkeit und nach einem neuen humaneren und demokratischeren Modell des Sozialismus kam anschließend vor allem im »polnischen Oktober« und in der ungarischen Volksrevolution vom Oktober 1956 zum Ausdruck. In beiden Ländern verschmolz das Streben nach Unabhängigkeit mit dem Wunsch nach Veränderung des Systems im Sinne eines demokratischen und humanistischen Sozialismus.
Gleichzeitig mit diesen starken Strömungen im *europäischen* Kommunismus war der 20. Parteitag im Februar 1956 auch jenes Ereignis, das die seit langem schwelenden *sowjetisch-chinesischen* Meinungsverschiedenheiten an die Oberfläche brachte. Bis dahin hatten die chinesischen Kommunisten, zumindest offiziell, ihre Treue und Verbundenheit zur Sowjetunion bekundet. Unmittelbar nach dem 20. sowjetischen Parteitag protestierte die Führung der KP Chinas jedoch gegen die auf diesem Kongreß verkündeten neuen Thesen über die Vermeidbarkeit der Kriege, die Koexistenz und die Möglichkeit des friedlichen Übergangs zum Sozialismus. Dieser Protestbrief der Pekinger Führer vom April 1956 leitete den offenen Konflikt zwischen Moskau und Peking ein.

Damit wären wir bei dem dritten entscheidenden Ereignis, welches die Abkehr vom früheren monolithischen Kommunismus der Stalin-Ära zum Ausdruck brachte: den Moskau-Peking-Konflikt. Wie würden Sie die Ursachen für den Moskau-Peking-Konflikt kurz zusammenfassen?
Entscheidend war und ist die unterschiedliche Entwicklung der beiden kommunistischen Parteien in der Sowjetunion und in China, die unterschiedliche Aufgabenstellung und Interessen der beiden Länder. Die sowjetischen Kommunisten waren und sind durch die 25jährige terroristische Alleinherrschaft Stalins

und die widerspruchsvolle Entstalinisierung nach Stalins Tod geprägt. Die Partei ist längst in ein bürokratisches Machtinstrument verwandelt, das sich allenfalls mit gewissen technokratischen Elementen verbindet. Die chinesischen Kommunisten sind dagegen durch einen fast drei Jahrzehnte während en revolutionären Befreiungskrieg an die Macht gelangt und stellen daher noch eine revolutionäre Kraft dar, die mehr an die Revolutionspartei Lenins erinnert als an die sowjetischen Kommunisten der letzten Jahrzehnte.

Dies zeigt sich auch in einem unterschiedlichen Führertyp. Die sowjetische Führung besteht aus Funktionären, die in ihrer Jugend eine Hochschulbildung absolviert und anschließend zwei oder drei Jahrzehnte im Parteiapparat ihre Karriere machten. Die chinesischen kommunistischen Führer sind dagegen vom revolutionären Befreiungskrieg und Bürgerkrieg geprägt sowie durch die völlig andersgeartete Entwicklung Chinas nach der siegreichen Revolution von 1949. Die unterschiedliche Entwicklungsstufe und Aufgabenstellung, die unterschiedlichen Traditionen der beiden Länder und der jeweiligen kommunistischen Parteien und der unterschiedliche Führertyp, all dies widerspiegelt sich in unterschiedlichen ideologisch-politischen Konzeptionen, wobei im letzten Jahrzehnt auch unterschiedliche außenpolitische Interessen hinzugekommen sind, die den Moskau-Peking-Konflikt weiter verschärften.

Infolge der drei von Ihnen erwähnten entscheidenden Ereignisse war der frühere einheitliche monolithische Weltkommunismus unter Moskauer Führung durchbrochen worden. Seit wann kann man nun eigentlich von deutlich erkennbaren unterschiedlichen Strömungen im Weltkommunismus sprechen?

Bereits seit Ende der fünfziger Jahre waren drei entscheidende Strömungen im Weltkommunismus erkennbar:

a) Die immer noch stärkste sowjetische Richtung mit dem Zentrum in Moskau, die die sowjetische Entwicklung als die einzig legitime Entwicklung ansieht, das Sowjetsystem als Vorbild hinstellt und dies mit dem Marxismus-Leninismus sowjetischer Prägung ideologisch zu begründen sucht.

b) Die sich für Autonomie und ein neues Modell einsetzende Richtung innerhalb des europäischen Kommunismus, vertreten vor allem durch Jugoslawien, sowie allmählich auch durch die KP Italiens mit vielen Anhängern in anderen europäischen Parteien. Diese Richtung tritt dafür ein, konsequent den Stalinismus zu überwinden, sich von der sowjetischen Vormundschaft zu befreien und neue Wege eines pluralistischen Sozialismus zu suchen, die den europäischen Bedingungen entsprechen, wobei auch die gesellschaftliche Selbstverwaltung und das System der Arbeiterräte neue Bedeutung gewinnen.

c) Der Maoismus, die Konzeptionen der chinesischen Kommunisten, ebenfalls mit Anhängern in anderen kommunistischen Parteien der Welt, die bestrebt sind, die Erfahrungen der chinesischen Revolution und die neuen Konzeptionen der chinesischen Kommunisten zu verallgemeinern, und neue Wege für die Errichtung der sozialistischen Gesellschaft zu finden.

Mit welchen Mitteln hat Moskau versucht, diese Differenzierung des Weltkom-
munismus zu unterbinden, und wie erfolgreich war die sowjetische Führung da-
bei?
Seit Ende der fünfziger Jahre ist die sowjetische Führung bestrebt, durch regelmäßig einberufene internationale Konferenzen eine einheitliche Generallinie
für alle Kommunisten beschließen zu lassen. Während dies noch bei der ersten
Weltkonferenz vom November 1957 zumindest teilweise gelang – Jugoslawien
nahm allerdings an dieser Konferenz nicht teil –, zeigten sich bei der zweiten
kommunistischen Weltkonferenz vom November/Dezember 1960 bereits erhebliche Schwierigkeiten. Bei einer Teilnehmerzahl von 81 kommunistischen
Parteien – jedoch wiederum mit Ausnahme Jugoslawiens – dauerte es mehrere
Wochen, bis, nach erheblichen harten Diskussionen zwischen sowjetischen
Kommunisten auf der einen, chinesischen und albanischen Kommunisten auf
der anderen Seite, dann endlich eine Kompromiß-Resolution veröffentlicht
werden konnte; sie war jedoch so widerspruchsvoll, daß sich sowohl die prosowjetischen als auch die promaoistischen Parteien auf einzelne Passagen stützen
konnten.

Wie vollzog sich nach der zweiten Weltkonferenz vom Dezember 1960 die weitere
Differenzierung im Weltkommunismus?
Die sechziger Jahre waren durch eine Ausbreitung und Vertiefung der Differenzierung des Weltkommunismus gekennzeichnet. Vor allem gab der sich ver-
schärfende Moskau-Peking-Konflikt anderen kommunistischen Parteien, bzw.
sogar kommunistisch regierten Ländern die Möglichkeit, zwischen den beiden
Zentren und Strömungen zu lavieren und zu manövrieren und damit eine gewisse Autonomie zu erringen.
Im Zuge dieser Entwicklung gelang es zunächst seit Beginn der sechziger Jahre
Albanien, sich von der früheren sowjetischen Vorherrschaft zu befreien und sich
mehr der chinesischen Richtung zuzuwenden. *Rumänien* hielt sich im Moskau-
Peking-Konflikt stets neutral, und es gelang der rumänischen Führung unter Ni-
colae Ceausescu eine größere ökonomische und außenpolitische Selbständigkeit
zu erringen. Dies versuchte auch *Kuba* unter Führung von Fidel Castro, der allerdings nach einer gewissen Eigenständigkeit in den letzten Jahren aus ökonomischen Sachzwängen wieder verstärkt in eine sowjetische Richtung gedrängt
wurde.
Erfolgreicher waren dagegen *Nordkorea* und die *japanischen* Kommunisten, die
im Verlaufe der sechziger Jahre eine ständig wachsende Autonomie, ja Unabhängigkeit, erzielen konnten. Schließlich haben auch einige kommunistische
Parteien Westeuropas, darunter die Kommunistische Partei Italiens und Spaniens, aber auch Großbritanniens und Frankreichs sowie vor allem auch die Kommunisten in Schweden und Holland, im Laufe dieses Jahrzehnts eine gewisse,
teilweise sogar beträchtliche Autonomie von Moskau erlangt. Der wohl wichtigste und bedeutsamste Versuch allerdings, der »Prager Frühling« in der Tschechoslowakei von 1968, wurde durch eine militärische Intervention zunichte gemacht.

Im Juni 1969, ein Jahr nach der Okkupation der Tschechoslowakei, fand die dritte und bisher letzte kommunistische Weltkonferenz in Moskau statt. Wie würden Sie die Bedeutung der dritten kommunistischen Weltkonferenz einschätzen?

Das Hauptziel Moskaus bei der seit langem vorbereiteten und schließlich im Juni 1969 stattgefundenen Weltkonferenz war die öffentliche Verurteilung Pekings, um damit auch die von Moskau befürwortete Generallinie klarer durchsetzen zu können. Der Widerstand war jedoch stärker als je zuvor. Von den 92 damals existierenden kommunistischen Parteien trafen nur 75 Delegationen in Moskau ein, während 17 kommunistische Parteien die Moskauer Weltkonferenz boykottierten, darunter die herrschenden kommunistischen Parteien Chinas, Albaniens, Jugoslawiens, Nordkoreas und Nord-Vietnams, sowie so wichtige Parteien wie die Kommunistische Partei Japans, eine Vielzahl asiatischer kommunistischer Parteien (darunter auch die von Süd-Vietnam) und, in Europa, die KP der Niederlande. Zwei kommunistische Parteien – die KP Schwedens und die KP Kubas – entsandten zur Weltkonferenz nur »Beobachter« und unterzeichneten keine einzige der dort angenommenen Resolutionen. Zwölf weitere kommunistische Parteien unterzeichneten die angenommenen Resolutionen nur mit ausdrücklichen Vorbehalten – darunter die KP Rumäniens und die KP Spaniens. Drei weitere Parteien – darunter die starke KP Italiens – lehnten das Hauptkapitel der Resolution ab. Schließlich gab es einige Parteien, darunter die KP Großbritanniens und Norwegens, die die Resolutionen nicht unterzeichneten – mit dem Hinweis auf eventuelle spätere Stellungnahmen ihrer Zentralkomitees.

Warum hat die Sowjetführung unter diesen Bedingungen die Weltkonferenz überhaupt einberufen?

Trotz dieser Widerstände gelang es der sowjetischen Führung immerhin, ihre Linie – wenn auch manchmal in abgeschwächter Form – von der Mehrzahl der kommunistischen Parteien annehmen zu lassen. Das Hauptziel aber, die öffentliche einmütige Verurteilung des Maoismus durch die gesamte kommunistische Weltbewegung, gelang bei dieser Konferenz nicht. Daher begannen schon bald Moskaus Bemühungen für die Einberufung einer *vierten* Weltkonferenz der kommunistischen Parteien.

Damit sind wir ja nun in der unmittelbaren Gegenwart. Wieweit sind Moskaus Bemühungen für eine vierte kommunistische Weltkonferenz gediehen?

Ursprünglich hatte die sowjetische Führung die Einberufung der 4. Weltkonferenz für 1975 vorgesehen. Die Schwierigkeiten und Widerstände waren jedoch so stark, daß Moskau zumindest eine Konferenz der europäischen kommunistischen Parteien einberufen wollte – und zwar unmittelbar nach Beendigung der Helsinki-Konferenz über Sicherheit und Zusammenarbeit in Europa. Die europäische Kommunistenkonferenz sollte, nach Moskaus Wunsch, die sowjetische Generallinie in der Außen- und Europapolitik bekräftigen, den Maoismus als »parteifeindlich« deklarieren und eine einheitliche verpflichtende Generallinie annehmen. Zur Vorbereitung der Europakonferenz trafen sich Delegationen von 28 kommunistischen Parteien im Oktober 1974 in Warschau zu einem

»Konsultativtreffen« und beschlossen, die Europakonferenz der kommunistischen Parteien Mitte 1975 einzuberufen. Auf einer weiteren Vorbereitungskon-
ferenz in Budapest im Dezember 1974 wurde eine Redaktionskommission eingesetzt, die die Europakonferenz der kommunistischen Parteien vorbereiten
sollte. Die Koordinierung wurde der moskautreuen SED in Ost-Berlin übertragen, wo auch die kommunistische Europakonferenz stattfinden sollte. Im Zuge
der weiteren Vorbereitungen stießen die prosowjetischen Deklarationsentwürfe
der SED auf den zunehmenden Widerstand sowohl des Bundes der Kommunisten Jugoslawiens und der KP Rumäniens als auch einer Reihe kommunistischer
Parteien Westeuropas, vor allem der KP Italiens und der KP Spaniens. Die genannten Parteien weigerten sich, die Entwicklung der Sowjetunion und Osteuropas als Vorbild hinzustellen und die führende Rolle der Sowjetunion in der
Weltbewegung anzuerkennen; sie bekräftigten ihr Streben, einen Sozialismus zu
entwickeln, der den Bedingungen und Traditionen der eigenen Länder entspricht, darunter – worauf besonders der jugoslawische Delegationsleiter hinwies – die Möglichkeit, den Sozialismus in Form einer Arbeiterselbstverwaltung
zu entwickeln. Im Bereich der internationalen Arbeiterbewegung forderten die
modernen progressiven Kommunisten eine »breitere Form« von internationalen
Beratungen, an denen auch sozialistische, sozialdemokratische und fortschritt-
lich-bürgerliche Kräfte teilnehmen sollten.

Diese Richtung bezeichnet man also jetzt als Euro-Kommunismus?
Ja, obwohl der Begriff Euro-Kommunismus nicht von diesen selbst geprägt wurde. Da der Begriff jedoch eine äußerst schnelle Verbreitung fand, wurde er jedoch schon bald von den Euro-Kommunisten übernommen. Es handelt sich jedoch dabei nicht um einen neuen Block, sondern vielmehr um eine Strömung jener kommunistischer Parteien, die sich für Gleichberechtigung und Autonomie
in der Kommunistischen Weltbewegung aussprechen, einen demokratischen
Weg zum Sozialismus befürworten, gestützt auf die Mehrheit der Bevölkerung,
für sich das Recht in Anspruch nehmen, Unterdrückungsmaßnahmen offen zu
kritisieren, und sich für ein neues Sozialismusmodell einsetzen. Nach Auffassung
der Euro-Kommunisten zeichnet sich eine sozialistische Gesellschaft durch alle
demokratischen Freiheiten aus, durch unabhängige Gewerkschaften und eine
unabhängige Rechtsprechung, sowie durch ein Mehrparteiensystem, wobei Oppositionsparteien ungehindert wirken können.

*Damit zeigte sich Mitte der siebziger Jahre, daß die unterschiedlichen Strömungen
im Weltkommunismus deutlicher zutage treten denn je zuvor. Wie schätzen Sie unter diesen Bedingungen die Zukunftsaussichten der entscheidenden Richtungen im
Weltkommunismus ein?*
Zunächst zum Marxismus-Leninismus, der offiziellen Ideologie der Sowjetunion
und der mit ihr verbündeten Länder Osteuropas: So bedeutsam der machtmä-
ßige Aspekt ist, so offensichtlich erscheint es, daß diese Ideologie vor allem dazu
dient, praktische politische Maßnahmen der Sowjetführung nachträglich zu
rechtfertigen, das bürokratisch-diktatorische System im Innern und die Vor-

machtstellung der Sowjetunion im Weltkommunismus zu legtimieren. Der bürokratisch einschläfernde Stil, das offensichtliche Zurückbleiben dieser Ideologie gegenüber vielen neuen Erscheinungen in der Welt, der tiefe Widerspruch zwischen den theoretischen Erklärungen und der tatsächlich existierenden Situation, das Ausklammern vieler entscheidender Probleme, deren Erörterung die Parteiführung zu unterbinden sucht, und das Einschwören auf eine noch dazu häufig wechselnde Generallinie – all dies führt dazu, daß der sowjetische Marxismus-Leninismus selbst im eigenen Machtbereich meist nur noch eine Pflichtübung ist.

Noch mehr gilt dies für den Einfluß auf die kommunistische Weltbewegung. Durch ihre Rechtfertigungsfunktion büßt die sowjetische Version des Marxismus-Leninismus immer schneller ihre Ausstrahlungskraft ein und erweist sich immer weniger als fähig, den Marxismus-Leninismus auf die Probleme unserer Zeit und die verschiedenartigen Länder der Welt weiterzuentwickeln. Moskaus Schwierigkeiten mit der kommunistischen Weltbewegung dürften daher wachsen; immer mehr ist daher in sowjetischen Funktionärskreisen das Bestreben bemerkbar, auf das gewaltige Machtpotential der UdSSR zu pochen und mit neuen Methoden den sowjetischen politischen Einfluß, vor allem in Europa, zu verstärken.

Nach dieser recht kritischen Einstellung zum sowjetischen Marxismus-Leninismus darf ich wohl annehmen, daß Sie den Maoismus in seiner Ausstrahlungskraft und Zukunftsentwicklung positiver bewerten?
Ja. Aus vielen Berichten läßt sich entnehmen, daß die Ausstrahlungskraft des Maoismus im gegenwärtigen China beträchtlich größer ist als der Einfluß des Marxismus-Leninismus auf die Bevölkerung der Sowjetunion und den mit der Sowjetunion verbündeten Ostblockstaaten. Hinzu kommt, daß die chinesischen Kommunisten zweifellos viele entscheidende Deformationen der sowjetischen Entwicklung nicht wiederholt – zumindest nicht in demselben Umfang – und für viele entscheidende Probleme eine bessere Lösung gefunden haben. Der Weg Chinas zur Industrialisierung durch die Dezentralisation und die gleichmäßige Entwicklung von Industrie und Landwirtschaft, von Schwer- und Leichtindustrie, war offensichtlich erfolgreicher als der Weg der UdSSR. Im Unterschied zur Landwirtschaftsmisere der UdSSR gibt es in China einen beträchtlichen landwirtschaftlichen Aufschwung. Der Bürokratismus wird nicht, wie in der Sowjetunion, als lokaler Amtsschimmel verharmlost, sondern als entscheidendes sozial-ökonomisches und politisches Problem angesehen und in China ernsthaft bekämpft. Die sozialen Unterschiede sind in der Chinesischen Volksrepublik bedeutend geringer als in der Sowjetunion, die Privilegien der Funktionäre beschränken sich auf ein Mindestmaß. Auch das Nationalitätenproblem scheint beträchtlich besser gelöst zu sein. Zu vielen politischen und ökonomischen Problemen wird die Bevölkerung stärker herangezogen, und durch die Kulturrevolution wird versucht, die Herausbildung einer privilegierten bürokratischen Klasse zu verhindern.

Die Zukunftsaussichten des Maoismus hängen entscheidend davon ab, wie sich die weitere Entwicklung Chinas vollziehen wird. Falls ein Kurswechsel im Sinne einer erneuten Annäherung an die Sowjetunion vermieden wird – und dafür scheint manches zu sprechen – könnte der Maoismus seine Ausstrahlungskraft nicht nur erhalten, sondern vielleicht sogar noch steigern. Dies würde vor allem dann geschehen, wenn der Maoismus größeres Verständnis für die Besonderheiten der westeuropäischen Strömungen in der kommunistischen Weltbewegung und eine kritische Betrachtung Stalins und des Stalinismus zu erkennen gibt.

Damit wären wir bei der dritten Strömung, die vorwiegend in Europa wirksam ist: die Suche nach einem neuen, demokratischen Weg zum Sozialismus und einem pluralistischen Sozialismus-Modell. Welche Zukunftschancen würden Sie diesen autonomen, nach Selbständigkeit und einem neuen Sozialismus-Modell ringenden Kräften einräumen?

In den osteuropäischen Ländern sind bisher alle Versuche, ein solches Modell zu verwirklichen, mißlungen. Der »polnische Oktober« 1956 wurde von bürokratisch-diktatorischen Kräften schrittweise zurückgedrängt, die ungarische Revolution vom Herbst 1956 durch die sowjetische militärische Intervention zerschlagen und der bisher wichtigste und bedeutsamste Versuch – der »Prager Frühling« in der Tschechoslowakei – durch die sowjetische Okkupation vom 21. August 1968 zunichte gemacht. Lediglich in Jugoslawien ist der neue Weg gelungen, obwohl es auch hier eine Vielzahl von inneren Schwierigkeiten und Rückschlägen gibt, und auch die Bedrohung vom östlichen Ausland keineswegs beendet ist.

Trotz der erwähnten Rückschläge würde ich diesen Zielsetzungen durchaus eine Zukunftsperspektive zubilligen. Es handelt sich hierbei um Konzeptionen und Ziele, die von den tatsächlich existierenden Widersprüchen und Gegensätzen von dem System der Sowjetunion und der mit ihr verbündeten osteuropäischen Länder ausgehen. Der Widerspruch zwischen dem überlebten, bürokratisch-diktatorischen Machtsystem und den Erfordernissen der entstehenden modernen Industriegesellschaft wird ja selbst in manchen herrschenden Kreisen des Parteiapparates erkannt. Der Versuch dieser Kräfte, die Reformen nur auf das System der Wirtschaftsleitung zu beschränken, gleichzeitig aber die zentralistisch-bürokratische Diktatur über alle anderen Lebensbereiche aufrechtzuerhalten oder sogar noch zu verstärken, wird, meiner Meinung nach, auf die Dauer nicht möglich sein. Die Forderungen der Reformkommunisten, sich nicht nur auf die Reformen der Wirtschaftsleitung zu beschränken, sondern auch einen entsprechenden Umbau im politischen System zu vollziehen und einen Weg zum pluralistischen Sozialismus zu beschreiten, erscheint mir daher als einzige Möglichkeit, auf dem Boden einer sozialistischen Gesellschaftsordnung die gegenwärtig sich immer mehr verschärfenden Widersprüche im Ostblock zu lösen.

Wie würden Sie die Zukunft der Autonomie- und Reformkonzeptionen unter den westeuropäischen Kommunisten ansehen?

Die bisherige Entwicklung hat gezeigt, je unabhängiger und selbständiger eine kommunistische Partei ist, je deutlicher sie sich vom Stalinismus und diktatorisch-terroristischen Praktiken der Ostblockstaaten distanziert, um so mehr steigt ihre Ausstrahlungskraft im eigenen Land. Diese Erfahrung dürfte weiter um sich greifen – auch in jenen kommunistischen Parteien, die heute noch nach der Pfeife Moskaus tanzen. Hinzu kommt die Erfahrung, daß westeuropäische kommunistische Parteien aus Konflikten mit Moskau gestärkt hervorgehen, wenn sie diese konsequent durchstehen. So zeichnet sich durchaus die Möglichkeit eines europäischeren, offeneren Kommunismus ab, der sich auf die demokratischen Traditionen der eigenen Länder stützt, die sozialistische Umgestaltung auf demokratischem Wege und in einem wirklichen, gleichberechtigten Bündnis mit anderen fortschrittlichen Kräften zu verwirklichen sucht, wobei dieser neue Weg auch zu einem neuen Sozialismus-Modell in Form eines pluralistischen demokratischen Sozialismus führen kann, der die demokratischen Freiheiten der Bürger garantiert.

V

Schlußfolgerungen für die Beurteilung der aktuellen Sowjetpolitik

Nach der Darlegung der unterschiedlichen Problemkreise der kommunistischen
Ideologie sollten wir abschließend versuchen, die Bedeutung der Ideologie für die
praktische Politik in den Ostblockstaaten einzuschätzen. Wir haben vor allem vier
Problemkreise der kommunistischen Ideologie erörtert. Im ersten Teil stand die
Entwicklung des ursprünglichen Marxismus über den Leninismus, Stalinismus
und die Entstalinisierung bis zum heutigen sowjetischen Marxismus-Leninismus
im Mittelpunkt unserer Betrachtung, wobei von Ihnen vor allem das Ausmaß die-
ser Wandlung von der menschheitsbefreienden Zielsetzung des ursprünglichen
Marxismus zur heutigen Rechtfertigungsideologie eines bürokratisch-diktatori-
schen Systems unterstrichen wurde. Anschließend behandelten wir als zweiten
Problemkreis den Marxismus-Leninismus sowjetischer Prägung, wie er heute im
Ostblock unterrichtet und verbreitet wird, ohne daß es gestattet ist, andere Inter-
pretationen der kommunistischen Weltanschauung zu diskutieren oder auch nur
kennenzulernen. Als Sonderthema stellten Sie anschließend drittens jene sowjeti-
schen Konzeptionen heraus, die für die gegenwärtigen Ost-West-Beziehungen von
entscheidender Bedeutung sind, darunter die Koexistenzdoktrin, die weltrevolu-
tionäre Zielsetzung und das Zwischenziel der »Finnlandisierung«. Schließlich be-
handelten wir als vierten und letzten Problemkreis die unterschiedlichen Strömun-
gen im Weltkommunismus, wobei Sie die Bedeutung des tiefgreifenden Transfor-
mationsprozesses unterstrichen und davor warnten, die neuen eigenständigen
Konzeptionen einfach als »taktische Manöver« abzutun.
Damit sind wir aber bereits im Grenzbereich von Ideologie und praktischer Poli-
tik, und gerade über diesen Bereich ergeben sich eine Reihe von interessanten Fra-
gen. Warum etwa halten Sie die Kenntnis der Sowjetideologie für so wichtig? Wel-
che Rolle spielt die Ideologie für die sowjetische Politik, inwieweit werden sowjeti-
sche Führer durch die Ideologie motiviert? Wie beurteilen Sie, ausgehend von der
Ideologie, die gegenwärtigen Ost-West-Beziehungen? Worin sehen Sie die Mög-

lichkeiten und Grenzen einer deutschen Ostpolitik im Rahmen dieser Entwick-
lung? Dies wären einige Fragen, die mir als Schlußfolgerung für die Behandlung
unseres Themas bedeutungsvoll erschienen.
Und damit gleich meine erste Frage über die Rolle der Ideologie als Staatsdoktrin
der Sowjetunion und der mit ihr verbündeten Länder. Aus einer Vielzahl von Be-
richten weiß man, und auch Sie haben es angedeutet, daß die sowjetische Bevölke-
rung von dieser Ideologie kaum durchdrungen ist und die Ideologie gleichgültig,
oft sogar nur widerwillig über sich ergehen läßt. Warum halten Sie dennoch die
Ideologie für wichtig?
Vor allem aus drei Gründen. Erstens ist die ideologische Berieselung der Bevölkerung vom Standpunkt des Regimes und der Führung aus gesehen nicht völlig
nutzlos. Einige Aspekte der Ideologie, vor allem die Verknüpfung mit dem Nationalismus, haben ihre Wirkung auf große Teile der Bevölkerung. Zweitens,
und das ist vielleicht noch bedeutsamer, wirkt die Ideologie als Ritual und Denk-
schablone für Parteimitglieder und besonders Funktionäre, die sich der verpflichtenden ideologischen Kategorien auch dann bedienen, wenn sie selbst in-
nerlich teilweise daran zweifeln. So spielt die Ideologie in gewisser Hinsicht die
Rolle des Zements – übrigens ein Vergleich Chruschtschows –, der den Funktionärsapparat zusammenhält. Schließlich spielt drittens der ideologische Faktor auch eine Rolle in der Ausarbeitung und Festlegung der sowjetischen
Politik.

Gerade danach wollte ich Sie jetzt fragen. Sind die heutigen sowjetischen Spitzen-
führer, etwa die Mitglieder des Politbüros, ideologisch überzeugte Kommunisten,
die in der Ideologie die Richtschnur ihres Handelns erblicken? Oder handelt es
sich bei den Führern der Sowjetunion bzw. eines anderen Ostblockstaates um
nüchterne, zynische Machtpolitiker, die die Ideologie lediglich zur Rechtferti-
gung ihrer Machtpolitik benutzen, ohne selbst auch nur eine Minute daran zu
glauben?
Mit einer absoluten Sicherheit läßt sich diese Frage natürlich nicht beantworten, aber eines dürfte sehr wahrscheinlich sein: die Sowjetführer sind sicher längst nicht mehr die Revolutionäre der Lenin-Ära, sondern nüchterne
Machtpolitiker, die in erster Linie auf die Bewahrung ihrer eigenen Machtpositionen bedacht sind, auf die Verhinderung aller Reformen und Experimente, die
diese Machtpositionen beeinträchtigen oder bedrohen könnten, sowie eine politische, ökonomische und militärische Stärkung der Sowjetunion anstreben, darunter auch die Ausdehnung des sowjetischen Einflusses außerhalb des eigenen
Machtbereichs. Aber alle diese Zielsetzungen bringen die Sowjetführer zumeist
in den seit ihrer Jugend gewonnten ideologischen Begriffen zum Ausdruck und
denken auch heute noch häufig in den gewohnten ideologischen Schablonen.

Nach dieser kurzen Schilderung des Typs der Sowjetführer würde mich nun eins
interessieren: wie wirkt sich die Ideologie konkret auf die Beschlußfassung einer
obersten Spitzenführung in Moskau aus?
Hier würde ich vor allem zwei Aspekte betonen. Die Ideologie wirkt zunächst

wie eine Brille oder ein Filter, durch den die Information wahrgenommen, einge-
stuft und bewertet wird. Da jede Beschlußfassung aber nicht nur von der Menge
und Qualität der Information abhängt, sondern vor allem von der Art und Weise,
wie diese Informationen vom jeweiligen Führer als wichtig oder unwichtig einge-
stuft und bewertet werden, spielt die Ideologie, meiner Auffassung nach, in der
sowjetischen Spitzenführung selbst dann eine gewisse Rolle, wenn die Führung
scheinbar aus ökonomischen Sachzwängen, realpolitischen Erwägungen oder
machtpolitischen Interessen heraus eine Entscheidung zu fassen glaubt.
Der zweite Aspekt: die Ideologie engt den Entscheidungsspielraum ein und setzt
Grenzen, die nur schwer zu überschreiten sind. Der durch die Ideologie festgelegte Rahmen kann in der Regel nicht durch einen Beschluß der Führung überwunden oder gesprengt werden – es sei denn, die Führung beschließt, die Ideologie in dieser oder jener These zu verändern. Das ist natürlich möglich und ist
auch häufig geschehen, aber es ist keineswegs immer so leicht, wie man sich das
manchmal im Westen vorstellt. Um eine wichtige ideologische These zu verändern braucht man in der Regel längere Zeit – für die vielen ideologischen Vorarbeiten, die entsprechende Form der Verkündung des neuen Lehrsatzes und eine
weitere Zeit zur Propagierung der neuen These, bis sie sich durchgesetzt hat. All
dies ist möglich, aber zeitraubend und beschwerlich; die Ideologie begrenzt damit gewissermaßen das politische Entscheidungsfeld und wirkt als Bremsklotz
für diejenigen – meist für Reformer –, die dieses Entscheidungsfeld überschreiten möchten. Ideologische Thesen spielen daher im Entscheidungsprozeß einer
kommunistischen Führung eine ähnliche Rolle wie Gesetze, Verfassungen und
Entscheidungen von Verfassungsgerichten in einem parlamentarisch-demokratischen System.
So wie in einem westlichen Land eine Regierung durch Gesetze und juristische
Institutionen (die in einem kommunistisch regierten Land nur eine relativ untergeordnete Rolle spielen) in ihren Entscheidungen gehemmt und gebremst ist
und ihre Zielsetzungen nur verwirklichen kann durch den oft mühseligen Weg
von Gesetzesveränderungen oder Verfassungsergänzungen, so sind kommunistische Führungen an ideologische Lehrsätze, Thesen und Richtlinien gebunden,
die ebenfalls nur nach erheblichen Vorarbeiten zu verändern sind.

*Wie steht es nun um die ideologische Zielsetzung? Sind nicht alle praktisch-politi-
schen Maßnahmen dem ideologischen Ziel untergeordnet?*
Sicher spielt das *auch* eine Rolle, aber ich würde diesen Faktor relativ geringer
einschätzen. Das durch die Ideologie festgelegte Ziel – etwa die Verwirklichung
des kommunistischen Endzustandes in der Sowjetunion oder ein Weltsieg des
Sozialismus sowjetischer Prägung – dürfte, wenn überhaupt, nur bei Beschlüssen
über sehr langfristige Aufgabenstellungen wirksam sein und im Zweifelsfalle sofort außer Kraft gesetzt werden, sobald die Machtinteressen der herrschenden
Bürokratie dadurch in Gefahr geraten könnten. Ideologischen Zielvorstellungen würde ich den Einfluß auf die sowjetische Politik nicht absprechen, aber
relativ geringer bewerten, als die beiden vorher erwähnten Faktoren. Wichtiger
als die Zielvorstellung scheint mir dagegen noch ein anderer ideologischer

Aspekt in der sowjetischen Politik zu sein – nämlich die Notwendigkeit, alle wichtigen Beschlüsse ideologisch zu begründen und zu rechtfertigen.

Aber die ideologische Begründung und Rechtfertigung erfolgt doch erst, nachdem der Beschluß bereits gefaßt ist. Wieso kann eine nachträgliche ideologische Begründung oder Rechtfertigung einen vorher gefaßten Beschluß beeinflussen – um so mehr, als mit der Sowjetideologie fast alles zu »beweisen« ist.

Ganz so ist es wohl doch nicht. Selbstverständlich sind mir viele Verdrehungen und Verrenkungen der Parteilinie bekannt, sowie auch die Fähigkeit sowjetischer Ideologen, das scheinbar Unmögliche doch noch irgendwie zu rechtfertigen. Aber auch hierbei gibt es Grenzen; vor allem hat die Führung kein Interesse daran, die Ideologie in dieser Hinsicht zu sehr zu strapazieren.

Der Notwendigkeit, alle wichtigen Beschlüsse nachträglich ideologisch zu begründen und zu rechtfertigen, sind sich die Sowjetführer meist vor und während der Beschlußfassung bewußt – auch dies übt eine gewisse Bremswirkung aus. Die sowjetischen Spitzenführer würde ich somit als reale, nüchterne Machtpolitiker werten, mit dem Interesse, die Machtprivilegien zu erhalten, die eigene Herrschaft im eigenen Land zu verstärken und alles zu unterlassen oder zu bekämpfen, was die eigene Herrschaftsposition gefährden könnte, sowie diesen Einfluß auch außerhalb der eigenen Machtsphäre zur Geltung zu bringen.

Aber durch Ihre Sendereihe und auch durch das jetzige Buch, das ja im Westen erscheint, geht ja wohl hervor, daß Sie die Kenntnis der kommunistischen Ideologie auch für Menschen in westlichen Ländern als wichtig und bedeutungsvoll ansehen. Warum eigentlich? Warum müssen wir all dies auch noch wissen?

Zunächst aus einem sehr praktischen Grund. Alle entscheidenden Verlautbarungen der sowjetischen Führung erfolgen in einer Sprache voller ideologischer Formulierungen, die ohne Kenntnis der Ideologie kaum verständlich sind. Wer die Ideologie nicht oder nur ungenügend kennt, gerät leicht in Gefahr, nur jene Teile von östlichen Erklärungen bewußt aufzunehmen, die mehr den praktisch-aktuellen Bereich betreffen; dabei werden oft die viel wichtigeren ideologischen Teile übersehen, weil diese in einer ungewohnten Diktion vorgetragen und mit fremdartig scheinenden Begriffen durchsetzt sind. Dadurch kann es zu wichtigen Fehleinschätzungen kommen. Als typisches Beispiel sei hier nur auf die sowjetisch-amerikanischen Abkommen zwischen Nixon und Breschnew von 1972 hingewiesen. In der gesamten sowjetischen Presse wurde das Dokument über die Grundprinzipien der sowjetisch-amerikanischen Beziehungen in Großdruck auf den Titelseiten veröffentlicht, die mehr praktischen Vereinbarungen erhielten in der Sowjetpresse dagegen einen unwichtigeren Stellenwert. In der amerikanischen Presse dagegen wurden die Grundprinzipien als »viel zu ideologisch« entweder überhaupt nicht oder nur in wenigen Nebensätzen abgetan, während die praktischen Vereinbarungen die Titelseiten füllten. Der Inhalt vieler entscheidender Veröffentlichungen kommunistischer Führungen kann aber nur verstanden werden, wenn man die ideologischen Begriffe nicht nur wahrnimmt, sondern sich über deren Bedeutung im klaren ist.

Können Sie dafür einige Beispiele bringen?
Besonders gilt dies für den Begriff Koexistenz, der von sowjetischer Seite bereits
seit über zwei Jahrzehnten ständig gebraucht wird; selbst über diesen Begriff hat
es, zumindest in den ersten Jahren, im Westen Unklarheiten oder sogar illusio-
näre Vorstellungen gegeben. Auch der Begriff des weltrevolutionären Prozesses
ist vielfach falsch eingeschätzt worden, von manchen als nichtssagende Floskel,
von manchen umgekehrt als übertriebene, vorwiegend militärische Gefahr. Gegenwärtig scheint mir der sich im Osten immer mehr einbürgernde Begriff einer
»antimonopolistischen Umgestaltung« noch nicht überall im Westen in seiner
Bedeutung hinreichend bekannt zu sein.
Die Grundkenntnisse der kommunistischen Ideologie scheinen mir somit vor allem wichtig zu sein, um a) politische Verlautbarungen der Führungen von Ostblockstaaten richtig einzuschätzen, b) den Stellenwert unterschiedlicher Erklärungen im Rahmen eines Dokuments genauer bewerten zu können, sowie c) die
Beschlußfassung von Ostblockführungen transparenter zu gestalten, sich in ihre
Denkmethoden versetzen und damit oft im voraus ihre Aktionen und Reaktio-
nen leichter erkennen zu können.

*Bei der Festlegung politischer Entscheidungen in der sowjetischen Führung er-
wähnten Sie vor allem drei Faktoren: ökonomische Sachzwänge, realpolitische
Notwendigkeiten und Machtinteressen sowie den ideologischen Faktor. Gilt dies
auch für die sowjetische Außenpolitik, für die Politik der Sowjetführung gegenüber westlichen Ländern?*
Durchaus, wobei natürlich naturgemäß die genannten Faktoren bei unterschiedlichen Fragen unterschiedlich stark in Erscheinung treten. In der sowjetischen
Außenpolitik spielt vor allem die Tatsache eine Rolle, daß die sowjetische Führung einerseits sowjetische Staatsinteressen, darunter auch Wirtschaftsinteressen, zu vertreten hat, andererseits aber immer noch den Anspruch erhebt, als
Zentrum des Weltkommunismus zu wirken und damit auch die Interessen des internationalen Kommunismus nicht leichtfertig negieren kann.
Gerade aus dieser unterschiedlichen Interessenlage heraus erklärt sich meiner
Auffassung nach auch der widerspruchsvolle Charakter der sowjetischen Koexistenzdoktrin, die einerseits eine Verbesserung der Beziehungen von Staaten mit
unterschiedlicher Gesellschaftsordnung im staatlich-diplomatischen Bereich
propagiert, andererseits aber gleichzeitig den ideologischen Kampf zwischen unterschiedlichen Systemen sowie den internationalen Klassenkampf forciert, vor
allem wenn er von prosowjetischen Kommunisten geleitet wird. Diese unterschiedliche Interessenlage der sowjetischen Führung einerseits und die widerspruchsvolle Koexistenzdoktrin andererseits sollten, wie mir scheint, auch in der
Einschätzung der sowjetischen »Westpolitik« stärker als bisher berücksichtigt
werden.

*Wieso ist das so wichtig für die Einschätzung der sowjetischen Westpolitik und für
die Möglichkeiten und Grenzen einer deutschen Ostpolitik?*
Wer die Diskussionen über die Ost-West-Entspannung in den letzten Jahren

bewußt miterlebt hat, darunter auch über die Möglichkeiten und Grenzen einer deutschen Ostpolitik, konnte eines feststellen:

Die Anhänger und Befürworter der Ostpolitik, besonders die recht optimistischen Befürworter, betonten stets die sowjetischen Staats- und Wirtschaftsinteressen, die Vorzüge der ökonomisch-technologischen Kooperation und die Notwendigkeit einer Vertrauensbildung, erwähnten jedoch fast nie den von Moskau verkündeten ideologischen Kampf und die weltrevolutionäre Zielsetzung; auch der diktatorische Unterdrückungscharakter des Systems und die Unterscheidung zwischen Führung und Bevölkerung blieben häufig unerwähnt. Daraus ergab sich, meiner Auffassung nach, ein zu optimistisches Bild, eine Überschätzung der Möglichkeiten der Ostpolitik und eine Unterschätzung ihrer Grenzen.

Umgekehrt haben die Gegner einer deutschen Ostpolitik stets die weltrevolutionäre Zielsetzung und den ideologischen Kampf in den Vordergrund gerückt, die Gefahren aus dem Osten ständig unterstrichen, meist ohne die wichtigen Staats- und Wirtschaftsinteressen der sowjetischen Führung als positiven Faktor einer Ost-West-Entspannung genügend herauszustellen. Daraus ergab sich logischerweise ein viel zu negatives Bild, wobei die Möglichkeiten der Ostpolitik unterschätzt oder sogar völlig negiert, die Grenzen und Gefahren dagegen überzeichnet wurden. Beide Betrachtungsweisen geben meiner Auffassung nach ein einseitiges Bild und können nicht als Grundlage für eine realistische Ostpolitik dienen.

Es ist also Ihrer Meinung nach notwendig, die unterschiedliche Interessenlage der sowjetischen Führung zwischen Staats- und Wirtschaftsinteressen auf der einen, ideologischem Kampf und weltrevolutionärer Zielsetzung auf der anderen Seite zu erkennen und abzuwägen. Können Sie dies vielleicht ein wenig konkretisieren?

Durchaus, allerdings kaum für die Tagespolitik, wohl aber für eine mittelfristige Perspektive. Die Möglichkeiten und Grenzen einer deutschen Ostpolitik sind, was die sowjetische Seite anbelangt, durch folgende Faktoren bestimmt, oder zumindest maßgeblich beeinflußt:

1. Das Interesse der sowjetischen Führung, durch eine weitreichende und langfristige ökonomisch-technologisch-wissenschaftliche Kooperation mit den entwickelten westlichen Industriestaaten den eigenen Rückstand zu verringern und schließlich zu überwinden. Dieser Faktor wird so lange Gültigkeit haben, solange das zweifellos langfristige Ziel nicht erreicht ist, bzw. die Sowjetführung noch die Hoffnung hat, durch eine flexiblere Westpolitik dieses Ziel erreichen zu können.

2. Die Notwendigkeit der Sowjetführung, angesichts des Moskau-Peking-Konflikts einem »Zweifrontenkampf«, einer politischen Konfrontation mit China und dem Westen auszuweichen – und zwar durch eine Verbesserung der Beziehungen zu den westlichen Ländern. Dieser Faktor wird zweifellos so lange eine Rolle spielen, solange die Prämisse gegeben ist, d. h. solange der Moskau-Peking-Konflikt andauert.

3. Das Ziel der Sowjetführung, die Beziehungen zum Westen auf einen genau zu

kontrollierenden Rahmen im staatlich-diplomatischen und wirtschaftlich-technologischen Bereich zu beschränken, aber keinerlei weltanschauliche Einflußnahme, keine Verbreitung unterschiedlicher soziologischer, ökonomischer, philosophischer und politischer Theorien oder Schriften aus den entwickelten Industriestaaten des Westens in die Sowjetunion zuzulassen. Daher die ständige Unterstreichung des »ideologischen Kampfes« und der »Abgrenzung« – was die Furcht der Sowjetführung vor modernen progressiven Ideen verdeutlicht. Sobald die Sowjetführung erkennt oder zu erkennen glaubt, daß die Westpolitik dieses entscheidende Ziel gefährdet, wird man mit einer Verhärtung und Verschärfung der sowjetischen Beziehungen zum Westen rechnen müssen.

4. Das Bestreben der Sowjetführung, die Periode einer relativen Entspannung zur Ausdehnung der eigenen Einflußsphäre zu benutzen, entweder durch die Unterstützung der prosowjetischen kommunistischen Parteien oder, in immer stärkerem Maße, durch die ausführlich dargestellte, *eigene* politische Einflußnahme im Sinne einer »Finnlandisierung« bei gleichzeitiger militärischer Stärkung.

Mir scheint, daß alle vier Faktoren in ihrer Wechselwirkung und gegenseitigen Beeinflussung für die Beurteilung der Möglichkeiten und Grenzen einer deutschen Ostpolitik zu berücksichtigen sind. Jede einseitige Konzentrierung auf einen einzigen Faktor kann entweder ein zu optimistisch-positives oder ein zu pessimistisch-negatives Bild vermitteln.

Aus Ihrer Darlegung der vier Faktoren der sowjetischen Westpolitik ergibt sich zwar die Möglichkeit weitreichender wirtschaftlich-technologischer Beziehungen und einer politischen Verbesserung im staatlich-diplomatischen Bereich (zumindest solange der Moskau-Peking-Konflikt andauert), gleichzeitig aber keine oder nur eine sehr begrenzte Möglichkeit für die ungehinderte Verbreitung von Ideen und Informationen. Zusätzlich besteht die Gefahr, daß die Sowjetführung einen Wandel der politischen Systeme im Westen im Sinne einer »Finnlandisierung« und späteren »antimonopolistischen Umgestaltung« anstrebt. Ist das nicht ein recht pessimistisches Bild, das Sie hier zeichnen? Und worin sehen Sie unter diesen Bedingungen überhaupt noch die von Ihnen mehrfach erwähnten Möglichkeiten einer deutschen Ostpolitik?

Ich würde dies nicht als ein pessimistisches, sondern als ein realistisches Bild bezeichnen. Vor allem, weil ja bisher ausdrücklich von den wesentlichen *Zielen* der Sowjetführung die Rede war. Das aber bedeutet keineswegs, daß die sowjetische Seite auch wirklich in der Lage ist, diese Ziele zu verwirklichen. Zwischen Zielsetzung und Realität besteht ein sehr großer Unterschied – nicht nur, weil es eine Vielzahl von inneren Problemen in der Sowjetunion und im Ostblock gibt, die den eigenen Zielvorstellungen entgegenwirken, sondern auch, weil das Ost-West-Verhältnis durchaus einem westlichen oder neutralen Land eigene Wirkungsmöglichkeiten eröffnet, die eigenen Zielvorstellungen entsprechen. Diese Möglichkeiten sind, meiner Auffassung nach, um so größer, je nüchterner, sachkundiger und realistischer die eigene Ostpolitik konzipiert wird.

Was verstehen Sie unter einer nüchternen, sachkundigen und realistischen Ostpolitik?

Die Antwort auf diese Frage hängt natürlich von dem betreffenden Land, den jeweiligen Bedingungen und Möglichkeiten zur jeweiligen Zeit ab. Wenn Sie eine allgemeine Kurzformel wünschen, so verstehe ich unter einer nüchternen, sachkundigen und realistischen Ostpolitik eine Politik, die a) langfristig angelegt, d. h. auf längere Zeitabschnitte ausgerichtet ist, b) die Komplexität der heutigen sowjetischen Gesellschaft und die unterschiedlichsten Strömungen und Richtungen in dieser Gesellschaft in Rechnung stellt, und c) die Differenzierung in der kommunistischen Staatengruppierung und in der kommunistischen Weltbewegung berücksichtigt.

Von den drei entscheidenden Merkmalen einer erstrebenswerten Ostpolitik stellten Sie die langfristige Perspektive, eine auf längere Zeitabschnitte ausgerichtete Politik, in den Vordergrund. Was verstehen Sie darunter und warum halten Sie dies für so wichtig?

Mir scheint, daß in manchen Kreisen die Tendenz bestanden hat und auch teilweise wohl noch besteht, von einer einzigen Aussprache zwischen Staatsmännern von Ost und West, von einem einzigen Vertrag oder von einem oft spektakulär wirkenden »Gipfeltreffen« zuviel zu erwarten und zu erhoffen. Naturgemäß folgt dann, falls die erhofften Erwartungen nicht oder nur in beschränktem Umfang eintreffen, sofort ein Pessimismus, eine tiefe Enttäuschung. Im Verhältnis zu kommunistisch regierten Ländern halte ich eine langfristige Perspektive für notwendig; eine vorübergehende Wandlung der Atmosphäre, ein scheinbar freundliches oder sogar herzliches Gespräch eines sowjetischen Führers sollte nicht überbewertet werden – dasselbe gilt für eine scheinbar plötzliche Abkühlung. Langfristige Interessen sind zwar optisch durch die Massenmedien nicht so einzufangen wie spektakuläre Gipfeltreffen, sollten aber unbedingt als entscheidende Dominante stets im Auge behalten werden. Dies entspricht der Realität und bewahrt einen Menschen vor übertriebenen Hoffnungen und Illusionen einerseits und plötzlichen Enttäuschungen andererseits. So gab es Ende der sechziger und Anfang der siebziger Jahre übertriebene Hoffnungen in den USA und einigen Ländern Westeuropas, darunter auch in der Bundesrepublik Deutschland. Thesen wie: die Ost-West-Beziehungen befänden sich angeblich bereits im Übergang von der Konfrontation zur Kooperation, zeugten von diesem Überoptimismus. Das gleiche galt für die Hoffnung, man könne recht bald mit den »Nachbarn im Osten« zu denselben guten Beziehungen gelangen wie mit den »Nachbarn im Westen«; dabei wurde der entscheidende Unterschied außer acht gelassen, daß die westlichen Nachbarn in parlamentarischen Demokratien leben, während die östlichen Nachbarn sich der Herrschaft bürokratisch-diktatorischer Regime fügen müssen, weder ihre Regierungen gewählt haben, noch über viele der wichtigsten demokratischen Freiheiten verfügen.

Bei der Ostpolitik handelt es sich leider nicht oder zumindest noch nicht in erster Linie um ein neues, gutes und freundschaftliches Verhältnis zu den Völkern dieser Länder, sondern vorerst um das viel schwierigere Problem der Beziehungen zu den Führungen dieser Staaten. Deren Ziel liegt aber zumeist darin, die Bewegungsfreiheit ihrer eigenen Völker zu bremsen, regulieren, kontrollieren oder sogar völlig zu unterbinden. Auch und gerade aus diesem Grund ist eine langfristige Konzeption der Ostpolitik notwendig, weil nur dadurch die Perspektive einer allmählichen Liberalisierung oder Demokratisierung in den genannten Staaten enthalten ist. Dies gilt nicht nur für die osteuropäischen Länder, sondern auch für die Sowjetunion.

Ein westliches Land kann aber doch nur mit den offiziellen sowjetischen Führungen die entsprechenden Verhandlungen führen. Wie soll es unter diesen Bedingungen möglich sein, die von Ihnen erwähnten Strömungen in Rechnung zu stellen?

Zunächst einmal dadurch, daß in westlichen offiziellen Verlautbarungen deutlicher zwischen Führung und Bevölkerung unterschieden wird; in einzelnen Fällen sogar durch genauere präzisere Formulierungen auf bestimmte Gruppierungen und Richtungen in der sowjetischen Gesellschaft hinzuweisen. Ich habe es immer bedauert, daß Politiker in westlichen Staaten meist den Begriff »die Sowjetunion« benutzen, statt klar und deutlich von sowjetischer *»Führung«* (bzw. sowjetischen führenden Kreisen) zu sprechen, wenn diese gemeint sind, und von der sowjetischen *Bevölkerung,* wenn man diese im Auge hat. Es handelt sich hierbei keineswegs um irgendwelche Spitzfindigkeiten und nicht nur um eine Klarheit der Sprache, die eine Klarheit des Denkens widerspiegelt, sondern um sehr wichtige politische Unterscheidungen, die von vielen denkenden Menschen der Sowjetunion erkannt, gewürdigt und erwartet werden. Noch mehr wäre dies für die Politiker der angelsächsischen Länder notwendig, da dort leider auch bei offiziellen Anlässen und Debatten im Parlament oder US-Kongreß immer wieder von den »Russen« gesprochen wird; dadurch wird nicht nur die Tatsache außer acht gelassen, daß fast die Hälfte der Sowjetbürger keine Russen sind, sondern auch die Unterscheidung zwischen Bevölkerung und Führung verwischt wird.

Weit über präzise Formulierungen hinaus, könnte ich mir durchaus vorstellen, daß Regierungen bestimmter Länder unter bestimmten Umständen auch öffentlich zur Unterdrückung in der Sowjetunion Stellung nehmen, sich vor allem für die Befreiung progressiver Sowjetbürger einsetzen, die sich wegen ihrer politischen oder weltanschaulichen Überzeugung in psychiatrischen Anstalten, Lagern und Gefängnissen befinden. Schließlich geben ja auch offizielle sowjetische Funktionäre wiederholt Erklärungen über innere Zustände in westlichen Ländern ab.

Wo dies seitens offizieller Staatsmänner und Politiker westlicher Länder nicht möglich sein sollte, ist die Verantwortung der öffentlichen Meinung um so größer. Was Regierungen aus diplomatischen Rücksichten vielleicht nicht tun können, sollten Schriftsteller, Publizisten, Wissenschaftler, Verleger und vor allem die Mitarbeiter der Massenmedien um so mehr tun – nämlich deutlich zwischen Führung und Bevölkerung unterscheiden, sich gegen die Unterdrückungsmaßnahmen bürokratisch-diktatorischer Regime oder Behörden wenden und sich für die Freilassung der aus Gewissensgründen in Lagern und Haftanstalten befindlichen Sowjetbürger einsetzen.

Manchmal wird behauptet, daß solche Proteste seitens des Westens eine eher negative Wirkung haben und den Verhafteten und Verurteilten mehr schaden als nutzen. Was meinen Sie dazu?
Dies ist nachweisbar unrichtig. Immer wieder hat sich herausgestellt, daß durch Proteste der Weltöffentlichkeit das Los eines bestimmten Häftlings in der Sowjetunion (bzw. in einem anderen Ostblockstaat) beträchtlich erleichtert wurde und nicht selten sogar eine Freilassung erreicht werden konnte.

Als wichtige Bestandteile einer nüchternen, sachkundigen und realistischeren Ostpolitik sehen Sie damit – neben einer langfristigen Perspektive – die sorgfältige Berücksichtigung unterschiedlicher Richtungen und Strömungen in der Sowjetgesellschaft an, die deutliche Unterscheidung zwischen Führung und Bevölkerung auch in offiziellen Verlautbarungen sowie als Ergänzung zu diplomatischen Kontakten auf Regierungsebene eine aktive öffentliche Meinung, die zu den Unterdrückungen in dem betreffenden Land deutlich Stellung nimmt und sich für die Opfer der Unterdrückung einsetzt. Wie schätzen Sie in diesem Zusammenhang die russischsprachigen Sendungen westlicher Rundfunkstationen? Manche sehen darin Relikte des Kalten Krieges und meinen, solche Sendungen stellten eine Einmischung in die inneren Angelegenheiten der Sowjetunion dar. Halten Sie diese Auffassung für richtig?
Nein, keinesfalls. Die Sendungen in russischer Sprache und den Sprachen anderer Völker in der Sowjetunion halte ich für begrüßenswert und notwendig, ja für einen unabdingbaren Bestandteil der Ostpolitik. Neben den diplomatischen Gesprächen auf Regierungsebene muß, wenn die Ostpolitik überhaupt einen Sinn haben soll, auch eine Brücke zu den Völkern dieser Länder geschlagen werden. Solange die Führungen dieser Länder die eigene Bevölkerung daran hindern, frei und ungehindert in westliche Länder zu reisen, frei und ungehindert westliche Bücher, Zeitungen und Zeitschriften zu lesen, sich frei und ungehindert über alle literarischen und philosophischen und politischen Theorien, Werke und Anschauungen zu informieren und zu diskutieren – solange all dies nicht möglich ist, solange bleiben die russisch-sprachigen Sendungen die einzige Brücke zum Leben außerhalb des streng kontrollierten Machtbereichs, sie stellen die einzige Möglichkeit dar, jene Informationen und jenen Wissensstand zu erreichen, die für mündige Bürger unabdingbar sind.

Aber nun sollten wir zu Ihrem dritten und letzten Merkmal einer nüchternen, sachkundigen und realistischen Ostpolitik kommen, nämlich den Unterschieden zwischen den verschiedenen kommunistischen Ländern und innerhalb der kommunistischen Weltbewegung. Was bedeutet dies in der Praxis?
Von den gegenwärtig 14 kommunistisch regierten Ländern folgen nur etwa die Hälfte der sowjetischen Linie und gehören dem von der Sowjetunion geführten Warschauer Pakt an sowie dem Rat für gegenseitige Wirtschaftshilfe (RGW) –

im Westen als COMECON bekannt. Die Volksrepublik China steht in klarer politischer Frontstellung zur Sowjetführung und bezeichnet sich selbst als blockfreies sozialistisches Land. Albanien sympathisiert mit der chinesischen Volksrepublik, ohne ihre politische Linie völlig zu teilen. Auch Nordkorea steht außerhalb der von Moskau geführten Bündnissysteme und zeichnet sich durch eine völlig eigenständige und unabhängige Innen- und Außenpolitik aus. Jugoslawien ist blockfrei; Rumänien gehört zwar den von der Sowjetunion geführten Bündnissystemen an, führt aber, im Rahmen dieser Bündnisse, einen weitgehend autonomen außenpolitischen Kurs. Selbst zwischen den Ländern, deren Führungen sich eindeutig zur sowjetischen Linie bekennen, gibt es gewisse Unterschiede: einige dieser Länder, vor allem etwa Polen und Ungarn, sind keineswegs mehr einfach als Satelliten Moskaus zu betrachten.

All dies ermöglicht und erfordert eine Vielzahl von Möglichkeiten für die Ostpolitik eines westlichen Landes – nicht etwa, um innerkommunistische Konflikte zu schüren, wohl aber durch eine nuancierte Politik den unterschiedlichen Bedingungen der einzelnen kommunistisch regierten Länder Rechnung zu tragen, vor allem was den Grad der Selbständigkeit gegenüber Moskau anbetrifft. So wichtig die Sowjetunion als Weltmacht ist und als solche die entsprechende Berücksichtigung verdient, so bedeutsam erscheint es, stets die eigenständigen Interessen der osteuropäischen Länder und Völker in Rechnung zu stellen.

Die Volksrepublik China steht gegenwärtig besonders im Blickfeld. Halten Sie eine Verbesserung der Beziehungen zur chinesischen Volksrepublik als Gegengewicht gegenüber Moskau für richtig und notwendig? Oder sollte das Verhältnis zu China den vorrangigen Beziehungen zur Sowjetunion untergeordnet werden?
Eine Verbesserung der Beziehungen zur Volksrepublik China halte ich bereits seit langem für dringend notwendig und wünschenswert – nicht im Sinne einer Drohung gegenüber Moskau, wohl aber weil die Volksrepublik China von solcher Bedeutung ist, daß dies von keinem Staat der Welt übersehen werden kann. Hinzu kommt, daß die chinesische Volksrepublik sich außenpolitisch für eine Vertiefung der Europäischen Gemeinschaft und die Wiedervereinigung Deutschlands einsetzt – eine Tatsache, die von deutscher Seite aus nicht unbeantwortet gelassen werden sollte. Die Verbesserung der Beziehungen zu China sollte nicht in provokatorischer antisowjetischer Absicht erfolgen, wohl aber das selbstverständliche Recht eines jeden souveränen Staates zum Ausdruck bringen, ungehindert von der Meinung eines Dritten – selbst wenn es sich um eine Supermacht handeln sollte – die eigenen außenpolitischen Vorstellungen zur Geltung zu bringen.

Wir haben jetzt alle drei erwähnten Merkmale einer Ostpolitik etwas beleuchten können. Es gibt nun manche, die nach den überschwenglichen Hoffnungen in der ersten Phase bereits alles als gescheitert ansehen und von einer Fortsetzung der Ostpolitik überhaupt nichts mehr wissen wollen. Würden Sie diesen Ansichten zustimmen?
Nein, keineswegs. Sowenig ich zu Beginn der Ostpolitik zu den Überoptimisten

und Illusionisten gehört habe, sowenig gehöre ich jetzt, nach einigen Rückschlägen, zu den Schwarzsehern oder Pessimisten.

Eine langfristige Perspektive in der Ostpolitik, wie sie mir vorschwebt, geht von der tatsächlichen Situation eines diktatorisch-bürokratischen Systems in der Sowjetunion und der mit ihr verbündeten Staaten aus. Solange dieses System in seiner heutigen Form existiert und der bürokratische Apparat und dessen Führung sich allen Wandlungen und Reformen widersetzt und von jenen innen- und außenpolitischen Leitbildern durchdrungen ist, wie sie geschildert wurden – solange sind, meiner Auffassung nach, auch in den Ost-West-Beziehungen keine Wunder zu erwarten. Die weitere Entwicklung der Ost-West-Beziehungen hängt weitgehend von den inneren Wandlungen im sowjetischen System und des gesamten Ostblocks ab. Der tiefe Widerspruch zwischen den gesellschaftlichen Notwendigkeiten und Erfordernissen einer entstehenden modernen sowjetischen Industriegesellschaft und den neuen, nach Initiative, Weltoffenheit und Liberalisierung drängenden Kräften auf der einen Seite und einem völlig überlebten, bürokratisch-diktatorischen System mit einem starren, an längst veralteten ideologischen Leerformeln festhaltenden Funktionärsapparat auf der anderen Seite – dieser Widerspruch erscheint so bedeutsam, daß man, zumindest auf etwas längere Sicht gesehen, mit Veränderungen rechnen kann, auf positive Wandlungen hoffen darf.

Die Vielzahl der unterschiedlichen Strömungen im Weltkommunismus, von Jugoslawien und dem Prager Frühling bis zum Maoismus und den italienischen und spanischen Kommunisten, zeigten, daß der Kommunismus zu entscheidenden und bedeutsamen Wandlungen fähig ist – darunter auch zur Abkehr von überlebten Denkschablonen in der Vergangenheit, zur Herausbildung neuer, moderner Konzeptionen in Theorie und Praxis. Sicher lassen sich die erwähnten Wandlungen nicht automatisch auf die sowjetischen Bedingungen übertragen. Aller Wahrscheinlichkeit wird dort, wo der Schatten der Vergangenheit besonders deutlich und der Ballast der bürokratischen Gegenwart besonders drückend ist, der Transformationsprozeß schwieriger, langwieriger und widerspruchsvoller sein. Aber er wird kommen. Eine nüchterne, sachliche und realistische Ostpolitik, die die Widersprüche der heutigen sowjetischen Außenpolitik erkennt, deutlich zwischen Führung und Bevölkerung unterscheidet, die unterschiedlichen Strömungen und Richtungen in Rechnung stellt, sollte sowohl die Gefahren von heute als auch die Möglichkeiten von morgen erkennen. Ein zukünftiger Liberalisierungs- und Erneuerungsprozeß in der Sowjetunion könnte völlig neue Möglichkeiten der Ost-West-Entspannung eröffnen. Erst dann wäre der Zeitpunkt gegeben, wo die jetzige nüchterne Ostpolitik ergänzt und erweitert werden könnte durch eine echte »Öffnung nach dem Osten« im Sinne von Beziehungen zu den Völkern, nicht nur den Regierungen, der Sowjetunion und der osteuropäischen Länder.

Chronik wichtiger Ereignisse
in der Geschichte des Kommunismus

Die Periode von Marx und Engels

1842, April – Marx beginnt seine Mitarbeit an der *Rheinischen Zeitung.*

1842, 15. Oktober – Marx siedelt nach Köln über und übernimmt die Leitung der *Rheinischen Zeitung.*

1842, Oktober/November – Marx schreibt in der *Rheinischen Zeitung* über die Debatten über das Holzdiebstahlgesetz und berichtet später (1859), dadurch habe er begonnen, sich mit ökonomischen Fragen zu befassen.

Anfang 1843 – Verschärfung der Zensur. Marx legt die Redaktion der Zeitung nieder und übersiedelt nach Paris (Herbst 1843).

1845, Mai – Engels' Schrift *Die Lage der arbeitenden Klasse in England* erscheint.

1846, Februar–April – Marx und Engels, seit 1845 in Brüssel, ergreifen die Initiative zur Gründung eines Netzes von kommunistischen Korrespondenz-Komitees.

1847, Juni – Engels nimmt am ersten Kongreß des Bundes der Kommunisten in London teil.

1847, Dezember – 2. Kongreß des Bundes der Kommunisten in London; Marx und Engels werden beauftragt, ein Kommunistisches Manifest zu verfassen.

1848, Februar – Beginn der Revolution von 1848.

1848, Ende Februar – Das *Kommunistische Manifest* erscheint.

1848, April – Marx und Engels kehren nach Deutschland zurück.

1848, Juni – Die erste Nummer der *Neuen Rheinischen Zeitung* (»Organ der Demokratie«) erscheint unter der Chefredaktion von Karl Marx. Marx schreibt 1848 mehr als 80 Artikel.

1849, 18. Mai – In roten Buchstaben gedruckt erscheint die letzte Nummer der *Neuen Rheinischen Zeitung.*

1849, Juni–August – Marx verläßt Deutschland, Beginn des Exils in London.

1850, Februar/März – Die *Neue Rheinische Zeitung – politisch ökonomische Revue* erscheint, muß aber nach 5 Lieferungen ihr Erscheinen einstellen. Es erscheint *Die Klassenkämpfe in Frankreich 1848–50* von Marx.

1850, April – In einem Rundschreiben verkündet Marx die These von der »Revolution in Permanenz«, den Grundgedanken einer permanenten Revolution.

1851, 27. November – Engels schlägt Marx in einem Brief vor, den wissenschaftlichen Sozialismus in vier Bänden zusammenfassend darzustellen. Die ersten zwei Bände sollen die Kritik der politischen Ökonomie enthalten, der dritte Band kritisch die verschiedenen sozialistischen Strömungen und Theorien behandeln, der vierte Band die eigenen Ziele darstellen.

1851, Dezember bis 1852, März – Marx schreibt *Der 18. Brumaire des Louis Bonaparte.*

1852, 5. März – Marx erklärt in einem Brief an Weydemeyer, die Diktatur des Proletariats sei die notwendige Übergangsphase zur klassenlosen Gesellschaft.

1856, 16. April – Marx schreibt an Engels, daß die Zukunft der deutschen Revolution weitgehend von der Möglichkeit abhängen wird, die proletarische Revolution mit einer Neuauflage des Bauernkrieges zu verknüpfen. Gilt als Grundlage für die Theorie vom Bündnis der Arbeiter und Bauern.

1856, August bis 1857, April – Marx befaßt sich mit einer Studie, die eine leidenschaftliche Verurteilung der imperialistischen Politik des russischen Zarismus darstellt.

1857, März–Juli – Marx nimmt seine seit 1848 vernachlässigten ökonomischen Studien wieder auf.

Anfang 1859 – Marx beendet seine *Kritik der politischen Ökonomie* mit den berühmten Sätzen im Vorwort, die den historischen Materialismus begründen.

1864, 28. September – Marx nimmt an der internationalen Versammlung in St. Martins Hall teil, auf der die »Internationale Arbeiter-Assoziation« (später als I. Internationale bekannt) gegründet wird.

1864, Ende Oktober – Marx verfaßt die Inaugural-Adresse und die Statuten der Internationalen Arbeiter-Assoziation, die am 1. November 1864 einstimmig angenommen wurden.

1864–1869 – Marx nimmt aktiven Anteil an der »Ersten Internationale« und setzt gleichzeitig seine Arbeit am *Kapital* fort.

1867, September – Der erste Band des *Kapital* erscheint in einer Auflage von 1000 Exemplaren.

1869, Oktober – Marx interessiert sich für russische Fragen und beginnt, russisch zu lernen.

1871, 18. März bis 28. Mai – Pariser Kommune.

1871, April–Mai – Marx arbeitet an der *Adresse über den Bürgerkrieg in Frankreich.*

1872, September – Auf Vorschlag von Marx wird der Generalrat der Internationale nach New York verlegt. Marx erklärt in einer Rede, daß die soziale Umwälzung unter Umständen auch auf friedlichem Wege vor sich gehen könne.

1875, März – Marx schreibt seine *Kritik des Gothaer Programms,* in der er u. a. auch Grundfragen der zukünftigen klassenlosen kommunistischen Gesellschaft behandelt.

1875, April – Engels: *Soziales aus Rußland.*

1876, September bis 1878, Juni – Engels' Schrift: *Herrn Eugen Dührings Umwälzung der Wissenschaft (Anti-Dühring)*, zusammenfassende Darstellung des Marxismus.

1883, 14. März – Tod von Karl Marx. Begräbnis am 17. März 1883 auf dem Friedhof zu High Gate.

1884 – Engels' Schrift *Der Ursprung der Familie, des Privateigentums und des Staats,* die vor allem für die marxistische Staatsauffassung von Bedeutung ist.

1885 – Aus den von Marx hinterlassenen Materialien gibt Friedrich Engels den 2. Band des *Kapital* heraus.

1888 – Engels' Schrift *Die Rolle der Gewalt in der Geschichte.*

1890, Februar – Engels' Schrift *Die auswärtige Politik des russischen Zarismus.*

1891 – Engels' Schrift zur Kritik des sozialdemokratischen Programm-Entwurfs (Erfurter Programm).

1894 – Aus den hinterlassenen Materialien von Marx gibt Engels den 3. Band des *Kapital* heraus.

Ende 1894 – Engels' Schrift *Die Bauernfrage in Frankreich und Deutschland* enthält erstmals Gedanken, wie sich die Landwirtschaft im Zuge einer sozialen Umwälzung verändern wird.

1895, Mai–Juni – Lenin fährt in die Schweiz und nimmt dort Verbindung mit der marxistischen »Gruppe der Befreiung der Arbeit« auf.

1895, 5. August – Engels' Tod.

Die Periode des Leninismus

1895, 19. September – Lenin fährt nach Rußland zurück und schreibt einen Gedenkartikel zum Tode von Friedrich Engels.

1895, Herbst – Lenin gründet in St. Petersburg den »Kampfbund für die Befreiung der Arbeiterklasse«.

1895, 21. Dezember – Lenin verhaftet, schreibt im Gefängnis den Entwurf zum Programm der sozialdemokratischen Partei.

1897, 10. Februar – Lenin wird für drei Jahre nach Ostsibirien verbannt. Lenin schreibt an seinem umfassenden Werk *Die Entwicklung des Kapitalismus in Rußland* und verfaßt die Broschüre *Die Aufgabe der russischen Sozialdemokraten*.

1898, 13.–15. März – In Minsk findet der illegale Gründungsparteitag der »Sozialdemokratischen Arbeiterpartei Rußlands« (SDAPR) statt.

1898, 21. August – Lenin beendet die Niederschrift seiner 1896 begonnenen Arbeit *Die Entwicklung des Kapitalismus in Rußland*.

1900, 10. Februar – Ende der Verbannung.

1900, 29. Juli – Lenin verläßt Rußland. Beginn seiner ersten Emigration (1900 bis 1905).

1900, August–Dezember – Lenin in Deutschland, darunter in Nürnberg, München, Stuttgart und Leipzig, er bereitet die Herausgabe der Zeitung *Iskra* vor.

1900, Dezember – Die erste Nummer der Zeitung *Iskra* (»Der Funke«) erscheint mit einem Artikel Lenins *Die dringendsten Aufgaben unserer Bewegung*.

1901, Mai – Erstes Zusammentreffen Lenins mit Rosa Luxemburg in München.

1902, Mitte März – Lenins Buch *Was tun?* mit der neuen Parteidoktrin des Leninismus.

1902, Oktober – Erstes Zusammentreffen von Trotzki und Lenin in London.

1903, 30. Juli bis 16. August – II. Parteitag der Sozialdemokratischen Arbeiterpartei Rußlands, zunächst in Brüssel, seit 6. 8. in London. Spaltung der Partei in Menschewiki und Bolschewiki.

1904, 19. Mai – In Genf erscheint Lenins Arbeit *Ein Schritt vorwärts, zwei Schritte zurück*, die sich mit der Spaltung der Partei beschäftigt und seine Parteidoktrin weiterentwickelt.

1904, August – Trotzki verfaßt die Arbeit *Unsere politischen Aufgaben* und meint prophetisch, daß Lenins Methoden eines Tages dahin führen werden, daß die Parteiorganisation durch das Zentralkomitee verdrängt werde, bis schließlich ein Diktator das Zentralkomitee ersetze.

1905, 22. Januar – »Blutsonntag« in Petersburg. Friedliche Demonstranten werden von der Polizei zusammengeschossen. Beginn der ersten russischen Revolution.

1905, 25. April bis 10. Mai – In London findet der dritte Parteitag der SDAPR statt, an dem sich nur Bolschewiki beteiligen.

1905, 7. August – In Genf erscheint Lenins Schrift *Zwei Taktiken der Sozialdemokratie in der demokratischen Revolution* mit der neuen Revolutionstheorie, wonach die Arbeiterklasse zusammen mit der Bauernschaft die bürgerlich-demokratische Revolution zu leiten habe, um möglichst bald ihre Umwandlung in eine sozialistische Revolution zu vollziehen.

1905, 26. Oktober – Bildung des Petrograder Sowjet. Trotzki spielt eine entscheidende Rolle.

1905, Mitte November – Lenin kehrt nach Rußland zurück; Ende der ersten Emigration.

1905, 26. November – Lenins Artikel *Parteiorganisation und Parteiliteratur* mit der Forderung, die Publizistik der Parteikontrolle zu unterstellen, im künstlerischen Bereich jedoch gewisse Freiheiten zu lassen.

1906 – Trotzki formuliert in seiner Schrift *Unsere Revolution* seine Theorie von der permanenten Revolution.

1907, 25. Dezember – Lenin verläßt Rußland; Beginn der zweiten Emigration Lenins (1907–1917).

1908, 25. Februar – Lenin beginnt die Arbeit an seiner philosophischen Schrift *Materialismus und Empiriokritizismus* (erscheint im Mai 1909).

1908, 16. April – Lenin beendet seinen Artikel *Marxismus und Revisionismus,* heute besonders häufig von Sowjetideologen (manchmal in höchst eigenwilliger Interpretation) zitiert.

1909, 26. Mai – Lenin veröffentlicht seinen Artikel *Über das Verhältnis der Arbeiterpartei zur Religion.*

1910, 28. August bis 3. September – Lenin nimmt (gemeinsam mit Trotzki, Plechanow, Sinowjew und Kamenew) an den Beratungen des Internationalen Sozialistenkongresses in Kopenhagen teil.

1911, 5. Januar – Lenins Artikel *Über einige Besonderheiten der historischen Entwicklung des Marxismus* erscheint.

1912, 18.–30. Januar – Auf der »Prager Konferenz« konstituieren sich die Bolschewiki als selbständige Partei.

1912, 5. Mai – In Petersburg (heute Leningrad) erscheint die erste Nummer der legalen bolschewistischen Zeitung *Prawda.*

1912, 28. Juli – In seinem Artikel *Demokratie und Volkstümlerideologie in China* prophezeit Lenin die baldige Entstehung einer sozialistischen Bewegung in China.

1913, 14. März – In der *Prawda* erscheint Lenins Artikel *Die historischen Schicksale der Lehren von Karl Marx.*

1913, 19. April – Lenins Artikel *Drei Quellen und drei Bestandteile des Marxismus* – eine der am häufigsten veröffentlichten Arbeiten Lenins.

1913, 20. Mai – In seinem Artikel *Das Erwachen Asiens* prophezeit Lenin, daß das Anwachsen der Befreiungsbewegung in Asien eine neue Ära der Weltgeschichte einleitet.

1914, Frühjahr – Lenin arbeitet an seiner Schrift *Über das Selbstbestimmungsrecht der Nationen.*

1914, 29. August – Lenin übersiedelt in die neutrale Schweiz.

1914, September/Oktober – Lenin verfaßt *Der Krieg und die russische Sozialdemokratie.*

1914, 17. November – Lenin beendet den größeren Aufsatz *Karl Marx,* eine Zusammenfassung der Lehren des Marxismus.

1915, Januar–Juni – Artikel und Aufsätze Lenins über den Krieg und den Zusammenbruch der sozialistischen Internationale.

1915, August – Lenin verfaßt gemeinsam mit Sinowjew die besonders wichtige Broschüre *Sozialismus und Krieg,* die im September 1915 in deutscher Sprache in Genf erscheint.

1915, 5.–8. September – Lenin und Trotzki nehmen an der Zimmerwalder Konferenz der sozialistischen Kriegsgegner teil.

1916, Januar–Juni – Lenin schreibt *Der Imperialismus als höchstes Stadium des Kapitalismus.*

1916, 24.–30. April – Lenin nimmt an der zweiten sozialistischen Konferenz der Kriegs-gegner in Kienthal (»Kienthaler Konferenz«) teil.

1916, 5. Oktober – Lenin spricht sich für den Aufbau einer neuen, dritten Internationale aus.

1916, Oktober – In seiner Arbeit *Über eine Karikatur auf den Marxismus und über den imperialistischen Ökonomismus* setzt sich Lenin für den unterschiedlichen Weg zum Sozialismus in den verschiedenen Ländern ein. Nichts sei theoretisch kläglicher und praktisch lächerlicher, als ein Zukunftsbild in monotonem Grau zu malen.

1916, September – Lenin erwähnt in seinem Artikel *Das Militärprogramm der proletarischen Revolution* die Möglichkeit des Sieges der Revolution in einem einzigen Land.

1916, Dezember – In seiner Arbeit *Der Imperialismus und die Spaltung des Sozialismus* vertritt Lenin die These von einer »Arbeiteraristokratie«, die als Trägerin des »Opportunismus in der Arbeiterbewegung« wirkt.

1917, Anfang – Trotzki trifft in New York ein und gibt gemeinsam mit Bucharin die russisch-sprachige Zeitschrift *Nowij Mir* (»Neue Welt«) heraus.

1917, 12. März – Revolution in Rußland (nach altem Kalender Ende Februar, daher Februarrevolution); der Zar dankt ab. Rußland wird eine bürgerliche Republik.

1917, 9. April – Abreise Lenins mit einer Gruppe von Bolschewiki aus der Schweiz (»plombierter Zug«).

1917, 16. April – Lenin trifft in Petrograd (heute Leningrad) ein und hält seine berühmte Rede auf einem Panzerwagen.

1917, 17. April – Lenin entwickelt seine »April-Thesen«, fordert die Weiterentwicklung von der bürgerlichen zur sozialistischen Revolution, sieht die russische Revolution als Vorbote der Weltrevolution an.

1917, 23. April – Lenin beendet seine Broschüre *Die Aufgaben des Proletariats in unserer Revolution,* in der die April-Thesen weiterentwickelt werden. Vorschlag, die Bolschewistische Partei in »Kommunistische Partei Rußlands« umzubenennen.

1917, 17. Mai – Ankunft Trotzkis in Petrograd.

1917, Juli–August – Nach niedergeschlagenen revolutionären Demonstrationen wird die Bolschewistische Partei vorübergehend verboten.

1917, 5. August – Trotzki tritt der Bolschewistischen Partei bei.

1917, 12.–16. August – Auf dem illegalen 6. Parteitag wird – in Abwesenheit Lenins – im Prinzip die Vorbereitung des bewaffneten Aufstandes beschlossen. Trotzki wird Mitglied des Zentralkomitees der Bolschewistischen Partei.

1917, August–September – Lenin verfaßt sein Werk *Staat und Revolution,* eine Weiterentwicklung der marxistischen Staatstheorie, mit ausführlicher Darstellung der Diktatur des Proletariats und der zukünftigen Entwicklung zum Sozialismus und Kommunismus.

1917, 26.–27. September – Lenin schreibt seinen Brief an das Zentralkomitee über »Marxismus und Aufstand« mit wichtigen Hinweisen auf die Durchführung eines bewaffneten Aufstandes.

1917, 6. Oktober – Der Petrograder Sowjet bildet auf Anraten Trotzkis das Militär-Revolutionäre Komitee.

1917, 20. Oktober – Lenin kehrt aus der Illegalität nach Petrograd zurück.

1917, 23. Oktober – Auf einer ZK-Sitzung treten Lenin und Trotzki für den bewaffneten Aufstand ein, der mit 10 gegen 2 Stimmen (Sinowjew und Kamenew) angenommen wird.

1917, 6.–7. November – Bewaffneter Aufstand; Sieg der Bolschewiki. Nach altem Kalender 24.–25. Oktober, daher »Oktoberrevolution«.

1917, 8. November – Trotzki lehnt Lenins Vorschlag ab, Vorsitzender des Rats der Volkskommissare zu werden und übernimmt an dessen Stelle das Volkskommissariat für auswärtige Angelegenheiten.

1917, Mitte November – Die diplomatischen Geheimakten des früheren zaristischen Au-

Benministeriums werden mit einem Vorwort Trotzkis veröffentlicht: »Die Beseitigung der Geheimdiplomatie bildet die allererste Voraussetzung einer anständigen, volksverbundenen, wirklich demokratischen Außenpolitik.«

1917, 17. November – Lenin erklärt, der Sozialismus wird nicht durch Erlasse von oben geschaffen; der lebendige schöpferische Sozialismus ist das Werk der Volksmassen selbst.

1917, 25. November – Bei den Wahlen zur Konstituierenden Versammlung erhalten die Bolschewiki 25 % der Stimmen, die übrigen sozialistischen Parteien 62 %, die bürgerlichen Organisationen 13 %.

1918, 18.–19. Januar – In Petrograd wird die Konstituierende Versammlung eröffnet, in der die Bolschewiki in der Minderheit sind. Die Bolschewiki verlassen die Konstitute, die von bewaffneten bolschewistischen Einheiten aufgelöst wird.

1918, 23. Februar – Gründung der Roten Armee.

1918, 6.–8. März – 7. Kongreß der Bolschewistischen Partei: Umbenennung in Russische Kommunistische Partei (Bolschewiki).

1918, 13. März – Trotzki wird Volkskommissar für Kriegswesen und anschließend Vorsitzender des Revolutionären Kriegsrats.

1918, Oktober – Konflikt zwischen dem Vorsitzenden des Revolutionären Kriegsrats Trotzki und dem Politkommissar der Südfront Stalin, der Trotzkis Militärpolitik kritisiert. Trotzki besteht auf Abberufung Stalins, Lenin vermittelt.

1919, Januar – Der Konflikt zwischen Trotzki und Stalin setzt sich fort, Lenin tritt für einen Kompromiß ein.

1919, 2.–7. März – Gründungskongreß der Kommunistischen Internationale. Die programmatischen Dokumente werden von Lenin, das Manifest von Trotzki verfaßt.

1919, 18.–23. März – 8. Parteitag der Russischen Kommunistischen Partei (Bolschewiki). Annahme eines neuen Parteiprogramms. Bildung eines Politbüros aus Lenin, Trotzki, Kamenew, Krestinski und Stalin.

1920, April–Mai – Lenins Schrift *Der linke Radikalismus, die Kinderkrankheit im Kommunismus.*

1920, 29. Mai – Trotzki beendet seine Schrift *Terrorismus und Kommunismus,* eine Antwort auf Kautskys gleichnamige Schrift.

1920, September – Josip Broz (Tito) kehrt aus Rußland nach Jugoslawien zurück und tritt der KP Jugoslawiens bei.

1920, Dezember – Lenin verkündet seine berühmte Formel: »Kommunismus ist Sowjetmacht plus Elektrifizierung«.

1921, 10.–18. März – Die Kronstädter Revolte wird von militärischen Einheiten unter Trotzkis Kommando blutig niedergeschlagen.

1921, 8.–16. März – Auf dem 10. Parteitag wird die Kronstädter Revolte als »konterrevolutionär« verurteilt, die »Einheit der Partei« verkündet und die »Neue Ökonomische Politik« mit gewissen Konzessionen an das Privateigentum eingeleitet. Stalins Anhänger treten in den leitenden Organen stärker in Erscheinung.

1921, 22. Mai bis 12. Juli – 3. Weltkongreß der Kommunistischen Internationale. Lenin und Trotzki halten die Hauptreferate.

1921, Juli – Gründungskongreß der KP Chinas unter Teilnahme Mao Tse-tungs.

1922, 3. April – Stalin wird Generalsekretär der Partei.

1922, 22. Mai – Erster Schlaganfall Lenins; bis zum Herbst 1922 muß Lenin seine politische Tätigkeit unterbrechen.

1922, 11. September – Lenin wiederholt vergeblich seinen Vorschlag, Trotzki soll stellvertretender Vorsitzender des Rates der Volkskommissare werden.

1922, Dezember – Konflikt zwischen Lenin und Stalin im Bereich der Nationalitätenpolitik. Lenin wirft Stalin großrussischen Nationalismus vor.

1922, 16. Dezember – Zweiter Schlaganfall Lenins.

1922, 25. Dezember – Lenins Brief an den Parteikongreß (bekannt als »Testament«) unterstreicht die Gefahr der Bürokratisierung und des russischen Chauvinismus. Lenin charakterisiert seinen möglichen Nachfolger und warnt vor Stalin.

1923, 4. Januar – In einem Nachwort zu seinem »Testament« fordert Lenin die Absetzung Stalins vom Posten des Generalsekretärs.

1923, Februar – Das Manifest der oppositionellen »Arbeitergruppe« (Mjasnikow) beschuldigt die Führung der Bolschewiki, sich in eine oligarchische Kaste zu verwandeln. Die »Arbeiterwahrheit« (Bogdanow) bezeichnet das Regime als »staatskapitalistisch«.

1923, 5. März – Lenin bricht die Beziehung zu Stalin ab.

1923, Juni – Mao wird Mitglied des ZK der KP Chinas.

1923, Sommer – Die letzten oppositionellen Organisationen in der UdSSR, die »Arbeitergruppe« und die »Arbeiterwahrheit« werden verboten und verfolgt.

1923, 8. Oktober – Trotzki kritisiert die zunehmende Bürokratisierung in seinem Aufsatz *Neuer Kurs*.

1923, 15. Oktober – Die »Erklärung der 46« wendet sich gegen die zunehmende Bürokratisierung.

1923, 7. November – Beginn der öffentlichen Diskussion über einen »neuen Kurs« innerhalb der Partei.

1923, 4.–11. Dezember – Trotzki veröffentlicht in der *Prawda* eine Artikelserie über den neuen Kurs und fordert, die Kritik zu entwickeln, setzt sich für die geistige Unabhängigkeit ein, rügt den Beamtengeist in der Partei, fordert die Wiederherstellung der Freiheit der Kritik in der Partei und die Beendigung des Regimes der bürokratischen Unterdrükkung. Er warnt vor der zunehmenden Macht des Apparates und tritt für eine innerparteiliche Demokratie ein.

1923, 15. Dezember – Stalin eröffnet in der *Prawda* die Kampagne gegen den »Trotzkismus«.

1924, 21. Januar – Tod Lenins.

Die Periode des Stalinismus

1924, 26. Januar – Auf der Trauerkundgebung für Lenin in Moskau spricht Sinowjew; Stalin verliest seinen »Schwur«.

1924, Februar – Beginn des »Lenin-Aufgebots«. Hunderttausende neue Mitglieder, die sich meist an der Revolution nicht aktiv beteiligt hatten und leicht von der Bürokratie manipuliert werden konnten, strömen in die Partei.

1924, April – Stalin hält eine Vortragsreihe unter dem Titel *Grundlagen des Leninismus*; sie gilt als eine der entscheidenden Schriften Stalins.

1924, 21. April – Trotzki beendet die Schrift *Über Lenin – Materialien für einen Biographen.*

1924, 21. April – In einer Rede »Aussichten und Aufgaben im Osten« erklärt Trotzki, der Schwerpunkt der revolutionären Bewegung könne sich nach dem Osten verschieben.

1924, 22. Mai – Im Zentralkomitee wird Lenins Testament diskutiert. Sinowjew setzt sich für Stalin ein. Das Zentralkomitee beschließt, Lenins Testament geheimzuhalten.

1924, 23.–31. Mai – 13. Parteitag. Demonstrationen der »monolithischen Einheit«. Kampagne gegen den »Trotzkismus«.

1924, 17. Juni bis 8. Juli – 5. Weltkongreß der Kommunistischen Internationale; die Kampagne gegen den Trotzkismus wird auf die kommunistische Weltbewegung ausgedehnt. Trotzki nimmt am Kongreß nicht teil. Stalin wird Mitglied des Exekutivkomitees.

1924, Dezember – Stalin proklamiert die Doktrin vom »Sozialismus in einem Land«.

1925, 15. Januar – Trotzki tritt vom Posten des Volkskommissars für das Kriegswesen zurück.

1925, 18.–31. Dezember – Auf dem 14. Parteitag wird die Opposition von Sinowjew, Kamenew und der Witwe Lenins, Krupskaja, mit Jubelrufen »Wir wollen Stalin« zum Schweigen gebracht.

1926, Juli – In einer »Erklärung der 13« (darunter Trotzki, Sinowjew, Kamenew und Krupskaja) wenden sich führende Bolschewiki gegen die bürokratische Degeneration der UdSSR.

1926, 23.–26. Oktober – Auf einem Plenum des Zentralkomitees warnt Trotzki vor der Zerstörung der Partei: »Der Generalsekretär kandidiert für den Posten des Totengräbers der Revolution.« Trotzki, Sinowjew und Kamenew werden aus dem Politbüro entfernt.

1926, Oktober – Die sowjetischen Anhänger Trotzkis können nur noch illegal zusammentreffen.

1927, März – In seinem Artikel *Untersuchungsbericht über die Bauernbewegung in Hunan* verkündet Mao die führende Rolle der Bauernschaft in der chinesischen Revolution.

1927, 21.–23. Oktober – Auf einem Plenum des Zentralkomitees spricht Trotzki zum letztenmal: »Das grundlegende Merkmal unserer jetzigen Führung ist ihr Glaube an die Allmacht von Gewaltmethoden – selbst im Umgang mit der eigenen Partei.« Trotzki und Sinowjew werden aus dem Zentralkomitee ausgeschlossen.

1927, 7. November – Anhänger der Opposition beteiligen sich mit eigenen Losungen an der offiziellen Kundgebung zum 10. Jahrestag der Oktoberrevolution.

1927, 15. November – Trotzki und Sinowjew werden aus der KPdSU ausgeschlossen, Kamenew und andere aus dem Zentralkomitee entfernt.

1927, 2.–19. Dezember – Der 15. Parteitag steht völlig im Zeichen Stalins. Stalin erklärt auf dem Parteitag, ein langfristiges Nebeneinanderbestehen des Kapitalismus und der Sowjetunion sei möglich. Im Anschluß an den Parteitag werden 1500 Oppositionelle aus der Partei ausgeschlossen, 2500 unterzeichnen Widerrufserklärungen.

1928, 12.–16. Januar – Trotzki wird nach Alma-Ata verbannt, wo er am 25. Januar eintrifft. Gemeinsam mit Trotzki werden viele seiner Anhänger deportiert.

1928, Juni – Trotzki beendet seine Schrift *Die internationale Revolution und die Kommunistische Internationale* mit einer Kritik am offiziellen Programmentwurf.

1928, 17. Juli bis 1. September – Auf dem 6. Weltkongreß der Kommunistischen Internationale wird das Programm angenommen.

1928, 1. Oktober – Beginn des ersten Fünfjahresplanes.

1928, November – In einem Prozeß in Jugoslawien wird Tito zu einer langjährigen Haftstrafe verurteilt.

1929, 11. Februar – Trotzki wird aus der UdSSR ausgewiesen, findet auf der Insel Prinkipo (Türkei) ein Asyl. Er setzt dort die Arbeit an seiner Autobiographie fort, schreibt die *Permanente Revolution* und beginnt seine *Geschichte der russischen Revolution*.

1929, Mitte Juni – In Berlin beginnt das trotzkistische *Bulletin der Opposition* auf russisch zu erscheinen.

1929, 14. September – Trotzki beendet das Buch *Mein Leben*.

1929, Mitte November – Bucharin wird aus dem Politbüro ausgeschlossen.

1929, 21. Dezember – Zu seinem 50. Geburtstag wird Stalin erstmalig als »Woshdj« (»Führer«) bezeichnet.

1929, 29. Dezember – Stalin tritt für eine beschleunigte Kollektivierung der Bauernschaft und für die Liquidierung der Kulaken (Großbauern) ein.

1930, 5. Januar – Das Zentralkomitee der KPdSU beschließt die vollständige Kollektivierung in der Sowjetunion bis spätestens Frühjahr 1933. Massendeportierungen von Kulaken und jenen, die als solche bezeichnet werden. Verschärfter Druck auf die gesamte Bauernschaft.

1930, April – In Paris bildet sich ein internationales Büro der linken Opposition (Trotzkisten).

1930, September – Nach dem Wahlsieg der NSDAP bei den deutschen Reichstagswahlen am 14. September fordert Trotzki eine Einheitsfront gegen den Faschismus.

1931, 30. Januar bis 4. Februar und Juni – Auf zwei Unionskonferenzen der sowjetischen Betriebsleiter spricht sich Stalin scharf gegen Gleichmacherei aus und rechtfertigt die soziale Differenzierung.

1931, Ende November – In seiner Schrift *Soll der Faschismus wirklich siegen?* warnt Trotzki, daß ein Sieg der Nationalsozialisten die revolutionäre Bewegung um Jahrzehnte zurückwerfen würde. Der Sieg des Faschismus in Deutschland würde einen Krieg gegen die UdSSR zur Folge haben.

1932, April – Stalin dekretiert den »Sozialistischen Realismus« in Literatur und Kunst.

1932, 29. Mai – Trotzki beendet den 2. Band seiner *Geschichte der russischen Revolution.*

1932, 13.–14. September – In seiner Schrift *Der einzige Weg* fordert Trotzki die Einheitsfront mit der Sozialdemokratie und erklärt, im Falle einer Niederlage würde die Schaffung einer neuen Internationale notwendig sein.

1933, 30. Januar – Hitler wird Reichskanzler.

1933, 5. Februar – Anläßlich der Regierungsübernahme Hitlers fordert Trotzki in seiner Schrift *Vor der Entscheidung* das sofortige Angebot an alle sozialdemokratischen Organisationen, eine Abwehreinheitsfront auf allen Ebenen zu bilden.

1933, 9. April – Trotzki weist erstmals auf die Notwendigkeit hin, eine vierte Internationale zu schaffen.

1933, Juli – Trotzki übersiedelt von der Türkei nach Frankreich.

1934, 26. Januar bis 10. Februar – Auf dem 17. Parteitag, dem »Kongreß der Sieger«, berichtet Stalin über die Erfüllung des ersten Fünfjahresplans.

1934, März – Tito wird nach Verbüßung einer mehrjährigen Haftstrafe freigelassen und rückt einige Monate später in das ZK und Politbüro der KP Jugoslawiens auf.

1934, 8. Juni – Das sowjetische Parteiorgan *Prawda* proklamiert den sowjetischen Patriotismus, die Liebe für das Heimatland, seine Ehre, seinen Ruhm und seine Macht.

1934, Mitte Oktober – Beginn des »Langen Marsches« in China.

1934, 1. Dezember – Ermordung des Politbüromitgliedes und Leningrader Parteiführers Kirow. Beginn von Massenverhaftungen.

1934, 28.–30. Dezember – In seinem Aufsatz *Die stalinistische Bürokratie und die Ermordung Kirows* erklärt Trotzki, der sowjetische Staatssicherheitsdienst habe die Ermordung Kirows selbst organisiert.

1935, Januar – Auf einer Konferenz in Tsunyi, während des »Langen Marsches«, wird Mao Tse-tung zum Parteiführer der KP Chinas gewählt.

1935, Januar/Februar – In zwei wichtigen Aufsätzen *Wohin führt die Stalin-Bürokratie die UdSSR?* und *Arbeiterstaat, Thermidor und Bonapartismus* untersucht Trotzki den Charakter des Sowjetstaates.

1935, 7. April – Durch ein Dekret wird in der UdSSR die Todesstrafe auch für Kinder ab 12 Jahren ausgedehnt.

1935, 25. Mai – Auflösung der »Gesellschaft der alten Bolschewiki«.

1935, 15. Juni – Trotzki trifft, aus Frankreich kommend, in Norwegen ein.

1935, 25. Juli bis 20. August – 7. Weltkongreß der Kommunistischen Internationale. Proklamierung des Volksfront-Kurses und der Verteidigung der Demokratie gegen den Faschismus.

1935, 22. September – Wiederherstellung der Dienst- und Rangabzeichen in der Roten Armee.

1935, Dezember – Die Truppen Maos erreichen die nördliche Provinz Schensi, Ende des

»Langen Marsches«; kurz darauf Bildung neuer befreiter Gebiete mit dem Zentrum Yenan.

1936, Juni – Der Entwurf einer neuen Sowjetverfassung wird veröffentlicht.

1936, Sommer – Trotzki erklärt, die neue Sowjet-Verfassung verfolge den Zweck, »das abgenutzte Sowjetregime juristisch zu beseitigen, um es durch den Bonapartismus auf plebiszitärer Grundlage zu ersetzen«.

1936, 29. Juli – In einem internen Brief an alle Parteiorganisationen wird vor der »terroristischen Aktivität« eines angeblichen »konterrevolutionären Blocks der Trotzkisten und Sinowjewisten« gewarnt. Die Wachsamkeitskampagne wird verschärft, sie dient der Vorbereitung für die »große Säuberung«.

1936, August – Trotzki beendet sein Buch *Die verratene Revolution*. In diesem Buch stellt Trotzki die Degeneration des Lenin-Staates zum Stalinschen Absolutismus dar und weist auf die sozialen Gegensätze und die Rolle der herrschenden Bürokratie hin.

1936, 19.–24. August – Erster Schauprozeß gegen 16 alte Bolschewiken und Mitkämpfer Lenins, darunter Sinowjew und Kamenew. Die Angeklagten werden verurteilt und erschossen.

1936, 19. August – Trotzki erklärt, der Moskauer Prozeß stelle den Reichstagsbrand-Prozeß in den Schatten.

1936, 25. November – Stalins Rede über die neue Verfassung auf dem außerordentlichen 8. Sowjetkongreß. Stalin erklärt, der Sozialismus sei in der Sowjetunion bereits verwirklicht.

1936, Dezember – Maos Schrift *Strategische Fragen des revolutionären Krieges in China*.

1936, 19. Dezember – Leo Trotzki verläßt Norwegen und trifft am 8. Januar in Mexiko ein. Während der Überfahrt redigiert er sein neues Buch *Stalins Verbrechen*.

1937, 23.–30. Januar – »Prozeß der 17«. Zweiter Moskauer Schauprozeß gegen führende Bolschewiki der Lenin-Ära.

1937, 11.–12. Juni – Erschießung von Marschall Tuchatschewsky und anderen Führern der Roten Armee.

1937, 12. Juni – In seinem Artikel *Der Anfang vom Ende* schreibt Trotzki, niemand, Hitler nicht ausgenommen, habe dem Sozialismus so tödliche Schläge versetzt wie Stalin. Stalin gehe dem sicheren Ende seiner Mission entgegen. Je mehr er glaube, niemanden zu brauchen, um so näher rückt die Stunde, wo niemand ihn brauche.

1937, 12. Dezember – Erste »Wahlen« zum Obersten Sowjet der UdSSR nach der neuen Verfassung. Für jeden Wahlkreis gibt es nur einen einzigen von oben bestimmten Kandidaten.

1938, 13. Januar – In seiner Schrift *20 Jahre stalinistische Entartung* erklärt Trotzki, der Widerspruch zwischen der Oktoberrevolution und der Bürokratie finde seinen dramatischen Ausdruck in der Vernichtung der alten bolschewistischen Generation.

1938, 2.–13. März – »Prozeß der 21«. Dritter Schauprozeß der großen Säuberung in Moskau. Bucharin und andere bekannte bolschewistische Führer der Revolutionszeit werden verurteilt und erschossen.

1938, 13. März – Russisch wird obligatorisch in allen nichtrussischen Schulen der UdSSR eingeführt.

1938, Mai – Maos Schrift *Über den langdauernden Krieg* mit eigenen neuen politischen und militärischen Konzeptionen der chinesischen Revolution (im gleichen Jahr durch weitere Schriften ausgebaut und entwickelt).

1938, 5. August – Durch einen geheimen Beschluß wird die Herausgabe weiterer Erinnerungen an Lenin in der Sowjetunion verboten. (Veröffentlicht erst 19 Jahre später, 1957 im *Handbuch für Parteifunktionäre*.)

1938, 3. September – Gründungskonferenz der Vierten Internationale in Perigny bei Paris. 21 Delegierte vertreten 11 Sektionen. Die Konferenz billigt das von Trotzki verfaßte Übergangsprogramm.

1938, 1. Oktober – Der *Kurze Lehrgang der Geschichte der KPdSU* wird veröffentlicht.

1938, 7. Oktober – Trotzki sagt voraus, daß die sowjetische Diplomatie eine Annäherung an Hitler suchen wird.

1938, November – Durch Beschluß des Zentralkomitees über Ideologie und Parteipropaganda wird der *Kurze Lehrgang der Geschichte der KPdSU* zur Grundlage der gesamten Parteischulung erklärt. Jegliche Unterscheidung zwischen Marxismus und Leninismus wird verurteilt, der obligatorische Begriff »Marxismus-Leninismus« eingeführt.

1939, 3. Januar – Der neue Eid in der Roten Armee unterstreicht Disziplin und Patriotismus. Er ersetzt den früheren Eid von 1918, der den revolutionären Internationalismus und den Kampf für die Arbeiterklasse der ganzen Welt zum Inhalt hatte.

1939, 1. Juli – Trotzki verweist in einem Artikel darauf, daß die Kreml-Führer Ordnung, Ruhe und den Status quo um jeden Preis erhalten wollen. Es sei Zeit, sich an den Gedanken zu gewöhnen, daß der Kreml ein konservativer Faktor in der Weltpolitik geworden sei.

1939, 23. August – Unterzeichnung des deutsch-sowjetischen Nichtangriffspakts (Hitler-Stalin-Pakt) in Moskau mit zusätzlichem Geheimabkommen (Aufteilung der Länder Osteuropas unter Hitler-Deutschland und der Sowjetunion).

1939, 1. September – Hitler-Deutschland greift Polen an. Beginn des Zweiten Weltkrieges. Die Sowjetunion erklärt ihre Neutralität.

1939, 17. September – Einmarsch der sowjetischen Truppen in Polen. Besetzung der östlichen Teile Polens.

1939, 28. September – Zweites sowjetisch-deutsches Abkommen über die gemeinsame Grenze und Freundschaft (neues Geheimabkommen über gemeinsame Maßnahmen gegen polnische Widerstandsbewegung).

1939, 1.–2. November – Die sowjetisch besetzten Gebiete Polens (nach sowjetischer Terminologie »westliche Ukraine und westliches Belo-Rußland«) werden Teile der UdSSR.

1939, 30. November bis 1940, 12. März – Sowjetisch-finnischer Krieg.

1940, Januar – Maos Schrift *Über die neue Demokratie* mit ausführlicher Darstellung des zu erreichenden Zwischenstadiums (einschließlich des »Dreidrittelsystems«).

1940, 27. Februar – Trotzki erklärt, die Gegner Stalins seien zu Tausenden falschen Anschuldigungen zum Opfer gefallen. Eine neue revolutionäre Generation werde die politische Ehre dieser Opfer wiederherstellen und mit den Henkern des Kreml abrechnen.

1940, 24. Mai – Die Stalinisten organisieren einen bewaffneten Überfall auf das Haus Trotzkis in Coyoacan, einem Vorort von Mexiko-City.

1940, 8. Juni – Trotzki erklärt, die Wiederholung eines solchen Attentats sei unvermeidlich.

1940, 12.–18. Juni – Die bisher selbständigen Staaten Estland, Lettland und Litauen werden von sowjetischen Truppen besetzt.

1940, 26. Juni – 20-Minuten-Gesetz. Sowjetische Arbeiter und Angestellte werden mit Erziehungsarbeiten am Arbeitsplatz bis zu 6 Monaten unter Einbehaltung von 25 % des Arbeitslohnes bestraft, wenn sie ein einziges Mal mehr als 20 Minuten zu spät zur Arbeit kommen.

1940, 28. Juni – Sowjetische Truppen besetzen das zu Rumänien gehörende Bessarabien sowie die Nord-Bukowina.

1940, 2.–6. August – Bessarabien und Nord-Bukowina werden als »Moldauische Unionsrepublik« der Sowjetunion eingegliedert. Lettland, Litauen und Estland werden ebenfalls Unionsrepubliken der UdSSR.

1940, 20. August – Trotzki wird von dem stalinistischen Agenten Jacson-Mercader in Coyoacan (Mexiko) von hinten mit einem Eispickel der Schädel eingeschlagen. Er stirbt am gleichen Abend.

1940, 12. November – Der sowjetische Außenminister Molotow führt in Berlin Gespräche mit Hitler.

1940, 18. Dezember – Hitler ordnet die Konzentration von Truppen an den sowjetischen Grenzen an und bereitet den Angriff auf die UdSSR vor.

1941, April–Mai – Die sowjetische Führung erhält viele Warnungen über den bevorstehenden Angriff Hitler-Deutschlands. Die Warnungen werden von Stalin als »britische Provokation« zurückgewiesen.

1941, 22. Juni – Hitler-Deutschland überfällt die UdSSR. Rede Molotows an das sowjetische Volk, den faschistischen Okkupanten Widerstand zu leisten.

1941, 3. Juli – Stalins erste Kriegsrede, ein patriotischer Appell an die Sowjetbürger.

1941, 28. August – Die bis dahin bestehende »Autonome Sowjetrepublik der Wolgadeutschen« wird abgeschafft, alle Einwohner in entlegene Gebiete Sibiriens und Sowjet-Mittelasiens deportiert.

1941, 4. September – Die deutschen Truppen umzingeln Leningrad, die Belagerung Leningrads beginnt.

1941, 5. Oktober – Die deutschen Truppen in den Vororten von Moskau. Die sowjetische Regierung wird nach Kuybischew an die Wolga evakuiert.

1941, 6. Dezember – Beginn der sowjetischen Gegenoffensive vor Moskau, Rückzug der deutschen Truppen.

1942, 26. März – Britisch-sowjetisches Abkommen über Zusammenarbeit.

1942, Ende Mai – Die deutsche Offensive in der Ukraine beginnt.

1942, 5. September – Die deutschen Truppen vor Stalingrad.

1942, 19. November – Die sowjetischen Truppen beginnen ihre Gegenoffensive bei Stalingrad und schließen die deutschen Truppen ein.

1942, 29. November – Jugoslawische Partisanen, inzwischen auf 150 000 angewachsen, bilden auf einer Konferenz in Bihac den »Antifaschistischen Rat der Volksbefreiung«.

1943, 2. Februar – Sieg der sowjetischen Truppen bei Stalingrad.

1943, 6. März – Stalin wird »Marschall der Sowjetunion«.

1943, 5. Juli bis 23. August – Die Schlacht um Kursk endet mit einem sowjetischen Sieg.

1943, 10. Juni – Die »Kommunistische Internationale« wird offiziell aufgelöst.

1943, 6. November – Die sowjetischen Truppen in Kiew, der Hauptstadt der Ukraine.

1943, 28. November bis 1. Dezember – Teheran-Konferenz der »großen Drei« (Churchill, Roosevelt und Stalin).

1943, 29. November – Auf der II. Tagung des »Antifaschistischen Rats der Volksbefreiung Jugoslawiens« in Jajce wird ein Nationalkomitee unter Führung Titos als Kern einer neuen Regierung gebildet.

1943, 22. Dezember – An Stelle der »Internationale« tritt eine neue patriotische sowjetische Nationalhymne.

1944, 23. Februar – Die kaukasischen Völker der Tschetschenen, Inguschen, Kartschajer, Balkaren und Kalmücken werden in entlegene Gebiete der Sowjetunion deportiert.

1944, 8. Juli – Durch ein Dekret wird in der UdSSR der Titel »Heldenmutter« für kinderreiche Mütter geschaffen.

1944, 1. August – Beginn des Warschauer Aufstandes gegen die deutsche Besatzung. Die Sowjettruppen stehen unmittelbar vor Warschau, weigern sich jedoch, den unabhängigen polnischen Aufständischen zu helfen.

1944, Ende September – Belgrad von jugoslawischen Partisaneneinheiten befreit. Mit den jugoslawischen Partisanen marschieren auch sowjetische Truppen in Belgrad ein.

1944, 3. Oktober – Der Warschauer Aufstand wird ohne sowjetische Hilfe von deutschen Truppen zusammengeschlagen.

1945, 5. Januar – Die Sowjetunion erkennt die prokommunistische provisorische Regierung Polens an.

1945, 4.–13. Februar – Jalta-Konferenz der »großen Drei« (Roosevelt, Churchill und Stalin).

1945, 13. Februar – Die sowjetischen Truppen marschieren in Budapest ein.

1945, 13. April – Die sowjetischen Truppen marschieren in Wien ein.

1945, 25. April – Sowjetische und amerikanische Truppen treffen sich bei Torgau an der Elbe.

1945, 8.–9. Mai – Kapitulation Hitler-Deutschlands.

1945, 24. Juni – Siegesparade auf dem Roten Platz in Moskau. Stalin proklamiert das russische Volk zum »führenden Volk« der Sowjetunion.

1945, 17. Juli bis 2. August – Potsdamer Konferenz der »großen Drei« (Truman, Churchill und Stalin).

1946, 9. Februar – Stalin kündigt in einer Rede weitere Fünfjahrespläne in der Sowjetunion an; die Priorität der Schwerindustrie soll erhalten bleiben.

1946, August – Andrej Shdanow, der Chefideologe unter Stalin, dekretiert eine härtere Parteilinie in der Sowjetkultur. Beginn des »Shdanowismus«. Die neuen Zeitschriften *Parteileben* und *Kultur und Leben* werden geschaffen, um die Kontrolle des Parteiapparates über die Kultur und die ideologische Arbeit zu verstärken.

1947, 23. Februar – Die Rote Armee wird in »Sowjetische militärische Streitkräfte« umbenannt.

1947, Mai – Der führende Sowjetökonom Eugen Varga wird wegen angeblich »falscher Auffassungen« über die Entwicklung in den kapitalistischen Ländern scharf kritisiert.

1947, 16. Juni – Die Sowjetführung lehnt den Marshall-Plan ab.

1947, Juni – Dekret über »Staatsgeheimnisse« in der UdSSR. Jegliche Information über wirtschaftliche und politische Vorgänge können nun strafrechtlich verfolgt werden.

1947, Juni – Sowjetischer Philosophenkongreß unter Vorsitz Andrej Shdanows greift einige bisher führende sowjetische Philosophen, darunter Alexandrow, wegen angeblicher Unterschätzung der russischen Philosophie und Objektivismus an.

1947, 21.–28. September – Auf einer Konferenz in Polen wird das Kommunistische Informationsbüro (Kominform) gegründet. Das Hauptreferat hält Shdanow, der die Aufteilung der Welt in zwei Lager proklamiert. Ein Büro zur Vereinigung der Aktivitäten der kommunistischen Parteien soll eingerichtet und eine gemeinsame Zeitschrift *Für festen Frieden, für Volksdemokratie* herausgegeben werden.

1948, Februar – Dekret gegen die sowjetischen Künstler Schostakowitsch und Prokofjew wegen Abweichungen in der Musik.

1948, Mitte März – Beginn der zunächst internen Kritik der Sowjetführung gegenüber dem Zentralkomitee der KP Jugoslawiens.

1948, 18.–19. März – Die Sowjetführung zieht alle ihre Berater aus Jugoslawien zurück, um die KP Jugoslawien unter Druck zu setzen.

1948, 27. März – In einem internen Brief wirft Stalin den jugoslawischen Kommunisten schwere Abweichungen vor und vergleicht die jugoslawischen KP-Führer mit Trotzki.

1948, 12. April – Die Mitglieder des Zentralkomitees der KP Jugoslawiens beschließen nach einer längeren Diskussion, die sowjetischen Anschuldigungen zurückzuweisen.

1948, zweite Aprilhälfte – Der interne Briefwechsel zwischen der Sowjetführung und dem Zentralkomitee der KP Jugoslawiens wird mit sich ständig verschärfenden sowjetischen Anschuldigungen fortgesetzt.

1948, 28. Juni – Kominformresolution gegen die jugoslawischen Kommunisten.

1948, 30. Juni – Das Zentralkomitee der Kommunistischen Partei Jugoslawiens weist in einer veröffentlichten Resolution die Kominformangriffe zurück. In Jugoslawien werden beide Dokumente, die Kominformresolution und die jugoslawische Antwort, veröffentlicht; in allen übrigen kommunistischen Parteien der Welt dagegen nur die Kominformresolution.

1948, 21. Juli – Der 5. Kongreß der Kommunistischen Partei Jugoslawiens in Belgrad weist die Kominformangriffe zurück und unterstützt den eigenständigen Weg zum Sozialismus. Die Führung von Tito, Kardelj, Rankovic und Djilas wird in geheimer Abstimmung bestätigt.

1948, August – Sowjet-Konferenz über Genetik. Der Stalinist Lyssenko wird der offizielle Sprecher in diesem Bereich. Führende sowjetische Genetiker werden verhaftet und verurteilt.

1948, 25.–28. August – Auf einer Konferenz in Wroctaw (Breslau) wird die prosowjetische »Friedensoffensive« gestartet.

1948, 31. August – Der Chefideologe der Sowjetunion, Andrej Shdanow, stirbt unter mysteriösen Umständen. Im Januar 1953 wird erklärt, er sei von Kreml-Ärzten ermordet worden.

1948, 1. Oktober – Feierliche Gedenkartikel zum 10. Jahrestag der Herausgabe des Buches *Kurzer Lehrgang der Geschichte der KPdSU*. Offiziell wird behauptet, Stalin habe damals dieses Buch geschrieben.

1948, 15.–21. Dezember – Unter Druck vereinigen sich die polnischen Sozialisten mit der KP (Polnische Arbeiterpartei) zur »Vereinigten polnischen Arbeiterpartei«.

1949, 1. Januar – In einem Artikel der *Prawda* wird russisch als »Weltsprache des Sozialismus« proklamiert.

1949, 22. Januar – Die chinesischen Kommunisten marschieren in Peking ein.

1949, 25. Januar – In Moskau wird der Rat für gegenseitige Wirtschaftshilfe der Ostblockstaaten (COMECON) gegründet.

1949, Januar–März – Die Führer der kommunistischen Parteien in Westeuropa müssen auf Geheiß Moskaus offiziell erklären, im Fall eines Krieges die einrückenden sowjetischen Truppen zu unterstützen.

1949, 28. Mai – Eduard Kardelj, engster Kampfgefährte Titos, erklärt vor dem Parlament, nach einer siegreichen Revolution stehe man vor der Alternative einer bürokratischen Deformation des Sozialismus auf der einen, der Entwicklung zur sozialistischen Demokratie auf der anderen Seite.

1949, Juli – »Leningrader Affäre« in der Sowjetunion; Degradierungen, Verhaftungen und Erschießungen führender Funktionäre in Leningrad, vorwiegend Anhänger des 1948 verstorbenen Shdanow.

1949, 2. Juli – Georgij Dimitrow, langjähriger Generalsekretär der Kommunistischen Internationale und seit 1945 bulgarischer KP-Führer, stirbt in Moskau.

1949, 18. Juli – Großoffensive der chinesischen Kommunisten.

1949, 25. September – Atombombentest in der UdSSR.

1949, 21. September – In Peking wird eine Politische Konsultative Konferenz der chinesischen Kommunisten eröffnet. Vorsitzender ist Mao Tse-tung, Tschu En-lai ist Leiter des Administrativen Rates (Ministerpräsident).

1949, 29. September – Die Sowjetunion löst einseitig den Freundschaftsvertrag mit Jugoslawien; die Satellitenstaaten folgen.

1949, 1. Oktober – Mao Tse-tung proklamiert in Peking die chinesische Volksrepublik.

1949, 21. September – Stalins 70. Geburtstag wird mit einem bis dahin nie dagewesenen Pomp gefeiert. Höhepunkt des Personenkults.

1949, 14. November – Gomulka, Führer der polnischen KP und stellvertretender Ministerpräsident, wird wegen angeblicher nationalistischer rechter Abweichungen verhaftet.

1949, 29. November – Die 2. Konferenz des Kommunistischen Informationsbüros (Kominform) in Budapest nimmt eine scharfe antijugoslawische Resolution an und unterstreicht den »Kampf für den Frieden«.

1949, 8. Dezember – Die frühere chinesische Regierung unter Tschiang Kai-schek flieht nach Formosa. Endgültiger Sieg der chinesischen Kommunisten.

1949, 16. Dezember – Kostow, stellvertretender Ministerpräsident Bulgariens, wird wegen angeblicher Spionage für Jugoslawien zum Tode verurteilt und gehängt.

1949, 16. Dezember – Mao Tse-tung trifft nach dem Sieg der Revolution in China zu Verhandlungen in Moskau ein.

1950, 14. Februar – Nach mehreren Monaten Verhandlungen zwischen der Sowjetführung und Mao Tse-tung wird zwischen beiden Ländern ein Vertrag über Freundschaft und gegenseitige Hilfe geschlossen.

1950, 19. Mai – Die *Prawda* erklärt, eine neue Ausgabe des *Kapital* von Marx sei notwendig, um die Fehler und Verfälschungen auszumerzen, die angeblich in die deutsche Ausgabe von Karl Kautsky eingearbeitet worden seien.

1950, 20. Juni – Stalins Aufsatz *Marxismus und Sprachwissenschaft* wird in der Sowjetunion veröffentlicht.

1950, 25. Juni – Beginn des Korea-Krieges.

1950, 26. Juni – Das jugoslawische Parlament nimmt das Gesetz über die Einführung der Arbeiterräte in allen jugoslawischen Betrieben an. Aus diesem Anlaß hält Tito eine Rede, in der er das Staatseigentum als niedrigste, das gesellschaftliche Eigentum als höchste Eigentumsform des Sozialismus bezeichnet und der Sowjetunion vorwirft, eine bürokratische Entwicklung eingeschlagen zu haben. Die Einführung der Arbeiterräte wird als Verwirklichung der Marxschen Zielsetzung von der »Assoziation der freien Produzenten« bezeichnet.

1951, November – »Mingrelische Affäre«; nach Aufdeckung einer angeblichen Verschwörung in Sowjet-Georgien (Kaukasus) werden führende Funktionäre verhaftet und erschossen.

1951, 7. September – Rudolf Slansky, Generalsekretär der KP der Tschechoslowakei, wird abgesetzt. Beginn einer großen Säuberung in der Tschechoslowakei.

1952, April – Eduard Kardelj, engster Kampfgefährte Titos, legt in seiner Schrift *Zu den Grundlagen der sozialistischen Demokratie in Jugoslawien* die entscheidenden Unterschiede und Gegensätze zwischen dem Stalinismus und der jugoslawischen Entwicklung dar.

1952, 26. August – Beschluß der KP Jugoslawiens, ihre Organisation zu dezentralisieren und größere Befugnisse an die unteren Parteiorgane zu übergeben.

1952, 4. Oktober – Stalins letzte Schrift *Ökonomische Probleme des Sozialismus in der UdSSR* erscheint einen Tag vor Eröffnung des 19. Parteitages.

1952, 5.–19. Oktober – 19. Parteitag der KPdSU. Malenkow fordert im Rechenschaftsbericht verstärkte Disziplin und Wachsamkeit; Chruschtschow erläutert verschärfte Bestimmungen im Parteistatut.

1952, 14. Oktober – Zum Abschluß des 19. Parteitages hält Stalin seine letzte kurze Rede, in der er eine sowjetische Unterstützung für die Bruderparteien in den kapitalistischen Ländern zusagt.

1952, 2.–7. November – 6. Parteitag der jugoslawischen Kommunisten in Zagreb. Die Partei wird in »Bund der Kommunisten« umbenannt. Der Kurs auf eine Arbeiterselbstverwaltung und Demokratisierung wird bestätigt. Die Partei soll nicht das Land leiten und regieren, sondern lediglich die Richtung der Politik aufzeigen.

1952, 20. November – Beginn des Slansky-Prozesses in der Tschechoslowakei.

1952, 25. Dezember – Andre Marty, einer der Führer der französischen KP, wird wegen angeblichem »Trotzkismus« aus der Partei ausgeschlossen.

1952, November–Dezember – Verschärfung der Wachsamkeitskampagne in der Sowjetunion;

1953, 13. Januar – Aufdeckung einer angeblichen »Verschwörung der Kreml-Ärzte«. Neun führende Kreml-Ärzte sind wegen Spionage und Ermordungen hoher Sowjetführer angeklagt.

1953, 1. März – Stalin erleidet einen Gehirnschlag.

1953, 5. März – Tod Stalins.

Die Entwicklung seit Stalins Tod –
Die Differenzierung im Weltkommunismus

1953, 7. März – Umbildung der sowjetischen Partei- und Staatsführung. An der Spitze stehen Malenkow (Ministerpräsident), Molotow (Außenminister) und Berija (Innenminister). Chruschtschow soll sich »auf die Arbeit im ZK konzentrieren«.

1953, 9. März – Auf der Trauerfeier für Stalin sprechen Malenkow, Molotow und Berija. Tschu En-lai nimmt an der Beerdigung Stalins teil.

1953, 28. März – Die Sowjetführung verkündet eine Amnestie. Die »Sorge um die maximale Befriedigung der materiellen und kulturellen Bedürfnisse der Werktätigen« wird zum höchsten Gesetz der Partei und des Sowjetstaates erklärt.

1953, 4. April – Das sowjetische Innenministerium erklärt, die am 9. Januar 1953 verhafteten Kreml-Ärzte seien zu unrecht verhaftet worden. Die Geständnisse seien durch vom Gesetz verbotene Untersuchungsmethoden erzwungen worden.

1953, 6. April – »Die sowjetische Gesetzlichkeit ist unantastbar«, erklärt die *Prawda* und erhebt scharfe Anklagen gegen das bisherige Ministerium für Staatssicherheit.

1953, 22. April – In den 47 Losungen des sowjetischen Zentralkomitees zum 1. Mai befindet sich zum ersten-(und letzten-)mal die Losung: »Die von der Verfassung garantierten Rechte der Sowjetbürger sind unabänderlich und werden von der Sowjetregierung geschützt.«

1953, 14. Mai – In den Direktiven für die Parteischulung werden Stalins Schriften nicht mehr erwähnt.

1953, 10. Juni – In einem richtungweisenden *Prawda*-Artikel wird der Personenkult verurteilt.

1953, 15. Juni – Beginn der Normalisierung der sowjetisch-jugoslawischen Beziehungen.

1953, 11. Juni – Beginn des »neuen Kurses« in der Sowjetzone Deutschlands (DDR).

1953, 16.–18. Juni – Volksaufstand in der Sowjetzone Deutschlands (DDR).

1953, 26. Juni – Berija, langjähriger Innenminister unter Stalin, wird aller seiner Funktionen enthoben und dem Gericht übergeben (offiziell bekanntgegeben am 10. Juli).

1953, 26. Juli – In den Thesen des sowjetischen Zentralkomitees »50 Jahre Kommunistische Partei der Sowjetunion« wird Lenin über 40mal, Stalin dagegen nur 5mal erwähnt.

1953, 4. August – »Buchstabengelehrtheit« und »Dogmatismus« werden verurteilt; ein deutlicher Hinweis auf eine bevorstehende Abkehr von Stalins Thesen.

1953, 8. August – Ministerpräsident Malenkow proklamiert einen »neuen Kurs« in der Wirtschaft, darunter die Abkehr von der bis dahin sakrosankten Priorität der Schwerindustrie. Eine drastische Verstärkung der Konsumgüterproduktion wird versprochen.

1953, 13. September – Chruschtschow wird Erster Sekretär des Zentralkomitees.

1953, 15. September – In einem Brief an die Sowjetregierung bedankt sich Mao Tse-tung für das Versprechen, weitere 91 Industrieanlagen zu errichten. Mao erklärt, die sowjetische Hilfe spiele »eine außerordentlich bedeutsame Rolle bei der Industrialisierung Chinas«.

1953, September/Oktober – Der sowjetische Komponist Chatschaturjan und der Schriftsteller Ilja Ehrenburg fordern größere Freiheiten in der Kunst und Literatur.

1953, Mitte Dezember – Der sowjetische Publizist W. Pomeranzew erklärt, die Aufrichtigkeit müßte zum Grundprinzip der Sowjet-Literatur werden.

1953, 18.–23. Dezember – Berija und seine Mitangeklagten werden zum Tode verurteilt.

1954, 14. Juli – Der Oberste Sowjet verordnet die vorzeitige Entlassung aus der Haft für solche Personen, die mindestens 2/3 ihrer Strafe verbüßt, sich gut geführt und fleißig gearbeitet haben.

1954, 22. September – Die Sowjetpresse veröffentlicht erstmals eine Rede Titos ohne abfällige Bemerkungen.

1954, 27. September – Das neue Lehrbuch *Politische Ökonomie* erscheint.

1954, 29. September – Eine sowjetische Delegation unter Führung Chruschtschows reist zum 5. Jahrestag der Volksrepublik China nach Peking.

1954, 11. November – Das sowjetische Zentralkomitee veröffentlicht die Erklärung über »Fehler in der wissenschaftlich-atheistischen Propaganda«.

1954, 14.–19. Dezember – Prozeß gegen ehemalige hohe Staatssicherheitsdienstfunktionäre in Leningrad.

1955, Anfang Januar – Das Zentralkomitee beschließt die Verlegung des Lenin-Gedenktages vom 21. Januar (Lenins Todestag) auf den 22. April (Lenins Geburtstag), um »die Lebendigkeit der Lehre Lenins« zu unterstreichen.

1955, 11. Januar – Die sowjetische *Literaturzeitung* kritisiert den Biologen Lyssenko. Es sei verfehlt, seine Schule für die einzig mögliche Forschungsrichtung auf diesem Gebiet zu halten. In der Wissenschaft sollen Vertreter verschiedener Schulen und Richtungen innerhalb der gleichen Disziplin nach eigenen Methoden arbeiten können.

1955, 8. Februar – Rücktritt Malenkows auf einer Tagung des Obersten Sowjets mit einer selbstkritischen Erklärung. An seine Stelle tritt Bulganin.

1955, 22. April – Zum erstenmal wird die Lenin-Gedenkfeier an Lenins Geburtstag begangen.

1955, 11.–14. Mai – In Warschau unterzeichnen die Sowjetunion und sieben europäische Ostblockstaaten den »Warschauer Pakt«.

1955, 27. Mai bis 2. Juni – Eine sowjetische Partei- und Regierungsdelegation unter Führung Chruschtschows besucht Jugoslawien. Bei seiner Ankunft in Belgrad erklärt Chruschtschow, die Sowjetunion bedauere »aufrichtig, was geschehen ist«. Die früheren Beschuldigungen gegen Jugoslawien seien falsch gewesen und von »Agenten des Imperialismus« konstruiert worden.

1955, 2. Juni – In Belgrad wird eine sowjetisch-jugoslawische Deklaration unterzeichnet, wonach Unterschiede in den konkreten Formen des Sozialismus zugestanden werden.

1955, 18.–23. Juli – Gipfelkonferenz in Genf.

1955, 8. August – Die Rechte der sowjetischen Betriebsdirektoren werden erweitert.

1955, 3. September – Die *Prawda* erklärt, die Auflösung der Kommunistischen Partei Polens im Jahre 1938 unter der Begründung, daß sich angeblich in der Führung Spione und Spitzel befunden hätten, sei ungerechtfertigt gewesen.

1955, 8.–13. September – Eine Delegation der Bundesrepublik Deutschland unter Leitung von Adenauer befindet sich zu Verhandlungen in Moskau.

1955, 10. November – In einem Beschluß des Zentralkomitees über die Modernisierung des Bauwesens wird Stalins Prunkarchitektur offiziell verurteilt.

1956, 14.–25. Februar – 20. Parteitag der KPdSU. In seinem Rechenschaftsbericht kritisiert Chruschtschow den Personenkult und viele Aspekte der Stalin-Ära, rehabilitiert frühere »Volksfeinde« und verkündet die neuen Thesen von der Vermeidbarkeit der Kriege, der friedlichen Koexistenz und der Möglichkeit eines friedlichen Übergangs zum Sozialismus.

1956, 21. Februar – Der im Jahre 1938 in Moskau liquidierte Führer der ungarischen Kommunisten, Bela Kun, wird posthum rehabilitiert.

1956, 25. Februar – Auf einer internen Sitzung des Parteitages referiert Chruschtschow über »Der Personenkult und seine Folgen«, bekannt als »Geheimreferat«. Die Abrechnung mit Stalin soll offensichtlich eine weitere Entstalinisierung in der Sowjetunion erleichtern.

1956, 28. Februar – Chruschtschow empfängt die zum 20. Parteitag eingetroffene chinesische Delegation.

1956, 7.–8. März – Demonstrationen in Sowjet-Georgien (Grusien) gegen die auf dem 20. Parteitag geübte Kritik an Stalin.

1956, März – Gründung des Petöfi-Kreises in Ungarn.

1956, 15. März – Der italienische KP-Führer Togliatti spricht sich für einen eigenständigen Weg zum Sozialismus aus.

1956, 28. März – In dem *Prawda*-Artikel *Warum ist der Geist des Personenkults dem Marxismus-Leninismus strikt fremd?* werden die Grundthesen des Chruschtschow-Geheimreferats in abgeschwächter Form dargestellt. Der Kampf gegen den Personenkult sei eine der wichtigsten Aufgaben der Partei, »damit jede Möglichkeit ausgeschlossen wird, daß der Personenkult in der einen oder anderen Form wieder erstehen kann«.

1956, 30. März – Die *Pekinger Volkszeitung* veröffentlicht den *Prawda*-Artikel vom 28. März.

1956, 5. April – Im *Prawda*-Artikel *Die Kommunistische Partei siegte und siegt durch ihre Treue zum Leninismus* wird erklärt, man müsse die Folgen des Personenkults liquidieren und sich von bürokratischen Arbeitsmethoden befreien, aber nicht zulassen, daß manche die Kritik und Selbstkritik zu »verleumderischen Ausfällen und parteifeindlichen Behauptungen« mißbrauchen.

1956, 5. April – Unter dem Titel *Über die historische Erfahrung der Diktatur des Proletariats* veröffentlicht die *Pekinger Volkszeitung* eine eigene differenzierte Einschätzung Stalins und der Stalin-Periode. Man müsse Stalin von einem historischen Standpunkt aus sehen, eine korrekte und umfassende Analyse vornehmen, um daraus nützliche Lehren zu ziehen.

1956, 6.–7. April – Anastas Mikojan, damals Erster stellvertretender Ministerpräsident der UdSSR, verhandelt in Peking mit Mao Tse-tung über den 20. Parteitag. Außerdem wird eine Erhöhung der sowjetischen Hilfe, darunter zusätzliche 55 Industrieanlagen, beschlossen.

1956, 15. April – Die *Prawda* äußert sich positiver zur Relativitätstheorie Einsteins.

1956, 17. April – Das Informationsbüro der kommunistischen Arbeiterpartei (Kominform) beschließt seine Auflösung. Auch die Kominform-Zeitung *Für einen dauerhaften Frieden, für Volksdemokratie* wird eingestellt.

1956, 25. April – Das Präsidium des Obersten Sowjet der UdSSR hebt das 20-Minuten-Gesetz vom 26. Juni 1940 auf, wonach Arbeiter und Angestellte, die sich einer einmaligen Verspätung von mehr als 20 Minuten schuldig machen, zu Erziehungsarbeiten am Arbeitsplatz bis zu 6 Monaten unter Einbehaltung von 25 % des Arbeitslohnes bestraft wurden. Die Freiheit der Wahl des Arbeitsplatzes wird wiederhergestellt.

1956, 29. April – Die sowjetische Armee-Zeitschrift *Wojenny Westnik* kritisiert Stalin wegen der Niederlage der Sowjetarmee zu Beginn des letzten Krieges.

1956, 9. Mai – Das sowjetische Zentralkomitee beschließt, rehabilitierten ehemaligen Parteimitgliedern bei ihrer Wiederaufnahme in die Partei die verlorenen Jahre anzurechnen. Die Mitgliedsbeiträge brauchen jedoch nicht nachgezahlt werden (*Handbuch des Parteifunktionärs,* Moskau 1957).

1956, 30. Mai – Die Dezentralisierung wird fortgesetzt. Eine große Zahl von Betrieben, die früher den zentralen Behörden in Moskau unterstanden, werden den Unionsrepubliken übergeben. Das Unionsministerium für Justiz wird aufgelöst; seine Funktionen gehen an die Unionsrepubliken über.

1956, 1. Juni – Molotow, sowjetischer Außenminister seit 1953 und langjähriger Mitarbeiter Stalins, wird von seinen Pflichten entbunden.

1956, Juni – Georg Lukacs plädiert in der offiziellen ungarischen Parteizeitschrift für einen menschlichen Sozialismus.

1956, 2.–22. Juni – Besuch Marschall Titos in der Sowjetunion.

1956, 4. Juni – Die *Prawda* setzt sich für die Fortsetzung der Dezentralisierung und der Erweiterung der Rechte der Unionsrepubliken ein.

1956, Mitte Juni – Die sowjetische Zeitschrift *Kommunist* veröffentlicht das im Dezember 1922 verfaßte Testament Lenins, das bis dahin in der Sowjetunion verboten war.

1956, 17. Juni – Der italienische KP-Führer Togliatti erklärt in einem Interview, die sowjetische Kritik an Stalin reiche nicht aus. Man müsse die Degeneration des Sowjetsystems untersuchen. Togliatti befürwortet einen Polyzentrismus in der kommunistischen Weltbewegung.

1956, 18. Juni – Das Zentralkomitee faßt einen Beschluß über die Veränderung des Studiums des Marxismus-Leninismus an sowjetischen Hochschulen. Der Unterricht soll nunmehr drei selbständige Kurse umfassen: 1. Politökonomie, 2. dialektischer und historischer Materialismus und 3. Parteigeschichte (*Handbuch des Parteifunktionärs*, Moskau 1957).

1956, 26.–28. Juni – Der Arbeiteraufstand in Poznan (Posen) führt in der Sowjetunion zu einem Abbremsen der Entstalinisierung.

1956, 30. Juni – Der Beschluß des Zentralkomitees »Über die Überwindung des Personenkults und seine Folgen« (veröffentlicht am 2. Juli) bejaht die Entstalinisierung, macht aber auch Grenzen deutlich.

1956, 11. Juli – Die *Prawda* kritisiert Stalins Nationalitätenpolitik zu Anfang der zwanziger Jahre.

1956, 18.–28. Juli – Das 7. Plenum der Polnischen Vereinigten Arbeiterpartei leitet eine Demokratisierung Polens ein.

1956, 21. August – Das sowjetische Zentralkomitee verschickt ein internes Rundschreiben an alle osteuropäische Parteiführungen, in dem vor Jugoslawien gewarnt wird.

1956, 6. September – Die bisherigen »Stalin-Friedenspreise« werden in »Lenin-Friedenspreise« umbenannt.

1956, 15.–27. September – 8. Kongreß der Kommunistischen Partei Chinas in Peking. Berichterstatter ist Liu Schao-tschi, der spätere »Parteifeind«. Der Kongreß billigt den zweiten chinesischen Fünfjahresplan. Als Delegierter der Sowjetunion erklärt Anastas Mikojan, die sowjetische KP sei besonders glücklich darüber, »daß die Maßnahmen des Zentralkomitees der KPdSU das volle Verständnis und die volle Unterstützung der großen Kommunistischen Partei Chinas gefunden haben«. Das gemeinsame Ziel erfordere die »brüderliche Freundschaft und das gegenseitige Verständnis zwischen allen kommunistischen Parteien«.

1956, 18. September – In Bulgarien werden der Ende 1949 hingerichtete Traitscho Kostoff und seine Mitangeklagten rehabilitiert.

1956, 20. September – Das sowjetische Zentralkomitee beschließt die Gründung eines Instituts zum Studium der Geschichte, Wirtschaft und Kultur Chinas.

1956, 19. Oktober – Chruschtschow und andere Sowjetführer reisen zur Eröffnung des 8. Plenums der Polnischen Vereinigten Arbeiterpartei nach Warschau, um den bevorstehenden Sieg Gomulkas und der Reformer zu verhindern.

1956, 20.–21. Oktober – Gomulka wird zum Ersten Parteisekretär Polens gewählt, prostalinistische polnische KP-Führer verlieren ihre Funktionen, die Sowjetführer kehren erfolglos aus Warschau zurück.

1956, 23. Oktober – Beginn der ungarischen Revolution.

1956, 24. Oktober – Der Reform-Kommunist Imre Nagy wird Ministerpräsident Ungarns; sowjetische Truppen werden gegen die Aufständischen eingesetzt.

1956, 30. Oktober – In Ungarn entstehen unabhängige politische Parteien.

1956, 31. Oktober – Die Sowjetregierung veröffentlicht eine Deklaration über die Zusammenarbeit mit anderen sozialistischen Staaten auf der Basis der Gleichberechtigung und gibt, offensichtlich unter dem Eindruck der ungarischen Ereignisse, erhebliche Fehler und Verstöße in der Vergangenheit zu.

1956, 4. November – Sowjetische Intervention in Ungarn. Die ungarische Revolution wird von der bewaffneten Macht der UdSSR gewaltsam unterdrückt. Imre Nagy und seine Begleiter finden Asyl in der jugoslawischen Botschaft in Budapest.

1956, 22. November – Imre Nagy und seine Begleiter werden in Budapest verhaftet, obwohl ihnen die neue Kadar-Regierung freies Geleit zugesichert hatte.

1956, Dezember – Der 8. Parteitag der KP Italiens unterstreicht die unterschiedlichen Wege zum Sozialismus und verkündet die Konzeption der strukturellen Reformen.

1956, 1. Dezember – Die Regierung der VR China erklärt, in den Beziehungen zwischen sozialistischen Ländern könnte es zu Mißverständnissen und zu einer Entfremdung kommen.

1956, 18. Dezember – Leonid Breschnew erhält anläßlich seines 50. Geburtstages den Lenin-Orden.

1956, 29. Dezember – Die *Pekinger Volkszeitung* veröffentlicht den Aufsatz *Noch einmal über die historischen Erfahrungen der Diktatur des Proletariats.* Stalin habe zwar große Verdienste um die Entwicklung der Sowjetunion und der kommunistischen Weltbewegung, doch gleichzeitig machte er »einige ernste Fehler in bezug auf die Innen- und Außenpolitik der Sowjetunion«. In den Beziehungen zu den Bruderländern und anderen kommunistischen Parteien unterstützte Stalin einerseits den Internationalismus, neigte jedoch andererseits zum Großmacht-Chauvinismus, da ihm der Sinn für Gleichberechtigung fehlte und er die Funktionäre nicht zur Bescheidenheit erzog. Manchmal mischte sich Stalin zu Unrecht in die inneren Angelegenheiten bestimmter Bruderländer und anderer kommunistischer Parteien ein.

1956, 30. Dezember – Die *Prawda* veröffentlicht den Artikel des Zentralorgans der KP Chinas *Noch einmal über die historischen Erfahrungen der Diktatur des Proletariats.*

1957, 7.–18. Januar – Eine chinesische Delegation unter Leitung von Tschu En-lai besucht Moskau, Warschau und Budapest. In den unterzeichneten Erklärungen wird die völlige Gleichberechtigung aller kommunistischen Länder unterstrichen.

1957, 8. Januar – Das sowjetische Zentralkomitee beschließt, bis 1963 die Werke Lenins in 55 Bänden neu herauszugeben.

1957, 5. Februar – Die von Stalin 1943–1944 deportierten Balkaren, Tschetschenen, Inguschen, Kalmücken und Kartschajer werden rehabilitiert und erhalten ihre Gebiete zurück. (Die ebenfalls zwangsumgesiedelten Krim-Tataren und Wolga-Deutschen werden nicht erwähnt.)

1957, 27. Februar – Mao Tse-tung verkündet in Peking seine »Hundert-Blumen«-Konzeption.

1957, 30. März – Die Thesen Chruschtschows zur Dezentralisierung der Wirtschaft werden veröffentlicht und einer »allgemeinen Volksdiskussion« unterbreitet.

1957, 22. Mai – Chruschtschow verkündet auf einer landwirtschaftlichen Konferenz in Leningrad, die Sowjetunion werde in wenigen Jahren die USA in der Produktion von Fleisch, Butter und Milch pro Kopf der Bevölkerung einholen und überholen.

1957, 18.–21. Juni – Auseinandersetzungen im sowjetischen Parteipräsidium (Politbüro). Die Politbüro-Mehrheit will Chruschtschow vom Posten des Ersten Sekretärs der Partei absetzen.

1957, 19. Juni – Die *Prawda* veröffentlicht die Rede Mao Tse-tungs vom 27. Februar 1957 *Zur Frage der richtigen Lösung der Widersprüche im Volke* (»Hundert-Blumen«-Rede).

1957, Ende Juni – Plenarsitzung des sowjetischen Zentralkomitees. Malenkow, Molotow und Kaganowitsch sowie ihre Anhänger werden von allen Partei- und Staatsfunktionen entfernt. Sieg Chruschtschows.

1957, 4. Juli – Der Beschluß des Zentralkomitees über den Ausschluß der »parteifeindlichen Gruppe« wird veröffentlicht. An ihre Stelle rücken neue Funktionäre in das Parteipräsidium, darunter Leonid Breschnew.

1957, 15. September – In den Thesen »Zum 40. Jahrestag der Großen Sozialistischen Oktoberrevolution (1917–1957)« werden viele Erscheinungen der Stalin-Ära scharf kritisiert.

1957, 4. Oktober – Die Sowjetunion schickt den ersten Sputnik in den Weltraum.

1957, 29. Oktober – In Moskau wird eine »Gesellschaft für sowjetisch-chinesische Freundschaft« gegründet.

1957, Ende Oktober – Marschall Shukow wird aus dem Parteipräsidium (Politbüro) und dem Zentralkomitee ausgeschlossen sowie vom Posten des Verteidigungsministers abgesetzt. Der Parteibeschluß wird am 3. November veröffentlicht.

1957, 6. November – Auf einer Festsitzung zum 40. Jahrestag der Oktoberrevolution sprechen Chruschtschow und die Führer der übrigen kommunistisch regierten Länder, darunter auch Mao Tse-tung.

1957, 11. November – Besprechung zwischen Chruschtschow und Mao Tse-tung in Moskau.

1957, 14.–19. November – Kommunistische Weltkonferenz in Moskau. Die angenommene Deklaration unterstreicht die Feststehung der Einheit der sozialistischen Staaten und der kommunistischen Parteien. Die kommunistischen Parteien müßten gleichzeitig gegen den Dogmatismus und vor allem gegen den Revisionismus kämpfen. Erst später wird bekannt, daß auf dieser Konferenz ernste Kontroversen zwischen sowjetischen und chinesischen Kommunisten ausgetragen wurden.

1957, 20. November – In Moskau findet ein Treffen zwischen den Führern der KPdSU und der KP Chinas statt.

1958, 19. März – Chruschtschow erklärt in einem Interview, die kapitalistische Umkreisung der UdSSR habe zu existieren aufgehört. Die These von der kapitalistischen Umkreisung hatte während der ganzen Stalin-Ära eine wichtige Rolle gespielt.

1958, 27. März – Chruschtschow übernimmt neben seiner Parteifunktion noch den Vorsitz des Ministerrats der UdSSR (Ministerpräsident).

1958, 22.–26. April – Auf dem Kongreß der jugoslawischen Kommunisten in Ljubljana wird das Programm des Bundes der Kommunisten Jugoslawiens angenommen. Gastdelegationen aus den Ostblockstaaten nehmen am Kongreß nicht teil. Das neue jugoslawische Programm bekräftigt die Idee des unterschiedlichen Weges zum Sozialismus, der absoluten Gleichberechtigung in der kommunistischen Weltbewegung und das Grundprinzip der Assoziationen der freien Produzenten in Gestalt der Arbeiterräte.

1958, 22. April – Der Sowjetideologe Pjotr Pospelow hält in Moskau eine Gedenkrede zu Ehren Lenins und greift dabei die jugoslawischen Kommunisten scharf an.

1958, 9. Mai – Die *Prawda* greift im Leitartikel Tito scharf an.

1958, 12. Mai – Der geplante Jugoslawien-Besuch des sowjetischen Staatspräsidenten Woroschilow wird ohne Begründung verschoben.

1958, 27. Mai – Die Sowjetregierung suspendiert die 1956 zugesagten Kredite an Jugoslawien.

1958, 3. Juni – Auf dem Parteitag der bulgarischen KP greift Chruschtschow die jugoslawischen Kommunisten an und erklärt, der zeitgenössische Revisionismus sei ein Trojanisches Pferd. Die Revisionisten (worunter die jugoslawischen Kommunisten gemeint sind), versuchen die Einheit zu unterminieren und Verwirrung in die marxistisch-leninistische Ideologie zu tragen.

1958, 17. Juni – Imre Nagy, Führer der ungarischen Revolution von 1956, wird erschossen.

1958, 31. Juli bis 3. August – Besprechungen zwischen Chruschtschow und Mao Tse-tung in Peking. In einem am 4. August veröffentlichten Kommunique wird festgestellt, die Beziehungen zwischen den kommunistischen Parteien Chinas und der Sowjetunion werden »erfolgreich entwickelt« und beide Parteien führen »einen bedingungslosen Kampf gegen den Revisionismus«. Dieser Revisionismus finde seinen deutlichen Ausdruck im Programm des Bundes der Kommunisten Jugoslawiens. Die Sowjetführer sagen die Errichtung weiterer 47 Industrieanlagen in China zu.

1958, 29. August – Die erste Nummer der internationalen kommunistischen Zeitschrift der sowjetischen Richtung *Probleme des Friedens und des Sozialismus* erscheint.

1958, 5. September – In Moskau erscheint der erste Band der neuen Gesamtausgabe der Werke Lenins.

1958, 10. September – Der Beschluß über die Gründung von Volkskommunen wird in Peking veröffentlicht. In vielen Gebieten Chinas waren schon vorher derartige Volkskommunen gegründet worden.

1958, 1. Oktober – In Moskau wird das 10jährige Bestehen der Volksrepublik China feierlich begangen. Auf dem Empfang der chinesischen Botschaft spricht Suslow, Chruschtschow nimmt an dem Empfang nicht teil.

1958, 28. November bis 10. Dezember – Die chinesische Parteiführung beschließt auf einem Plenum in Luschan, die Losung vom »Übergang zum Kommunismus« zurückzuziehen und das Tempo bei der Entwicklung der Volkskommunen zu verlangsamen. Mao Tse-tung tritt als Präsident zurück, bleibt jedoch Vorsitzender der KP Chinas.

1958, 21. Dezember – Anläßlich des 79. Geburtstags von Stalin berichtet die *Prawda* von Besuchen in Stalins Geburtsort Gori.

1959, 2. Januar – Die Sowjetunion schickt eine Rakete zum Mond.

1959, 27. Januar bis 5. Februar – Auf dem außerordentlichen 21. Parteitag der KPdSU in Moskau erklärt Chruschtschow, daß die Sowjetunion die USA bald in der Produktion pro Kopf der Bevölkerung einholen und überholen werde. Die Sowjetunion verurteile die Politik der »jugoslawischen Revisionisten«, die alle möglichen Erfindungen über angebliche Meinungsverschiedenheiten zwischen der sowjetischen KP und der KP Chinas verbreiten würden. Auf dem Parteitag verteidigt Tschu En-lai die Volkskommunen, sie seien am besten geeignet, unter chinesischen Bedingungen den Sozialismus zu entwickeln.

1959, 7. Februar – Zwischen der Sowjetunion und China wird ein Vertrag über erweiterte sowjetische Warenlieferungen unterzeichnet.

1959, 17. April – Anläßlich des 65. Geburtstages von Chruschtschow erscheint sein Buch *Für den Sieg im friedlichen Wettbewerb mit dem Kapitalismus.*

1959, 23. April – Die Gedenkrede zu Lenins 89. Geburtstag hält Leonid Breschnew.

1959, 16. Mai – Chruschtschow erhält den Lenin-Preis »für die Festigung des Friedens zwischen den Völkern«.

1959, 25. Mai bis 4. Juni – Chruschtschow besucht Albanien. Bei seiner Ankunft erklärt der albanische Parteichef Hodscha, das albanische Volk sei äußerst glücklich, den großen Sohn des sowjetischen Volkes, den seinem Herzen so nahestehenden Freund Nikita Sergejewitsch Chruschtschow empfangen zu können. »Unsere Freundschaft ist fester als Granit und so ewig wie unsere Berge.« Aus späteren Veröffentlichungen wird bekannt, daß es bei diesem Besuch zu entscheidenden Meinungsverschiedenheiten kam, die zum anschließenden Bruch Albaniens mit der Sowjetunion führten.

1959, 3. Juni – Das neue Lehrbuch *Geschichte der Kommunistischen Partei der Sowjetunion* erscheint in Moskau mit einer scharfen Kritik an Stalin. (Es wird nach Chruschtschows Sturz zurückgezogen.)

1959, 20. Juni – Die Sowjetunion stellt die Lieferung von atomaren Ausrüstungen an die Volksrepublik China ein.

1959, 6. September – Die *Prawda* veröffentlicht Chruschtschows Artikel *Über friedliche Koexistenz,* der gleichzeitig in der amerikanischen Zeitschrift *Foreign Affairs* erscheint.

1959, Anfang September – An der indisch-chinesischen Grenze kommt es zu Grenzzwischenfällen.

1959, 9. September – Die sowjetische Nachrichtenagentur TASS bedauert die chinesisch-indischen Grenzzwischenfälle und erklärt, die Sowjetunion stehe in freundschaftlichen Beziehungen sowohl zur Volksrepublik China als auch zur Republik Indien. Diese »neutrale« sowjetische Erklärung wird von chinesischer Seite schärfstens verurteilt.

1959, 15.–28. September – Chruschtschow besucht die USA und trifft sich mit US-Präsident Eisenhower in Camp David.

1959, September – Die Sowjetunion stellt die Lieferung konventioneller Waffen an die Volksrepublik China ein.

1959, 30. September bis 4. Oktober – Chruschtschow, Suslow und Außenminister Gromyko besuchen China anläßlich des 10. Jahrestages der Volksrepublik. Chruschtschow verhandelt mit Mao Tse-tung und anderen Führern der KP Chinas.

1959, Ende Oktober – Das ideologische Lehrbuch *Grundlagen des Marxismus-Leninismus* erscheint in Moskau. Zum erstenmal sind in einem Band alle entscheidenden Bestandteile der Sowjetideologie vereinigt: der dialektische Materialismus, der historische Materialismus, die politische Ökonomie und die politischen Theorien.

1959, 21. Dezember – Die 80. Wiederkehr des Geburtstages von Stalin wird mit einem neunspaltigen Artikel *Ein standhafter Kämpfer für den Sozialismus* in der *Prawda* gefeiert; gleichzeitig werden Personenkult und Verletzung der sowjetischen Gesetzlichkeit deutlich kritisiert.

1960, 9. Januar – Beschluß des Zentralkomitees »Über die Aufgaben der Parteipropaganda unter den gegenwärtigen Bedingungen«.

1960, 30. Januar bis 5. Februar – Der 9. Parteitag der KP Italiens befürwortet eine Verstärkung des Dialoges mit der katholischen Welt als Voraussetzung und Bestandteil des italienischen Weges zum Sozialismus.

1960, 24. Februar – Gründung der »Universität der Völkerfreundschaft« für die Studenten der Entwicklungsländer in Moskau.

1960, 2. März – Die *Prawda* veröffentlicht eine scharfe Kritik am Godesberger Programm der SPD.

1960, 11. März – In Moskau wird bekanntgegeben, daß seit 1917 die Werke Lenins insgesamt in über 303 Millionen Exemplaren erschienen sind.

1960, 16. April – Anläßlich des bevorstehenden 90. Geburtstages von Lenin veröffentlicht die KP Chinas den richtungsweisenden Aufsatz *Lang lebe der Leninismus*. In diesem Artikel werden erstmals die sowjetische Koexistenzdoktrin, die Thesen von der Vermeidbarkeit der Kriege und der Möglichkeit einer friedlichen sozialistischen Umgestaltung verurteilt.

1960, 22. April – Auf der Moskauer Festsitzung zu Ehren des 90. Geburtstages von Lenin wird die friedliche Koexistenz und die Vermeidbarkeit der Kriege besonders betont.

1960, 14.–17. Mai – Chruschtschow nimmt an dem Gipfeltreffen in Paris teil und legt auf einer Pressekonferenz die sowjetischen Gründe für den Abbruch dieser Konferenz dar.

1960, 12. Juni – Die *Prawda* polemisiert gegen »ultralinke« Tendenzen in der kommunistischen Weltbewegung mit einer deutlichen Anspielung auf die chinesischen Kommunisten.

1960, 13. Juni – Die *Prawda* polemisiert, ohne Peking direkt zu nennen, gegen die chinesische These, Kriege seien im Imperialismus unvermeidlich.

1960, 18.–27. Juni – Auf dem Kongreß der rumänischen KP findet ein Treffen der Ostblock-Führer (einschließlich Chruschtschow) statt, auf der es zu Kontroversen zwischen der sowjetischen und der chinesisch-albanischen Richtung kommt.

1960, 7. August – Der bekannte Sowjetideologe J. Franzew veröffentlicht einen richtungweisenden Artikel über die Frage des Krieges und Friedens in der gegenwärtigen Epoche, der offensichtlich gegen die chinesischen Kommunisten gerichtet ist.

1960, 16. August – Die *Prawda* deutet die Möglichkeit sowjetischer wirtschaftlicher Sanktionen gegen China an. Die erfolgreiche Errichtung des Sozialismus sei selbst in einem so großen Land wie China gefährdet, wenn dieses Land isoliert wäre. Ohne die Hilfe anderer sozialistischer Länder würde ein solches Land vor den größten Schwierigkeiten stehen.

1960, 18. August – Die Sowjetunion zieht alle Spezialisten und Techniker aus China zurück.

1960, 6. November bis 2. Dezember – Weltkonferenz der 81 kommunistischen Parteien in Moskau. Heftige Meinungsverschiedenheiten zwischen der sowjetischen Richtung einerseits und der chinesisch-albanischen Richtung andererseits.

1960, 5. Dezember – Die »Deklaration der 81 kommunistischen Parteien« als neue Generallinie für die kommunistische Weltbewegung (veröffentlicht am 6. Dezember) enthält so viele kautschukartige Formulierungen, daß sich sowohl sowjetische als auch maoistische Funktionäre darauf berufen können.

1961, 12. Februar – Auf dem 4. Kongreß der KP Albaniens in Tirana kommt es zu Auseinandersetzungen zwischen dem prosowjetischen und dem maoistischen Flügel der Weltbewegung.

1961, 27. April – Die VR China gibt bekannt, daß sie Albanien mit Getreide und anderen Nahrungsmitteln sowie bei der Errichtung von Industrieprojekten unterstützen wird.

1961, 27.–29. Mai – Die sowjetischen U-Boote verlassen den Marinestützpunkt Valona in Albanien. Gleichzeitig werden sowjetische Techniker und Berater aus Albanien zurückgezogen.

1961, 30. Juni – In Moskau wird der Entwurf des neuen Parteiprogramms der KPdSU veröffentlicht. Beginn der sogenannten »Volksdiskussion«.

1961, 13. August – Errichtung der Berliner Mauer.

1961, 17.–30. Oktober – 22. Parteitag der KPdSU. Neue, viel weitergehende Kritik an Stalin, am Stalin-Terror und Stalinismus. Als Vertreter der KP Chinas spricht Tschu En-lai, legt anschließend einen Kranz am Grabe Lenins nieder und verläßt vorzeitig den Kongreß. Der Parteitag nimmt das neue Parteiprogramm an und beschließt weitere Maßnahmen zur Entstalinisierung.

1961, 1. November – Die Überreste Stalins werden aus dem Lenin-Stalin-Mausoleum entfernt. Das Mausoleum auf dem Roten Platz trägt wieder den Namen »Lenin-Mausoleum«.

1961, 11. November – Auf einer Tagung des Zentralkomitees der KPI befürwortet Togliatti eine schonungslose Aufdeckung der Stalin-Verbrechen als Garantie, um solche Fehlentwicklungen in der Zukunft zu vermeiden. Die Konzeption der unterschiedlichen Wege zum Sozialismus wird erneut unterstrichen.

1961, 2.–9. Dezember – Führende Funktionäre der SED und der KP Frankreichs kritisieren die Konzeptionen der KP Italiens.

1961, 5. Dezember – Die Sowjetführung zieht ihre Diplomaten aus Albanien zurück und bricht die diplomatischen Beziehungen zu Albanien ab (12. Dezember).

1962, 30. Januar bis 2. Februar – Auf einer großen ideologischen Konferenz verkündet Suslow, die politischen Konzeptionen der sowjetischen Ideologie seien von nun an unter der Bezeichnung »Wissenschaftlicher Kommunismus« als selbständiger Bestandteil des Marxismus-Leninismus anzusehen. Der wissenschaftliche Kommunismus werde als selbständiger Lehrgang in allen Universitäten und Hochschulen eingeführt, die entsprechenden Lehrbücher seien bald auszuarbeiten.

1962, 22. Februar – Die sowjetische KP schlägt der chinesischen KP in einem Brief vor, die Meinungsverschiedenheiten zu überwinden.

1962, 6.–7. Juni – Auf einer Konferenz der COMECON-Länder in Moskau fehlt Albanien; die Mongolei wird in die Organisation neu aufgenommen.

1962, Juni bis September – Unruhen in Nowotscherkassk und anderen sowjetischen Städten wegen mangelhafter Versorgung.

1962, 12.–26. Juli – Waffenlieferungen der Sowjetunion an Kuba.

1962, 26. August – Auf einer internationalen Konferenz kommunistischer Wirtschaftsexperten in Moskau treten Vertreter der KP Italiens für eine realistische Einschätzung der EWG ein.

1962, 21. Oktober – Die *Prawda* veröffentlicht das berühmte Gedicht Jewtuschenkos »Stalins Nachfolger« mit der dringenden Warnung, keine Rückkehr zum Stalinismus zuzulassen.

1962, 22.–28. Oktober – Kuba-Krise.

1962, Anfang November bis 12. Dezember – Auf den Kongressen der Kommunistischen Parteien Bulgariens, Ungarns und der Tschechoslowakei kommt es erneut zu harten Auseinandersetzungen zwischen Anhängern der sowjetischen und maoistischen Richtung, die von dem chinesischen Delegierten Wu Hsiu-tschuan vertreten wird.

1963, 5. Januar – Die KP Chinas veröffentlicht den grundlegenden Aufsatz *Leninismus und moderner Revisionismus.*

1963, Januar – Die *Prawda* polemisiert in einem ausführlichen Artikel gegen die chinesischen Auffassungen, vor allem gegen die These, innerhalb der kommunistischen Weltbewegung gäbe es eine vorübergehende Mehrheit, die auf ihren Fehlern beharrt und eine vorübergehende Minderheit, die kühn und entschieden die Wahrheit verteidigt.

1963, 15.–21. Januar – Auf dem 6. Kongreß der SED in Ost-Berlin spricht Chruschtschow über die chinesische Frage: Die Rede des chinesischen Delegationsleiters Wu Hsiutschuan wird von organisierten Störern unterbrochen.

1963, 23. Februar – Das sowjetische Zentralkomitee schlägt ein baldiges bilaterales Treffen von Vertretern der KPdSU und der KP Chinas auf hoher Ebene vor, um eine Annäherung der Standpunkte zu erzielen.

1963, 27. Februar – Die *Pekinger Volkszeitung* veröffentlicht den ausführlichen Artikel *Woher die Differenzen? – eine Antwort an Maurice Thorez und andere Genossen.*

1963, März – Das ZK der KP Rumänien tritt für Gleichberechtigung in der wirtschaftlichen Zusammenarbeit des Ostens ein.

1963, 1.–4. März – In dem Aufsatz *Mehr über die Differenzen zwischen Genossen Togliatti und uns* werden die prosowjetischen kommunistischen Parteien aufgefordert, die chinesischen Beiträge in ihrer Presse zu veröffentlichen, wie auch die chinesische Presse bereits prosowjetische Artikel veröffentlicht habe.

1963, 9. März – Die chinesische KP schlägt in einer Antwort auf den sowjetischen Brief vom 21. Februar vor, daß sich die Vertreter beider Parteien in Peking treffen sollen. Probleme der Revolution und der Kampf der unterdrückten Völker für ihre Befreiung sollen eingehend und in kameradschaftlichem Geist erörtert werden.

1963, 2. April – Die Sowjetführung schlägt der KP Chinas zweiseitige sowjetisch-chinesische Gespräche Mitte Mai in Moskau vor. Als Tagesordnung wird neben den chinesischen Thesen vor allem der Kampf für den Frieden und die friedliche Koexistenz hervorgehoben.

1963, 9. Mai – Die KP Chinas stimmt dem sowjetischen Vorschlag zu und erklärt, die chinesische Delegation werde von Teng Hsiao-ping und Peng Tscheng geleitet; als Termin wird Mitte Juni vorgeschlagen.

1963, 11.–14. Mai – Beide Seiten einigen sich auf den 5. Juli als Konferenztermin.

1963, 14. Juni – Die KP Chinas veröffentlicht das programmatische Memorandum *Ein Vorschlag zur Generallinie der internationalen kommunistischen Bewegung* (bekannt als »Das 25-Punkte-Programm«). In 25 Punkten werden hier die Auffassungen der chinesischen Kommunisten im Unterschied zur Sowjetunion dargestellt, darunter über Krieg und Frieden, die national-revolutionäre Bewegung in den Entwicklungsländern und die sozialistische Revolution. Besonders betont werden auch die gleichberechtigten Beziehungen zwischen den sozialistischen Ländern und die notwendige Selbständigkeit der kommunistischen Parteien.

1963, 19.–20. Juni – Von allen regierenden kommunistischen Parteien Europas veröffentlicht lediglich die KP Rumäniens Auszüge aus dem Pekinger 25-Punkte-Programm.

1963, 21. Juni – Eine Plenartagung des ZK in Moskau behandelt die sowjetisch-chinesischen Differenzen.

1963, 21.–30. Juni – Wegen der Versuche der chinesischen Kommunisten, ihr 25-Punkte-Programm in der Sowjetunion und in Osteuropa zu verbreiten, kommt es zu einer Vielzahl von Zwischenfällen.

1963, 5. Juli – Beginn des sowjetisch-chinesischen Gipfeltreffens in Moskau.

1963, 14. Juli – Die *Prawda* veröffentlicht den *Offenen Brief an alle Kommunisten der Sowjetunion,* in dem die chinesischen Thesen zurückgewiesen und die sowjetischen Auffassungen wiederholt werden. Dabei stehen die Fragen Krieg und Frieden, die Einschätzung Stalins sowie der Übergang zum Sozialismus im Vordergrund; auf das von Peking aufgeworfene Problem der Gleichberechtigung der sozialistischen Länder und kommunistischen Parteien und das Recht auf Unabhängigkeit und Selbständigkeit einer kommunistischen Partei wird nicht eingegangen.

1963, 20. Juli – Ende des sowjetisch-chinesischen Gipfeltreffens. Die chinesische Delegation verläßt Moskau. Im Kommunique wird mitgeteilt, beide Seiten hätten ihre Ansichten dargelegt.

1963, 5. August – Atomtest-Stop-Vertrag.

1963, 15. August – Die Volksrepublik China kritisiert die Sowjetunion wegen des Atomtest-Stop-Vertrages und gibt bekannt, die Sowjetführung habe es am 20. Juni 1959 abgelehnt, China die für die Herstellung einer Atombombe notwendigen technischen Informationen zu vermitteln, obwohl dies am 15. Oktober 1957 zwischen der Sowjetunion und China vereinbart worden sei.

1963, 21. August – Die Sowjetregierung erklärt in einer Antwort auf die chinesische Verlautbarung vom 15. August, es sei unwichtig, ob ein oder zwei sozialistische Staaten mehr oder weniger unter Atommächten sind. Die Volksrepublik China sei gegenwärtig nicht in der Lage, nukleare Waffen in großer Zahl zu produzieren. Ihre Sicherheit sei durch die Stärke der Sowjetunion und der sozialistischen Gemeinschaft, d. h. des Ostblocks, garantiert.

1963, 6. September – Die KP Chinas kündigt die Veröffentlichung einer Artikelserie an, in der auf jeden einzelnen Punkt des Briefes der sowjetischen KP vom 14. Juli geantwortet werden soll. Der erste Kommentar »Ursprung und Entwicklung der Differenzen zwischen der Führung der KPdSU und unserer Partei« gibt einen historischen Überblick über den sowjetisch-chinesischen Konflikt.

1963, 13. September bis 19. November – Die Führung der KP Chinas veröffentlicht weitere Kommentare »Über die Stalin-Frage« (13. September), über Jugoslawien (26. September), über den Neokolonialismus (22. Oktober) und »Zwei Linien in der Frage von Krieg und Frieden« (19. November).

1963, 29. November – Die sowjetische KP-Führung schlägt der KP Chinas in einem Brief vor, die öffentliche Polemik einzustellen.

1963, 11. Dezember – Die KP Chinas veröffentlicht ihren 6. Kommentar »Zwei völlig entgegengesetzte Arten der Polemik der friedlichen Koexistenz«.

1964, 4. Februar – Im 7. Kommentar »Die Führung der KPdSU ist der größte Spalter der Gegenwart« wird erstmals erklärt, daß innerhalb der kommunistischen Weltbewegung die Gefahr einer Spaltung besteht; dafür sei die sowjetische KP verantwortlich.

1964, 14. Februar – Das Zentralkomitee der sowjetischen KP behandelt nach einem sechsstündigen Bericht Suslows »die antileninistische Haltung der Führung der chinesischen KP«.

1964, 7. März – Die sowjetische KP-Führung schlägt in einem Brief an die chinesische KP erneut vor, die Polemik einzustellen und spricht sich für ein Treffen mit den chinesischen Kommunisten im Mai 1964 aus.

1964, 31. März – Chruschtschow unterstreicht in einer Rede in Budapest den materiellen Aspekt einer zukünftigen kommunistischen Gesellschaft (»Gulaschkommunismus«).

1964, 31. März – Im 8. Kommentar der chinesischen Kommunisten »Die proletarische Revolution und der Revisionismus Chruschtschows« wird der Sowjetführer als der größte Kapitulant in der Geschichte bezeichnet; es sei jetzt an der Zeit, Chruschtschows Revisionismus zurückzuweisen und zu liquidieren.

1964, 3. April – Auf Parteiaktivtagungen in der gesamten Sowjetunion werden die Funktionäre über den Moskau-Peking-Konflikt unterrichtet.

1964, 17. April – Chruschtschows 70. Geburtstag – die offizielle Begrüßungsrede hält Leonid Breschnew.

1964, 26. April – Die KP Rumäniens verkündigt ihre Unabhängigkeitserklärung und fordert die Gleichberechtigung im Rahmen des Ostblocks und in der kommunistischen Weltbewegung.

1964, 15. Juli – Breschnew wird in das ZK-Sekretariat berufen und damit verdeutlicht, daß Chruschtschow ihn als seinen Nachfolger betrachtet.

1964, Juli – In ihrem 9. Kommentar »Über den Pseudokommunismus Chruschtschows und die historischen Lehren für die Welt« werfen die chinesischen Kommunisten der Sowjetführung erstmals vor, eine kapitalistische Restauration in der Sowjetunion zu vollziehen, die Sowjetunion in einen kapitalistischen Staat zu verwandeln und Exponenten der neuen privilegierten bürgerlichen Schicht der UdSSR zu sein.

1964, 25. Juli – Luciano Gruppi, Leiter der ideologischen Abteilung des Zentralkomitees der KP Italiens, distanziert sich von Lenins Staatstheorie und befürwortet einen demokratischen Übergang zum Sozialismus im Rahmen der Verfassungskontinuität und der demokratischen Institutionen.

1964, 5. September – Der italienische KP-Führer Togliatti setzt sich in seinem Memorandum für Gleichberechtigung in der kommunistischen Weltbewegung, einen demokratischen Übergang zum Sozialismus, eine realistische Einstellung zur EWG, einen Dialog mit Katholiken und für Entstalinisierungsreformen in der Sowjetunion ein.

1964, 14. Oktober – Sturz Chruschtschows.

1964, 16. Oktober – Offizielle Erklärung, Chruschtschow sei von allen Partei- und Staatsfunktionen auf eigenen Wunsch wegen seines hohen Alters und seiner schlechten Gesundheit zurückgetreten. Breschnew wird Erster Parteisekretär, Kossygin neuer Ministerpräsident.

1964, 16.-17. Oktober – Die kommunistischen Parteien Italiens und Schwedens kritisieren die Methoden der Absetzung Chruschtschows.

1964, 11. Dezember – Anstelle des abgesetzten Chruschtschow wird Leonid Breschnew zum Vorsitzenden der Kommission für die Ausarbeitung einer neuen Verfassung ernannt.

1965, 9. Mai – Anläßlich des 20. Jahrestages des sowjetischen Sieges im Zweiten Weltkrieg nennt Breschnew in der Festansprache Stalin in einem positiven Sinn.

1965, Juni – In den neuen Statuten der rumänischen KP werden alle Hinweise auf das »sowjetische Vorbild« gestrichen.

1965, 9. September – Verhaftungen von sowjetischen Intellektuellen in der Ukraine und Moskau.

1966, 25.–31. Januar – Auf dem 11. Parteitag der KP Italiens bestätigt der neue Generalsekretär Luigi Longo den von Togliatti eingeschlagenen Kurs des eigenständigen Weges zum Sozialismus und der Strukturreform.

1966, 30. Januar – Die *Prawda* erklärt, die sowjetische Geschichtsschreibung soll sich nicht zu sehr auf die »Periode des Personenkults«, d. h. den Stalinismus, konzentrieren, sondern mehr auf die »positiven Errungenschaften« des Sozialismus.

1966, 10.–14. Februar – Die sowjetischen Schriftsteller Andrej Sinjawski und Jurij Daniel werden wegen »antisowjetischer Propaganda« zu 5 bzw. 7 Jahren Zwangsarbeit verurteilt.

1966, Februar – Die Kommunistische Partei Italiens und führende Kommunisten Westeuropas protestieren gegen die Verurteilung der sowjetischen Schriftsteller Sinjawski und Daniel.

1966, 29. März bis 8. April – Der 23. sowjetische Parteitag bestätigt den härteren innenpolitischen Kurs und die Abkehr von der Entstalinisierung. Schriftsteller und Künstler werden gerügt. Breschnew erhält den unter Stalin üblichen Titel »Generalsekretär der Partei«, anstelle des bisherigen Titels »Erster Sekretär«.

1966, 7. Mai – Anläßlich des 25. Jahrestages der rumänischen KP kritisiert Generalsekretär Ceaucescu den zentralistischen Charakter der kommunistischen Weltbewegung und befürwortet die Prinzipien der Unabhängigkeit, Gleichberechtigung und Nichteinmischung.

1966, September – In das sowjetische Strafgesetzbuch werden einige zusätzliche Paragraphen eingeführt, die Verhaftungen wegen oppositioneller Aktivität erleichtern.

1966, 5. Dezember – Demonstration oppositioneller Sowjetbürger auf dem Puschkin-Platz in Moskau, die ein Banner mit der Forderung entfalten »Haltet die Verfassung ein!«

1967, Januar – Die jungen sowjetischen Dichter der Gruppe SMOG – Ginsburg, Galanskow, Dobrowolskij und Laschkowa – werden verhaftet.

1967, April – Anläßlich des 30. Todestages von Gramsci findet in Cagliari ein von der KPI einberufener internationaler Gramsci-Kongreß statt.

1967, 21. April – Swetlana Allilujewa, die Tochter Stalins, trifft in den USA ein, wo sie Asyl erhält; veröffentlicht ihre Bücher *20 Briefe an einen Freund* und *Nach einem Jahr*.

1967, 22.–27. Mai – 4. Kongreß der sowjetischen Schriftsteller. Alexander Solschenizyn sendet einen Offenen Brief, mit der Forderung, die Zensur zu beenden.

1967, 7. November – Bei den Feiern zum 50. Jahrestag der Oktoberrevolution werden Stalin und der Stalin-Terror nicht mehr kritisch erwähnt.

1967, 15. November – Der ukrainische Schriftsteller Tschornovyl wird wegen einer oppositionellen Schrift zu 18 Monaten Zwangsarbeit verurteilt.

1968, 4. Januar – Auf einem Plenum des ZK der KP der Tschechoslowakei wird anstelle von Novotny Alexander Dubček zum Ersten Parteisekretär gewählt. Beginn des »Prager Frühlings«.

1968, 8.–12. Januar – In einem Prozeß in der Sowjetunion werden Ginsburg, Galanskow, Dobrowolskij und Laschkowa wegen Herausgabe einer nicht genehmigten literarischen Zeitschrift verurteilt.

1968, 12. Januar – Die KP Italiens begrüßt den beginnenden »Prager Frühling«; die neuen Formen des Sozialismus gehen in ihrer Bedeutung weit über die Tschechoslowakei hinaus.

1968, 5. April – Das Zentralkomitee der KP der Tschechoslowakei akzeptiert das Aktionsprogramm, das die Zielsetzung hat, einen Sozialismus mit menschlichem Antlitz zu verwirklichen. Aus der Spitzenführung werden Novotny und sechs seiner Anhänger entfernt. Fünf neue Mitglieder, darunter die Reformer Josef Smrkovski und Frantisek Kriegel, treten an ihre Stelle. In das ZK-Sekretariat kommt der Reformer Zdenek Mlynar.

1968, 10. April – In der Tschechoslowakei wird das neue Aktionsprogramm veröffentlicht. An die Stelle der bürokratisch-detaillierten Planung von oben soll eine demokratische Wirtschaftsplanung treten, die Gewerkschaften werden unabhängig. An die Stelle der monopolistischen Struktur tritt ein pluralistischer Sozialismus mit sämtlichen demokratischen Freiheiten. Die Vorrechte des Staatssicherheitsdienstes werden abgebaut, die Rechtssicherheit gewährleistet, eine Amnestie wird verkündet. Die Zensur wird abgeschafft, die Pressefreiheit verwirklicht, die Freizügigkeit, darunter das Recht auf Auslandsreisen, garantiert.

1968, 11. April – Auf einer Tagung des sowjetischen ZK fordert Breschnew die Verschärfung des ideologischen Kampfes.

1968, 12. April – Die KP Italiens gibt eine positive Erklärung zum »Prager Frühling« ab. Wenige Tage später folgen ähnliche Erklärungen von den kommunistischen Parteien Spaniens, Schwedens, Japans und Australiens.

1968, Ende April – Die erste Nummer der illegalen Zeitschrift *Chronik der aktuellen Ereignisse* kommt in der Sowjetunion heraus. Seit April 1968 erscheint diese Zeitschrift, abgesehen von einer kurzen Unterbrechung, regelmäßig alle zwei Monate.

1968, 17. Mai – Ministerpräsident Kossygin und Marschall Gretschko treffen in der Tschechoslowakei ein; die sowjetischen Truppen veranstalten militärische Manöver. Der sowjetische Druck auf den »Prager Frühling« verstärkt sich.

1968, Juni – Der sowjetische Naturwissenschaftler Andrej Sacharow bringt die Meinungen der intellektuellen sowjetischen Reformer in der Schrift *Gedanken über Fortschritt, friedliche Koexistenz und geistige Freiheit* zum Ausdruck.

1968, 13.–15. Juli – Breschnew, Podgorny und Kossygin treffen in Warschau mit osteuropäischen Führern zusammen, um den Druck auf die Prager Führung zu verstärken.

1968, 18. Juli – Die sowjetischen und osteuropäischen Führer (mit Ausnahme Rumäniens) veröffentlichen einen »Offenen Brief an die kommunistische Partei der Tschechoslowakei« mit scharfen Angriffen und Verleumdungen sowie der Forderung, die Reformen zu beenden. In der Antwort der tschechoslowakischen Führung vom 20. Juli werden die Verleumdungen zurückgewiesen, gleichzeitig aber die Bereitschaft zu einem gemeinsamen Treffen zum Ausdruck gebracht.

1968, 20. Juli – Die sowjetischen und tschechoslowakischen Führer treffen sich in Cierna in der östlichen Tschechoslowakei. Die Sowjetführer geben den Anschein, als ob die Kampagne gegen die Tschechoslowakei beendet sei.

1968, 21. August – Invasion und Okkupation der Tschechoslowakei durch die Truppen der Sowjetunion und anderer Mitgliedsstaaten des Warschauer Paktes (DDR, Polen, Ungarn, Bulgarien).

1968, 22.–24. August – Die Mehrzahl der kommunistischen Parteien Europas verurteilen die sowjetische Invasion und Okkupation der Tschechoslowakei aufs schärfste.

1968, 25. August – Eine Gruppe oppositioneller Sowjetbürger demonstriert auf dem Roten Platz in Moskau gegen die Okkupation der Tschechoslowakei. Die Demonstranten werden sofort verhaftet.

1968, 26. September – Die Doktrin von der begrenzten Souveränität wird erstmals in der *Prawda* verkündet.

1968, 20. Oktober bis 20. November – Das Organ der KPI »Rinascita« veröffentlicht in Fortsetzungen eine ausführliche Denkschrift Luigi Longos über die neuen Beziehungen in der kommunistischen Weltbewegung.

1969, 8.–15. Februar – Auf dem 12. Parteitag der KP Italiens in Bologna tritt der stellvertretende Generalsekretär Enrico Berlinguer für eine objektive Betrachtung der sozialistischen Länder ein.

1969, März – Auf dem 9. Kongreß des Bundes der Kommunisten Jugoslawiens verurteilt Tito die sowjetische Doktrin von der begrenzten Souveränität.

1969, 2.–18. März – Militärische Zusammenstöße zwischen der Sowjetunion und der chinesischen Volksrepublik am Ussuri-Fluß.

1969, Ende März – Die chinesischen Kommunisten veröffentlichen eine Dokumentation über den Ussuri-Konflikt unter dem Titel *Nieder mit dem Neuen Zaren*.

1969, 17. April – Auf sowjetischen Druck wird Alexander Dubček vom Posten des Ersten Parteisekretärs der Tschechoslowakei abgelöst und durch Husak ersetzt.

1969, 5.–17. Juni – III. Kommunistische Weltkonferenz in Moskau mit Vertretern von 75 kommunistischen Parteien. Die kommunistischen Parteien Chinas, Jugoslawiens, Albaniens, Japans, der Niederlande und die Volksallianz Island nehmen nicht daran teil.

Die KP Schwedens und Kubas sind nur durch Beobachter vertreten. Das beschlossene Dokument wird von der KP Großbritanniens und Norwegens nicht akzeptiert, die KP Italiens und Australiens akzeptieren nur einen einzigen Abschnitt der Resolution. Die kommunistischen Parteien Rumäniens, Spaniens und der Schweiz akzeptieren das Dokument nur unter Vorbehalten.

1969, Juni – Prozeß gegen hohe Offiziere der sowjetischen Baltischen Flotte wegen Gründung einer illegalen Organisation »Kampfbund für politische Rechte«.

1969, 6. November – Alexander Solschenizyn wird aus dem sowjetischen Schriftstellerverband ausgeschlossen.

1970, Januar – Die zweite illegale oppositionelle sowjetische Zeitschrift *Der Ukrainische Bote* beginnt zu erscheinen.

1970, 4.–9. Februar – Auf dem 19. Parteitag der KP Frankreichs in Nanterre wird der Parteitheoretiker Roger Garaudy wegen seiner Reformthesen, die den Auffassungen der KP Italiens entsprechen, scharf verurteilt.

1970, 14. März – Die bekannten sowjetischen Wissenschaftler Sacharow, Turtschin und Roy Medwedjew fassen die Reformvorschläge in einem Brief an die Sowjetführung in 15 Punkten zusammen.

1970, 21. März – Dubček, Smrkovski und andere Prager Reformer werden aus der KP der Tschechoslowakei ausgeschlossen.

1970, 22. April – Die 100jährige Wiederkehr des Geburtstages von Lenin wird aufwendiger begangen als alle anderen Jubiläen. Der Hauptsprecher ist Breschnew.

1970, 5. Mai – Roger Garaudy, der langjährige Parteitheoretiker, wird wegen seiner Reformvorschläge aus der KP Frankreichs ausgeschlossen.

1970, 20. Mai – Andrej Amalrik, Autor des Buches *Kann die Sowjetunion das Jahr 1984 erleben?* (in der Sowjetunion verboten) wird verhaftet.

1970, 27. Mai – Die sowjetischen Behörden versuchen, Shores Medwedjew, einen oppositionellen Naturwissenschaftler und Autor des Buches über Lyssenko (in der Sowjetunion verboten), in eine psychiatrische Klinik einzuweisen.

1970, 8. Oktober – Alexander Solschenizyn wird mit dem Nobelpreis für Literatur ausgezeichnet.

1970, 1. November – Andrej Sacharow gibt bekannt, daß eine Gruppe sowjetischer Wissenschaftler ein »Komitee für Menschenrechte« gebildet habe und fordert die sowjetische Regierung auf, dies anzuerkennen.

1970, 14. November – Die KP Italiens lehnt die Verdammungskampagne Moskaus gegen China ab und drückt den Wunsch aus, die abgebrochenen Beziehungen zur KP Chinas wieder aufzunehmen.

1970, Mitte bis Ende Dezember – Arbeiteraufstände in den polnischen Ostseehäfen zeugen von der Erbitterung der polnischen Arbeiterklasse. Rücktritt der Gomulka-Führung. Gierek tritt an seine Stelle.

1971, Januar – In vielen sowjetischen Städten kommt es zu Unruhen der Bevölkerung wegen der schlechten Lebensmittelversorgung. Miliz und Truppen werden zur Unterdrückung eingesetzt. Unter dem Eindruck dieser Ereignisse wird der 9. Fünfjahresplan (1971–1975) zugunsten der Konsumgüterproduktion verändert.

1971, 29. März – Wladimir Bukowski wird wegen angeblicher antisowjetischer Agitation verhaftet.

1971, 30. März bis 9. April – 24. Parteitag. Rechenschaftsbericht von Breschnew: harte Linie in der Innenpolitik und Kulturpolitik, starke Hervorhebung der militär-patriotischen Traditionen mit gleichzeitigem Versprechen, die Konsumgüterproduktion zu verstärken. Konzessionen in der Sozialpolitik und »Öffnung nach dem Westen«.
Die Vertreter der kommunistischen Parteien Jugoslawiens, Rumäniens, Italiens, Japans und Großbritanniens erklären sich auf dem sowjetischen Kongreß für neue gleichberechtigte Beziehungen und für einen eigenständigen Weg zum Sozialismus.

1971, Mai – Der 14. Parteitag der KP der Tschechoslowakei wird von der KP Spaniens und Großbritanniens boykottiert. Auf dem Kongreß weigern sich die Delegationen der Kommunisten Italiens, Jugoslawiens und Japans, den von der Prager Führung vorgeschriebenen Begriff »Konterrevolution« für den »Prager Frühling« zu benutzen.

1971, 19. Mai – Anatoli Lewitin-Krasnow wird in Moskau zu drei Jahren Arbeitslager verurteilt.

1971, 8. Juni – Andrej Sinjawski wird nach fünfeinhalb Jahren Lager entlassen.

1971, 28. Juli – Anatoli Martschenko wird aus dem Lager entlassen.

1971, September – Eine illegale Zeitschrift unter dem Titel *Sejatel* (Der Sämann) tritt für die Schaffung einer sozialdemokratischen Partei in der Sowjetunion ein.

1971, 11. September – Tod Nikita Chruschtschows im Alter von 77 Jahren. Es finden keine Trauerfeierlichkeiten statt; die Presse bringt keinen Gedächtnisartikel.

1972, 5. Januar – Wladimir Bukowski, ein bekannter Repräsentant der innersowjetischen Opposition, wird zu 12 Jahren Lager wegen »antisowjetischer Agitation« verurteilt.

1972, 13.–17. März – Auf dem 13. Parteitag der KP Italiens wird Enrico Berlinguer neuer Generalsekretär. Der Parteitag proklamiert die Konzeption der »demokratischen Wende«.

1972, 27. Juni – Nach langen Verhandlungen wird in Paris das gemeinsame Regierungsprogramm der Kommunisten und Sozialisten Frankreichs verkündet.

1972, 3. August – Das Präsidium des Obersten Sowjet der UdSSR gibt bekannt, daß eine Person, die die Sowjetunion zu verlassen wünscht, eine hohe Entschädigung für die in der Sowjetunion erhaltene Ausbildung zu zahlen hat.

1972, 4. November – Der junge sowjetische Dichter Juri Galanskow stirbt im Lager Potma im Alter von 33 Jahren.

1972, Dezember – Der 50. Jahrestag der Vereinigung der Sowjetrepubliken zur UdSSR am 30. Dezember 1922 wird feierlich begangen. Hauptredner ist Breschnew.

1973, 30. Januar – Der Kiewer Mathematiker L. Pljuschtsch, einer der führenden Köpfe der innersowjetischen Opposition, wird in eine psychiatrische Klinik eingewiesen.

1973, Februar – Die KP Italiens erklärt ihre Bereitschaft, an der Einheit Westeuropas mitzuwirken. Als Ziel wird ein autonomes Europa verkündet, das weder anti-sowjetisch noch anti-amerikanisch ist.

1973, 7. Juli – Andrej Almalrik wird, nach bereits verbüßter langjähriger Haft, erneut zu einer Gefängnisstrafe von 3 Jahren verurteilt.

1973, 10. August – Andrej Sinjawski erhält Asyl in Frankreich.

1973, 21. August – Anläßlich des 5. Jahrestages der Okkupation der Tschechoslowakei verkünden die autonomen kommunistischen Parteien Europas erneut ihren Protest.

1973, August/September – In Moskau findet ein Schauprozeß gegen Pjotr Jakir und W. Krassin statt, in dem sich die Angeklagten schuldig bekennen. Der Prozeß dient dazu, die innersowjetische Opposition zu demoralisieren.

1973, September – Alexander Solschenizyn richtet einen »Offenen Brief« an die sowjetische Führung.

1973, Oktober – Der Generalsekretär der KP Italiens Berlinguer verkündet den »historischen Kompromiß«. Eine demokratische Erneuerung kann sich nur auf eine breite Mehrheit einschließlich der Christdemokraten stützen.

1973, 5. Dezember – Anläßlich des sowjetischen Verfassungstages bestätigt die *Prawda,* daß am Entwurf einer neuen sowjetischen Verfassung gearbeitet wird.

1974, Januar – Im Westen wird der *Archipel Gulag* von Solschenizyn veröffentlicht.

1974, 12. Februar – Solschenizyn wird in der Sowjetunion verhaftet und am 13. Februar in die Bundesrepublik Deutschland ausgewiesen – unter Aberkennung seiner sowjetischen Staatsangehörigkeit.

1974, März – Die sowjetischen Behörden weisen den Physiker Pawel Litwinow (der Enkel des früheren sowjetischen Außenministers) und den Schriftsteller Wladimir Maximow aus.

1974, 27. Juni bis 3. Juli – US-Präsident Nixon besucht die Sowjetunion. Unmittelbar vor seinem Eintreffen wird der marxistische Oppositionelle Pjotr Grigorenko nach über viereinhalbjährigem Aufenthalt aus der psychiatrischen Klinik entlassen.

1974, 2. September – Die sowjetischen Behörden gestatten dem Religionshistoriker und Regime-Kritiker Anatol Lewitin-Krasnow und dem Schriftsteller Nekrassow die Ausreise.

1974, 16.–18. Oktober – Delegationen von 28 europäischen kommunistischen Parteien beschließen in Warschau, Mitte 1975 in Ostberlin eine europäische KP-Konferenz zu veranstalten.

1974, 23.–24. November – Treffen von US-Präsident Ford und Breschnew in Wladiwostok.

1974, 19.–21. Dezember – Delegationen der europäischen kommunistischen Parteien beschließen auf einer Tagung in Budapest, auf der bevorstehenden europäischen KP-Konferenz keine verpflichtende Generallinie zu verkünden. Die Prinzipien der Autonomie, Gleichberechtigung und Nichteinmischung werden bestätigt.

1975, 17.–19. Februar – Vertreter von 16 kommunistischen Parteien bereiten in Ost-Berlin eine europäische KP-Konferenz vor.

1975, 18.–23. März – Auf dem 14. Parteitag der KP Italiens in Rom wird der »historische Kompromiß« bestätigt, die Ost-West-Entspannung begrüßt und erklärt, ein einseitiges Ausscheiden Italiens aus der NATO sei dem Entspannungsprozeß nicht förderlich.

1975, 15. Juni – Bei den Gemeinde- und Regionalwahlen in Italien erhält die KP 33,5 % aller Stimmen.

1975, 17. Mai – Die KP Frankreichs veröffentlicht eine »Erklärung der Freiheiten«, mit besonderer Betonung jener Freiheiten, die in den Ostblockstaaten nicht existieren.

1975, Juli – Die KP Spaniens und KP Italiens veröffentlichen eine gemeinsame Deklaration, in der sie sich zu einem pluralistisch-demokratischen Sozialismusmodell bekennen. Der Sozialismus beruhe auf allen persönlichen und demokratischen Freiheiten und einem Mehrparteiensystem, einschließlich des Rechts ungehinderter Tätigkeit der Oppositionsparteien.

1975, 6. August – Die »Prawda« veröffentlicht einen Artikel von Sarodow gegen die eigenständigen demokratischen Tendenzen in einigen europäischen kommunistischen Parteien.

1975, November – Die KP Italiens und die KP Frankreichs verkünden eine gemeinsame Deklaration mit der Befürwortung eines demokratischen Sozialismusmodells, gekennzeichnet durch alle demokratischen Freiheiten, dem Pluralismus politischer Parteien und dem Recht auf Existenz von Oppositionsparteien.

1975, 12. Dezember – Die KP Frankreichs wendet sich scharf gegen die Existenz sowjetischer Arbeitslager.

1976, 4.–8. Februar – Der 22. Parteitag der KP Frankreichs steht unter der Losung »Ein demokratischer Weg zum Sozialismus, ein Sozialismus für Frankreich«. Die These von der Diktatur des Proletariats wird als überholt erklärt.

1976, 24. Februar bis 5. März – Auf dem 25. sowjetischen Parteitag verkündet Breschnew einen härteren innenpolitischen Kurs. Vertreter der kommunistischen Parteien Italiens, Jugoslawiens und Rumäniens befürworten einen eigenständigen Weg und ein eigenes Sozialismusmodell.

1976, 17. März – Der führende Sowjetideologe Suslow polemisiert gegen die Selbständigkeitstendenzen im europäischen Kommunismus.

1976, 20.–28. März – In Beantwortung Suslows erklären der KPF-Generalsekretär Marchais und die KP Italiens, eine Entwicklung zum Sozialismus im Westen sei unauflöslich mit der Erweiterung der Demokratie verbunden.

1976, 3. Juni – Auf einer gemeinsamen Kundgebung in Paris bekräftigen Marchais (KPF), und Berlinguer (KPI) ihren unabhängigen Kurs, ihre Ablehnung eines Zentrums in der Weltbewegung und ihr demokratisches Sozialismusmodell.

1976, Juni – Drastische Preiserhöhung in Polen führen zu starken Arbeiterunruhen.

1976, 29.–30. Juni – Europäische Konferenz von 28 kommunistischen Parteien in Ostberlin (ohne Teilnahme der Kommunisten Albaniens und der isländischen »Volksallianz«). Das angenommene Dokument unterstreicht die Unabhängigkeit und Gleichberechtigung der kommunistischen Parteien, das Prinzip der Nichteinmischung und des demokratischen Weges zum Sozialismus.

1976, 9. September – Tod Mao Tse-tungs.

1976, November – Die Ausbürgerung Wolf Biermanns aus der DDR führt zu Protesten der spanischen, italienischen, französischen und schwedischen KP.

1977, 1. Januar – In der Tschechoslowakei wird illegal die »Charta 1977« verbreitet.

1977, 22. Februar – Der Generalsekretär der KP Frankreichs Marchais tritt gemeinsam mit dem ausgebürgerten sowjetischen Bürgerrechtskämpfer Amalrik in einer Diskussion im französischen Fernsehen auf.

1977, 4. März – Auf ihrem Madrider Treffen bekräftigen die KP-Führer Italiens, Spaniens und Frankreichs, Berlinguer, Carillo und Marchais, ihr pluralistisches Sozialismusmodell und die Anerkennung aller demokratischen und persönlichen Freiheiten. Die entscheidenden Abschnitte dieser Erklärung werden in den Ostblockzeitungen nicht veröffentlicht.

1977, 10. April – In Madrid erscheint Santiago Carillos Buch »Euro-Kommunismus und Staat« mit einer Kritik an der sowjetischen Entwicklung, einer neuen marxistischen Staatstheorie und der Bekräftigung eines demokratischen Weges zum Sozialismus.

1977, 22. Juni – Die sowjetische Zeitschrift »Neue Zeit« veröffentlicht scharfe Angriffe gegen Carillo und dessen Buch »Euro-Kommunismus und der Staat«. Der Bund der Kommunisten Jugoslawiens und die Kommunisten Italiens, Frankreichs, Spaniens und Schwedens weisen die sowjetischen Angriffe gegen Carillo zurück.

Literaturhinweise

I. VON MARX ZUR HEUTIGEN SOWJETIDEOLOGIE

Bartsch, Günter: *Kommunismus, Sozialismus und Karl Marx. Totalitärer marxistischer oder demokratischer Sozialismus?* Schriftenreihe der Bundeszentrale für politische Bildung, Heft 72, Bonn 1968.

Bartsch, Günter: *Schulen des Marxismus.* Kammerverlag – Politik für alle, Troisdorf 1970.

Dahm, Helmut: *Die Dialektik im Wandel der Sowjetphilosophie.* Verlag Wissenschaft und Politik, Köln 1963.

Dahm, Helmut: *Der Ideologiebegriff bei Marx und die heutige Kontroverse über Ideologie und Wissenschaft in den sozialistischen Ländern.* Berichte des Bundesinstituts für ostwissenschaftliche und internationale Studien, Heft 63, Köln 1970.

Fetscher, Iring: *Der Marxismus.* Seine Geschichte in Dokumenten. Band I *Philosophie - Ideologie,* Band II *Ökonomie - Soziologie,* Band III *Politik.* Sammlung Piper. R. Piper & Co. Verlag, München 1963–65.

Fetscher, Iring: *Von Marx zur Sowjetideologie.* Verlag Moritz Diesterweg, Frankfurt/M. 1962 (7. Auflage).

Fetscher, Iring: *Karl Marx und der Marxismus. Von der Philosophie des Proletariats zur proletarischen Weltanschauung.* R. Piper & Co. Verlag, München 1967.

Garaudy, Roger: *Die Aktualität des Marxschen Denkens.* Kritische Studie zur Philosophie. Europäische Verlagsanstalt Frankfurt/M. Europa Verlag, Wien 1964.

Garaudy, Roger: *Marxismus im 20. Jahrhundert.* Rowohlt Taschenbuchverlag (rororo Bd. 1148), Reinbek bei Hamburg 1969.

Lange, Max G.: *Marxismus, Leninismus, Stalinismus.* Klett Verlag, Stuttgart 1957.

Lefebvre, Henri: *Probleme des Marxismus heute.* Suhrkamp Verlag, Frankfurt/M. 1965.

Leonhard, Wolfgang: *Die Dreispaltung des Marxismus; Ursprung und Entwicklung des Sowjetmarxismus, Maoismus und Reformkommunismus.* Econ Verlag, Düsseldorf 1970.

Petrovic, Gajo: *Marxismus gegen Stalinismus.* In: Gajo Petrovic: *Wider den autoritären Marxismus.* Europäische Verlagsanstalt, Frankfurt/M. 1967.

Vranicki, Predrag: *Geschichte des Marxismus.* 2 Bände, Suhrkamp Verlag, Frankfurt/M. 1974.

Wagenlehner, Günther: *Das Sowjetische Wirtschaftssystem und Karl Marx. Verlag* Kiepenheuer & Witsch, Köln - Berlin 1960.

Wolfe, Bertram D.: *Marx und die Marxisten. Hundert Jahre Theorie und Praxis einer Doktrin.* Ullstein Verlag, Frankfurt/M. - Berlin 1968.

1. Es begann mit Karl Marx und Friedrich Engels

a) Schriften von Marx und Engels

Marx, Karl: *Werke – Schriften – Briefe.* Studienausgabe in acht Bänden. Hrsg. von Prof. Dr. Hans Joachim Lieber unter Mitarbeit von Dr. Peter Furth, Dr. B. Kautsky, Dr. P. Ludz u. a., Cotta, Stuttgart 1953.

Marx, Karl: *Ausgewählte Schriften.* Hrsg. von Boris Goldenberg. Kindler Verlag, München 1962.

Marx, Karl, und Engels, Friedrich: *Studienausgabe* in 4 Bänden. Hrsg. von Iring Fetscher. Fischer Bücherei Bd. 764–767. Frankfurt/M. 1966.

Marx, Karl: *Ausgewählte Schriften.* Hrsg. von Siegfried Landshut. Kröner Verlag, Stuttgart 1955.

Marx, Karl, und Engels, Friedrich: *Werke* (in 39 Bänden). Hrsg. vom Institut für Marxismus-Leninismus beim ZK der SED. Die Ausgabe fußt auf der vom Institut für Marxismus-Leninismus beim ZK der KPdSU besorgten Ausgabe in russischer Sprache. Dietz Verlag, Ost-Berlin 1956 ff.

Marx und Engels über Kunst und Literatur. Hrsg. von Michail Lifschnetz, Henschel Verlag, Ost-Berlin 1953.

Marx und Engels über Deutschland und die deutsche Arbeiterbewegung. 2 Bände. Dietz Verlag, Ost-Berlin 1961.

Marx und Engels über Erziehung und Bildung. Zusammengestellt von P. N. Grusdew. Verlag Volk und Wissen, Ost-Berlin 1961.

b) Biographien von Marx und Engels

Blumenberg, Werner: *Karl Marx in Selbstzeugnissen und Bilddokumenten.* Rowohlt Taschenbuchverlag (rororo Nr. 76), Reinbek bei Hamburg 1962.

Calvez, Jean-Yves: *Karl Marx: Darstellung und Kritik seines Denkens.* Walter Verlag, Olten/Freiburg 1964.

Künzli, Arnold: *Karl Marx – eine Psychografie.* Europa Verlag, Wien - Frankfurt/M. - Zürich 1966.

Mehring, Franz: *Karl Marx – Geschichte seines Lebens.* Neuausgabe. Dietz Verlag, Ost-Berlin 1960.

Nikolaevsky, Boris, und Maenchen-Helfen, Otto: *Karl Marx, eine Biografie.* Neue Auflage, J. H. W. Dietz Verlag, Hannover 1963.

Raddatz, F. J.: *Karl Marx.* Hoffmann & Campe, Hamburg 1975.

Rubel, Maximilian: *Marx-Chronik: Daten zu Leben und Werk.* Hanser Verlag, München 1968.

c) Der ursprüngliche Marxismus – Analysen und Darstellungen

Bollnow, H.: *Engels' Auffassung von Revolution und Entwicklung in seinen »Grundsätzen des Kommunismus«* (1847). In: *Marxismusstudien,* 1. Folge, Schriften der Studiengemeinschaft der Evangelischen Akademie, J. C. B. Mohr (Paul Siebeck), Tübingen 1954.

Bloch, Ernst: *Über Karl Marx.* Suhrkamp Verlag (Edition Suhrkamp Nr. 291), Frankfurt/M. 1968.

Bloch, Ernst: *Karl Marx und die Menschlichkeit.* Rowohlt Taschenbuchverlag (rororo Nr. 317), Reinbek bei Hamburg 1969.

Fischer, Ernst: *Was Marx wirklich sagte.* Molden Verlag, Wien - Frankfurt/M. - Zürich 1969.

Fromm, Erich: *Das Menschenbild bei Marx.* Europäische Verlagsanstalt, Frankfurt/M. 1963.

Garaudy, Roger: *Aktualität des marxistischen Denkens.* Europäische Verlagsanstalt, Frankfurt/M. 1969.

Schaff, Adam: *Marxismus und das menschliche Individuum.* Europa Verlag, Wien - Frankfurt/M. - Zürich 1969.

Szczesny, Gerhard (Herausgeber): *Marxismus – ernst genommen. / Ein Universalsystem auf dem Prüfstand der Wissenschaften.* Rowohlt Verlag, Reinbek bei Hamburg 1975.

Thier, Erich: *Das Menschenbild des jungen Marx.* Verlag Vandenhoeck und Ruprecht, Göttingen 1961.

2. Die Revolutionslehre des Leninismus

a) Schriften von Lenin

Lenin, W. I.: *Über die Religion.* Eine Sammlung ausgewählter Aufsätze und Reden. Dietz Verlag, Ost-Berlin 1958.

Lenin, W. I.: *Über Krieg, Armee und Militärwissenschaft.* Eine Auswahl aus Lenins Schriften in zwei Bänden. Verlag des Ministeriums für Nationale Verteidigung, Ost-Berlin 1959.

Lenin, W. I.: *Gegen den Revisionismus.* Eine Sammlung ausgewählter Aufsätze und Reden. Dietz Verlag, Ost-Berlin 1959.

Lenin, W. I.: *Über den Parteiaufbau.* Eine Sammlung ausgewählter Aufsätze und Reden. Dietz Verlag, Ost-Berlin 1959.

Lenin, W. I.: *Über Deutschland und die deutsche Arbeiterbewegung.* Aus Schriften, Reden, Briefen. Dietz Verlag, Ost-Berlin 1960.

Lenin, W. I.: *Über die nationale und die koloniale nationale Frage.* Eine Sammlung ausgewählter Aufsätze und Reden. Dietz Verlag, Ost-Berlin 1960.

Lenin, W. I.: *Über Kultur und Kunst.* Dietz Verlag, Ost-Berlin 1960.

Lenin, W. I.: *Über die internationale kommunistische und Arbeiterbewegung.* Eine Sammlung ausgewählter Aufsätze, Reden und Briefe. Dietz Verlag, Ost-Berlin 1961.

Lenin, W. I.: *Über den Kampf um den Frieden.* Eine Sammlung ausgewählter Aufsätze und Reden. Dietz Verlag, Ost-Berlin 1961.

Lenin, W. I.: *Über das Bündnis der Arbeiterklasse mit der werktätigen Bauernschaft.* Eine Sammlung ausgewählter Aufsätze und Reden. Dietz Verlag, Ost-Berlin 1961.

Lenin, W. I.: *Marx-Engels-Marxismus.* Grundsätzliches aus Schriften und Reden. Dietz Verlag, Ost-Berlin 1961.

Lenin, W. I.: *Ausgewählte Schriften.* Herausgegeben und eingeleitet von Hermann Weber. Kindler Verlag, München 1963.

Lenin, W. I.: *Werke* (in 40 Bänden). Ins Deutsche übertragen nach der vierten russischen Ausgabe. Besorgt vom Institut für Marxismus-Leninismus beim ZK der SED. Dietz Verlag, Ost-Berlin 1955, 1964.

Lenin Studienausgabe Band I und Band II. Herausgegeben von Iring Fetscher. Fischer Bücherei, Frankfurt/M. - Hamburg 1970.

Darin enthalten u. a. in *Band I:* Lenins Schriften »Was tun?« (1902), »Zwei Taktiken der Sozialdemokratie in der russischen Revolution«, Nachwort (Juli 1905), »Das Verhältnis der Sozialdemokratie zur Bauernbewegung« (1905), »Das rückständige Europa und das fortgeschrittene Asien« (Mai 1913), »Über das Recht der Nationen auf Selbstbestimmung« (1914), »Der Krieg und die russische Sozialdemokratie« (1914), »Briefe aus der Ferne« (März 1917), »Über die Aufgaben des Proletariats in der gegenwärtigen Revolution« (»Aprilthesen«). In *Band II* u. a. »Staat und Revolution« (Aug./Nov. 1917), »Marxismus und Aufstand« (26.–27. Sept. 1917), »Brief an die Mitglieder des Zentralkomitees« (6. Nov. 1917), »Entwurf der Bestimmungen über die Arbeiterkontrolle« (16. Nov. 1917), »Entwurf des Dekrets über die Sozialisierung der Volkswirtschaft« (Dez. 1917), »Entwurf der Deklaration der Rechte des werktätigen und ausgebeuteten Volkes« (17. Jan. 1918), »Entwurf des Dekrets über die Auflösung der Konstituierenden Versammlung« (7. Jan. 1918), »Bericht über das Parteiprogramm auf dem VIII. Parteitag der KPR (B) am 19. März 1919«, »Ursprünglicher Entwurf der Resolution des X. Parteitages der KPR über die Einheit der Partei« (März 1921), »Brief an den Parteitag« (»Testament«) (23.–31. Dez. 1922).

b) Biographien von Lenin

Bäumler: *Verschwörung in Schwabing*, Econ Verlag, Düsseldorf 1972.

Balabanoff, Angelika: *Lenin: Psychologische Beobachtungen und Betrachtungen.* Verlag für Literatur und Zeitgeschehen, Hannover 1961.

Fischer, Louis: *Das Leben Lenins.* Verlag Kiepenheuer & Witsch, Köln - Berlin 1964.

Krupskaja, Nadeshda: *Erinnerungen an Lenin.* Dietz Verlag, Ost-Berlin 1960.

Possony, Stefan T.: *Lenin.* Verlag Wissenschaft und Politik, Köln 1965.

Radek, Karl: *Lenin.* Neuer Deutscher Verlag, Berlin 1924.

Rauch, Georg v.: *Lenin. Die Grundlegung des Sowjetsystems.* Musterschmidt Verlag, Göttingen - Berlin - Frankfurt/M. 1957.

Shub, David: *Lenin.* Limes Verlag, Wiesbaden 1952.

Sinowjew, Grigorii: *Lenin: Sein Leben und seine Tätigkeit.* Malik Verlag, Berlin 1920.

Trotzki, Leo: *Der junge Lenin.* Molden Verlag, Wien 1969.

Zetkin, Klara: *Erinnerungen an Lenin.* Dietz Verlag, Ost-Berlin 1961.

c) Der Leninismus – Darstellungen und Analysen

Daniels, Robert Vincent: *Das Gewissen der Revolution. Kommunistische Opposition in Sowjetrußland.* Verlag Kiepenheuer & Witsch, Köln - Berlin 1962.

Fischer, Ernst, und Marek, Franz: *Was Lenin wirklich sagte.* Molden Verlag, Wien - München - Zürich 1969.

Lukacs, Georg: *Lenin: Studien über den Zusammenhang seiner Gedanken.* Luchterhand Verlag, Neuwied 1967.

Luxemburg, Rosa: *Die russische Revolution.* Eingeleitet und herausgegeben von Ossip K. Flechtheim. Europäische Verlagsanstalt, Frankfurt/M. 1963.

Nürnberger, Richard: *Lenins Revolutionstheorie.* Eine Studie über Staat und Revolution. In: *Marxismusstudien* (Bd. 1), Tübingen 1954.

Schapiro, Leonard, und Reddaway, Peter (Herausgeber): *Lenin.* Kohlhammer Verlag, Stuttgart 1970.

Scheffler, Paul: *Augenzeuge im Staate Lenins.* Piper & Co. Verlag, München 1972.

Trotzki, Leo: *Geschichte der russischen Revolution.* Fischer Verlag, Berlin - Frankfurt/M. 1960.

Ulam, Adam B.: *Die Bolschewiki. Vorgeschichte und Verlauf der kommunistischen Revolution in Rußland.* Verlag Kiepenheuer & Witsch, Köln - Berlin 1967.

Wagenlehner, Günther: *Staat oder Kommunismus. Lenins Entscheidung gegen die kommunistische Gesellschaft.* Seewald Verlag, Stuttgart 1970.

Wolfe, Bertram D.: *Lenin, Trotzkij, Stalin. Drei, die eine Revolution machten.* Eine biographische Geschichte. Europäische Verlagsanstalt, Frankfurt/M. 1965.

3. Der Stalinismus – die Rechtfertigungsideologie der Alleinherrschaft

a) Schriften von Stalin

Stalin, J. W.: *Werke* (in 13 Bänden). Aus dem Russischen. Hrsg. vom Marx-Engels-Lenin-Institut beim Parteivorstand der SED. Dietz Verlag, Ost-Berlin 1950, 1955. (Enthält sämtliche Schriften Stalins bis zum Januar 1934 sowie eine äußerst detaillierte biographische Chronik. Die Herausgabe der Werke Stalins wurde nach dessen Tod eingestellt.)

Stalin, J. W.: *Fragen des Leninismus.* Dietz Verlag, Ost-Berlin 1951. (Sammelband besonders wichtiger Schriften Stalins aus der Zeit von 1924 bis 1938, darunter: »Über die Grundlagen des Leninismus« [April 1924], »Zu den Fragen des Leninismus« [1926], »Zur Frage der Politik der Liquidierung des Kulakentums als Klasse« [Jan. 1930], »Vor Erfolgen von Schwindel befallen« [März 1930], »Über einige Fragen der Geschichte des Bolschewismus« [1931], »Rechenschaftsbericht an den XVII. Parteitag über die Arbeit des ZK der KPdSU [B] [1934], »Über den Entwurf der Verfassung der Union der SSR« [Nov. 1936], »Über den dialektischen und historischen Materialismus« [Sept. 1938].)

Stalin, J. W.: *Ökonomische Probleme des Sozialismus in der UdSSR.* Dietz Verlag, Ost-Berlin 1952.

Stalin, J. W.: *Über den großen Vaterländischen Krieg der Sowjetunion.* Dietz Verlag, Ost-Berlin 1952. (Stalins Kriegsreden von 1941–45; darunter Interview über die Auflösung der kommunistischen Internationale vom 28. November 1943 und seine Rede nach dem Sieg am 24. Mai 1945.)

Stalin, J. W.: *Über die Mängel der Parteiarbeit und die Maßnahmen zur Liquidierung der trotzkistischen und sonstigen Doppelzüngler.* Referat und Schlußwort auf dem Plenum des ZK der KPdSU (B), 3. und 5. März 1937. Verlag Das Neue Wort, Stuttgart 1952.

Stalin, J. W.: *Über Lenin.* Verlag für fremdsprachige Literatur, Moskau 1954.

Stalin, J. W.: *Der Marxismus und die Frage der Sprachwissenschaft.* Dietz Verlag, Ost-Berlin 1955.

Stalin, J. W.: *Der Marxismus und die nationale und koloniale Frage. Eine Sammlung ausgewählter Aufsätze und Reden.* Dietz Verlag, Ost-Berlin 1955.

Stalin, J. W.: *Rede auf dem 19. Parteitag der Kommunistischen Partei der Sowjetunion, 14. Oktober 1952.* Dietz Verlag, Ost-Berlin 1955.

Stalin, J. W.: *Reden in Wählerversammlungen.* Dietz Verlag, Ost-Berlin 1955.

b) Biographien von Stalin

Deutscher, Isaac: *Stalin. Eine politische Biographie.* Aus dem Englischen, Kohlhammer Verlag, Stuttgart 1962.

Smith, Edward Ellis: *Der junge Stalin.* Droemer-Knaur Verlag, München 1969.

Trotzki, Leo: *Stalin.* Verlag Kiepenheuer & Witsch, Köln 1952.

c) Der Stalinismus in Theorie und Praxis – Darstellungen und Analysen

Allilujewa, Swetlana: *Das erste Jahr.* Molden Verlag, Wien 1969.
Allilujewa, Swetlana: *20 Briefe an einen Freund.* Molden Verlag, Wien 1969.
Conquest, Robert: *Am Anfang starb Genosse Kirow.* Droste Verlag, Düsseldorf 1970.
Conquest, Robert: *Stalins Völkermord.* Europa Verlag, Frankfurt/M. 1970.
Djilas, Milovan: *Gespräche mit Stalin.* S. Fischer Verlag, Frankfurt/M. 1962.
Kolarz, Walter: *Die Nationalitätenpolitik der Sowjetunion.* Europäische Verlagsanstalt, Frankfurt/M. 1956.
Lewytzkyj, Borys: *Die rote Inquisition.* Societäts-Verlag, Frankfurt/M. 1967.
Marek, Franz: *Was Stalin wirklich sagte.* Molden Verlag, Wien 1970.
Medwedjew, Roy: *Die Wahrheit ist unsere Stärke / Geschichte und Folgen des Stalinismus.* Fischer Verlag, Frankfurt/M. 1973.
Mehnert, Klaus: *Weltrevolution durch Weltgeschichte. Die Geschichtsschreibung des Stalinismus.* Deutsche Verlagsanstalt, Stuttgart 1953.
Meissner, Boris: *Sowjetrußland zwischen Revolution und Restauration.* Verlag für Politik und Wirtschaft, Köln 1956.
Milosz, Czeslaw: *Verführtes Denken.* Verlag Kiepenheuer & Witsch, Köln - Berlin 1959.
Nekritsch, Alexander, und Grigorenko, Piotr: *Genickschuß: Die Rote Armee am 22. Juni 1941.* Europa Verlag, Frankfurt/M. 1961.
Prauß, Herbert: *Doch es war nicht die Wahrheit.* Morus Verlag, Berlin 1960.
Solschenizyn, Alexander: *Archipel Gulag.* Scherz Verlag, Bern - München 1974.
Stajner, Karlo: *7000 Tage in Sibirien.* Europa Verlag, Wien 1975.
Trotzki, Leo: *Verratene Revolution.* Veritas Verlag, Zürich 1937.
Trotzki, Leo: *Stalins Verbrechen.* Jan Christophe Verlag, Zürich 1937.

4. Chruschtschow und die Konzeption der Entstalinisierung

a) Schriften von Chruschtschow

Chruschtschow, N. S.: *Für dauerhaften Frieden und friedliche Koexistenz.* Dietz Verlag, Ost-Berlin 1959.
Chruschtschow, N. S.: *Für den Sieg im friedlichen Wettbewerb mit dem Kapitalismus.* Dietz Verlag, Ost-Berlin 1960.
Chruschtschow, N. S.: *Welt ohne Waffen, Welt ohne Krieg.* Dietz Verlag, Ost-Berlin 1961.
Chruschtschow, N. S.: *Kommunismus – Frieden und Glück der Völker.* Dietz Verlag, Ost-Berlin 1963.
Chruschtschow, N. S.: *Über die wichtigsten Probleme der Gegenwart.* Verlag für fremdsprachige Literatur, Moskau 1963.

b) Biographien von Chruschtschow

Chruschtschow, N. S.: *Chruschtschow erinnert sich.* Rowohlt Verlag, Reinbek bei Hamburg 1971.
Leonhard, Wolfgang: *Chruschtschow – Aufstieg und Fall eines Sowjetführers.* Bucher Verlag, Luzern - Frankfurt/M. 1965.
Palóczi-Horváth, Georg: *Chruschtschow.* Heinrich Scheffler Verlag, Frankfurt/M. 1960.

c) Die Entstalinisierung – Darlegungen und Analysen

Leonhard, Wolfgang: *Kreml ohne Stalin.* Verlag für Politik und Wirtschaft, Köln 1960.

Lewytzkyj, Borys: *Portrait eines Ordens. Die Kommunistische Partei der Sowjetunion.* Klett Verlag, Stuttgart 1967.

Mehnert, Klaus: *Der Sowjetmensch,* Deutsche Verlagsanstalt, Stuttgart 1958.

Meissner, Boris: *Das Ende des Stalin-Mythos.* Die Ergebnisse des XX. Parteikongresses der Kommunistischen Partei der Sowjetunion. Europäischer Austauschdienst e.V., Frankfurt/M. 1956.

Meissner, Boris: *Rußland unter Chruschtschow.* Oldenbourg Verlag, München 1960.

Meissner, Boris: *Das Parteiprogramm der KPdSU 1903–1961.* Verlag Wissenschaft und Politik, Köln 1962.

Müller-Markus, Siegfried: *Der Aufstand des Denkens: Die Sowjetunion zwischen Ideologie und Wirklichkeit.* Econ Verlag, Düsseldorf 1967.

Paloczi-Horvath, Georg: *Rebellion der Tatsachen: Die Zukunft Rußlands und des Westens.* Heinrich Scheffler Verlag, Frankfurt/M. 1963.

Thomas, Stephan: *Perspektiven sowjetischer Macht – Der 22. Parteitag der KPdSU und das Parteiprogramm.* Verlag Wissenschaft und Politik, Köln 1962.

Wagenlehner, Günther: *Kommunismus ohne Zukunft: Das neue Parteiprogramm der KPdSU.* Seewald Verlag, Stuttgart 1962.

5. Sowjetpolitik und Sowjetideologie seit Chruschtschows Sturz

a) Die Entwicklung seit Chruschtschows Sturz – Darstellungen und Analysen

Breshnew, L. I.: *Auf dem Wege Lenins.* Zwei Bände (Reden des sowjetischen Generalsekretärs 1964 bis April 1970). Dietz Verlag, Ost-Berlin 1971.

Conquest, Robert: *Rußland nach Chruschtschow.* Verlag Rütten & Loening, München 1965.

Die neuen Zaren – sozialistisch in Worten, imperialistisch in Taten. Verlag Rote Fahne, Köln 1975.

Dornberg, John: *Breshnew – Profil des Herrschers im Kreml.* Praeger Verlag, München 1973.

Dutschke, Rudi, und Wilke, Manfred: *Die Sowjetunion, Solschenizyn und die westliche Linke.* Rowohlt Taschenbuchverlag (rororo Bd. 1875). Reinbek bei Hamburg 1975.

Leonhard, Wolfgang: *Am Vorabend einer neuen Revolution? Die Zukunft des Sowjetkommunismus.* C. Bertelsmann Verlag, München 1975.

Löwenthal, Richard, und Vogel, Heinrich (Hrsg.): *Sowjetpolitik der siebziger Jahre: Wandel und Beharrung.* Kohlhammer Verlag, Stuttgart 1972.

Meissner, Boris, und Brunner, Georg (Hrsg.): *Gruppeninteressen und Entscheidungsprozeß in der Sowjetunion.* Verlag Wissenschaft und Politik, Köln 1975.

Shub, Anatol: *Moskau stellt die Uhr zurück.* Verlag des Schweizerischen Ostinstituts, Bern 1970.

Sowjetunion 1974/75 – Innenpolitik, Wirtschaft, Außenpolitik. Hanser Verlag, München 1975.

Tatu, Michael: *Macht und Ohnmacht im Kreml. Von Chruschtschow zur kollektiven Führung.* Ullstein Verlag, Berlin 1968.

b) Die innersowjetische Opposition

Brahm, Heinz: *Opposition in der Sowjetunion: Berichte und Analysen*. Droste Verlag, Düsseldorf 1972.

Bruderer, Georg: *Sowjetische Stimmen zum Rußland von morgen*. Schweizerisches Ostinstitut, Bern 1971.

Bukowskij, Wladimir: *Der unbequeme Zeuge*. Seewald Verlag, Stuttgart 1972.

Gerstenmaier, Cornelia: *Die Stimme der Stummen – die demokratische Bewegung der Sowjetunion*. Seewald Verlag, Stuttgart 1972.

Lewytzkyj, Borys: *Politische Opposition in der Sowjetunion, 1960–1972*. dtv 832, München 1972.

Lewytzkyj, Borys: *Die linke Opposition in der Sowjetunion*. Verlag Hoffmann & Campe, Hamburg 1974.

Maftschenko, Anatolij: *Meine Aussagen*. Fischer Verlag, Frankfurt/M. 1969.

Medwedjew, Roy: *Sowjetbürger in Opposition / Plädoyer für eine sozialistische Demokratie*. Claasen Verlag, Düsseldorf - Hamburg 1973.

Sacharow, Andrej D.: *Wie ich mir die Zukunft vorstelle*. Diogenes Verlag, Zürich 1968.

Sacharow, Andrej D.: *Stellungnahme*. Molden Verlag, Wien - München - Zürich 1974.

Sacharow, Andrej D.: *Mein Land und die Welt*. Molden Verlag, Wien 1975.

Solschenizyn, Alexander: *Offener Brief an die sowjetische Führung*. Luchterhand Verlag, Darmstadt-Neuwied 1974.

Tarnow, Alexander von: *Demokratie in der Illegalität*. Seewald Verlag, Stuttgart 1971.

Weißbuch in Sachen Sinjawskij–Daniel. Zusammengestellt von Alexander Ginsburg, Moskau. Possev Verlag, Frankfurt/M. 1967.

II. DER HEUTIGE SOWJETISCHE MARXISMUS-LENINISMUS

a) Offizielle sowjetische Lehrbücher und Schriften

Franzew, J. P.: *Kommunismus heute und morgen*. Europa Verlag, Frankfurt/M. - Zürich 1965.

Grundlagen des Marxismus-Leninismus. Lehrbuch. Übersetzung aus dem Russischen. Dietz Verlag, Ost-Berlin 1960. Zweite, veränderte und ergänzte Auflage. Dietz Verlag, Ost-Berlin 1963.

Grundlagen der marxistisch-leninistischen Ästhetik. Dietz Verlag, Ost-Berlin 1962.

Grundlagen der marxistischen Philosophie. Dietz Verlag, Ost-Berlin 1965.

Politische Ökonomie. Dietz Verlag, Ost-Berlin 1965.

Schischkin, A. F.: *Die Grundlagen der kommunistischen Moral*. Dietz Verlag, Ost-Berlin 1959.

Schischkin, A. F.: *Grundlagen der marxistischen Ethik*. Dietz Verlag, Ost-Berlin 1964.

Wissenschaftlicher Kommunismus. Dietz Verlag, Ost-Berlin 1972.

b) Wörterbücher politisch-ideologischer Begriffe

Buhr, Manfred, und Kosing, Alfred: *Kleines Wörterbuch der marxistisch-leninistischen Philosophie*. Dietz Verlag, Ost-Berlin 1974.

Hunt, R. N. Carew: *Wörterbuch des kommunistischen Jargons*. Band 35, Herder Bücherei, Freiburg/Br. 1958.

Klaus, Georg, und Buhr, Manfred: *Wörterbuch der Philosophie* (in drei Bänden). Rowohlt Verlag, Reinbek bei Hamburg 1972.

Kleines politisches Wörterbuch. Dietz Verlag, Ost-Berlin 1967.

Marko, Kurt: *Sic et Non – Kritisches Wörterbuch des sowjetrussischen Marxismus-Leninismus der Gegenwart.* Otto Harrassowitz Verlag, Wiesbaden 1962.

Wörterbuch der Marxistisch-Leninistischen Soziologie. Westdeutscher Verlag, Köln-Opladen 1969.

c) Der heutige sowjetische Marxismus-Leninismus; Darstellungen und Analysen außerhalb der Sowjetunion

Bochenski, J. M.: *Marxismus-Leninismus: Wissenschaft oder Glaube?* Günter Olzog Verlag, München-Wien 1973.

Fetscher, Iring: *Gesichtspunkte zur Kritik der Sowjetideologie.* Heimat Verlag, Zeven 1961.

Hertwig, Manfred, und Neuss, Karl-Heinz: *Diskussion und Dialektik.* List Verlag, München 1965.

Ingensand, H.: *Die Ideologie des Sowjetkommunismus; philosophische Lehren.* Verlag für Literatur und Zeitgeschichte, Hannover 1962.

Kiss, Gabor: *Gibt es eine »marxistische« Soziologie?* Dortmunder Schriften zur Sozialforschung, 33. Westdeutscher Verlag, Köln-Opladen 1966.

Köllner, Lutz: *Marxistische Wirtschaftstheorie und sowjetische Wirtschaftspolitik.* Schriftenreihe der Bundeszentrale für politische Bildung, Heft 68, Bonn 1965.

Knirsch, Peter: *Ideologische Einflüsse auf die Entwicklung der sowjetischen Wirtschaftswissenschaft der Gegenwart.* In: Schmollers Jahrbuch, Heft 5, Verlag Duncker & Humblot, Berlin 1961

Lehmbruch, Gerhard: *Kleiner Wegweiser zum Studium der Sowjetideologie.* Deutscher Bundesverlag, Bonn 1958.

Leonhard, Wolfgang: *Sowjetideologie heute. Die politischen Lehren* (Fischer Bücherei 461). Fischer Verlag, Frankfurt/M. 1962.

Lieber, Hans Joachim: *Individuum und Gesellschaft in der Sowjetideologie.* Niedersächsische Landeszentrale für politische Bildung, Hannover 1964.

Marcuse, Herbert: *Die Gesellschaftslehre des sowjetischen Marxismus.* Luchterhand Verlag, Neuwied 1964.

Marko, Kurt: *Evolution wider Willen. Die Sowjetideologie zwischen Orthodoxie und Revision.* Verlag Hermann Böhlau Nachf., Graz-Wien-Köln 1968.

Wetter, Gustav A.: *Sowjetideologie heute. 1. Dialektischer und historischer Materialismus* (Fischer Bücherei, 460). Fischer Verlag, Frankfurt/M. 1962.

d) Schriften kritischer Marxisten über System und Ideologie der Sowjetunion und der mit ihr verbündeten Ostblockstaaten

Bettelheim/Dobb/Hubermann/Mandel/Sweezy u. d.: *Zur Kritik der Sowjetökonomie.* Politik 11. Berlin (Wagenbach) 1969.

Cohn-Bendit, Daniel: *Linksradikalismus: Gewaltkur gegen die Alterskrankheit des Kommunismus.* Rowohlt Verlag, Reinbek bei Hamburg 1968.

Dutschke, Rudi: *Versuch, Lenin auf die Füße zu stellen.* Politik 53. Berlin (Wagenbach) 1974.

Fischer, Ernst: *Kommunismus ist Demokratie.* Spiegel-Gespräch. »Der Spiegel«, Nr. 35, August 1968.

Garaudy, Roger: *Vom Bannfluch zum Dialog.* In: *Der Dialog.* Rowohlt Taschenbuchverlag (rororo aktuell Bd. 944), Reinbek bei Hamburg 1965.

Garaudy, Roger: *Die große Wende des Sozialismus.* Molden Verlag, Wien - München 1969.

Garaudy, Roger: *Die ganze Wahrheit oder für einen Kommunismus ohne Dogma.* Rowohlt Taschenbuchverlag (rororo aktuell Bd. 1403), Reinbek bei Hamburg 1970.

Havemann, Robert: *Dialektik ohne Dogma? Naturwissenschaft und Weltanschauung.* Rowohlt Taschenbuchverlag (rororo Bd. 683), Reinbek bei Hamburg 1964.

Havemann, Robert: *Rückantwort an die Hauptverwaltung ›Ewige Wahrheiten‹.* Verlag R. Piper & Co., München 1971.

Kuron, Jacek, und Modzelewski, Karol: *Monopolsozialismus – Offener Brief an die Polnische Vereinigte Arbeiterpartei.* Hrsg. von Helmut Wagner. Verlag Hoffmann & Campe, Hamburg 1968.

Lefebvre, Henri: *Probleme des Marxismus heute.* Suhrkamp (edition Bd. 99), Frankfurt/M. 1965.

Mandel, Ernst: *Arbeiterkontrolle, Arbeiterräte und Arbeiterselbstverwaltung.* Europäische Verlagsanstalt, Frankfurt/M. 1971.

Marek, Franz: *Die Zukunft des Marxismus.* In: *Sozialismus in Europa.* Hrsg. J. Varga. Europa Verlag, Wien 1967.

Markovic, Mihailo: *Sozialismus und Selbstverwaltung.* In: Rudi Supek und Branke Bosnjak: *Jugoslawien denkt anders / Marxismus und Kritik des etatistischen Sozialismus.* Europa Verlag, Wien - Frankfurt - Zürich 1971.

Medwedjew, Roy: *Sowjetbürger in Opposition,* Claassen Verlag, Hamburg 1973.

Stojanovic, Svetozar: *Kritik und Zukunft des Sozialismus: zwischen Ideal und Wirklichkeit.* Hanser Verlag, München 1970.

III. MOSKAU UND DER WESTEN

a) Offizielle sowjetische Schriften zum Thema Koexistenz und weltrevolutionärer Prozeß

Jegorow, W. N.: *Friedliche Koexistenz und revolutionärer Prozeß.* Aus dem Russischen. Staatsverlag der Deutschen Demokratischen Republik, Ost-Berlin 1972.

Samkowoj, W. I.: *Krieg und Koexistenz in sowjetischer Sicht.* Neske Verlag, Pfullingen 1969.

b) Moskau und der Westen: Darstellungen und Analysen

Bracht, Hans Werner: *Ideologische Grundlagen der sowjetischen Völkerrechtslehre.* Verlag Wissenschaft und Politik, Köln 1964.

Csizmas, Michael: *Der Warschauer Pakt.* Verlag Schweizerisches Ostinstitut, Bern 1972.

Die neuen Zaren – sozialistisch in Worten, imperialistisch in Taten. Verlag Rote Fahne, Köln 1975.

Lewytzkyj, Borys: *Sowjetische Entspannungspolitik heute.* Seewald Verlag, Stuttgart 1975.

Meissner, Boris: *Die »Breshnew-Doktrin« – Dokumentation.* Verlag Wissenschaft und Politik, Köln 1969.

Meissner, Boris, und Rhode, Gotthold (Herausgeber): *Grundfragen sowjetischer Außenpolitik.* Kohlhammer Verlag, Stuttgart 1970.

Sager, Peter: *Koexistenz 1970 / Spannung und Entspannung von Ost und West.* Verlag Schweizerisches Ostinstitut, Bern 1970.

Singer, Ladislaus: *Sowjetimperialismus*. Seewald Verlag, Stuttgart 1970.

Westen, Klaus: *Der Staat der nationalen Demokratie. Ein kommunistisches Modell für Entwicklungsländer*. Verlag Wissenschaft und Politik, Köln 1964.

Wetter, Gustav A.: *Die sowjetische Konzeption der Koexistenz*. Bundeszentrale für Heimatdienst, Bonn 1959.

IV. DIE STRÖMUNGEN IM WELTKOMMUNISMUS

1. Das jugoslawische Modell – Marxismus und Selbstverwaltung

Das Programm des Bundes der Kommunisten Jugoslawiens. Verlag Jugoslawia, Beograd 1958.

Dedijer, Vladimir: *Tito; autorisierte Biografie*. Ullstein Verlag, Berlin 1953.

Dedijer, Vladimir: *Stalins verlorene Schlacht. Erinnerungen 1948 bis 1953*. Europa Verlag, Wien - Frankfurt/M. - Zürich 1970.

Die Arbeiterselbstverwaltung in Jugoslawien. Medunarodna Politika, 1970.

Halperin, Ernst: *Der siegreiche Ketzer: Titos Kampf gegen Stalin*. Verlag für Politik und Wirtschaft, Köln 1958.

Horvat, Branko: *Die jugoslawische Gesellschaft,* Suhrkamp Verlag, Frankfurt/M. 1968.

Ihau, Olaf: *Jugoslawien – Modell im Wandel*. Fischer Taschenbuch Verlag, Frankfurt/M. 1973.

Liebe, Klaus: *Sechsmal Jugoslawien, einmal Albanien*. Piper Verlag, München - Zürich 1974.

Petrovic, Gajo (Hrsg.): *Revolutionäre Praxis: jugoslawischer Marxismus der Gegenwart*. Rombach Verlag, Freiburg 1969.

Petrovic, Gajo: *Wider den autoritären Marxismus*. Europäische Verlagsanstalt, Frankfurt/M. 1969.

Prunkl, Gottfried, und Rühle, Axel: *Josip Tito in Selbstzeugnissen und Bilddokumenten*. Rowohlt Taschenbuchverlag (Monographien Bd. 199), Reinbek bei Hamburg 1973.

Roggemann, Herwig: *Das Modell der Arbeiterselbstverwaltung in Jugoslawien*. Europäische Verlagsanstalt, Frankfurt/M. 1970.

Schneider, Erich: *Das jugoslawische Wirtschaftssystem*. J. C. B. Mohr Verlag, Tübingen 1969.

Supek, Rudi: *Die Selbstverwaltung in der sozialistischen Gesellschaft*. In: *Sozialismus in Europa*. Hrsg. J. Varga. Europa Verlag, Wien 1967.

Supek, Rudi: *Vom staatlichen Totalitarismus zur individuellen Totalität*. In: *Club Voltaire*, Jahrbuch für kritische Aufklärung, III. Hrsg. von Gerhard Szczesny, Szczesny Verlag, München 1967.

Supek, Rudi, und Bosnjak, Branko (Hrsg.): *Jugoslawien denkt anders / Marxismus und Kritik des Etatistischen Sozialismus*. Europa Verlag, Wien - Frankfurt/M. 1971.

Stojanovic, Svetozar: *Kritik und Zukunft des Sozialismus*. Hanser Verlag, München 1970.

Verfassung der Sozialistischen Föderativen Republik Jugoslawien. Belgrad 1974.

Vinterhalter, Vilko: *Tito*. Europa Verlag, Wien - Frankfurt/M. - Zürich 1969.

Vranicki, Predrag: *Der augenblickliche Stand der ideologischen Diskussion in Jugoslawien*. In: *Marxismusstudien*. Fünfte Folge, J. C. B. Mohr (Paul Siebeck) Verlag, Tübingen 1968.

Vukmanovic-Tempo, Svetozar: *Mein Weg mit Tito*. Droemer-Knaur Verlag, München - Zürich 1972.

2. Der Prager Frühling – die Hoffnung auf einen menschlichen Sozialismus

Grünwald, Leopold: *ČSSR im Umbruch.* Europa Verlag, Wien - Frankfurt/M. - Zürich 1968.

Kosta, Jiri: *Sozialistische Planwirtschaft; Theorie und Praxis.* Westdeutscher Verlag, Opladen 1974.

Kuby, Erich, u. a.: *Prag und die Linke.* Konkret-Verlag, Hamburg 1968.

Löbl, Eugen, und Grünwald, Leopold: *Die intellektuelle Revolution. Hintergründe und Auswirkungen des Prager Frühlings.* Econ Verlag, Düsseldorf 1969.

Pelikán, Jiři: *Sozialistische Opposition in der ČSSR,* Europäische Verlagsanstalt, Frankfurt/M. 1973.

Pelikán, Jiři: *Ein Frühling, der nie zu Ende geht,* Frankfurt/Main 1976.

Richta, Radovan: *Politische Ökonomie des 20. Jahrhunderts.* Makol Verlag, Frankfurt/M. 1971.

Schmidt-Hauer, Christian, und Müller, Adolf: *Viva Dubcek; Reform und Okkupation in der ČSSR.* Verlag Kiepenheuer & Witsch, Köln - Berlin 1968.

Selucky, Radoslav: *Reformmodell ČSSR; Entwurf einer sozialistischen Marktwirtschaft oder Gefahr für die Volksdemokratien?* Rowohlt Taschenbuchverlag (rororo Bd. 1207), Reinbek bei Hamburg 1969.

Sik, Ota: *Für eine Wirtschaft ohne Dogma.* List Verlag, München 1974.

Sik, Ota: *Argumente für den dritten Weg.* Verlag Hoffmann & Campe, Hamburg 1973.

Skvorecky, Josef: *Nachrichten aus der ČSSR.* Suhrkamp Verlag, Frankfurt/M. 1968.

3. Der Maoismus – die Ideologie der chinesischen Kommunisten

a) Mao Tse-tung: Ausgewählte Werke, thematische Sammelbände

Mao Tse-tung: *Ausgewählte Schriften.* Hrsg. und mit einem Kommentar und Anmerkungen von Tilemann Grimm. Fischer Verlag, Frankfurt/M. 1963.

Ausgewählte Werke in vier Bänden. Verlag für fremdsprachige Literatur, Peking 1968–70.

Theorie des Guerilla-Krieges. Einleitender Essay von Sebastian Haffner. Rowohlt Taschenbuchverlag (rororo Bd. 886), Reinbek bei Hamburg 1966.

Über Literatur und Kunst. Verlag für fremdsprachige Literatur, Peking 1961.

Vorsitzender Mao Tse-tung über den Volkskrieg. Verlag für fremdsprachige Literatur, Peking 1968.

Worte des Vorsitzenden Mao Tse-tung. Verlag für fremdsprachige Literatur, Peking 1967.

b) Mao Tse-tung: Biographien, Memoiren, Erinnerungen

Abegg, Lily: *Vom Reich der Mitte zu Mao Tse-tung.* Bucher Verlag, Luzern - Frankfurt/M. 1966.

Elegant, Robert S.: *Chinas rote Herren.* Verlag der Frankfurter Hefte, Frankfurt/M. 1952.

Grimm, Tilemann: *Mao Tse-tung in Selbstzeugnissen und Bilddokumenten.* Rowohlt Taschenbuchverlag (Monographien Bd. 141), Reinbek bei Hamburg 1971.

Paloczi-Horvath, Georg: *Der Herr der blauen Ameisen. Mao Tse-tung.* Heinrich Scheffler Verlag, Frankfurt/M. 1963.

Payne, Robert: *Mao Tse-tung.* Krüger Verlag, Hamburg 1950.

Schram, Stuart: *Mao Tse-tung.* Fischer Verlag, Frankfurt/M. 1969.

Wang, Anna: *Ich kämpfte für Mao. Eine deutsche Frau erlebt die chinesische Revolution.* Christian Wegner Verlag, Hamburg 1964.

c) Offizielle chinesische Veröffentlichungen

Leninismus und moderner Revisionismus. Leitartikel aus »Hung Chi« (»Rote Fahne«). Verlag für fremdsprachige Literatur, Peking 1963.

Ein Vorschlag zur Generallinie der Internationalen Kommunistischen Bewegung (»Das 25-Punkte-Programm«). Verlag für fremdsprachige Literatur, Peking, Juni 1963.

Ursprung und Entwicklung der Differenzen zwischen der Führung der KPdSU und uns. Kommentar zum Offenen Brief der KPdSU. Verlag für fremdsprachige Literatur, Peking, September 1963.

Zur Stalinfrage. Verlag für fremdsprachige Literatur, Peking, September 1963.

Zwei Linien in der Frage von Krieg und Frieden. Verlag für fremdsprachige Literatur, Peking, November 1963.

Die Führung der KPdSU ist der größte Spalter der Gegenwart. Verlag für fremdsprachige Literatur, Peking, Februar 1964.

Die proletarische Revolution und der Revisionismus Chruschtschows. Verlag für fremdsprachige Literatur, Peking, März 1964.

Über den Pseudokommunismus Chruschtschows und die historischen Lehren für die Welt. Verlag für fremdsprachige Literatur, Peking, Juli 1964.

Die Polemik über die Generallinie der internationalen kommunistischen Bewegung. Verlag für fremdsprachige Literatur, Peking 1965.

d) Der Maoismus – Darlegungen und Analysen

Ch'en, Jerome: *Mao Papers.* Nymphenburger Verlagshandlung, München 1970.

Devillers, Philippe: *Was Mao wirklich sagte.* Molden Verlag, Wien 1967.

Domes, Jürgen: *Politik und Herrschaft in Rot-China.* Kohlhammer Verlag, Stuttgart 1965.

Domes, Jürgen: *Die Ära Mao Tse-tung.* Kohlhammer Verlag, Stuttgart 1972.

Fitzgerald, C. D.: *Revolution in China.* Europäische Verlagsanstalt, Frankfurt/M. 1968.

Floyd, David: *Die feindlichen Genossen: der russisch-chinesische Konflikt.* Droemer-Knaur Verlag, München - Zürich 1964.

Hamm, Harry: *Das Reich der 700 Millionen – Begegnung mit dem China von heute.* Econ Verlag, Düsseldorf 1969.

Hamm, Harry, und Kun, Joseph: *Das rote Schisma.* Verlag Wissenschaft und Politik, Köln 1963.

Mehnert, Klaus: *Peking und Moskau.* Deutsche Verlagsanstalt, Stuttgart 1962.

Mehnert, Klaus: *China nach dem Sturm.* Deutsche Verlagsanstalt, Stuttgart 1971.

Opitz, Peter J. (Hrsg.): *Maoismus.* Kohlhammer Verlag, Stuttgart 1972.

Schelochowzew, A.: *Chinesische Kulturrevolution aus der Nähe.* Deutsche Verlagsanstalt, Stuttgart 1969.

Snow, Edgar: *Gast am anderen Ufer; Rotchina heute.* Kindler Verlag, München 1964.

Snow, Edgar: *Die lange Revolution.* Deutsche Verlagsanstalt, Stuttgart 1973.

Terrill, Ross: *800 Millionen – China ganz nah.* Verlag Hoffmann & Campe, Hamburg 1973.

Weber, Hermann: *Konflikte im Weltkommunismus – eine Dokumentation zur Krise Moskau–Peking.* Kindler Taschenbücher, München 1964.

5. Der Trotzkismus – Entwicklung und Zielsetzung

Abosch, Heinz: *Trotzki-Chronik: Daten zu Leben und Werk.* Hanser Verlag, München 1973.

Basmanow, M.: *Das Wesen des Trotzkismus von heute.* Progress Verlag, Moskau 1975.

Brahm, Heinz: *Trotzkijs Kampf um die Nachfolge Lenins. Die ideologische Auseinandersetzung 1923–1926.* Verlag Wissenschaft und Politik, Köln 1964.

Deutscher, Isaac: *Trotzki, der bewaffnete Prophet, 1879–1921; Trotzki, der unbewaffnete Prophet, 1921–1929; Trotzki, der verstoßene Prophet, 1929–1940.* Kohlhammer Verlag, Stuttgart 1962–63.

Frank, Pierre: *Die Geschichte der IV. Internationale.* Veritas-Verlag, Zürich 1968.

Gorkin, Salazar: *Mord in Mexiko; die Ermordung Leo Trotzkis.* Verlag der Parma-Edition, Frankfurt/M. 1952.

Mandel, Ernst: *Friedliche Koexistenz und Weltrevolution.* ISP Verlag, o. D.

Mandel, Ernst: *Über die Bürokratie.* In: *Die Internationale.* Sondernummer 2. GIM (Hrsg.).

Mandel, Ernst: *Zur Theorie der Übergangsgesellschaft.* Internationale sozialistische Publikationen, Hamburg o. D.

Trotzki, Leo: *Die Permanente Revolution.* Neuauflage, Fischer Taschenbücher (Bücherei des Wissens Bd. 1095), Frankfurt/M. 1969.

Trotzki, Leo: *Stalins Verbrechen.* Jean Christophe Verlag, Zürich 1937.

Trotzki, Leo: *Stalin – eine Biografie.* Verlag Kiepenheuer & Witsch, Köln 1952.

Trotzki, Leo: *Die Verratene Revolution.* Neuauflage, Veritas-Verlag, Zürich 1957.

Trotzki, Leo: *Mein Leben – Versuch einer Autobiografie.* Fischer Verlag, Frankfurt/M. 1961.

Trotzki, Leo: *Literatur und Revolution.* Neuauflage, Gerhardt Verlag, Berlin 1967.

Trotzki, Leo: *Schriften über Deutschland.* Europäische Verlagsanstalt, Frankfurt/M. 1968.

Trotzki, Leo: *Schriften zur revolutionären Organisation.* Hrsg. Hartmut Mehringer. Rowohlt Verlag, Reinbek bei Hamburg 1970.

Trotzki, Leo: *Das Übergangsprogramm der IV. Internationale,* ISP Verlag, Frankfurt/M. 1974.

Trotzki, Leo D.: *Drei Konzeptionen der russischen Revolution.* GRM, Wien 1975.

Wilde, Harry: *Trotzki, in Selbstzeugnissen und Bilddokumenten.* Rowohlt Taschenbuchverlag (rororo Bd. 157), Reinbek bei Hamburg 1972.

6. Die kommunistischen Strömungen und Organisationen in der BRD

Abendroth, Ridder, Schönfeld: *KPD-Verbot – oder mit Kommunisten leben?* Rowohlt Verlag, Reinbek bei Hamburg 1968.

Bärwald, Helmut: *Die DKP: Ursprung, Weg, Ziel.* Schriftenreihe der Bundeszentrale für politische Bildung. 2., ergänzte Auflage, Bonn 1969.

Bärwald, Helmut: *Deutsche Kommunistische Partei, DKP: die Kommunistische Bündnispolitik in Deutschland.* Verlag Wissenschaft und Politik, 2. Auflage, Köln 1970.

Bilstein/Binder/Elsner/Klose: *Organisierter Kommunismus in der Bundesrepublik Deutschland.* Leske Verlag, Opladen 1974.

Bockemuehl/Nassmacher/Plitt/Wehrmeyer: *Wider die Thesen der DKP – Argumente für die Demokratie.* Verlag Neue Gesellschaft. Bonn - Bad-Godesberg 1972.

DKP-Parteivorstand (Hrsg.): *Aktionsprogramm der DKP,* beschlossen vom Essener Parteitag. April 1969.

DKP-Parteivorstand (Hrsg.): *Grundsatzerklärung der DKP,* beschlossen auf dem Essener Parteitag, April 1969.

DKP-Parteivorstand (Hrsg.): *DKP kontra Großkapital – Leitsätze für das antimonopolistische Bündnis mit den städtischen Mittelschichten.* (August 1974).

Kommunistische Partei Deutschlands (KPD) (Hrsg.): *Breshnew und Brandt, zwei Frie-densheuchler reichen sich die Hände.* Verlag Rote Fahne, Köln 1973.

Kommunistische Partei Deutschlands (KPD) (Hrsg.): *Programm und Aktionsprogramm der Kommunistischen Partei Deutschlands.* Verlag Rote Fahne, Köln 1974.

Kommunistische Partei Deutschlands (KPD) – Marxisten-Leninisten (Hrsg.): *Es lebe der Kom-munismus – Was will die KPD-ML? Einige Fragen und Antworten.* Verlag Roter Mor-gen, Hamburg 1974.

Zeitungen und Zeitschriften

Kommunistische Volkszeitung. Zentralorgan des Kommunistischen Bundes Westdeutsch-land (KBW) Mannheim.

Kommunismus und Klassenkampf: Theoretisches Organ des Kommunistischen Bundes Westdeutschland (KBW) Mannheim.

Rote Fahne: Zentralorgan der Kommunistischen Partei Deutschlands (KPD).

Roter Morgen: Zentralorgan der KPD-Marxisten-Leninisten (KPD-ML).

Unsere Zeit.(UZ): Zentralorgan der DKP.

Was tun: Organ der Gruppe Internationaler Marxisten (GIM) Frankfurt/M.

7. Differenzierung im Weltkommunismus – Rückblick und Ausblick

a) Allgemeine Übersichten

Bernbach, Udo, und Nuscheler, Franz: *Sozialistischer Pluralismus.* Verlag Hoffmann & Campe, Hamburg 1973.

Grünwald, Leopold: *Legende Weltkommunismus: Die Spaltung in der kommunistischen Weltbewegung.* Verlag Styria, Graz - Wien - Köln 1974.

Löwenthal, Richard: *Chruschtschow und der Weltkommunismus.* Kohlhammer Verlag, Stuttgart 1963.

Sagladin, W. W.: *Die Kommunistische Weltbewegung – Abriß der Strategie und Taktik.* Verlag Marxistische Blätter, Frankfurt/M. 1973.

b) Neue Konzeptionen der KP Italiens und westeuropäischer Kommunisten

Carillo, Santiago: *Eurokommunismus und Staat,* Hamburg - West-Berlin 1977.

Debray, Gallo, Carillo: *Spanien nach Franco,* Hamburg 1975.

Fischer, Ernst: *Kommunismus ist Demokratie.* Spiegel-Gespräch. »Der Spiegel«, Nr. 35, August 1968.

Garaudy, Roger: *Vom Bannfluch zum Dialog.* In: *Der Dialog.* Rowohlt Taschenbuchver-lag (rororo aktuell Bd. 544 A.), Reinbek bei Hamburg 1965.

Garaudy, Roger: *Die große Wende des Sozialismus.* Molden Verlag, Wien - München - Zürich 1969.

Garaudy, Roger: *Die ganze Wahrheit oder für einen Kommunismus ohne Dogma.* Rowohlt Taschenbuchverlag (rororo aktuell Bd. 1403), Reinbek bei Hamburg 1970.

Garaudy, Roger: *Die Alternative.* Molden Verlag, Wien - München 1972.

Gruppi, Liuciano: *Der italienische Weg zum Sozialismus.* In: *Schöpfertum und Freiheit in einer humanen Gesellschaft* (Gespräche der Paulus-Gesellschaft). Europa Verlag, Wien 1969.

Havemann, Robert: *Dialektik ohne Dogma.* Rowohlt Taschenbuchverlag (rororo Bd. 683), Reinbek bei Hamburg 1964.

Lefebvre, Henri: *Probleme des Marxismus heute,* Suhrkamp (edition Bd. 99), Frankfurt/M. 1965.

Lombardo-Radice, Lucio: *Pluralismus in einer sozialistischen Gesellschaft.* In: *Christentum und Marxismus – heute* (Gespräche der Paulus-Gesellschaft). Europa Verlag, Wien 1966.

Marek, Franz: *die Zukunft des Marxismus.* In: *Sozialismus in Europa.* Hrsg. J. Varga. Europa Verlag, Wien 1967.

Togliatti, Palmiro: *Ausgewählte Schriften.* Verlag Neue Kritik. Frankfurt/M. 1968.

Drei wichtige Dokumente zur Zeitgeschichte:

Dan Kurzman
Fällt Rom?
Der Kampf um die Ewige Stadt
400 Seiten.
Das ist die packende und minutiös recherchierte
Dokumentation dieses dramatischen Wettlaufs um
Rom, die Geschichte von der Eroberung der Ewigen
Stadt durch die Alliierten und der Rettung Roms
vor der Zerstörung auf Befehl Hitlers.

Gerhard Schoenberner
Der gelbe Stern
Überarbeitete Neuausgabe. 224 Seiten,
192 s/w-Fotos und 6 Faksimile.
Diese Bilddokumentation über die Judenverfolgung
der Nazis in Europa – ein Klassiker zeitgeschicht-
licher Literatur – erschien erstmals 1960. Sie ist
durch die ganze Welt gegangen.

Günther Nollau
Das Amt
50 Jahre Zeuge der Geschichte
312 Seiten, 8 s/w-Abbildungen.
Günther Nollau, Deutschlands Verfassungsschützer
Nr. 1 – bis zur Guillaume-Affäre –, gibt Auskunft
und Rechenschaft über seine Jahre im Dritten Reich,
in der DDR und in der BRD. Ein unbequemer, daher
provozierender Zeuge der Zeitgeschichte, der –
entbunden von Amt und Eid – frei und freimütig zu
Protokoll gibt, was andere verschweigen.

C. Bertelsmann/München